锦天城律师文集

The Lawyer's Guide

房地产与建设工程

上海市锦天城律师事务所◇编著

Real Estate and Construction

法律出版社 LAW PRESS · CHINA

图书在版编目(CIP)数据

锦天城律师文集. 房地产与建设工程 / 上海市锦天城律师事务所编著. -- 北京 : 法律出版社, 2019
ISBN 978 - 7 - 5197 - 3890 - 7

Ⅰ. ①锦… Ⅱ. ①上… Ⅲ. ①房地产法－中国－文集 ②建筑法－中国－文集 Ⅳ. ①D9 - 53

中国版本图书馆 CIP 数据核字(2019)第 209719 号

锦天城律师文集:房地产与建设工程
JINTIANCHENG LÜSHI WENJI:
FANGDICHAN YU JIANSHE GONGCHENG

上海市锦天城律师事务所 编著

责任编辑 李 群 董 昱
装帧设计 汪奇峰

编辑统筹 法规出版分社
出版 法律出版社
总发行 中国法律图书有限公司
经销 新华书店
印刷 固安华明印业有限公司
责任印制 吕亚莉
开本 710 毫米×1000 毫米 1/16
印张 27.25
字数 446 千
版本 2019 年 10 月第 1 版
印次 2019 年 10 月第 1 次印刷

法律出版社/北京市丰台区莲花池西里 7 号(100073)
网址/www. lawpress. com. cn
投稿邮箱/info@ lawpress. com. cn
举报维权邮箱/jbwq@ lawpress. com. cn
销售热线/400 - 660 - 8393
咨询电话/010 - 63939796

中国法律图书有限公司/北京市丰台区莲花池西里 7 号(100073)
全国各地中法图分、子公司销售电话:
统一销售客服/400 - 660 - 8393/6393
第一法律书店/010 - 83938432/8433 西安分公司/029 - 85330678 重庆分公司/023 - 67453036
上海分公司/021 - 62071639/1636 深圳分公司/0755 - 83072995

书号:ISBN 978 - 7 - 5197 - 3890 - 7 定价:88.00 元
(如有缺页或倒装,中国法律图书有限公司负责退换)

总 序

2019年，是中国律师制度恢复四十周年，也是锦天城建所二十周年。这期间适逢国家实行改革开放政策，大力推进社会主义市场经济建设，国家经济实力、人民群众法治思想都产生了飞跃，中国的律师行业也取得了长足发展——1999年“实行依法治国，建设社会主义法治国家”载入宪法，我国法治建设揭开新篇章，律师成为“中国特色社会主义法律工作者”；2012年党的十八大提出“全面推进依法治国”，推行一系列司法改革；2017年党的十九大提出“坚持全面依法治国”，律师的地位和作用日益凸显，锦天城也在这一过程中实现了自身的发展壮大。可以说，锦天城的发展史，不仅是锦天城自身的历史，同样也是国内律师行业发展、国人法制意识强化、国家法律制度不断健全完善的一个缩影。

风雨兼程二十年，锦天城从未停止进行法律专业服务的升级与迭代，持续优化业务领域和体系。发展至今，锦天城已创设了证券与资本市场、银行与金融、公司与并购、国际贸易、跨境投资、房地产与建设工程、知识产权、海事海商、破产重整与清算、诉讼与仲裁十大专业委员会，并且，在各个业务领域中都取得了令人瞩目的成绩。

在证券与资本市场领域，锦天城是经司法部和中国证监会批准、最早取得证券业务资格的律师事务所之一。锦天城一直是中国证券业领域的主要法律服务提供者，并且也是证券业务最为多样化的中国律所之一。2017年，锦天城A股IPO的过会数量及过会率均在行业内排名第一；LEGALBAND在“2017年中国顶级律所排行榜”中将锦天城证券与资本市场列为榜单第一梯队。

在银行与金融领域,尤其在商业银行、保险、信托、基金及资产管理、债券及资产证券化、融资租赁、PPP及金融科技等领域,锦天城在业内均素享盛誉,深受境内外金融机构的认可与信赖。2018年、2019年连续两年荣登“LEGALBAND中国顶级律所排行榜”。

在公司与并购领域,锦天城通过为众多知名、复杂的并购交易提供综合性法律服务,获得了市场与客户的广泛认可。2018年,锦天城获得Mergermarket三项并购法律大奖提名,并荣获最佳工业及化工并购法律大奖。

在国际贸易领域,锦天城律师的专业水准始终处于国际国内领先地位。目前已在贸易救济措施、世界贸易组织争端解决、海关法、进出口管制措施和贸易制裁、中国对外贸易政策、国际货物买卖、国际运输和保险、国际支付等关键业务领域积累了丰富的经验。多家国际著名法律评级机构(ALB、Chambers等)长期连续将锦天城列入国际贸易领域领先律所行列。

在跨境投资领域,锦天城深刻了解国内外企业的需求,谙熟国内外法律监管环境、商业惯例,被《法律500强》在《中国商业律师事务所指南》中评价为一家在外商直接投资领域顶尖的上海律师事务所。

在房地产与建设工程领域,锦天城借助完善的全国服务网络、对本土法律背景和市场前沿信息的把握以及坚实的专业优势,积累了丰富的经验。凭借在房地产和建设工程专业领域多年的精细耕耘,锦天城在旧城改造、PPP项目、EPC项目、商业地产和住宅、工业园区、开发区、项目投融资等方面建立了良好的声誉,承办了众多典型项目。

在知识产权领域,锦天城具有极高的知名度和良好的声誉,代理的知识产权案例曾多次入选“最高人民法院十大知识产权案件”“最高人民法院50件典型知识产权案件”,并数次入选“中国法院十大知识产权经典案件”“全国检察机关保护知识产权十大典型案例”。

在海事海商领域,锦天城律师拥有丰富的航运实务经验,为国内外众多跨国大型航运企业、保险公司、保赔协会、船厂等企业提供高效率且高质量的法律服务。锦天城的海事海商业务多次被多家国际著名的法律杂志列为或提名为中国地区最有竞争力的海事海商领域律师事务所。

在破产重整与清算领域,锦天城已在全国各地成功处理大量破产重整、破产清算、强制清算以及公司自行清算案件,涉及国企、外资、民企等多种企业类型,涵盖了金融、房地产、建设工程、石油、新能源、互联网、航运、物流、文化传媒等多个行业。锦天城的专业团队已在全国各地获得了由省高级人民法院或市中级人民法院颁发的破产管理人资格,能够在全国各地为客户提供破产清算领域的各项专业服务。2019年,锦天城取得了《商法》"2019年度破产重组领域卓越律所"称号。

在诉讼与仲裁领域,锦天城一直着眼于中国经济发展的最前沿,及时掌握最新资讯及法规政策,对于依托IPO、PPP、CB等新型非诉项目延伸的争端解决业务,锦天城争端解决部门能依据丰富经验及行业领先的优势基础,第一时间为客户提供最优质的争端解决方案。

值此锦天城建所二十周年之际,十大专委会通力协作,共同推出了"锦天城律师文集"。该文集共分为七大分卷,分别是证券与资本市场分卷,银行与金融分卷,公司与并购分卷,国际贸易、跨境投资与海事海商分卷,房地产与建设工程分卷,知识产权分卷,诉讼与仲裁分卷,涵盖了锦天城十个专业委员会的法学理论研究成果以及典型案例解析,各有侧重,竭力做到法学理论和律师实务的融合汇集,既是锦天城人的"研修心得",也是锦天城人的"实操手册"。其中每一篇文章,均源于锦天城的合伙人和资深律师群体,他们扎实的法学功底和丰富的实务经验,保障了文章的专业性、实用性;而文章编撰过程中作者们所表现出的积极和热切,也彰显了锦天城人的凝聚力和归属感。这样一套文集的完成,是对锦天城二十周年的献礼,更是对锦天城漫漫来路的追忆、对锦天城光辉未来的美好期待。

栉风沐雨,方知玉汝于成;筚路蓝缕,但求功不唐捐。锦天城如今已走过二十个年头,但我们相信这仅仅是锦天城发展壮大的开始。“一切过往,皆为序章”,今后,我们将继续在探索中求发展,在发展中找答案,走出属于我们自己的锦天城之路。

顾功耘

二〇一九年九月于上海

序 言

为者常成,行者常至。房地产与建设工程法律服务,是锦天城在法律服务行业内较早倡导专业化分工的法律服务领域之一,是锦天城最早成立专业委员会的业务领域。房地产与建设工程也因此成为锦天城传统的核心优势服务领域。锦天城早在15年前就已于首届中国法律大奖(ALB)中凭借卓越表现荣获"房地产律师事务所"大奖。

九层之台,起于垒土。我们深知,任何一份成绩的取得,都得益于我们在每一次专业服务的过程中,既有宏观的视野和格局,又精准地把握了商业交易或争端解决的每一个细节,在做好风险防范的同时为客户创造最大的商业价值。

一分耕耘,一分收获。我们深信,只有不断地深耕传统,才能日渐走向经典。伴随时代的步伐,我们砥砺前行。无论是与民生息息相关的房屋买卖、租赁等传统服务,还是与房地产企业持续发展密不可分的风险控制、收并购及不动产金融等创新服务;无论是建筑承包商始终关注的工程质量、建设工期及工程价款有关的法律服务,还是与建设工程有关的诸多疑难、复杂、交叉领域的法律服务,在房地产企业持续成长的每一个周期、在建设工程的每一个环节,都留下了我们坚定的足迹。

值此锦天城成立二十周年之际,我们始终牢记:业精于勤荒于嬉。在十分繁忙的律师工作之余,我们组织房地产与建设工程专业委员会的专业律师将自己宝贵的实务经验进行总结、提炼和研究,以便更好地将理论与实践相结合,纸落云烟,有了这本文集。限于每一位作者自身的能力和时间,如有不足之处,还请读者一一指正。

行百里者半九十。站在新时代的潮头,我们将以为客户提供卓越的专业法律服务而不懈努力,以推进中国房地产业、建筑业及法治事业的不断发展为使命,积力所举、众智所为。

是为序。

锦天城房地产与建设工程专业委员会

二〇一九年八月

目 录

浅议现场签证的法律风险管理

——以开发商项目现场管理为视角

罗建荣*

一、现场签证的适用范围

关于现场签证的定义，中国建设工程造价管理协会在2002年发布的《工程造价咨询业务操作指导规程》附则：术语解释第13条中这样界定："工程签证：按承发包合同约定，一般由承发包双方代表就施工过程中涉及合同价款之外的责任事件中所作的签认证明（注：目前一般以技术核定单和业务联系单的形式反映者居多）。"[1]这一定义大致反映了现场签证的特征，但其表述并非很准确。笔者认为，工程的现场签证是承发包方或/及参与工程设计、监理和管理的第三方，根据施工合同的约定或现场特殊情况，对合同价款的部分子目及价格进行变更（包括但不限于人工、材料、工期等可能引起造价变化的因素），以及由于设计变更或工程量增减等因素对合同造价、图纸及工程量清单以外的现场特殊情况（如合同外增加的零星工程）所作的签认证明，该签认证明作为发包人与承包人之间关于工程洽商、变更的书面文件，在工程结算或双方发生争议需要工程审计或司法鉴定时，可作为工程量变更、工期延长及损失索赔的证明。

---

* 罗建荣，上海市锦天城律师事务所上海办公室高级合伙人，华东政法大学法学学士、复旦大学工商管理硕士、香港城市大学工商管理博士；擅长领域为建设工程和房地产、项目收购兼并、建筑房地产领域争议解决、公司法律风险管理。

〔1〕 中国建设工程造价管理协会：《工程造价咨询业务操作指导规程》（中价协〔2002〕第016号），2002年6月18日发布。

(一)现场签证的适用范围和计价方式

根据以上现场签证定义的分析,笔者把现场签证的范围作以下界定:

1. 施工合同范围内的签认证明

施工合同范围内的现场签证,是指根据施工合同的具体约定,由发包方(业主)代表或承包方(项目经理)提交工程联系单(名称可不同),或由设计方提交技术核定单,就图纸、工程量清单范围内的设计变更、材料变更、施工工艺变更、工期变更等分别由承包方、设计方、监理及项目管理公司(如有)进行审核确认,由合同或授权委托书上列明的各方代表签字并加盖有效印章的行为。一般而言,发包方的业主代表,通常习惯在各方签字盖章后进行复核,经确认无误后才签字盖章。

施工合同约定范围内的现场签证包括:(1)合同界定的设计变更;(2)材料品牌、规格等变更及材差的确认;(3)施工组织设计变更、施工工序及施工工艺变更的确认;(4)非承包方原因的停工、窝工造成的机械、人工损失(如停水、停电、甲供料迟延、施工图纸修改、政府责令停工);(5)工期签证,通常是非因承包方原因引起的工期顺延签证;(6)其他由于非承包方原因引起的工程量增减及索赔因素。

2. 施工合同范围外的现场签证

由于建设工程具有专业性强、涉及不同行业且施工周期较长的特点,因此施工合同受到多种因素的影响,不可能做到尽善尽美。因此,施工合同的条款并不能覆盖项目施工过程中的各种情况与或有风险。而工程量清单子目难免有错误与漏项,施工过程中也会在工程量清单外增加一些零星工期。此外,由于项目所在地的法律法规、部门规章或者国家政策发生变化,也可能在合同约定条件以外,发生一些特殊情况,需要承发包双方及相关方办理现场签证。

《建筑工程施工发包与承包计价管理办法》第 14 条规定:"发承包双方应当在合同中约定,发生下列情形时合同价款的调整方法:(一)法律、法规、规章或者国家有关政策变化影响合同价款的;(二)工程造价管理机构发布价格调整信息的;(三)经批准变更设计的;(四)发包方更改经审定批准的施工组织设计造成费用增加的;(五)双方约定的其他因素。"〔2〕虽然有上述原则规定可借鉴,但即使将上述规定列入合同条款,可操作性依然较差。因为政策与法律的变化是持续性的,

〔2〕 国务院住房和城乡建设部:《建筑工程施工发包与承包计价管理办法》(中华人民共和国住房和城乡建设部令第 16 号),2013 年 12 月 11 日发布。

而且通常只是一些指导原则，在施工过程中很难直接引用并适用于现场签证。而造价管理机构发布的信息价，各地并无统一标准，只是一个参考价。所以，当出现一些合同中没有明确界定、图纸上描述不清，且工程量清单上没有明确的子目相对应的一些工程内容，则需要办理签证：(1)施工合同以外增加的零星工期；(2)由于项目当地法律与政策变化及人工材料信息价出现大幅波动引起的变更；(3)不可抗力事件发生。

总言之，无论合同内还是合同外签证变更，大致上分为三类：一是由于工程量增减引起的造价变更；二是工期变更；三是承发包双方及关联方(比如分包商、供应商等)的索赔(违约金、质量、工程款利息及其他赔偿)，且上述三者之间的变更常常互为交叉，最终的结果均会指向工程价款的调整。

(二)计价方式

关于工程计价方式，最主要的是两类：固定总价和可变价格。而现场签证，在可变价格项目或综合单价工程中被大量运用。总包工程合同在招标时，一般需具备施工图预算，然后根据项目总预算作为合同暂定价。施工图预算通常由人工费、材料费、施工机械使用费、企业管理费、利润、规费、税金共七项费用组成。由于可变价格合同的特点，工程造价的变更因素更多，但国内常用的计价方式通常为锁定综合单价的可变价格计价方式。可见，在可变合同造价项目中，现场签证被大量应用，而有一种观点认为，在固定总价合同中不存在现场签证。笔者认为，这种理解比较片面，除非 EPC 合同或小额施工合同的条款约定，为完成合同约定的工程，施工方只要完成并移交了合同及附件约定的工程，其工程造价不予调整，设计变更及工程量变更均不影响工程造价。否则，即使在固定总价合同中，重大的设计变革、材料变更、工期变更等仍需办理现场签证。例如 EPC 合同，“承包商需要比根据传统的红皮书和黄皮书，承担更广范围的风险责任”[3]。EPC 合同在其通用条款第 13.7 款规定了“因法律改变的调整”，第 13.8 款规定了“因成本改变的调整”[4]，并且，EPC 合同专用条款第 13.8 款中专门列出：“因成本改变的调整：如果考虑要承包商承担因通货膨胀的成本上升的风险是不合理的，可能需要这些调整的规定。”[5]由此可见，EPC 合同从形式上而言，是一种固定总价合同，

[3] 《设计采购施工(EPC)/交钥匙工程合同条件》第 13.7 款。
[4] 《设计采购施工(EPC)/交钥匙工程合同条件》第 13.8 款。
[5] 《设计采购施工(EPC)/交钥匙工程合同条件》专用条款第 13.8 款。

但在施工过程中,仍需要办理造价变更签证及工期签证。

二、现场签证的原则与要求

凡是涉及施工合同内施工范围变更、工程量变更及施工图的设计变更,以及施工合同、图纸、工程量清单以外的工程量增加、工期延长等情形,必须办理现场签证。签证单的格式原则上应该统一。签证单的内容至少应包括:(1)签证原因,施工合同依据,招投标文件依据(如有)。(2)施工节点或施工部位,必要时应附图示,并注明已核对图纸相应部位及核对工程量清单中的相应子目及综合单价(如有)。(3)工程量核对与复核,列明系采用合同约定综合单价还是套用定额,或采用施工项目所在地相关部门发布的材料及人工之信息价。因此,签证单中应列明包括人工、材料、机械台班等工程子目名称、计量单位、实物工程量、综合单价或当地信息价,以及合计的总工程量或总价。(4)业主(开发商工程师代表)应当审核其合同暂定价(预算价)不被调整,如涉及合同暂定价,应由承发包双方会同造价编制单位、监理进行洽商,根据洽商结果签订补充协议。凡是涉及合同暂定价的调整以及工程量清单中综合单价的整体调整,不应列入现场签证的范畴。

在土建与安装工程中,现场签证会被大量运用。施工过程中办理现场签证应遵循一些基本原则:

(一)契约原则

契约并非仅指施工合同,一般而言,发包方的招标文件、承包商的投标文件、工程量清单、施工图预算均构成法律意义上的契约。

1. 施工合同

国内示范文本通常包括协议书、通用条款及专用条款。另外,承发包双方在施工过程中签署的补充协议、经双方确定的例会纪要、往来函件亦构成书面合同的组成部分。而施工合同中,通常会对图纸的设计变更,承发包双方的权利义务,特别是发包方工程师、监理方工程师的授权范围有明确约定,这些约定直接关系到现场签证的适用范围。另外,施工合同中有关工程质量、工期、工程款支付的内容发生变更,特别是造价调整,主要是因设计变更或项目当地材料价格及人工费变动致造价变化幅度超出一定比例时(通常较多的约定为正负百分之五),以及合同约定的计价方式的调整,均是现场签证适用的重要依据。

2. 招投标文件和施工图预算

招投标文件和施工图预算均是起草、签署合同的依据。一般情况下，招投标文件的核心内容均会被列入合同的相关条款中。对于施工合同中并未列入相关条款的招标及投标文件的其他内容，仍应视为是承发包双方办理现场签证的依据。但是，如果承包方在投标文件中已明确技术澄清的相关内容，如发包方在签订合同前并未提出异议或书面回复的，则投标文件中确认的工程量及施工范围应当优先适用于现场签证。施工图预算是确定工程项目造价的依据，是设计文件的有效组成部分，既是工程量清单的编制依据，也是招标控制价和合同暂定价的依据。而对于承包方而言，施工图预算是确定投标报价的重要依据。在实践中，经常会发生这样一种情况：签订合同时仍有部分图纸尚未到位，部分工程量无法确定，而承包方又修订了施工图预算，在这种情况下不宜以办理现场签证的方式进行调整，而应由发包方会同设计单位、监理、施工方进行洽商，并对修正的工程量及单价进行审核，签署补充协议。

3. 工程量清单

工程量清单也是办理现场签证前必须先行审核的内容。《建筑工程施工发包与承包计价管理办法》第 7 条规定："工程量清单应当依据国家制定的工程量清单计价规范、工程量计算规范等编制。工程量清单应当作为招标文件的组成部分。"由此可见，如果工程量清单上有明确的子目，施工方发起现场签证，显然是属于重复签证或变更工程量清单的行为，发包方应不予办理签证。另外，施工中的变更项之综合单价仍应参照工程量清单中的类似子目的单价，只有签证项在工程量清单中无法找到可适用的类似子目，才能参照项目当地信息价或套用定额规定。

(二)符合设计文件及技术规范的原则

按图施工且符合国家及地方技术规范要求，这是保证项目工程质量及施工内容并按期交付合格竣工工程的核心要素。

建筑设计规范是指国家相关政府部门及地方政府部门对建筑设计所规定的各项技术标准，它是工程设计的基本依据。因此，按图施工，其基本前提是设计单位所提供的设计文件(包括但不限于图纸、编制说明等)均应符合建筑设计标准规范，诸如建筑总平面设计指标，不同用途的建筑设计指标和数据等。设计规范按管理级别和使用规范可分为国家、部门、省/市和设计单位四级，但原则上，当设计规范的适用等级发生争议时，应当适用等级最高的国家技术规范。鉴于以上理由,当施工方按照设计文件进行施工发生了质量问题,或即使未发生质量瑕疵,工程需要返工时,需要办理签证,且可能发生的返工费用及损失应当由发包方承担。但也有一些例外,比如 EPC 合同,当合同有明确约定或施工图系由施工方承担设计的情形,则其返工费用及损失应由施工方承担。

另外,还有一个技术规范的效力问题,应引起承发包双方的注意:在具体施工项目中,开发商为了图方便,经常使用一些地方政府或习惯上使用的施工合同模板,而有一些模板显然没有及时进行修订或更新,有些施工合同适用了一些废止的技术规范编制工程量清单,这使日后履行合同过程中,承发包双方会对是否适用技术规范进行工程结算产生分歧。一种观点认为,只要合同中列明的技术规范已被废止,则在工程结算时当然应适用新的技术规范。但本人认为,除非废止的技术规范的适用将不满足设计文件的要求或严重背离了市场价格,否则承发包双方仍应"将错就错",适用合同约定的已废止的技术规范进行工程结算,因为技术规范不同于一般的法律法规,不太可能有颠覆性的改变,而且项目招标和承包人投标时均系依据废止了的技术规范,这是双方合约的基础,这也是一种"有合同约定从约定"原则的体现。当然,这种"将错就错"的适用应区别两种情形:一是在订立合同时已废止的技术规范原则上不适用,实践中应分析合同本意及双方当事人真实意思表示;二是在施工过程中,旧的技术规范被废止,国家出台了新的技术规范,除了国家规范的强制性条款外,承发包双方仍可适用合同约定的旧的技术规范作为工程结算的依据。如住建部 2012 年 12 月 25 日发布的第 1567 号公告注明:"现批准《建设工程工程量清单计价规范》为国家标准,编号为 GB 50500—2013,自 2013 年 7 月 1 日起实施。"[6]其中规定十余条(款)为强制性条文,必须严格执行,原国家标准 GB 50500—2008 同时废止。

(三)签证应符合明确各方责任的原则

在施工项目中,无论是公开招标项目,还是邀请招标项目,除固定总价合同外,大多采用工程量清单计价方式,由发包方在招标时给出项目施工范围及工程量,而承包方根据招标文件逐项报价。在这样的情形下,承包方为了低价中标或在中标后根据实际工程量的变化调整其单价,常常采用不平衡报价的策略,对于

---

〔6〕 中华人民共和国住房和城乡建设部公告第 1567 号《住房和城乡建设部关于发布国家标准〈建设工程工程量清单计价规范〉的公告》。

开发商明确需指定分包的项目或可能减少工程量的项目降低其单价，而对工程量预估可能增加的项目则提高其单价。由于这种报价方式无法明确单项工程的工程量增减的责任承担，往往在办理现场签证时，双方产生很大分歧。

另外，招标预算编制通常由第三方公司负责，如果工程量清单不能覆盖项目施工的全部工程量，而招标文件也没有锁定漏项漏量的责任和费用承担，则需要在现场签证中明确双方的责任及费用分担原则。在施工项目中，凡出现增减工程量、调整综合单价等情形，应当在现场签证中详细列明各方的责任及费用承担原则，或者以补充协议的方式界定各方的责任，切忌以口头约定先行施工，再补办签证。因为这种方式可能导致双方发生争议而达不成书面签证或补充协议，甚至发生诉讼或仲裁。

（四）签证量化原则

现场签证，应在书面文件中明确工程量及综合单价。如施工合同以外的零星工程，在书面签证中应明确具体用工的数量、单价、使用材料的品牌、规格、数量及单价、机械台班的数量与单价等，做到量价明确，品牌与规格清晰，签证内容无任何歧义与疏漏，对涉及设计文件变更的，应附相关图纸等变更资料。另外，涉及分包工程的，总包管理费或配合费亦应体现在现场签证文件中。

三、现场签证的效力

如果承发包双方依照合同约定，办理了书面现场签证，且书面内容及形式要件双方均无争议，现场签证毫无争议地可成为工程竣工结算的依据。根据《最高人民法院关于审理建设工程施工合同纠纷案件适用法律问题的解释》第19条规定："当事人对工程量有争议的，按照施工过程中形成的签证等书面文件确认。承包人能够证明发包人同意其施工，但未能提供签证文件证明工程量发包的，可以按照当事人提供的其他证据确认实际发生的工程量。"[7]在施工过程中工程量发生变化，现场签证是确认工程量变更、价款调整的重要依据。

但在实践中，当事人经常就现场签证的效力发生争议，主要原因系现场签证在形式要件及实质要件方面存在瑕疵，大致可分为以下几类原因。

---

〔7〕《最高人民法院关于审理建设工程施工合同纠纷案件适用法律问题的解释》，2004年9月29日由最高人民法院审判委员会第1327次会议通过，自2005年1月1日起施行。

(一)签字人的授权问题

一般而言,施工合同中会明确约定发包方派驻现场的工程师的职权。因此,合同认定的工程师,习惯中称为"业主代表"或"甲方代表"。凡业主代表或甲方代表签署了现场签证,即构成了发包方对工程量或工程价款的确认,从而使现场签证成为工程结算的书面依据。但有的合同中又有进一步约定,即业主代表签署须经过项目公司审核并加盖公司公章才能生效,但是如果施工中有多份现场签证仅有业主代表签名,而无公司盖章,在施工过程中项目公司亦无提出书面异议,除业主代表擅自更改合同单价、工程量虚构等情形外,业主代表签字后,现场签证即发生效力,将成为工程结算的依据。

除合同列名工程师外,发包方派施工现场的其他人员,均无权签署现场签证,除非获得工程师授权或项目公司追认。

另外,关于表见代理的问题,在施工项目中,由无权代理的人员签署的现场签证,通常被认定为无效,但在实践中,如无代理权的发包方人员签署了多份现场签证,而施工方没有通过勾兑等方式诱使该等无代理权的人员签署现场签证,且施工内容确属变更项目,发包方在施工过程中知晓该类无权代理行为且没有提出异议,则该类现场签证在工程结算时,很可能被认定为有效的签证而纳入结算范围。

(二)现场签证的单价问题

对于设计变更、工程量增减、合同外零星工程,在办理签证时应当适用招标时的工程量清单列明的综合单价。如无相应的综合单价,则应参照定额或当地及时发布的信息价或指导价。擅自提高综合单价的行为,仅有业主代表的签字而无公司的盖章确认,该项签证的效力是存在问题的。

(三)关于项目公司法定代表人签署的现场签证

如果施工合同中无明确约定,则该法定代表人签署的现场签证对双方当事人均有约束力。

(四)施工项目监理人员签字

除非施工合同已赋予监理人员有代理发包方确认工程款的职权,否则仅有监理签字的现场签证不构成工程单价或总价调整的效力。我们注意到,《北京市高级人民法院关于审理建设工程施工合同纠纷案件若干疑难问题的解答》第9条对当事各方工作人员签证确认的效力如何认定有明确的规定，这些规定对判案具有指导意义。该解答认为："当事人在施工合同中就有权对工程量和价款洽商变更等材料进行签证确认的具体人员有明确约定的，依照其约定，除法定代表人外，其他人员所作的签证确认对当事人不具有约束力，但相对方有理由相信该签证人员有代理权的除外……"另外，该解答第10条明确："工程监理人员在监理过程中签字确认的签证文件，涉及工程量、工期及工程质量等事实的，原则上对发包人具有约束力，涉及工程价款洽商变更等经济决策的，原则上对发包人不具有约束力，但施工合同对监理人员的授权另有约定的除外。"〔8〕

另外，现场签证的一些内容会影响签证效力，比如经司法鉴定，现场签证原列明的工程量属于虚假，或者工程量计算存在错误，这些签证内容均应据实调整。

四、现场签证中开发商应关注的法律风险

在施工过程中，现场签证是确定项目变更、工程量发生变化及合同外零星工程价款的常见手段。2013年7月1日起实施的《建设工程工程量清单计价规范》(GB 50500—2013)第9.14条有现场签证的具体规定，该条共6款内容对现场签证的范围、提交及核实现场签证的时间、单价、进度款支付作出了原则规定。

在施工过程中，承发包各方发起现场签证时，项目开发商应重点关注以下法律风险。

(一)现场签证的形式要件

1. 现场签证的格式应保持基本统一。签证原因、合同依据、签证部位应明确列明，数量、综合单价、材料的规格、型号等所需人工、材料设备和施工机械台班的数量、单价亦应一一列明。

2. 每份现场签证(工程联系单、技术核定单等各种形式)应编号，且其序号应为连号签署，每次例会纪要中应列明签证的份数及编号。

3. 承发包及第三方签署的现场签证应当由施工合同列明的授权代表签发，合同约定需要加盖发包人公章的，开发商内部经复核后应加盖公章。

---

〔8〕《北京市高级人民法院关于审理建设工程施工合同纠纷案件若干疑难问题的解答》(京高法〔2012〕245号)，2012年8月6日生效。

4. 开发商在复核现场签证时，应关注施工合同中约定的计价方式（通常是可调价格方式），合同约定的在施工过程中因设计变更或者材料价格浮动致造价变化的正负幅度以及是否增加技术措施费等相关因素，并作为签证的附件。

（二）现场签证的内容

1. 造价签证。原则上不应以签证方式调整综合单价及合同暂定的预算价，如需调整，应明确列明调整理由，并由承发包双方加盖公章确认。如调整幅度超过±5%时，一般应由发包人会同设计单位、监理单位、造价编制单位、施工方进行沟通与核实。根据合同、招投标文件及施工时发生的实际情况，核查造价调整幅度过大的原因，并签署补充协议。

2. 关注签证理由。签证发生有主观原因，也有客观原因。一般而言，因国家政策、法律法规发生变化，省级行政主管部门发布人工费调整文件，政府主管部门发布材料信息价等因素，都属于开发商的计价风险。而设计变更、合同及工程量清单未明确的工程量增减，因发包方原因引起的工期顺延等情况，都可能发生现场签证。因此，签证理由是现场签证的核心要素。应尽可能减少项目变更，减少签证是开发商在施工阶段控制造价的重要方法。

3. 现场签证的权利主体涉及施工项目的承发包双方以及项目关联的第三方，具体应视现场签证发生时工程项目的相关方［如发包方（建设单位）、承包方（总包方及分包方）、设计单位、监理单位、项目管理公司（如有）、材料及服务供应商等］的参与程度而定。而各权利主体，均会指定一名或数名代表作为现场签证的委托授权代理人。而授权方式通常分两类，即合同专用条款约定及专项委托书授权。作为现场签证的最主要环节，且在项目施工过程中或竣工验收后发生纠纷时，现场签证通常会成为案件的关键证据。而发包方代表（业主代表）及承包方代表（项目经理）共同签发的现场签证将成为双方在庭审中的争议焦点之一。

4. 现场签证的签署代表。对发包方工程师（业主代表）的权力应当在施工合同及其他书面文件中加以限制，不应赋予工程师以签证方式调整工程量清单上已列明的综合单价的权力，也不能给予工程师调整合同预算价/暂估价的权力。仅在单项工程量发生变化，且工程量偏差超过合同约定的比例，如±5%时，才可以以签证的方式调整单项工程单价。

另外，施工合同中应明确，发包方的业主代表不具有签发转委托的权力。任何业主代表的变更及业主代表权力的转委托均应获得发包方加盖公章的书面确认。

5. 不应容忍或默许非业主代表签署现场签证，以免发生签证混乱的现象。

6. 应当关注现场签证发起的时间及发包人收到承包人提交报告进行复核的时间限制。2013 年《建设工程工程量清单计价规范》第 9.1 条一般规定中，列举了 15 项应当按照合同约定调整合同价格的事项，其中第 13 项即为现场签证。因此，发包人应当对承包人提出的现场签证，对其内容进行复核与检查，及时给出办理签证及不同意办理签证的理由。

7. 工期签证应当列明工期顺延或延误的原因、政策、法规依据及合同依据，以及施工条件发生变化的原因。另外，工期签证还应列明工期的起讫时间，增加工期的天数，有无工期索赔，是否给予赶工费等相关内容。

8. 工程质量问题，应关注返工的原因，界定是否因施工方案、施工工艺、乙供料质量问题引起的返工，还是因设计原因或甲供料原因引起的工程返工，厘清各方责任，防止重复施工及重复计价的后果发生。

9. 按实复核签证内容。对于承包方发起的现场签证，开发商应当核实签证内容是否为实际施工的工程量，防止发生重复工程量或虚假工程量的虚假签证。另外，在办理签证时，应逐一核对工程量清单中的相关子目及签证部位，核对计量是否准确，套用的综合单价是否合理，计日工数量及机械台班数量是否真实等实际情况。

五、总结

办理现场签证，首先要弄清现场签证的概念及适用范围，开发商的现场管理人员应当对现场签证的适用范围有清晰的认识，并加强现场管理人员的专业培训。

其次，办理现场签证前，业主代表及相关现场管理人员，应当核对招投标文件、施工合同及工程量清单，关注现场签证的内容及计价方式是否与这些书面文件的约定相吻合，必要时应当将上述书面文件的相关条款或子目作为现场签证的附件。现场管理人员切忌仅凭自己的专业知识办理现场签证，而忽略这些书面文件对现场签证的指导意义。

再次，现场管理人员应当熟悉并了解建设工程的技术规范，以及相关的政策、法律法规，及时发现技术规范的废止、修订或更新的情况。

最后，办理现场签证，不仅要关注签证的内容，复核工程量，明确承发包各方的责任,也应关注签证的形式要件,做到格式统一、编号连贯、原件妥善保管,并应明确需由合同约定或委托书授权的代表签发现场签证。

总言之,一份完善的现场签证应当具备以下特点:

(1)符合设计规范及设计文件的要求;

(2)不违背招标文件、施工合同、工程量清单的原则规定;

(3)格式规范、内容清晰、计价方式明确;

(4)反映现场施工实际状况和合格工程量,杜绝虚假工程量;

(5)明确各方责任,在纳入工程结算时不会引起任何歧义。

司法实践指导下的工期索赔和反索赔

黄知斌[*]　杨云峰[**]

众所周知，建筑行业专业性较强，建设工程施工合同纠纷的案件争议标的较大，涉及的利益主体较多，更关系建筑工人利益的保护。因此，建设工程施工合同纠纷案件的处理，无论对审判人员还是对律师都有一定的专业要求。

工期延误是十分常见的建设工程施工合同纠纷的原因。仅是2018年度裁判文书网上公开的判决书，涉及工期索赔的建设工程施工合同纠纷判决就有1000多份。该类案件很多都发生了二审，再审的比例也较高。可见，工期索赔案件服判率较低。

建设工程项目具有范围大、施工内容复杂、用工量大、建设周期较长等特点。在建设工程项目开展过程中，受到经济环境限制、从业人员法律意识不强、市场竞争激烈等因素的影响，工期延误屡屡发生。工程延误的责任主体可能是发包方或承包方一方或双方，但更多的是发包方和承包方都存在一定责任。因此，工期索赔与反索赔通常相伴而生。在承包方提出工期索赔的同时，很多发包方都会提出延期竣工的反索赔。

一、工期索赔与反索赔简述

关于工期的索赔，既有承包方针对并非自身原因所发生的工期延长，向发包

---

* 黄知斌，上海市锦天城律师事务所上海办公室高级合伙人，东南大学建筑工程与管理学学士、华东政法大学法学硕士；擅长领域为建设工程和房地产、知识产权、公司股权纠纷和公司管理权纠纷的争议解决及公司运营和管理领域的非诉业务。

** 杨云峰，上海市锦天城律师事务所上海办公室律师，西南政法大学民商法学学士、美国马里兰大学刑事司法学硕士；擅长领域为建设工程和房地产、公司运营及管理领域的诉讼及非诉业务。

方提出其额外增加的人工、机械、材料、管理费等费用补偿、合理顺延工期及根据合同约定可以获得的提前竣工奖励等请求,也有发包方针对承包方原因造成的工期延误,而提出的要求支付工期延误违约金、延期损失赔偿等请求。

狭义的工期索赔,即本文中所指的工期索赔和反索赔概念,是根据建筑行业的惯常理解的,即承包方提出的工期索赔,是指承包方因非其自身原因造成的工期延误,向发包方提出顺延工期、停工窝工损失等索赔请求;工期反索赔,即发包方提出的工期索赔,是指发包方因承包方责任的工期延误向承包方提出工期延误违约金、延期损失等索赔请求。

广义的工期索赔,包含了上述承包方提出的工期索赔和发包方提出的工期反索赔,发包人、承包人都可独立向对方提出相应的工期索赔及反索赔,但其目的和主张内容却有所不同。承包方提出的工期索赔主要目的是顺延工期、弥补停窝工损失;发包方针对承包方提出的工期反索赔主要是弥补工期延误的损失。

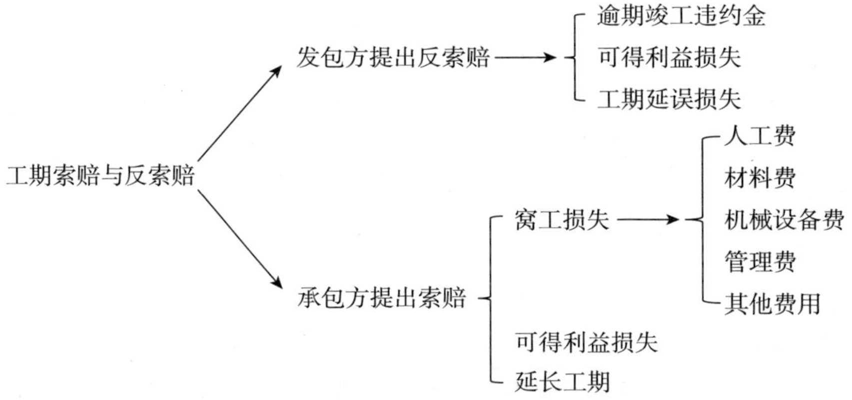

图1　工期索赔与反索赔内容

二、工期索赔及反索赔中相关问题的实务分析

(一)工期索赔及反索赔的相关法律依据及文件

法律、法规、文件名称	条款	法 条 内 容
《中华人民共和国合同法》	283	发包人未按照约定的时间和要求提供原材料、设备、场地、资金、技术资料的,承包人可以顺延工程日期,并有权要求赔偿停工、窝工等损失。

续表

法律、法规、文件名称	条款	法条内容
《中华人民共和国合同法》	284	因发包人的原因致使工程中途停建、缓建的，发包人应当采取措施弥补或者减少损失，赔偿承包人因此造成的停工、窝工、倒运、机械设备调迁、材料和构件积压等损失和实际费用。
《最高人民法院关于审理建设工程施工合同纠纷案件适用法律问题的解释(二)》	6	当事人约定顺延工期应当经发包人或者监理人签证等方式确认，承包人虽未取得工期顺延的确认，但能够证明在合同约定的期限内向发包人或者监理人申请过工期顺延且顺延事由符合合同约定，承包人以此为由主张工期顺延的，人民法院应予支持。 当事人约定承包人未在约定期限内提出工期顺延申请视为工期不顺延的，按照约定处理，但发包人在约定期限后同意工期顺延或者承包人提出合理抗辩的除外。
《江苏省高级人民法院民一庭建设工程施工合同纠纷案件司法鉴定操作规程》	45	人民法院根据当事人申请委托鉴定机构对窝工损失进行鉴定，应先根据当事人的举证确定因发包人责任导致工程暂停施工的期间，无法确定的应召开鉴定准备会征询鉴定人的意见，鉴定人认为鉴定不具备条件的，不予鉴定。
《第八次全国法院民事商事审判工作会议(民事部分)纪要》	32	因发包人未按照约定提供原材料、设备、场地、资金、技术资料的，隐蔽工程在隐蔽之前，承包人已通知发包人检查，发包人未及时检查等原因致使工程中途停、缓建，发包人应当赔偿因此给承包人造成的停(窝)工损失，包括停(窝)工人员人工费、机械设备窝工费和因窝工造成设备租赁费用等停(窝)工损失。
《安徽省高级人民法院关于审理建设工程施工合同纠纷案件适用法律问题的指导意见(二)》	23	因发包人原因导致承包人施工期间停窝工产生的工人工资、设备租赁等费用，承包人将该费用与工程价款一并主张优先受偿权的，应予支持。
《北京市高级人民法院关于审理建设工程施工合同纠纷案件若干疑难问题的解答》	24	……结算协议生效后，承包人以因发包人原因导致工程延期为由，要求赔偿停工、窝工等损失的，不予支持，但结算协议另有约定的除外。
《广东省高级人民法院关于审理建设工程合同纠纷案件的暂行规定》	23	发包人未按建设工程合同约定支付工程进度款致使停工、窝工的，承包人可顺延工程日期，并有权要求赔偿停工、窝工等损失。承包人对发包人逾期支付工程进度款没有异议并继续施工的，在发生纠纷后，承包人要求对方对此承担违约责任的，不予支持。

续表

法律、法规、文件名称	条款	法 条 内 容
《广东省高级人民法院关于审理建设工程施工合同纠纷案件若干问题的意见》	3	建设工程施工合同无效，但按照《关于审理建设工程施工合同纠纷案件适用法律问题的解释》第二条的规定可参照合同约定计算工程价款的，如承包人存在延期完工或者发包人存在延期支付工程款的情形，当事人应参照合同约定赔偿对方因此造成的损失。
《广东省高级人民法院关于审理建设工程施工合同纠纷案件若干问题的指导意见》	11	……承包人逾期竣工给发包人造成的损失，如承包人无法证明发包人实际损失的，可以推定为迟延期间内按建设工程所在地同期同类指导租金标准计算的租金……
河北省高级人民法院关于印发《建设工程施工合同案件审理指南》的通知	47	工期延误的责任应该由造成工期延误的过错一方承担，发包人仅以承包人未在合同约定的期限内提出工期顺延申请而主张工期不能顺延的，人民法院不予支持。
《深圳市中级人民法院关于建设工程合同若干问题的指导意见》	11	施工过程中因发包人拖欠工程预付款、进度款、变更设计造成工程停工、窝工或因不可抗力因素造成工程停工的，工期顺延计算。
浙江省高级人民法院民事审判第一庭《关于审理建设工程施工合同纠纷案件若干疑难问题的解答》	6	如何认定工期顺延？ 发包人仅以承包人未在规定时间内提出工期顺延申请而主张工期不能顺延的，该主张不能成立。但合同明确约定不在规定时间内提出工期顺延申请视为工期不顺延的，应遵从合同的约定。

现行法律法规及司法解释对于工期索赔（反索赔）的规定较为原则，而实践中出现工期索赔及反索赔的原因及责任划分十分复杂。因此，各地高院先后出台了一些指导意见，这些意见有助于解决相关争议问题，但依然难以涵盖实务中出现的各种情况，所以分析总结法院的审判实践对于工期索赔问题的争议解决颇有助益，尽管不同法院对于相关问题的理解与认定依然存在一定的差异。

（二）工期索赔及反索赔中若干问题的法律分析

下文主要通过对真实诉讼案件的分析，整理归纳实务中对工期索赔和反索赔案件中比较典型的争议焦点的处理方法，供大家参考。

1. 工期索赔典型争议焦点的司法实践处理

(1)停工时间法院通常会综合案件事实予以认定

案例 1

[**案情简介**]1998 年 6 月 18 日,河南六建建筑集团有限公司(以下简称六建公司)通过投标的方式获得了洛阳理工学院(以下简称理工学院)招标的"理工学院成教楼、住宅楼项目"(以下简称洛大项目),双方签订了《建设工程施工合同》(以下简称施工合同)。后六建公司将上述工程全部分包给了河南省偃师市鑫龙建安工程有限公司(以下简称鑫龙公司),并以施工管理者的身份承担本项目的管理义务。洛阳华诚建设监理事务所(以下简称华诚事务所)作为该工程的监理单位对工程进行监理。1999 年 1 月,因成教楼西半部浇板出现裂缝,华诚事务所于 1999 年 1 月 16 日下发停工整改通知书。后因裂缝原因及停工复工事宜协商不成,鑫龙公司于 2001 年 3 月 10 日向河南省洛阳市中级人民法院提起诉讼,要求六建公司和理工学院支付剩余工程款并承担停工期间的损失。

[**法官裁判观点**]一审法院认定停工时间从下达指令之日起算至起诉前夕,共计 691 天;二审法院援引了河南省建设厅豫建标定〔1999〕21 号《关于记取暂停工程有关损失费用规定的通知》(以下简称通知),暂停期限一般为 3 个月,且鑫龙公司在停工期间未采取任何措施防止损失的扩大,故酌定本案停工时间为 6 个月;再审法院观点与二审一致;最高人民法院申诉判决中认定,"鑫龙公司未积极采取适当措施要求理工学院和六建公司明确停工时间以及是否需要撤出全部人员和机械,而是盲目地等待了近两年的时间,从而放任了停工损失的扩大",同时也参考了上述通知,认定了 6 个月的停工时间。

因此,确定停工时间,不能简单地以停工持续的时间计算,而是需要综合地考虑案件事实和承包方对于降低停工损失采取的积极行为。换个角度讲,即使因发包人原因造成承包人窝工损失,停工损失发生期间,承包方也有义务采取措施防止停工损失的扩大,这也符合《合同法》第 119 条的规定,即"当事人一方违约后,对方应当采取适当措施防止损失的扩大;没有采取适当措施致使损失扩大的,不得就扩大的损失要求赔偿"。同时,确定合理的停工时间应当结合停工损失的赔偿原则,一是所发生的费用应是承包人履行合同所必需的和已经实际发生的;二是承包人不应由于停工的发生而额外受益或额外受损。

(2)提出工期索赔的程序通常需要符合合同约定

案例2

[**案情简介**]2005年5月20日，中国建筑第五工程局有限公司(以下简称中建第五公司)通过招投标的方式获得了北京海晟房地产开发有限公司(以下简称海晟公司)招标的“金地花园北区BT1号楼”项目(以下简称案涉项目)。2005年5月25日，中建第五公司(承包人)与海晟公司(发包人)签订《北京市建设工程施工合同》(以下简称《备案合同》)。《备案合同》及招标文件中均明确约定：“在工期延误事项发生的14天内，承包方应当就延误的工期以书面形式向工程师作出通知，工程师在收到报告后14天内予以确认，逾期不予确认也不提出修改意见，视为同意顺延工期。”后因案涉项目的结算总价未能协商一致，产生纠纷。

[**法官裁判观点**]中建第五公司所称的因海晟公司设计变更、工程修改及新增合同外项目施工等影响工期336.5天，中建第五公司因此增加脚手架费用、人货电梯费用、冬季施工而发生的采暖费及房租费用、工程保温费用、人工降效费用共计1 306 024.41元问题，《备案合同》约定，因设计变更和工程量增加等原因造成工期延误，经工程师确认，工期相应顺延。中建第五公司应在以上情况发生14天内，就延误的工期以书面形式向工程师提出报告。现中建第五公司主张其已向工程师书面报告申请工期延期，但其并未提供充分证据予以证明。鉴于此，法院对中建第五公司要求海晟公司赔偿工期延误损失的诉讼请求，不予支持。

因此，在进行工期索赔时，应当严格按照合同约定的程序提出相应申请。但是，实践中很多情况是承包方已经就索赔提起了申请，但是发包方或监理方未能理睬。根据目前司法实践，提出的索赔事项只要符合法律或合同的约定，承包方已就此提出了申请并提供相关证据，该延期损失通常会被法院支持。参照最新的《最高人民法院关于审理建设工程施工合同纠纷案件适用法律问题的解释(二)》第6条：“当事人约定顺延工期应当经发包人或者监理人签证等方式确认，承包人虽未取得工期顺延的确认，但能够证明在合同约定的期限内向发包人或者监理人申请过工期顺延且顺延事由符合合同约定，承包人以此为由主张工期顺延的，人民法院应予支持。”这是关于工程延期申请的规定，但在工期索赔程序中也可以适当参照。建设工程中利益关系错综复杂，很多情况下确实是申请了但未得到合理回复，法律作出这样的规定也是比较合理的。因此，承包方在提出索赔申请时，必须要保留好相关的证明材料，以免对自己造成不利影响。

（3）合同无效并不影响合同中关于工期索赔的违约条款的适用

案例3

［**案情简介**］2012年8月19日，宁夏台建房地产开发有限公司（以下简称台建房地产公司）与陕西省咸阳市建筑安装工程总公司（以下简称咸阳建筑公司）签订《意向书》，约定台建房地产公司将写字楼、地下车库的土建工程发包给咸阳建筑公司。2012年8月24日，台建房地产公司向咸阳建筑公司发出宁台房字第（2002）1号函，要求咸阳建筑公司尽快进入施工现场并于2012年9月4日前将500万元保证金打入台建房地产公司指定的账户。案涉项目一直开展并进行施工，直至2013年11月，案涉项目因未办理建设用地规划许可证等相关施工手续而停工。2015年7月6日，台建房地产公司向咸阳建筑公司出具《承诺书》，确定了案涉项目的最终造价和付款方式。后因付款和停工损失问题，双方未能达成一致意见产生纠纷，诉至法院。

［**法官裁判观点**］不论合同是否有效，合同当事人在履行合同发生纠纷时应本着诚实信用的原则协商处理。对于因故导致建设工程停工的，停工时间及停工后的处理等事项应当按照合同约定执行。未约定停工事项的，双方当事人应当本着诚实信用的原则进行协商，当事人之间达不成协议的发包方对于何时停工、是否撤场应当有明确的意见，并应当给予承包方合理的赔偿；承包方也不应盲目等待而放任停工损失的扩大，应当采取适当措施如做好人员、机械的撤离等工作，以减少自身的损失。最终对能够有证据证明的、实际发生了的停工损失予以支持。

因此，从审判实践中可以发现，法院通常的观点是，合同未成立或无效并不影响合同中关于工期违约条款的适用，即使施工合同无效甚至未签订，只要承包方和发包方真实地履行了相关义务内容，不能仅因为未签订施工合同或合同无效而不支持停工损失。否则，有悖于诚实守信原则，也不利于对受损方利益的保护。

(4)承包方不能提供充分的证据证实停工损失,且无充分证据推翻鉴定机构的鉴定结果,应承担举证不能的后果

案例4

[**案情简介**]2005年4月,珠海市腾步工程有限公司(以下简称腾步公司)经投标,承接了增城市附城河整治工程(二期)项目(以下简称案涉工程)的施工,为此增城水利局(以下简称水利局)以其下属部门增城市附城河整治工程建设管理办公室(以下简称附城河工程管理办公室)的名义,与腾步公司签订了《增城市附城河整治工程(二期)的施工协议书》(以下简称施工协议书)。2005年10月10日,案涉工程开始施工。2006年1月20日、2006年4月20日、2006年12月1日、2007年2月28日,附城河工程管理办公室分别出具《证明》及《工期调整证明书》,称由于工程不顺利或工程项目整体施工计划重新调整等原因,工期延误。2007年2月28日《工期调整证明书》显示,工程整体竣工日期调整至2007年5月31日。2005年3月29日至2005年10月10日推迟196天签发工程项目施工开工令,造成了工期延误。后双方因工程结算、窝工损失等问题一直未能达成一致意见,产生纠纷,诉至法院。

[**法官裁判观点**]因腾步公司未能提供充分的证据证实此期间停窝工损失,造成鉴定机构因缺少证据支持材料无法对停窝工损失进行鉴定,腾步公司对此应当承担举证不能的法律后果。腾步公司虽不同意《鉴定报告》关于停窝工损失的鉴定结论,但所提交证据不能推翻其向法院所作陈述及该《鉴定报告》的结论。据此,该窝工损失不能予以支持。

综上所述,停工损失一旦发生,承包方应当积极做好证据收集工作,即使法院同意对工期窝工损失进行司法鉴定也需要承包人提供必要的窝工证据,而实践中承包商往往面临举证不能的情形,因此承包商务必对已经发生的损失的证明材料妥善保管,否则即使损失真实发生,都会因为缺少证据而承担举证不能的后果。

2. 工期反索赔典型争议焦点的司法实践处理

(1)工期延误损失可以司法鉴定,但需要提供初步的鉴定证据

案例5

[**案情简介**]义乌市城东建筑工程有限公司(以下简称城东建筑公司)通

过招投标的方式获得浙江中国小商品城集团股份有限公司（以下简称小商品城集团公司）发布的义乌市篁园服装市场改建工程（酒店）施工项目，并于2010年2月8日签订《施工合同》。后因对结算价格产生纠纷，诉至法院。

［**法官裁判观点**］根据前述司法鉴定报告载明的内容，城东建筑公司主张的工程量增加、变更以及存在专业分包项目等导致法律关系变更的事实可以认定。在此情形下，举证责任发生转移，小商品城集团公司应当就工程量增加、变更以及专业分包等行为不影响施工工期之事实承担举证责任。其作为发包人，对于主体工程以及专业分包工程的组织施工、变更、进展、完工情况应有全面了解，也能掌握主体工程的施工组织设计资料以及专业分包工程开工、竣工、施工组织设计方案等资料，而其未能提交，导致鉴定机构无法对上述可顺延天数作出鉴定，原审判令其承担举证不能之不利后果，驳回其该部分诉讼请求，并无不当。

本案发包方未能提供鉴定的初步证据而承担举证不能的不利后果。这条裁判规则同样适用于承包方的工期索赔鉴定。虽然没有明确的法律法规明确这一裁判规则。根据《江苏省高级人民法院民一庭建设工程施工合同纠纷案件司法鉴定操作规程》第45条"人民法院根据当事人申请委托鉴定机构对窝工损失进行鉴定，应先根据当事人的举证确定因发包人责任导致工程暂停施工的期间，无法确定的应召开鉴定准备会征询鉴定人的意见，鉴定人认为鉴定不具备条件的，不予鉴定"的规定也能看出，当事人申请索赔或反索赔鉴定时，都应当提交初步鉴定证据，否则鉴定将无法进行或相关主张将无法得到支持。

（2）反索赔中预期利益损失一般法院不予支持

案例6

［**案情简介**］2010年12月28日，甘肃红旗建设工程集团有限公司（以下简称红旗公司）中标了青海福音房地产开发有限公司（以下简称福音公司）招标的"福茵·长乐港湾"工程（以下简称案涉工程）。2011年1月8日，福音公司与红旗公司签订《建设工程施工合同》。案涉工程结算过程中因对合同履行过程多项工程延期严重造成双方矛盾激化，福音公司至今未向红旗公司提供符合国家验收标准和要求的竣工验收备案资料和单位工程竣工验收申报资

料,因此产生纠纷,诉至法院。

[**法官裁判观点**]福音公司主张的福茵长乐国际大酒店延期开业损失,不属于本案直接经济损失,且酒店经营存在商业风险,这种风险的存在不能使损失确定。因此,福音公司的该项主张不能得到支持。

实践中,很多发包方会以延期竣工会造成案涉项目的预期利益损失而向承包方提起索赔损失,通常包括预期的开业利益损失、营业收入损失、租金损失等预期可得利益损失。但由于该部分损失未实际发生且不能确定化,属于间接利益损失。而我国民事法律是以"损失补偿"为赔偿原则的。因此要求损失必须是确定且已实际发生的。

(3)完全因承包人原因造成工期延误且不能证明发包人损失的,可参照租金标准索赔

案例7

[**案情简介**]中山市东大漂染有限公司(以下简称东大公司)与裕达建工集团有限公司(以下简称裕达公司)于2007年5月签订《建设工程施工合同》,约定由裕达公司承包东大公司位于中山市神湾镇的办公楼Ⅰ(不含地坪、铝门窗)施工图纸内的土建工程(以下简称案涉工程)。后因案涉工程质量问题,双方未能协商解决。东大公司将裕达公司诉至法院要求赔偿逾期交付案涉工程的损失等。

[**法官裁判观点**]双方由于质量争议导致涉案工程至今尚未完工,东大公司所受损失远远超过合同约定的违约金数额,故东大公司据此要求增加赔偿工期延误损失数额,符合法律规定。承包人逾期竣工给发包人造成的损失,可以推定为迟延期间内按建设工程所在地同期同类指导租金标准计算的租金损失。

上述案件为广东省高级人民法院审判的申诉案件,判决的依据为2011年《广东省高级人民法院关于审理建设工程施工合同纠纷案件若干问题的指导意见》第11条第3款提到的:"承包人逾期竣工给发包人造成的损失,如承包人无法证明发包人实际损失的,可以推定为迟延期间内按建设工程所在地同期同类指导租金标准计算的租金……"在发包方的损失确实存在时,广东省高级人民法院的意见是按照"建设工程所在地同期同类指导租金标准计算租金损失"。但是,实践中,仍

有很多省市未能按照上述标准计算租金损失,应当进行制度完善。

三、总结

根据对上述真实案件的分析,归纳总结各级法院关于相应问题的裁判观点,能最直接呈现目前司法实践领域对于工期索赔和反索赔的观点及裁判方向,我国虽然属于成文法国家,但如今研究判例也成了司法实践中必不可少的一个方面,这对实际处理建设工程中工期索赔和反索赔案件有非常强的借鉴和指导意义。

工期索赔和反索赔,围绕的核心问题就是工期管理,工程能否依约定工期进行,不仅是承包方的义务,也涉及发包方的责任,任何原因导致的工期延误,结果必然会给承包方/发包方造成经济损失,到最后可能都会发展演变为工期索赔及反索赔。

处理工期索赔和反索赔最为关键的问题就是厘清工期延误的责任,但由于建设工程施工管理的复杂性,对于工期延误责任的划分十分困难,特别是形成诉讼或仲裁争议以后,对工期责任作出科学、客观、精确鉴定是一件十分困难的事情,很多专业鉴定机构的最后鉴定意见往往也是估测。因此,承发包双方在建设工程合同履行过程中对于相关索赔证据的收集与留存就显得特别重要。

承包方在工期索赔过程中应当注意:(1)强化项目参与人员的合同管理意识、索赔意识;(2)索赔事项发生之初就做好资料搜集和资料的保管工作;(3)发生停、窝工事件,应当立即记录好停、窝工的起止时间,并保留相关证据,同时尽力减少停工损失带来的不利影响;(4)分析停、窝工原因,及时根据合同提示开展索赔事项;(5)停、窝工期间,做好人、料、机的费用损失统计,并保留相应证据;(6)进行工期索赔时应当严格按照合同约定的时间和程序固定索赔证据;(7)为项目配备专业的索赔人员。

发包方在工期反索赔过程中,除了与承包方一样在合同履行过程中做好必要的证据保存工作、配备必要的工期管理人员之外,当发包方遇到承包方索赔时还应当根据合同约定作出及时回复。此外,发生重大设计变更、承包方要求顺延工期等情况时,应要求承包方及时调整工程进度计划,提交进度计划明确关键线路。对于承包方责任的工期延误,应根据合同约定提出反索赔,因承包方工期延误发生的损失证据(包括引发其他供应商对发包方的索赔)也应该及时收集与留存。

综上所述,无论是工期索赔还是反索赔,发包方和承包方都应当充分研究理解合同文件,在法律保护的范围内最大程度的维护自身的合法权益,同时为自己争取更大的利益。

劳务分包管理的法律视角

肖　燕*

为适应我国建筑行业的高速发展，建筑行业的产业结构也在不断地优化调整，工程总承包主导下的专业分包和劳务分包的结构体系日益占据主导地位，总承包之下对于人工、材料、机械的优化配置和专业化程度也越来越高。目前，建筑行业内施工总承包和专业分包的市场日显成熟，但劳务分包市场的发展却不尽如人意。我国的劳务分包行业，受制于先天不足等各种因素的影响，始终存在专业化程度不高、人员流动性大、职业技能素质低下等方面的问题。作为一名法律工作者，笔者将以法律的视角，从破解劳务分包管理过程中经常遇到的法律问题入手，提出些许解决问题的思路。

一、劳务分包制度的发展沿革

所谓劳务分包，是指建筑行业中的施工总承包企业或者专业分包企业将承包工程中属于劳务作业的部分，分包给劳务分包企业或者“劳务班组”，通过层层分包完成工程劳务作业的活动。

20世纪50年代到80年代，我国建筑行业上没有劳务分包制度的概念，主要采用单一固定的用工制模式，一批国营的建筑公司应运而生。这些国营的建筑公司下面，养活了一大帮建筑工人。这些建筑工人，拿稳定的工资、享受工人待遇。老一辈退休，其后辈通过“顶替”“替工”，成为新的建筑工人。建筑业从业人数也迅速扩张壮大，到1980年时，我国国营、集体建筑企业雇佣的建筑工人数量已经

* 肖燕，上海市锦天城律师事务所律师，华东政法大学法学硕士；擅长领域为建设工程和房地产领域争议解决及公司类法律业务。

接近1000万人。[1]

20世纪80年代之后，随着国家经济体制由计划向市场转变，建筑业劳务用工制度也开始进行改革。改革的目标是效率，改革的方向是将管理层和劳务层剥离，将原来体制内的劳务工人推向了市场。灵活雇佣的劳务关系在市场交易框架内得以迅速发展，建筑企业也开始采取承包制的模式与不同技术、专业的建筑工人队伍进行合作，这些工人队伍的组织者（俗称的“包工头”）应运而生。此后，在我国建筑行业的劳务市场中，“包工头”“劳务班组”一直占据非常重要的地位。

2001年4月18日，建设部发布《建筑业企业资质管理规定》（建设部令第87号）[2]实施对建筑业企业资质管理，将建筑业企业资质分为施工总承包、专业承包和劳务分包三个序列，正式提出劳务分包企业的概念，明确劳务分包企业可以承接施工总承包企业或者专业承包企业分包的劳务作业。[3]

2005年8月5日，建设部发布《关于建立和完善劳务分包制度发展建筑劳务企业的意见》[4]，并将工作目标明确为：从2005年7月1日起，用三年的时间，在全国建立基本规范的建筑劳务分包制度，农民工基本被劳务企业或其他用工企业直接吸纳，“包工头”承揽分包业务基本被禁止。但实际情况是，虽然有专门的劳务分包企业，但劳务分包企业并不养劳务工人，劳务分包企业的背后，仍然是一个个独立的钢筋工、木工、架子工等劳务班组，这些班组长、“包工头”仍然是目前劳务市场的主力军，远远没有达到政策的预期。

2017年，国务院办公厅相继出台《关于促进建筑业持续健康发展的意见》、《关于全面治理拖欠农民工工资问题的意见》、住房和城乡建设部出台《关于培育新时期建筑产业工人队伍的指导意见（征求意见稿）》，国家层面出台了一系列政策规定，再一次将劳务用工制度改革方向确定为构建新型建筑用工体系、大力发展专业作业企业。劳务用工制度的深化改革，迫在眉睫。

二、劳务分包管理的实施现状

工程总承包方承接工程后，首先会配备相应的管理人员组建项目部，具体落

---

[1] 参见建设部建筑管理司、中国建筑文化中心编：《新中国建筑业五十年（1949—1999）》，中国三峡出版社2000年版，第5页。

[2] 该规定已于2007年9月1日被废止。

[3] 《建筑业企业资质管理规定》（建设部令第87号）第5条。

[4] 该意见已于2016年2月18日被废止。

实施工所需的“工”“料”“机”。“工”即人工,寻找合适的劳务分包企业或者劳务班组(俗称的“包工头”),组织劳务分包企业或者劳务班组进行各项作业的具体施工。“包工头”牵头的劳务班组一般是以挂靠的劳务分包企业的名义与总承包方签署劳务分包合同,或者以劳务班组的形式与劳务分包企业签署内部承包协议。整体来看,目前建筑行业内的劳务用工,主要体现三种模式:

第一种是总承包方的正式员工,与总承包企业签署劳动合同,这一类人通常是总承包方派出的项目管理人员。他们参与项目部的组建,职位上表现为项目经理、工程技术、安全生产、合约成本以及工料机等部门的负责人。总承包企业对自己的员工能进行有效约束,并按照劳动法规定为这类人员缴纳社会保险。但在整个项目人员中,此类员工的数量占比很小。

第二种是劳务分包企业的人员。自2001年国家正式对建筑业企业实施资质管理后,劳务分包企业开始以独立法人的名义对外承接施工总承包和专业承包企业的劳务作业,对内也形成了一批固定的管理人员,并确立劳动关系,为员工缴纳社会保险,形成相对稳定的用工关系。但受制于用工成本过高等因素的影响,劳务分包企业自带的劳务人员,主要还是局限于工程管理人员。因此,劳务分包企业自带员工模式,也不是主要的劳务用工模式。

第三种是由“包工头”领导下的“劳务班组”。这些劳务班组一般都由同村或者同乡的熟人组成,包工头则是带领这些人出来“谋生活”的人。这种模式下,如果包工头是从总承包方处谋取的活计,总承包方一般会要求“包工头”挂靠一家劳务分包企业,并以挂靠的劳务分包企业的名义分包施工作业。总承包方与劳务分包企业结算工程款后,包工头再与劳务分包企业结算工程款。而“包工头”下面的农民工,则按照完成的工作量与“包工头”按天、按月结算工资。一般而言,农民工与“包工头”之间形成的是口头协议,农民工甚至很可能同时在几个工地上干活。农民工与“包工头”之间是完全松散型的用工模式,既没有签订劳动合同,也不办理社保关系,人员流动性大。这种用工模式是现行建筑行业主要的用工模式。

三、劳务分包管理中面临的法律问题

(一)劳务分包合同的边界模糊,名为劳务分包、实为转包(违法分包)的现象非常普遍

施工总承包企业为了规避转包、违法分包的法律风险,会在合同形式上(如合同名称)故意混淆专业分包、劳务分包与转包的概念。总承包企业往往会要求劳

务分包企业或者劳务班组与其签署诸如内部劳务承包协议、包工包料合同、包工包提供主材、包工包劳务安全等不同内容的合同，合同的名称也五花八门，这就给合同管理增加了难度。

笔者认为，判断劳务分包合同是否名副其实的唯一标准，就是看劳务分包合同的标的对象是否仅限于劳务作业。这是由劳务分包合同的本质属性所决定的。一般而言，劳务分包企业仅提供劳务作业，或附带提供部分辅料及小型作业机具，但绝对不会提供主材、大中型机械设备，如果符合上述条件，就可认定为是名副其实的劳务分包。但凡劳务分包合同涉及包工包提供主材的，就基本可以认定为以劳务为名，行转包或违法分包之实。

（二）劳务分包单位带来的代偿风险

一般合同纠纷案的处理都会严格遵循合同相对性原则，除非有其他法定的情形，只在合同直接相关的双方当事人之间解决纠纷。但是，在建设工程施工合同纠纷中，往往会因为转包、违法分包，突破合同的相对性，牵涉总承包单位，甚至是发包方。这在劳务分包方面，体现得尤其突出。

因为劳务用工的不规范，劳务班组、挂靠的情形普遍存在，催生了法律意义上的“实际施工人”概念。没有资质的劳务班组，最终可能以实际施工人的名义，向总承包方甚至是业主方主张工程款。现行法律〔5〕也赋予了实际施工人该项权利。另外，根据《最高人民法院关于审理建设工程施工合同纠纷案件适用法律问题的解释（二）》第25条〔6〕的规定，实际施工人甚至有权利直接越过转包人或者违法分包人直接向发包人提起代位权诉讼。

另外，总承包方也可能因为代为支付某些材料款，被卷入“包工头”与材料供

〔5〕《最高人民法院关于审理建设工程施工合同纠纷案件适用法律问题的解释》第26条规定：实际施工人以转包人、违法分包人为被告起诉的，人民法院应当依法受理。实际施工人以发包人为被告主张权利的，人民法院可以追加转包人或者违法分包人为本案当事人。发包人只在欠付工程价款范围内对实际施工人承担责任。

《最高人民法院关于审理建设工程施工合同纠纷案件适用法律问题的解释（二）》第24条规定：实际施工人以发包人为被告主张权利的，人民法院应当追加转包人或者违法分包人为本案第三人，在查明发包人欠付转包人或者违法分包人建设工程价款的数额后，判决发包人在欠付建设工程价款范围内对实际施工人承担责任。

〔6〕《最高人民法院关于审理建设工程施工合同纠纷案件适用法律问题的解释（二）》第25条规定：实际施工人根据合同法第七十三条规定，以转包人或者违法分包人怠于向发包人行使到期债权，对其造成损害为由，提起代位权诉讼的，人民法院应予支持。

应商的合同纠纷。虽然总承包方与材料供应商不存在直接的合同关系,但如果是转包或者违法分包,总承包方又曾经直接支付过材料款,且材料确系用于总承包方负责施工的项目,材料供应商往往基于此将总承包方作为共同被告一并起诉至法院。

(三)"营改增"后面临的税务风险

"营改增"之前,总承包方对劳务分包的要求相对较为灵活,由分包方或劳务班组提供建筑业统一发票或服务业统一发票,或提供材料款发票均可作为支付凭证。"营改增"政策实施后,整个劳务分包行业适应程度明显滞后于总承包企业。作为总承包企业,可能面临以下税务风险:

1. 进项税抵扣不及时,导致总承包方税负增加

工程实际施工过程中,由于工程施工周期长、分包方普遍虚报进度产值,导致施工过程中产值核对的难度增大、过程计量不及时以及分包方不熟悉税务流程等各种复杂因素影响,造成分包方无法及时提供增值税专用发票,导致总承包方进项税票无法及时获取并抵扣,大大增加了总承包方当期税负负担。

2. 因为资质问题,部分劳务分包企业不能开具增值税专用发票,造成总承包方无法抵扣进项税

因为税点低,大量的劳务分包企业都是作为小规模纳税企业进行申报的,这些做小规模纳税申报的企业,有相当一部分经营规模并不小。他们长期与总承包方合作且信誉良好,已经占据了相对稳定的市场。但是"营改增"政策实施之后,这类企业很大一部分因为无法提供增值税专用发票,不得不终止与总承包方的合作。因为如果他们选择继续合作,该部分无法抵扣的税费,必然要包含在分包合同的价款中,压缩劳务分包企业的利润空间。作为总承包企业来说,失去一家长期稳定的、可信任的劳务分包企业,同样也是重大的损失。

3. 挂靠的劳务班组,将面临更多的问题

被挂靠的劳务分包企业,只是出借资质给"包工头"承揽工程,收取3%～5%的挂靠费。被挂靠方并不实质管理劳务班组,也无法控制劳务班组的经营风险。"营改增"政策实施后,被挂靠的劳务分包企业更加不愿意承担虚开增值税发票的法律风险。如果劳务分包款是由总承包方直接支付给劳务班组,则会出现业务流(合同主体)、资金流、发票流"三流不一致"的情况,给总承包方带来税务稽查、审计及其他法律风险。

四、法律建议

劳务分包管理，一直都是困扰总承包方的一大难题。从某种程度上来说，对总承包方而言，找到一个好的劳务，项目就成功了一大半。得益于所在团队长期服务于施工总承包单位，多年来与总承包单位一线技术及商务人员的交流，对于劳务分包管理的法律风险控制，针对前述问题，笔者谈几点粗浅的看法：

（一）如何解决劳务分包合同界限不清的问题

劳务分包合同界限不清，多数都是相关方“有意为之”所导致的。业主方为了隔断直接的付款义务，降低财务风险，会设置多层的合同关系；总承包方为了规避违法分包、转包的法律风险，也会在劳务分包上做文章。一般常用的模式为：“业主—总承包方—劳务分包方（被挂靠方）—实际施工人（与劳务分包商签署内部承包协议）”。

笔者代理的一起实际施工人起诉总承包方和发包人的案件，诉争的根源就在于总承包方利用劳务分包合同来规避工程转包。在该起案件中，总承包方要求实际施工人与其关联的劳务公司签署内部承包劳务协议，首先从合同的源头切断了实际施工人与总承包方的联系，并形成了表面上合法的两层法律关系：一是总承包方与劳务公司之间的劳务分包关系；二是实际施工人与劳务公司之间的内部承包关系。这就直接导致了实际施工人与总承包方之间，没有签署任何的书面协议。而在实际付款方面，总承包方也巧妙地通过支票、现金付款的方式，避免了与实际施工人之间形成直接的付款关系。而工程所涉主材、机械，又因为合同及发票都是以总承包方的名义签署或开具，付款也多为支票背书转让，故对于总承包方而言，形成了从合同签署、付款到开具发票这一相对完整的证据链条。至于人工，总承包方也通过签署劳务分包合同、银行转账、发票的方式，与被挂靠的劳务分包方之间形成了劳务分包的证据链条。也就是说，作为总承包方，工程施工的工、料、机都可证明与其有直接的关系，在此情况下，实际施工人要突破合同相对性，向总承包方及发包方主张实际施工人的权益，证据处于明显劣势。

当然，作为法律工作者，对于“有意为之”，只能告知其中的法律风险，由客户做出评估和取舍。但若是“无心之失”，笔者认为，以下几点考量对于总承包方来说可能会有些许帮助：

首先，劳务分包合同必须对劳务分包企业的权利义务做明确的界定。明确界定,劳务只提供"工",不涉及材料和机械。如果施工需要劳务分包企业提供部分辅材和小型机具等,应该在合同中明确列明。同时,需要区分劳务分包合同的承包范围及施工界面,不能与其他的专业分包相混淆。

另外,在劳务分包合同的签订过程中,也会遇到大中型机械设备和小型机具难以区分、如何区分的问题。除了行业内形成的普遍共识,目前尚未有明确的国家、行业规范对此进行界定。正因为相关国家、行业规范对大中型机械设备和小型机具的界定尚处于真空状态,所以,双方的约定就显得格外重要,完全可以以招标文件或者投标文件中事先列明的主要机械设备清单,作为认定大中型机械设备及小型机具的标准。

(二)关于"营改增"后的税务风险

1. 在同等条件下,优先选择能够开具增值税专用发票的劳务分包方。

2. 对于不能提供增值税专用发票的小规模纳税主体,可以采取劳务清包模式,即分包内容仅仅为人工,总承包方自行采购或租赁分包工程所需的所有材料和设备,包含辅料、小型机具等,并取得材料供应商开具的增值税专用发票,增加总承包方的进项税抵扣。

3. 对于劳务班组,因为劳务班组并非合法的、有资质的用工主体,所以总承包方必须对合同签署、发票开具、资金支付的全过程进行严格规范和管控。总承包方必须要求劳务班组挂靠有资质的劳务分包企业,由被挂靠方与总承包方签订劳务分包合同,办理过程结算手续,将工程款付至被挂靠方的银行账户,由被挂靠方开具建筑业增值税专用发票,以满足"三流合一"的要求,实现进项税抵扣。

4. 规范劳务分包的结算管理。劳务分包合同中,必须明确先开票后付款的付款流程,明确具体的税点。总承包方应当及时与劳务分包办理进度结算,及时获取劳务分包的增票。避免因自身原因造成劳务分包方发票开具不及时。

(三)关于债务代偿的风险

1. 坚决杜绝与劳务班组、"包工头"个人签订任何形式的劳务分包协议。即便实际施工主体是劳务班组,总承包方也必须要求劳务班组找一家有资质的劳务分包企业进行挂靠,由总承包单位与该被挂靠的企业签署劳务分包合同。

2. 总承包方可以要求劳务分包单位将其与民工的劳动合同、考勤表等提交备案,但要尽量避免对劳务分包单位聘请的农民工形成直接的考勤和管理,尤其是劳务班组下的农民工，避免事实劳动关系的认定。同时，监督劳务分包单位做好农民工工资支付工作，从源头上防范风险。

3. 如果迫于社会压力之下，总承包方不得不履行代付义务之时，必须要求劳务分包单位提供盖章的书面的代付委托书；在书面委托代付手续办妥的前提下，代付农民工工资或材料款。

但在实际情况中，碰到更多的可能是劳务分包或者包工头"玩失踪"，只有总承包单位直接面对讨薪的农民工或者材料供应商，甚至这些劳务分包方或者"包工头"，为了能与总承包方更好地结算，也会利用农民工讨薪向总承包方施加压力。在这种情况下，总承包单位就需要做好充分的证据收集工作，以便于今后向直接责任主体追偿。

这部分的证据主要包括：(1)向劳务分包或者劳务班组发函，将可能代为支付的情况明确告知对方，并明确代为支付的部分将直接从双方的结算款中予以扣除；(2)证明基础债权真实存在的证据，如有劳务分包直接确认的工资结算单、供货单等，以此证明总承包方的支付行为是有依据的（至少在形式要件上完备）；(3)第三方（当地信访部门、开发区管委会、派出所）在场的见证记录，以此证明代付行为的真实性。但是，对于无法核实基础债权关系的讨薪者，作为与其无任何合同关系、在法律上完全不应当承担支付义务的总承包方，哪怕面临再大的社会压力，都不应该代为支付。一旦支付，该笔款项最终很可能会由总承包方实际承担。

情势变更原则在工程施工合同领域的适用

包智渊*

一、情势变更原则概述

(一)情势变更原则的含义

情势变更原则(又称情事变更原则)的含义是:合同成立后,发生了导致交易基础重大变化之异常情况,且该情况在立约时无法预见,若继续履行将对一方当事人有失公平或使其合同目的落空,于此情形,该方当事人可请求法院变更或解除合同。

1.关于"情势"的理解

情势变更原则起源于十二三世纪注释法学派著作《优帝法学阶梯注解》。其中提到"情事不变条款",即假定每个合同均包含一个具有如下含义的默示条款:缔约时作为合同基础的客观情况应持续存在,若这种情况不复存在,准予变更或解除合同。[1]

据此,"情势"二字可被理解为能够成为交易基础的客观事实。

关于情势变更原则的法理依据,德国学者提出并发展了有关交易基础(或称"法律行为基础")的理论,并将交易基础分为"大的交易基础"和"小的交易基础"、"主观交易基础"和"客观交易基础"。

(1)"大的交易基础"和"小的交易基础"

大的交易基础,是指当事人的立约建立在这样一种预期之上,即缔约当时的

---

* 包智渊,上海市锦天城律师事务所上海办公室合伙人,复旦大学法学学士、中国人民大学法学硕士;擅长领域为房地产及建筑工程、公司股改、新三板挂牌、股票发行相关领域的法律服务。

〔1〕 崔建远:《合同法(第三版)》,北京大学出版社 Kindle 版本 2016 年版,Kindle 位置 4084~4086。

经济、政治或者社会条件不会发生根本性改变。大的交易基础的限定很严格，只有战争或类似战争的事件、货币制度的崩溃或者政治、经济、社会制度的根本改变，才能被称为大的交易基础的丧失。除大的交易基础之外其他涉及的可能导致情势变更的障碍都属于小的交易基础。[2]

（2）"主观交易基础"和"客观交易基础"

主观交易基础，是指在立约时一方当事人对特定环境的存在或发生所具有的预想，该预想的重要性应为另一方当事人所了解并不表示反对；或指双方当事人对于特定环境的存在或发生所具有的共同预想，基于这种预想形成了当事人的意思表示。客观交易基础，是指为使合同的存在对于当事人而言仍符合订立时的意图，而必须存在和持续的所有客观条件。[3]

2016 年至 2017 年各地发生的网约车司机与汽车租售公司之间的纠纷，能够帮助我们理解主观交易基础和客观交易基础的区别。

我国网约车业务兴起于 2014 年年底至 2015 年年初，但交通运输部等七部委颁行《网络预约出租汽车经营服务管理暂行办法》的时间为 2016 年 7 月，此后各地方才出台有关网约车的落地政策。在政策真空期，网约车发展迅猛，许多网约车司机与汽车租售公司签署汽车租赁合同或含有所有权保留的分期买卖合同，约定由网约车司机租用或购买汽车开展网约车运营。

2016 年年底至 2017 年，一些地区颁行的网约车新政较为严苛，如规定申请网约车驾驶员证必须具有当地户籍，或对能够取得运输证的车辆设定较高的标准。由此造成大批网约车司机以新政致其无法开展业务为由提出解除合同的要求。

一些法官认为，相关纠纷可适用情势变更原则。如苏州相城法院唐法官表示，合同不能继续履行，不能归责于任何一方，是网约车政策发生变化所致，属情势变更，应准许当事人解约。[4]

笔者认为，该类案件若适用情势变更，本质上属于"主观交易基础变更"而非"客观交易基础变更"引起。因为对于涉案网约车司机而言，客观交易基础（政策）未发生根本变化。

---

〔2〕 张文婷：《论德国法上情势变更制度以及对中国的借鉴意义》，中国政法大学 2010 年硕士学位论文。

〔3〕 张文婷：《论德国法上情势变更制度以及对中国的借鉴意义》，中国政法大学 2010 年硕士学位论文。

〔4〕 赵晨民：《网约车门槛提高　新政后引发的纠纷如何化解》，载 http://sz.sina.com.cn/news/s/2017-01-27/detail-ifxzyxmu8154815.shtml，最后访问日期：2018 年 7 月 28 日。

新政出台前,网约车即属非法运营车辆,只不过国家出于鼓励“互联网 +”的考量,未予取缔;新政出台后,符合条件的司机能通过行政许可程序获得合法身份,摘掉“黑车”帽子。但就前述涉案司机而言,新政的出台未对涉案合同交易基础产生影响:出台前他们属非法运营,出台后他们因达不到标准无法获得行政许可依旧属非法运营。

事实上,涉案合同在签署之时即缺少相应的客观交易基础,双方基于主观交易基础订立合同。这个主观交易基础,是当事人关于国家终将颁行有利政策的预想(主观交易基础是当事人在签约时对特定情况的存在或发生做出的共同预想)。然而,新政的出台却导致上述主观交易基础丧失。

2. 关于“变更”的理解

情势变更原则中的“变更”应具有重大性、不可预见性和客观独立性。

(1)“变更”的重大性

情势变更原则要求“变更”具有重大性。

一方面,重大性可从变化的性质、程度来判断:①若属性质变化(“质变”),则该变化符合重大性特征;②若虽未达“质变”但变化的程度较大,则亦具重大性特征。

另一方面,重大性可结合变化造成的后果来判断,若造成了严重的利益失衡或使当事人的合同目的落空,则该等变化可能符合重大性特征。

(2)“变更”的不可预见性

情势变更原则要求“变更”具有不可预见性。《德国民法典》第 313 条对“变更”采取这样的描述:“已成为合同基础的情事在合同订立后发生了重大变更,而假使双方当事人预见到这一变更就不会订立合同或会以不同的内容订立合同的……”[5]《国际商事合同通则》规定构成“艰难情形”的事件应当是“受到不利影响的当事人在订立合同时不能合理地预见到”的事件。[6]

(3)“变更”的客观独立性

情势变更原则要求“变更”具有客观独立性,其并非当事人引起的,亦非当事人能够防止或缓解的。

---

〔5〕《德国民法典》,陈卫佐译注,法律出版社当当云阅读版本 2015 年版,当当云阅读位置第 158 页。

〔6〕国际统一私法协会:《国际商事合同通则(2010)》,兰磊译,载 https://wiki.mbalib.com/wiki/,最后访问日期:2018 年 7 月 28 日。

(4)“变更”特征的实际意义

“变更”的上述特征使情势变更区别于正常的商业风险。商业风险是一个十分宽泛的概念,包括一切使商业主体在从事商事活动中受损或无法达到预期收益的因素。广义而言,情势变更应属商业风险的一种。但法律上必须要将情势变更与正常的商业风险进行人为划分,以避免因滥用情势变更原则而对“契约严守”原则产生冲击。

正常的商业风险不具有重大性。其“属于从事商业活动所固有的风险,作为合同成立基础的客观情况的变化没有达到异常的程度,一般的市场供求变化、价格涨落等属于此类”[7]。

正常的商业风险具有可预见性。法律认为当事人对正常的商业风险承担预见义务。

正常的商业风险并非绝对的客观独立,其既有可能是客观独立的,也有可能是主观造成的或主观可控的。

情势变更与商业风险在理论上虽然能做较为清晰的区分,但二者在司法实务中却并非泾渭分明,需根据个案情况仔细甄别。

(二)情势变更原则与公平原则的联系

通说认为,情势变更原则系契约严守原则的一种例外。契约严守原则(或称“有约必守原则”)渊源于道德,因为约定作为人类的一项道德行为是具有约束力的。[8]但作为一项法律原则,单有道德渊源显然不够。当事人之间的约定要获得法律效力,该约定还必须符合法律之最低要求,该最低要求即私法自治的边界,凡在此界之内,可自由立约且该等约定当为法律认可和保护,若越界,将无法得到法律认可和保护。因而,法律要求民事主体严守私法自治边界内的契约,即是法律上的契约严守原则。

但是,即便在私法自治边界内,自由仍应受到各种法律原则和规则的调整。该等原则和规则,系私法自治的重要补充,公平原则即是其中之一。

1. 公平原则之“客观等价原则”和“主观等价原则”

公平原则与双务合同相关,其基本思想是:“在双务合同中,一方向另一方提

---

〔7〕 崔建远:《合同法(第三版)》,北京大学出版社 Kindle 版本 2016 年版,Kindle 位置 4172~4174。

〔8〕 [德]卡尔·拉伦茨:《德国民法通论》,王晓晔、邵建东、程建英、徐国建、谢怀栻译,法律出版社 2003 年版,第 55 页。

供了给付以后，就应获得‘适当的’、与给付的价值相适应的对待给付（‘客观等价原则’）”。[9]

“客观等价原则”认为给付与对待给付应价值相当。毋庸置疑，该观点系公平原则之应有之义。然若将“客观等价原则”理解为公平原则之全部，定会出现严重问题。因为“与给付的价值相适应的对待给付”在司法实务中难以把握，仅能靠法官自由裁量，但若许可法官照其自身标准评判，并在其个人认为利益失衡时授权其解除或修改合约，势必对私法自治、合同自由造成严重冲击。

故而学者只得提出公平原则之“主观等价原则”理论。该理论与“当事人是自己利益的最好法官”这一古老法谚异曲同工，认为：“只要每一方合同当事人根据他们自己的判断，认为另一方提供的给付与自己所提供的给付具有相等的价值，即可认定给付与对待给付之间具有等价关系。从这个原则出发，法律的任务就仅在于制定一些规则，以使每一方当事人都能够在无错误的和无强制的情况下形成自己的判断。”[10]因而该原则系我国《民法总则》第147条至第152条有关重大误解、欺诈、胁迫、显失公平（指利用危困状态、缺乏判断力等情形下的显失公平）等规则的理论基础。

2. 情势变更原则系“客观等价原则”之体现

公平原则包括“主观等价原则”和“客观等价原则”两个方面。

“主观等价原则”关注立约阶段，认为在立约阶段对民事主体的平等、自由、认知予以维护，则民事主体即可通过协商达成公平交易。

“客观等价原则”关心结果公平，是公平原则的终极追求。然立法者不能无视法官作为人在理性及道德方面的局限，也清醒地意识到司法权作为一种权力同样应被制衡。故而，法律仅允许法官在极其有限的范围内有条件地适用“客观等价原则”。

情势变更原则系“客观等价原则”的具体表现。其仅适用于因异常事件导致交易基础发生重大变化情形下的利益失衡情形，符合“客观等价原则”必须有限适用的要求。

---

〔9〕［德］卡尔·拉伦茨：《德国民法通论》，王晓晔、邵建东、程建英、徐国建、谢怀栻译，法律出版社2003年版，第60页。

〔10〕［德］卡尔·拉伦茨：《德国民法通论》，王晓晔、邵建东、程建英、徐国建、谢怀栻译，法律出版社2003年版，第61页。

二、我国有关情势变更原则的规定

我国的情势变更原则,规定于最高人民法院相关司法文件中。

(一)《经济合同法》时代

《合同法》实施前,我国依据1981年12月发布并于1993年9月修正的《经济合同法》调整合同关系。

1. 法函〔1992〕27号文

1992年3月6日,最高人民法院针对湖北高院的请示,发布了题为《最高人民法院关于武汉市煤气公司诉重庆检测仪表厂煤气表装配线技术转让合同购销煤气表散件合同纠纷一案适用法律问题的函》(法函〔1992〕27号)。该函认为:在合同履行过程中,发生了当事人无法预见和防止的情事变更,即生产煤气表散件的主要原材料铝锭的价格,由签订合同时每吨4400元至4600元,上调到每吨16,000元,铝外壳的售价也由每套23.085元上调到41元,如仍按约定价格供给煤气表散件,显失公平,对由此产生的纠纷,你院可依照《经济合同法》第27条第1款第4项,酌情予以公平合理解决。

最高人民法院在"法函〔1992〕27号"中同意湖北高院适用情势变更原则,但该函所援引的法条[11]不具有情势变更原则的外观特征,并非情势变更原则的规定。

耐人寻味的是,1993年9月,全国人大会常委会在对《经济合同法》进行修改时,将该法原第27条第1款第4项"由于不可抗力或由于一方当事人虽无过失但无法防止的外因,致使经济合同无法履行"改成了"由于不可抗力致使经济合同的全部义务不能履行",使该条款成为了纯粹的不可抗力条款,干脆利落地斩断了该条款因最高人民法院撮合而与情势变更原则萌生的暧昧关系。

2. 法发〔1993〕第8号文

1993年5月6日,最高人民法院印发《全国经济审判工作座谈会纪要》(法发〔1993〕第8号),提出:"由于不可归责于当事人双方的原因,作为合同基础的客观情况发生了非当事人所能预见的根本性变化,以致按原合同履行显失公平的,可

---

〔11〕 "法函〔1992〕27号"所援引的1981年版《经济合同法》第27条第1款第4项的主要内容是,"由于不可抗力或由于一方当事人虽无过失但无法防止的外因,致使经济合同无法履行",允许变更或解除经济合同。

以根据当事人的申请,按情势变更的原则变更或解除合同。"

(二)《合同法》时代

1. 法释〔2005〕6 号文

《合同法》立法过程中,情势变更原则曾数次写入征求意见稿、审议稿,但却最终未能于正式法律文件中获得一席之地。

2005 年 7 月,最高人民法院发布《关于审理涉及农村土地承包纠纷案件适用法律问题的解释》(法释〔2005〕6 号),其第 16 条规定:"因承包方不收取流转价款或者向对方支付费用的约定产生纠纷,当事人协商变更无法达成一致,且继续履行又显失公平的,人民法院可以根据发生变更的客观情况,按照公平原则处理。"在有关上述司法解释的答记者问中,最高人民法院相关负责人表示:在中央出台惠农政策前,土地承包经营权的流转有很多为零流转费或负流转费(俗称"倒贴皮""倒贴水")。随着惠农政策的贯彻,继续履行原约定将造成显失公平的结果。而这是政策重大调整所致,属于订立当时的基础或者环境,因不可归责于当事人的事由发生的非当初所能预料的变更。情事变更原则,可为此问题的解决提供有益参考。[12]

2.《合同法司法解释二》第 26 条

2009 年 2 月,最高人民法院发布《最高人民法院关于适用〈中华人民共和国合同法〉若干问题的解释(二)》(以下简称《合同法司法解释二》),其第 26 条规定:"合同成立以后客观情况发生了当事人在订立合同时无法预见的、非不可抗力造成的不属于商业风险的重大变化,继续履行合同对于一方当事人明显不公平或者不能实现合同目的,当事人请求人民法院变更或者解除合同的,人民法院应当根据公平原则,并结合案件的实际情况确定是否变更或者解除。"

2009 年 4 月,最高人民法院在其《最高人民法院关于正确适用〈中华人民共和国合同法〉若干问题的解释(二)服务党和国家的工作大局的通知》(法〔2009〕165 号)中要求各级法院在适用《合同法司法解释二》第 26 条时务必慎重,如确需在个案中适用,应报高级人民法院审核,必要时报最高人民法院审核。

2009 年 7 月,最高人民法院发布《关于当前形势下审理民商事合同纠纷案件

〔12〕 吴庆宝主编:《最高人民法院专家法官阐释民商裁判疑难问题(增订版)合同裁判精要卷》,中国法制出版社 2011 年版,第 56 页。

若干问题的指导意见》(法发〔2009〕40号),要求法院慎重适用情势变更原则,依法把握情势变更原则的适用条件,严格审查当事人提出的"无法预见"的主张,对于长期以来价格波动较大的大宗商品标的物以及股票、期货等风险投资型金融产品标的物的合同,更要慎重适用情势变更原则;在判断某种重大客观变化是否属于情势变更时,应当注意衡量风险类型是否属于社会一般观念上的事先无法预见、风险程度是否远远超出正常人的合理预期、风险是否可以防范和控制、交易性质是否属于通常的"高风险高收益"范围等因素,并结合市场的具体情况,在个案中识别情势变更和商业风险。

三、情势变更原则在工程施工合同领域的司法实践

(一)工程施工合同适用情势变更原则的常见情形

1. 因价格异常波动引起的情势变更争议

工程施工,是承包人根据法律规范、合同约定,通过施工管理、组织人员、安排机械设备、采购建筑材料,将各生产要素转化为建筑物、构筑物等施工成果的过程。

施工合同的计价形式包括固定总价、固定单价、可调价格、成本加酬金等。但无论采取何种形式,工程款作为一种广义的商品价格由"成本价格"直接决定,因而在符合一般经济规律的情况下,工程款的最低界限就是工程施工的"成本价格",即施工成本。而施工成本由施工过程中实际发生的人员、机械、建材等费用组成。工程施工所涉人员、机械、建材在种类、数量及结构方面都皆具复杂性,而该等生产要素的价格又具有市场波动性且与政治、经济、社会环境密切相关。这导致实际施工成本具有一定的不确定性。在生产要素价格发生异常波动的场合下,实际施工成本必与当事人在立约时的预想大相径庭。

施工合同领域,因生产要素价格波动引发的情势变更争议数量不少,尤其在固定总价、固定单价合同中最为常见。此类固定价格合同,将施工过程中发生的价格波动风险分配给了施工方单独承担,当工程款因生产要素价格异常波动大幅背离"成本价格"时,交易的公平性易被打破,纠纷难以避免。

2. 因政策调整或具体行政行为引起的情势变更争议

建设工程在政府监管、政策调控方面的复杂性,导致其即便进入了正式施工阶段,也有因政策、政府等无法预料的因素发生变更乃至取消的可能性。于此情形,情势变更及相关争议难以避免。

现实中不乏因政府原因导致的情势变更案件,如在新检电力公司与昌盛房产公司、特盛房产公司的施工合同纠纷案[(2014)辽审一民申字第131号]中,昌盛房产公司与新检电力公司签订《电力配套网络安装工程协议书》后,因规划调整导致当地政府向昌盛房产公司下达了取消其土地竟得人资格的通知,法院认为该变化系双方于缔约时无法预见的,致使合同的基础灭失,属情势变更。

(二)工程施工合同中情势变更原则的适用要件

工程施工合同领域情势变更原则的适用要件如下:

1. 客观要件

情势变更原则的客观要件包括时间要件、异常性要件、结果要件三个方面:

(1)时间要件

情势变更原则的时间要件,是指交易基础发生重大变更的时间应当在合同成立之后、履行完毕之前。

我国《合同法司法解释二》第26条同样要求客观情况发生重大变化的时间必须是"合同成立以后",虽然此条没有明确规定情势的变更必须发生于履约完毕之前,但该条"继续履行合同对于一方当事人明显不公平或者不能实现合同目的"的措辞完全可以推导出适用该原则的时候合同尚未履行完毕的结论。

(2)异常性要件

情势变更原则的异常性要件,是指作为交易基础的客观情况所发生的变更应当具有异常性。异常性要件使情势变更区别于正常商业风险。

我国《合同法司法解释二》第26条有关情势变更原则的规定,要求客观情况的重大变化"不属于商业风险",因而异常性要件同样是我国情势变更原则的适用要件之一。

异常性要件体现为不可预见性和重大性,故而我们可以从变更的原因以及变化的程度来判断是否达到异常。

如何分辨变更原因是否异常?若造成交易基础变更的原因并非市场固有的,而是来自于政策调控、法律变化、突发性社会事件、自然灾害等非市场系统固有原因,那么变更的原因就具有异常性。

如何分辨变化程度是否异常?变化程度的异常应采历史观察对比法,即若某种变化在历史上的程度相对均衡,但现今突然发生了相较于历史变化程度而言较大幅度的变化,则可认为出现了变化程度的异常。譬如,对于某种商品而言,其价格通常在一定波动区间内稳步上扬,我们可以观察该种商品的历史价格波动区间,若当下出现的价格波动大幅超出历史区间,即可认为出现了价格的异常波动。

(3)结果要件

情势变更的适用应以显失公平或合同目的落空为其结果要件。

我国《合同法司法解释二》第 26 条有关情势变更原则的规定,要求情势变更原则的适用必须满足“继续履行合同对于一方当事人明显不公平或者不能实现合同目的”的条件,因而显失公平或合同目的落空同样是我国有关情势变更原则的适用要件之一。

2. 主观要件

情势变更原则的主观要件,是指对于情势之变更,当事人在主观方面不存在可归责性。

(1)不可归因于当事人

情势之变更不是因为当事人自身原因引起的。比如某个施工合同因规划调整而发生交易基础的重大变化,但规划调整事宜并非政府原因造成,而是发包人基于自身商业目的向规划部门主动申报引起起的,于此场合,应当认为情势之变更对于发包人而言具有可归责性,相关纠纷无法适用情势变更原则。

(2)当事人不负有预见义务

当事人对于情势之变更未能预见,且不负有预见义务。关于当事人是否应负预见义务,一些司法判决值得商榷。比如,在鼎恒公司诉华蓥公司施工合同纠纷案[(2017)川 1681 民初 792 号]中,法院认为鼎恒公司对材料价格上涨具有预见义务,理由有三点:①原告系专门从事建筑工程的市场主体,对于价格浮动应具一定程度的预见和判断;②双方在合同中已约定“物价波动引起的价格调整方法:不调整”,说明双方在订立合同时已预见到建材价格变化市场风险;③原告称价格上涨系是国家宏观调控所致,但原告提交的调控政策的发布时间皆在立约前。笔者认为,上述理由中,除了第③点之外,第①点、第②点理由都不能成立:第一,原告具有行业经验,只能说明原告对于正常商业风险负有预见义务,无法据此要求其能够预见到价格异常波动;第二,合同中约定“物价波动引起的价格调整方法:不调整”亦是针对正常市场风险而言,该约定无法排除异常波动时情势变动原则的适用;第三,该案法院在逻辑上应先论证价格波动是否异常,若价格波动属正常的市场风险,则无须讨论当事人是否负有预见义务;而若价格波动确属异常,则法院在分析当事人对于该等异常是否负有预见义务之时,应认识到其提出的第①点、第②点理由皆是针对正常市场风险而言的,不能适用于异常波动情形。

(3)当事人无法避免或减缓

情势之变更并非当事人能够避免或减缓的。同样以施工过程中的价格异常上涨为例,倘若工程施工因承包人原因延误,延误期间出现建材价格异常上涨,则延误期间的情势变更当归责于承包人。

(三)情势变更原则在工程施工合同领域的若干实务问题分析

1. 关于价格异常波动的认定

如前文所述,因生产要素价格波动引发的情势变更案件是工程施工合同领域该类争议的常见类型。司法实务中,案涉建材价格上涨究竟是市场固有的商业风险还是异常波动,往往难以界定。根据上文有关异常性要件的分析,若案涉建材涨价属于异常波动,则其应具有不可预见性和重大性特征。而这两个特征具有一定程度的统一性:①价格波动若在程度上是重大的,超过了正常商业风险的范围,那么其同时也是不可预见的;②价格波动若由非市场固有因素造成,则其在符合不可预见性的同时,也需具备重大性特征才能区别于正常商业风险。

在认定价格波动是否属于情势变更的问题上,法官往往试图避免将市场固有风险与情势变更混淆。因而,其希望能够找到价格波动的真正原因。若该等原因并非市场固有,而是来自于政策异变、社会突发事件、自然灾害等非市场系统原因,则价格波动的异常性可以认定。

然而,笔者认为,上述不可预见性特征与重大性特征的统一性告诉我们:即便能够证明价格波动的原因极端异常,但若价格波动的幅度未达到重大性程度,依然无法认定波动具有异常性。在讨论价格异常波动时,单纯的原因异常是没有现实意义的。

事实上,要在个案中论证价格异常波动与非市场固有原因之间的因果关系又是何其艰难。价格涨跌的因素包括生产成本变化以及供求关系变化。前者是价格涨跌的直接内因,后者是价格涨跌的直接外因。若要在个案中证明某个政策变化致使价格异常波动,就必须要证明该政策导致了生产成本变化或供需关系变化。在当今社会这样一个“VUCA时代”,价格体系作为一个典型的复杂系统,其变动机理又岂是承包人能够轻易证明的?于此情形,难道还要承包人去聘请专家证人或专业研究机构出具相应的研究报告来论证因果关系?实际情况是,在许多案件中,法官往往只能看到政策变化(或类似的非市场因素)与价格波动之间存在“相关关系”,但却无法确认两者之间存在“因果关系”。

因而,在价格异常波动的认定问题上,试图通过证明原因异常来证明波动异常的思路,只是一个美好的愿望,并不具有可操作性。这样的裁判思路大大加重了承包人的证明责任,对承包人而言并不公平。

笔者认为,既然价格异常波动包括波动幅度异常的情况,那法官完全可以通过历史观察比较法来判断涨价幅度是否具有异常性。在建设工程领域,各地造价主管部门会定期公布主要建材和人工市场的信息价。这使我们可以通过历史观察比较法测得某个或某些生产要素的历史价格“振幅”。若案涉价格波动幅度相较于历史价格“振幅”而言具有明显的异常性,即可就价格波动的异常性得出肯定结论。

司法实务中,一些支持适用情势变更原则的案例亦未考虑价格波动的原因,而仅仅根据价格波动幅度,判决情势变更成立。例如,沈阳高等级公路建设总公司诉孙建发公司施工合同纠纷案[(2017)最高法民申 3108 号]、徐寅阶等与南托公司等施工合同纠纷案[(2011)益法民一终字第 91 号]、陶都公司与工艺学院施工合同纠纷案[(2017)苏 0282 民初 8431 号]、中冶天工集团与中国能源建设集团山西电力建设公司合同纠纷案[(2017)晋 01 民终 1805 号]等。

在上述(2017)苏 0282 民初 8431 号案件中,原告提供了 2016 年 10 月至 2017 年 7 月的《无锡工程造价信息》,根据该刊物所载,施工期间宜兴圆钢从 2440. 59 元/吨上涨到了 3656. 59 元/吨,宜兴 HRB400 盘螺 8mm 从 2471. 46 元/吨上涨到了 3638. 58 元/吨,无锡市镀锌钢管 DN150(DN25)每米单价从 69. 16 元(9. 53 元)上涨到了 86. 92 元(11. 94 元);原告还提供了从钢材价格网上下载的无锡钢材价格走势图、上海钢材价格走势图,以证明自 2016 年 10 月以来钢材价格大幅度上涨。法院最终认为:“根据证据可以认定在本案争议的建设工程施工合同签订后,短期内钢材价格即发生了大幅上涨,上涨的幅度之大是当事人在订立合同时无法预见的,属于合同成立后客观情况发生的重大变化”。笔者认为,该案法院通过造价部门发布的信息价认定建材大幅上涨的思路值得肯定。但遗憾的是,法院并没有将施工期间建材上涨幅度与施工前一段时间内的历史上涨幅度进行对比,在逻辑上存在瑕疵。原告举证的施工期间的信息价或许可以证明施工期间建材价格发生了较大幅度的上涨,但却无法证明这个上涨幅度是否异常,只有将施工期间的上涨幅度与施工前的一段时间内的历史上涨幅度进行对比,才能判断上涨幅度是否具有异常性。

另一个值得分析的案例是上述(2017)晋01民终1805号案件。该案中,法院并未依据历史观察比较法判断价格波动是否异常,而是认为施工期间山西省建设厅发布的"晋建标字(2008)116号文"已明确指出当时"钢材、砂、石等主要建材属于异常波动期间",据此可认定存在建材异常波动的客观事实。该案法院通过主管部门的文件来认定价格波动异常的思路,具有一定的参考价值,但是从严谨性角度而言,实践中不宜仅依据政府部门的文件认定价格波动的异常性,应结合价格波动历史综合判断。

2. 关于显失公平以及合同目的落空的认定

(1)关于显失公平的认定

显失公平是一个较难把握的模糊概念,司法实务中主要依赖法官的主观判断,易出现宽严不一、因人而异的情况。

在中兴通讯股份公司与中国建筑第五工程局施工合同纠纷案[(2016)粤民再331号]中,法院在分析工料机价格的上涨是否导致当事人权利义务显失平衡时认为:"确认一个客观事实的巨变是否属于情势变更,关键在于此项变更是否引起质的履行艰难,并且产生显失公平的结果,使一方当事人履行合同会遭受'经济废墟'或'生存毁灭'。具体到本案……工料机的调差价值亦只占工程造价的10.4%……中建五局因工料机价格上涨导致的差价损失幅度远未达到情势变更原则所要消除的当事人之间权利义务显失平衡的严重程度。"

笔者认为,该案件法院有关显失公平的标准过于严苛,况且,"当事人履行合同会遭受'经济废墟'或'生存毁灭'"又该如何证明?所以,是否显失公平,还应以一般大众的普世标准理性评判。

如本文第一部分所述,情势变更原则系公平原则之"客观等价原则"的体现。"客观等价原则"强调给付与对待给付之间的适当性。据此,在工程施工合同情势变更纠纷中,是否达到显失公平有时可通过成本计算、造价鉴定等方式确认。

(2)关于合同目的落空的认定

关于合同目的落空的认定,首先涉及对于合同目的这一概念的理解。我国学者崔建远将合同目的分为"典型交易目的(客观目的)""动机(主观目的)"。

从抽象视角来看,典型交易目的(客观目的)即当事人"所欲实现的法律效果",如在买卖合同中,买受人的典型交易目的是取得标的物的所有权,出卖人的典型交易目的是获得价款。[13]

主观目的,就是当事人订立合同的动机。[14]因为动机因人而异,藏于当事人的内心,难以证明,所以,法律对于动机一般不予评价,不对动机赋予相应的法律后果。但由于典型交易目的(客观目的)理论无法满足所有情况,故不宜总是把合同目的局限于典型交易目的,应当视案情的不同而在某些情况下将动机也作为合同目的。典型交易目的(客观目的)与动机(主观目的)之间存在一定联系,主观目的(某些情况下的动机),被强调为当事人所共知而具有了某种程度的客观性,它不再属于严格的主观范畴。但这种客观性仅仅体现在具体的合同中,而不像典型交易目的(客观目的)那样,在类型相同的合同中不具差别。典型交易目的(客观目的)理论乃以一项一般推定为基础,但显然的事实是,所推定的典型交易目的(客观目的)可以通过对当事人在缔约情境下表示的更为具体的动机(主观目的)的证明来压制或予以限制。[15]

我国《合同法》第 269 条规定,建设工程合同是承包人进行工程建设,发包人支付价款的合同。建设工程合同包括工程勘察、设计、施工合同。据此,工程施工合同属于我国《合同法》第 16 章规定的典型合同(有名合同),其典型交易目的(客观目的),就承包人而言为通过施工获取发包人支付的工程价款,就发包人而言为获得合格的建筑物、构筑物等施工成果。

对于一些工程施工合同情势变更纠纷案而言,仅需根据典型交易目的(客观目的)理论即可判断合同目的是否落空。比如,前述新检电力公司与昌盛房产公司、特盛房产公司施工合同纠纷案[(2014)辽审一民申字第 131 号],因规划调整导致发包人无获取施工成果之必要,继续履行对发包人而言毫无意义,此类案件即是情势变更导致典型交易目的(客观目的)落空的例子。

但是,对于因生产要素价格波动引发的施工合同情势变更争议而言,适用典型交易目的(客观目的)理论是毫无意义的,因为即便因生产要素价格波动导致承包人未能取得期望收益,从典型交易目的(客观目的)的角度而言,承包人依然达到了通过施工获取发包人工程价款的合同目的。

那么我们是否可以将"获取期望的经济收益"作为承包人的动机(主观目的),进而适用上述动机(主观目的)理论,判断承包人的合同目的是否落空?

---

〔13〕 崔建远:《论合同目的及其不能实现》,载《吉林大学社会科学学报》2008 年第 3 期。

〔14〕 崔建远:《合同法》(第 3 版),北京大学出版社 Kindle 版本 2016 年版,Kindle 位置 13582。

〔15〕 崔建远:《论合同目的及其不能实现》,载《吉林大学社会科学学报》2008 年第 3 期。

笔者认为,若承包人的期望经济收益未明确约定于合同中,亦无证据证明发包人已知或应知,则上述问题的答案是否定的。当事人的动机(主观目的)是深藏于内心而难以探究的。虽就一般情形而言,民事主体的经济活动具有直接获利目的,但若针对某一具体合同,仅靠上述推论是无法确知当事人的真实交易动机(期望经济收益)的。况且,若没有任何证据证明,如何知晓承包人的期望经济收益到底是多少?又如何判断该期望经济收益是否达成?鉴于此,崔建远认为:"把动机作为合同目的时,需要注意以下几点:(1)合同目的应是当事人双方在合同中通过一致的意思表示而确定的目的。(2)当事人双方内心所欲达到的目的不一致时,以双方均已知或应知的表示于外部的目的为准。"〔16〕

那么,如果在某个施工合同纠纷案中,承包人因情势变更,非但未取得预期收益,而且还出现了无任何收益甚至亏损的情况,于此情形,能否依上述动机(主观目的)理论认为承包人的合同目的落空了呢?

笔者认为,所谓"动机",是主体从事某个行为的缘由;所谓"目的",是主体基于动机从事某个行为所追求的结果。因而,"目的"具有对于结果进行积极追求之内涵。不希望获取零收益或者不希望产生亏损(不希望某个结果发生),不是对于结果的积极追求,逻辑上应不属于"目的"的范畴。再者,若言某人订立合同的目的在于不亏钱,属实不符合商业活动以赚钱为目的的生活常识。另外,情势变更原则的结果要件包括了显失公平以及合同目的落空两类。倘若在某个施工合同情势变更纠纷案中,承包人能够证明其因情势变更所获收益微乎其微甚至产生亏损,则该案法官完全可将显失公平作为结果要件认定,实无论证合同目的落空之必要。

3. 合同中有关价格不可调的约定是否能够排除情势变更原则的适用

司法实践中,一些法官基于当事人之间签订的是固定价合同,或可调价合同已对价格风险范围进行了约定为由,认为当事人对于价格波动已有预见且已做约定,进而排除情势变更原则的适用,比如上文提到的鼎恒公司诉华蓥公司施工合同纠纷案[(2017)川1681民初792号]。

笔者认为上述思路值得商榷。首先,当事人有关价格固定或价格风险范围的约定,皆是针对正常商业风险而言,并不涉及异常波动情形。其次,"情势变更原则有其严格的法定的适用条件,是法定原则,其适用本身是对合同约定的调整。

〔16〕 崔建远:《论合同目的及其不能实现》,载《吉林大学社会科学学报》2008年第3期。

因此,当事人无法通过约定排除情势变更原则的适用”。[17]

4. 关于“法〔2009〕165 号文”的程序性要求

2009 年 4 月,最高人民法院发布《关于正确适用〈中华人民共和国合同法〉若干问题的解释(二)服务党和国家的工作大局的通知》(法〔2009〕165 号),该通知明确规定,若法院确需在个案中适用情势变更原则,应由高级人民法院审核,必要时提请最高人民法院审核。

关于上述程序性规定,辽宁省高级人民法院在罗星皮革公司与当代实业公司房屋买卖合同纠纷案[(2012)辽民一终字第 167 号]中称:“一审法院适用情势变更原则未经本院及最高法院审核,程序违法,应予纠正”;同样,贵州省毕节市中级人民法院在齐清龙、刘家能股权转让纠纷案[(2015)黔毕中民商终字第 14 号]中亦表示,一审法院在适用情势变更原则时未履行报请程序,存在程序性问题。

笔者认为,法〔2009〕165 号文的程序性要求,应系最高人民法院制定的司法系统内部规定,不属于法定程序。违反法〔2009〕165 号文的程序性要求并非《民事诉讼法》第 170 条第 1 款第 4 项规定的严重违反法定程序情形,不产生应发回重审的后果。最高人民法院的该程序性要求,旨在限制情势变更原则的任意适用,具有一定的合理性。但是,针对民事纠纷案件,我国法律已设置上诉程序、再审程序,若当事人认为一审法院适用情势变更原则错误,可通过提起上诉、申请再审等法定程序救济。由此来看,假使日后我国民法典债法篇设置了情势变更原则,法〔2009〕165 号文的程序性要求似无继续存在之必要。

四、结语

在工程施工合同领域,有关情势变更原则的适用争议从未停歇。但此类案件有关情势变更的认定问题在司法实践中尚未有统一惯例或公认理论。本文尝试通过分析情势变更原则的基本概念和特征、构成要件、实际案例等,就情势变更原则在工程施工合同领域的适用为读者提供相关参考意见。笔者认为,在工程施工合同领域完善情势变更原则的适用理论,有利于维护、改善建筑行业的公平交易环境,具有关涉房产建筑业健康发展的重大意义,值得我们认真研究和持续探讨。望本文能起抛砖引玉之效,推动有关司法实务的发展。

---

〔17〕 吴庆宝主编:《最高人民法院专家法官阐释民商裁判疑难问题(增订版)合同裁判精要卷》,中国法制出版社 2011 年版,第 58 页。

建设工程施工合同诉讼法律实务

——兼论《司法解释(二)》施行下的质量、造价及工期问题

庄永宏* 徐 玮**

2018 年 12 月 29 日,最高人民法院发布《关于审理建设工程施工合同纠纷案件适用法律问题的解释(二)》(法释〔2018〕20 号,以下简称《司法解释二》)。《司法解释二》经最高人民法院审判委员会第 1751 次会议讨论通过,于 2019 年 2 月 1 日起施行。针对近年来建筑市场的新变化、司法实践的新问题、管理政策的新突破,《司法解释二》就建设工程施工合同效力、建设工程价款结算、工期确定、建设工程鉴定、建设工程价款优先受偿权和实际施工人权利保护等问题作了规定,也将对当前建设工程施工合同纠纷审判工作、律师代理工作以及各建筑市场主体的行为产生重大影响。

一、建设工程施工合同纠纷特点

根据《合同法》第 269 条的规定,建设工程合同是承包人进行工程建设,发包人支付价款的合同,包括工程勘察、设计、施工合同。建设工程合同属承揽合同中的一种。

从案由上看,建设工程合同纠纷分为勘察合同纠纷、设计合同纠纷、施工合同纠纷等,根据中国裁判文书网〔1〕的检索结果,截至 2019 年 1 月 17 日,案由为建

---

* 庄永宏,上海市锦天城律师事务所上海办公室合伙人,西南交通大学土木工程学士、华东政法大学经济法硕士;擅长领域为房地产与建设工程诉讼仲裁、房地产项目开发与施工营建、房地产并购与项目投融资、PPP、公司商事治理等。

** 徐玮,上海市锦天城律师事务所上海办公室律师助理,中国政法大学法学硕士;协助专业律师在房地产与建设工程诉讼仲裁、房地产并购与项目投融资等方面提供法律服务。

〔1〕 中国裁判文书网,http://wenshu.court.gov.cn,最后访问日期:2019 年 1 月 17 日。

设工程合同纠纷的民事判决书共323,464份,其中,勘察类586份,设计类2738份,施工类191,394份,工程价款优先受偿权纠纷类283份,分包合同纠纷类25,042份,监理类965份,装饰装修类43,512份,铁路修建类83份,农村建房施工类9610份,其他类民事判决书49,251份,其数量分布如图1所示:

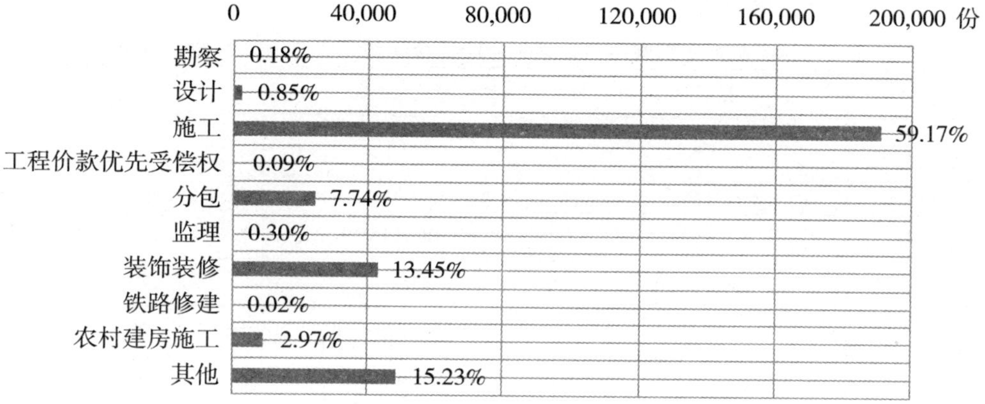

图1　建设工程合同纠纷民事判决书

从受理法院上看,根据中国裁判文书网的收录结果,建设工程施工合同纠纷的法院审理层级情况如表1所示:

表1　中国裁判文书网中建设工程施工合同纠纷法院审理层级情况

序号	法院层级	判决书数量(份)	所占比例(%)
1	最高人民法院	369	0.19
2	高级人民法院	7720	4.03
3	中级人民法院	62,196	32.50
4	基层人民法院	121,109	63.28
	—	191,394	100

中级以上人民法院一审审理的建设工程施工合同纠纷占比达36.72%。

由此可见,在建设工程合同诉讼中,施工合同纠纷诉讼数量最多,其所占比例达59%。究其原因,建筑工程具有资金密集、专业性强、周期长、从业人员众多等特点。长期以来,建设资金普遍不足、建筑市场准入要求等因素导致挂靠、违法转包与非法分包等现象,引发拖欠工程款项、工程质量不达标、工期延误等纠纷,而纠纷背后往往伴随着巨大的利益失衡和纠偏诉求。

二、建设工程施工合同纠纷核心问题

通过中国裁判文书网的关键词检索,在设置了案由为“建设工程施工合同纠纷”、文书类型为“判决书”后,笔者选取了与实体问题有关的十个关键词,来依次进行检索,结果如表2所示:

表2　中国裁判文书网中与建设工程施工合同纠纷实体相关的关键词检

序号	关键词	出现频次(次)	所占比例(%)
1	违约金	49,717	26
2	鉴定	56,081	29
3	质量	100,115	52
4	无效合同	33,663	18
5	转包	43,221	23
6	工期	84,934	44
7	招标	30,190	16
8	挂靠	22,435	12
9	造价	93,401	49
10	保证金	47,354	25

考虑到存在单份判决书多次出现同一关键词的情形,故实际涉及相应关键词的判决书数量低于上述比例,但作为数据参考,仍可以看出工期、质量、造价是建设工程施工合同诉讼中争议最为突出的三类问题。针对这三类问题,笔者将结合实务心得,逐一解读分析。

(一)质量问题

建设工程施工合同纠纷的特殊性在于,建设工程的最终所有人或者使用人往往不是发包人、承包人等建设工程施工合同的当事人,而是购房人或者其他不特定的社会主体,建设工程具有显著的公共性,这使建设工程施工合同涉及公共利益和第三人利益保护问题。司法对公共利益和第三人利益的保护,主要通过保障建设工程质量安全来实现。[2] 本次《司法解释二》继续贯彻2004年《最高人民法院关于审理建设工程施工合同纠纷案件适用法律问题的解释》(法释〔2004〕14号,以下简称《司法解释(一)》)的精神,将保障建设工程质量、保护人民群众人身和财产安全放在第一位,在内容上,《司法解释二》规定了一些以质量合格为前提的权益保障条款,这样的审判精神旨在督促建设工程施工合同主体进一步重视质量问题。新规之下,律师在代理质量纠纷案件中应着重关注以下问题:

1. 竣工验收

工程结算的前提是工程质量合格,工程是否竣工验收不仅确定实际工期,也是确定工程质量是否合格的标准,还是划分工程质量责任与保修责任的时点。在质量纠纷中,法院也会根据工程是否已经办理竣工验收而区分不同的审判思路与步骤,对于未经验收的工程,法院通常会组织当事人尽快办理相关手续或者委托工程质量鉴定,而对于已经验收合格的工程,则以保修责任的认定为主。

对于发包人拖延验收或未经验收而擅自使用工程之情形,视为质量合格。此外,根据《司法解释二》第19条[3]及第20条[4]的规定,工程质量合格,即使尚未竣工,承包人仍享有就其承建工程部分折价或者拍卖的价款优先受偿的权利,此处条文并未限制合同的效力应为有效。《司法解释二》第21条[5]规定,在当事人签订的数份合同均为无效的情况下,只要工程质量合格,法院支持当事人参照实际履行的合同结算工程款。由此可以看出,《司法解释二》对于按照质量要求进行施工的承包人给予有力的法律支持。

---

〔2〕《最高人民法院民一庭负责人就〈最高人民法院关于审理建设工程施工合同纠纷案件适用法律问题的解释(二)〉答记者问》,载中华人民共和国最高人民法院,http://www.court.gov.cn/zixun-xiangqing-137941.html,最后访问日期:2019年1月3日。

〔3〕《最高人民法院关于审理建设工程施工合同纠纷案件适用法律问题的解释(二)》第19条:"建设工程质量合格,承包人请求其承建工程的价款就工程折价或者拍卖的价款优先受偿的,人民法院应予支持。"

〔4〕《最高人民法院关于审理建设工程施工合同纠纷案件适用法律问题的解释(二)》第20条:"未竣工的建设工程质量合格,承包人请求其承建工程的价款就其承建工程部分折价或者拍卖的价款优先受偿的,人民法院应予支持。"

〔5〕《最高人民法院关于审理建设工程施工合同纠纷案件适用法律问题的解释(二)》第11条:"当事人就同一建设工程订立的数份建设工程施工合同均无效,但建设工程质量合格,一方当事人请求参照实际履行的合同结算建设工程价款的,人民法院应予支持。实际履行的合同难以确定,当事人请求参照最后签订的合同结算建设工程价款的,人民法院应予支持。"

2. 工程保修问题

实践中,承包人起诉发包人要求支付工程款,发包人往往以工程质量不合格为由提出抗辩,以求少付甚至不付工程款,根据《司法解释二》第 7 条[6]之规定,若发包人想要就工程质量问题,要求承包人支付违约金或者赔偿修理、返工、改建的合理费用等损失,则应提起反诉,法院可以合并审理。在工程竣工验收之前,若发包人或监理人认为工程质量存在问题的,承包人承担返工等工程质量责任,自工程竣工验收合格之日起,承包人对建设工程在保修期内承担保修之法定义务,缺陷责任期满后,承包人无须向发包人承担质量缺陷责任,但不影响承包人根据合同约定或法律规定履行工程保修义务。

工程质量问题较为复杂,涉及主体多,勘察、设计、施工、监理、材料或构配件供应单位均可能成为建设工程质量缺陷责任方。出现争议时,作为代理律师,应根据案件情况,考虑上述主体是否存在责任,来决定是否追加当事人,以便法院确定责任归属。

3. 质量纠纷案件中的鉴定问题

本次《司法解释二》第 14 条[7]规定了施工合同诉讼中的鉴定问题,在当事人对工程造价、质量、修复费用等专门性问题有争议,且人民法院认为需要鉴定的情况下,法院应向负有举证责任的当事人释明,当事人经释明后未采取相应行为的,则面临承担举证不能的法律后果。需要注意的是,该条第 2 款规定了在一审中经法院释明后未申请鉴定的当事人于二审中申请时,法院将不予准许。

作为代理律师,应将鉴定的重要性告知当事人,并充分告知鉴定的风险与特征,协助当事人进行合理决策。具体而言,在《司法解释二》施行的背景下,面对质量纠纷中的鉴定,律师应关注以下两个方面:

一是鉴定的范围与事项。质量纠纷中的鉴定通常围绕质量和修复费用而展

---

〔6〕《最高人民法院关于审理建设工程施工合同纠纷案件适用法律问题的解释(二)》第 7 条:“发包人在承包人提起的建设工程施工合同纠纷案件中,以建设工程质量不符合合同约定或者法律规定为由,就承包人支付违约金或者赔偿修理、返工、改建的合理费用等损失提出反诉的,人民法院可以合并审理。”

〔7〕《最高人民法院关于审理建设工程施工合同纠纷案件适用法律问题的解释(二)》第 14 条:“当事人对工程造价、质量、修复费用等专门性问题有争议,人民法院认为需要鉴定的,应当向负有举证责任的当事人释明。当事人经释明未申请鉴定,虽申请鉴定但未支付鉴定费用或者拒不提供相关材料的,应当承担举证不能的法律后果。一审诉讼中负有举证责任的当事人未申请鉴定,虽申请鉴定但未支付鉴定费用或者拒不提供相关材料,二审诉讼中申请鉴定,人民法院认为确有必要的,应当依照民事诉讼法第一百七十条第一款第三项的规定处理。”

开，具体而言，就是对是否存在质量问题、质量问题的原因以及修复费用进行鉴定。根据《司法解释二》第15条[8]之规定，法院准许当事人的鉴定申请后，应根据当事人申请及查明案件事实的需要，确定委托鉴定的事项、范围、鉴定期限等。在需要鉴定的情况下，代理律师应紧扣当事人的争议内容，明确鉴定的范围，一旦对法院认定的鉴定范围或事项有异议，应及时书面提出。实践中，部分地区法院出现"超前鉴定"的情况，如当事人还未就质量问题的责任范围、责任归属达成一致，法官却依职权对整改修复方案和修复费用启动了鉴定程序。

二是对鉴定结论的质证。司法鉴定结论并不必然是裁决依据，本质上仍是证据的一种形式。本次《司法解释二》第16条[9]规定了法院应组织当事人对鉴定意见进行质证，并明确规定，未经当事人质证的材料以及据此作出的鉴定意见不得作为认定事实的证据。该条款在一定程度上可减少当前司法鉴定领域"以鉴代审"的失范现象，也可敦促法官在鉴定开展之前，对双方当事人的主张和证据进行更为仔细的梳理。在质证环节中，代理律师若对鉴定所涉的证据材料、鉴定方法或鉴定结论有异议，应对照《证据规则》[10]第27条[11]和第29条[12]之规定有针对性地向法官提出异议，并及时提交详细的书面质证意见，该质证意见应既考虑到法律层面，又要包含工程专业层面，必要时代理律师应积极寻找专业知识和专家辅助证据的支持。

---

〔8〕《最高人民法院关于审理建设工程施工合同纠纷案件适用法律问题的解释（二）》第15条："人民法院准许当事人的鉴定申请后，应当根据当事人申请及查明案件事实的需要，确定委托鉴定的事项、范围、鉴定期限等，并组织双方当事人对争议的鉴定材料进行质证。"

〔9〕《最高人民法院关于审理建设工程施工合同纠纷案件适用法律问题的解释（二）》第16条："人民法院应当组织当事人对鉴定意见进行质证。鉴定人将当事人有争议且未经质证的材料作为鉴定依据的，人民法院应当组织当事人就该部分材料进行质证。经质证认为不能作为鉴定依据的，根据该材料作出的鉴定意见不得作为认定案件事实的依据。"

〔10〕《最高人民法院关于民事诉讼证据的若干规定》（法释〔2001〕33号，以下简称《证据规则》）。

〔11〕《证据规则》第27条："当事人对人民法院委托的鉴定部门作出的鉴定结论有异议申请重新鉴定，提出证据证明存在下列情形之一的，人民法院应予准许：（一）鉴定机构或者鉴定人员不具备相关的鉴定资格的；（二）鉴定程序严重违法的；（三）鉴定结论明显依据不足的；（四）经过质证认定不能作为证据使用的其他情形。对有缺陷的鉴定结论，可以通过补充鉴定、重新质证或者补充质证等方法解决的，不予重新鉴定。"

〔12〕《证据规则》第29条："审判人员对鉴定人出具的鉴定书，应当审查是否具有下列内容：（一）委托人姓名或者名称、委托鉴定的内容；（二）委托鉴定的材料；（三）鉴定的依据及使用的科学技术手段；（四）对鉴定过程的说明；（五）明确的鉴定结论；（六）对鉴定人鉴定资格的说明；（七）鉴定人员及鉴定机构签名盖章。"

(二)造价问题

工程价款是当事人在施工合同中约定,发包人用以支付承包人按照合同约定完成承包范围内全部工程并承担质量保修责任的款项。

在建设工程的结算阶段,发包人与承包人常常就工程造价产生争议,其原因可能是对合同约定、变更签证、工程量核算以及工程结算资料等产生了分歧。由于造价纠纷涉及施工过程的方方面面,且工程造价具有特定的计算标准和方式,故工程造价诉讼通常要求代理律师具备一定的工程计价知识。作为工程律师,除了不断积累相关的专业知识,在实务中还应注意以下问题:

1. 合同价款的约定问题

根据《建筑工程施工发包与承包计价管理办法》第13条〔13〕之规定,当事人双方在确定合同价款时,应当考虑市场环境和生产要素价格变化对合同价款的影响,在确定价款的方式上主要包括单价方式、总价方式以及成本加酬金方式。不同的合同价格形式所影响的实际上是发包人和承包人之间的风险分配,主要体现在工作内容风险、工程量风险、单价风险等上。实践中,当事人围绕合同价款约定而争议的内容主要是承包范围问题、工程量问题以及价格问题,在固定总价合同中,此类争议尤其突出。

针对承包范围争议,代理律师应该将合同约定与建筑行业规定及常识相结合,理解固定总价合同固定的是合同承包范围内的工程内容,在承包范围之外的工程,仍可以追加价款,故承包人一方的代理律师应着重将约定承包范围与实际施工范围的比对结果予以明确。

固定总价合同中,发包人会提供图纸和说明、工程量清单,承包人在报价时仍需要再核算工程量,并自行承担漏算、错算的风险。

针对价款争议,代理律师应明确是因材料等成本上涨所引起的,还是因为设计变更、发包人增减工程量所造成。与工程量纠纷类似,在固定总价合同履行中,价格上涨的风险一般由承包人予以承担,但过高的涨幅对于低价中标又签订固定

---

〔13〕《建筑工程施工发包与承包计价管理办法》第13条:"发承包双方在确定合同价款时,应当考虑市场环境和生产要素价格变化对合同价款的影响。实行工程量清单计价的建筑工程,鼓励发承包双方采用单价方式确定合同价款。建设规模较小、技术难度较低、工期较短的建筑工程,发承包双方可以采用总价方式确定合同价款。紧急抢险、救灾以及施工技术特别复杂的建筑工程,发承包双方可以采用成本加酬金方式确定合同价款。"

总价合同的承包人来说,可能已超出其可以承担的商业风险。作为承包人代理律师,可就该等情形属于当事人在签约时无法预见的客观情势变更进行论述。考虑到情势变更在证明上存在一定的难度,代理律师应就价格变动搜集较为权威的资料,并可采用价格趋势图或对比图等可视化形式进行呈现。

2. 造价纠纷中的鉴定问题

在造价纠纷中,由于工程价款计算的专业性、技术性,法院往往需要借助鉴定机构来辅助确定造价,实务中,代理律师需要谨慎看待造价鉴定。

首先,代理律师应判断案件是否存在鉴定的必要。本次《司法解释二》第12条〔14〕和第13条〔15〕规定了两类不予鉴定的情形,一般而言,若双方当事人已就价款达成过合意,无论是采用结算协议,还是共同认可了工程造价咨询意见,法院便不再允许当事人申请鉴定。

其次,对于待鉴事项,相应的证据必须先经过庭审质证,确定真伪后,方可作为鉴定依据,代理律师还需要对鉴定的时间、鉴定事项以及鉴定方案等内容进行核查。根据《司法解释二》的精神,鉴定应在双方当事人主要证据材料已提交并质证完毕、案件诉争焦点已经完全明晰的时候启动,此时鉴定已成为解决诉争问题的最后环节,如此可避免"以鉴代审"。

"以鉴代审"是当前民事审判中一个较为突出的问题。因建设工程造价鉴定不同于资产评估,造价鉴定是基于确定工程款支付金额的目的,按照双方当事人事先约定的计价标准和计价方法来确定建设工程造价,故其具有"从约性"的特点。在造价争议案件中,合同约定的计价标准和方法、造价鉴定所依据材料的三性等问题,都属于案件的法律问题和事实问题,而非专门性、技术性问题,因此上述问题应由法院依法查清并予以认定。若鉴定机构代替法院认定了前述法律问题和事实问题,混淆了审判和鉴定的界限,则导致损害当事人意思自治、妨碍司法公正。

作为代理律师,应知晓司法实践中有哪些常见问题,并了解鉴定环节所涉及的程序与法律规定,做到每个步骤都心中有数。一旦发现法院或鉴定机构出现不

---

〔14〕《最高人民法院关于审理建设工程施工合同纠纷案件适用法律问题的解释(二)》第12条:"当事人在诉讼前已经对建设工程价款结算达成协议,诉讼中一方当事人申请对工程造价进行鉴定的,人民法院不予准许。"

〔15〕《最高人民法院关于审理建设工程施工合同纠纷案件适用法律问题的解释(二)》第13条:"当事人在诉讼前共同委托有关机构、人员对建设工程造价出具咨询意见,诉讼中一方当事人不认可该咨询意见申请鉴定的,人民法院应予准许,但双方当事人明确表示受该咨询意见约束的除外。"

规范行为之趋势时,应及时提出异议。

(三)工期问题

施工过程中,工期与项目整体规划以及后续的商业开发密切相关,通过科学的施工组织设计后,可确定合理工期。为了督促施工单位按时完成工程建设,建设单位在招标文件或者在合同中,通常就工期延误情况约定相应的违约责任。而实际施工的进度可能受到多种因素的影响,除不可抗力外,有的属于建设单位原因,如施工场地未如期移交、建设资金未及时到位、增加工程量、设计变更等,有的属于施工单位自身的原因,如管理失控、施工难度预计不足、主动停工等。在此类案件中,代理律师需要关注以下三个关键问题:

1. 开工日期的确定

开工日期不仅关乎整个工期长短的计算,也常常被承包人用作主张延迟开工而顺延工期的理由之一。本次《司法解释二》第5条[16]就当事人对开工日期存在争议的情况,明确了人民法院进行认定的规则,即一般以发包人或者监理人发出的开工通知载明的开工日期为准,实际进场施工日期与开工通知不一致的,除了因承包人原因推迟开工以及承包人未经发包人同意擅自进场施工之情形外,应该以实际进场施工的日期为开工日期。针对实践中存在未发出开工通知且实际开工日期无法证实的情况,《司法解释二》规定了法院就开工日期认定方面的自由裁量权,法院应综合考虑开工报告、合同、施工许可证、竣工验收报告或者竣工验收备案表等载明的时间以及是否具备开工条件的事实来认定开工日期。由条文可知,法官运用自由裁量权认定开工日期的参照因素主要有两项,一是现有材料所载明的时间,二是开工条件具备之时间。

作为代理律师,在面对开工日期争议时,需要协助委托人就具备开工条件的要件、建设单位或者监理单位发出的开工令形式要件及实质要件、前期进场准备

---

〔16〕《最高人民法院关于审理建设工程施工合同纠纷案件适用法律问题的解释(二)》第5条:“当事人对建设工程开工日期有争议的,人民法院应当分别按照以下情形予以认定:(一)开工日期为发包人或者监理人发出的开工通知载明的开工日期;开工通知发出后,尚不具备开工条件的,以开工条件具备的时间为开工日期;因承包人原因导致开工时间推迟的,以开工通知载明的时间为开工日期。(二)承包人经发包人同意已经实际进场施工的,以实际进场施工时间为开工日期。(三)发包人或者监理人未发出开工通知,亦无相关证据证明实际开工日期的,应当综合考虑开工报告、合同、施工许可证、竣工验收报告或者竣工验收备案表等载明的时间,并结合是否具备开工条件的事实,认定开工日期。”

工作及实际进场施工的区别、迟延开工责任归属等问题进行梳理，结合施工日记、监理日记、会议纪要等现场资料来加以确定。

2. 工期顺延问题

工期顺延，是由于发包人原因或不可抗力原因，导致实际工期落后于合同约定工期或超出合同工期，承包人请求延长合同工期的情形。工期顺延的前提是工期延误的事实出现，而工期延误并不必然导致工期顺延，一般还应当出现工期顺延的事由，同时工期延误与该事由存在因果关系。当事人围绕工期顺延所产生的争议主要出现在发包人向承包人主张工期违约金以及承包人向发包人主张工期索赔的纠纷中。

在工期索赔案件中，承包人主张行使工期顺延的权利，不仅受限于工期顺延成立条件的满足，还经常受限于合同中约定的索赔程序。实务中，合同除了约定承包人工期索赔的程序之外，部分合同还对承包人未依程序索赔的后果予以进一步约定，比如，约定承包人未依索赔程序进行的索赔无效，或者视为未索赔、放弃索赔、索赔不成立。〔17〕 对于工期顺延是否必须提出相关请求或者承包人未按合同约定进行工期索赔是否导致工期顺延权利丧失存在不同的观点，这也往往是工期顺延问题的争议之处。本次《司法解释二》第6条〔18〕对这一争议问题作出了进一步的规定，从条文内容来看，新的审判精神充分保障了承包人合理主张工期顺延之权利，这在一定程度上缓解了承包人提出工期顺延申请后发包人未给予确认的被动地位。

3. 工期争议案件中的举证问题

无论是发包人提出的工期违约金纠纷，还是承包人提出的工期索赔纠纷，证明责任的分配以及对应的证明标准都是代理律师应重点关注的问题。

对于发包人来说，在主张工期违约及索赔时，发包人证明的是存在工期延误

---

〔17〕 曹文衔：《施工合同有效和无效情形下工期顺延的认定：兼评〈建设工程施工合同司法解释（二）〉（征求意见稿）第十一条》，载无讼APP，https://victory.itslaw.com/victory/api/v1/articles/article/aab326a1 - b445 - 4896 - a3b7 - dcc1a4fb3183？downloadLink = 2&source = iOS，最后访问日期：2017年11月15日。

〔18〕《最高人民法院关于审理建设工程施工合同纠纷案件适用法律问题的解释（二）》第6条："当事人约定顺延工期应当经发包人或者监理人签证等方式确认，承包人虽未取得工期顺延的确认，但能够证明在合同约定的期限内向发包人或者监理人申请过工期顺延且顺延事由符合合同约定，承包人以此为由主张工期顺延的，人民法院应予支持。当事人约定承包人未在约定期限内提出工期顺延申请视为工期不顺延的，按照约定处理，但发包人在约定期限后同意工期顺延或者承包人提出合理抗辩的除外。"

的事实，需要举证说明约定工期和实际工期的差距。针对承包人的抗辩，发包人需要进一步提供证据证明工期延误是承包人造成，甚至还要进一步组织证据来反驳承包人工期顺延的主张。通常要结合承包人提交的施工组织设计、每月的施工进度计划、工程进度款支付情况、施工日记、监理日记、气象部门的天气记录等。

对于承包人来说，向发包人主张工期索赔或者主张自己不应承担逾期违约责任时，应举证证明存在工期顺延的事项，且需证明实际延误的天数，以及在关键线路上存在因果关系，若合同对于承包人提起工期顺延有程序性要求的，承包人应提供证据证明自己已履行了相应的程序，在工期索赔案件中，承包人还应就工期延长而造成的窝工费、机械费等损失进行证明。实践中，承包人一方的律师常常仅主张存在设计变更、图纸延误、工程量增加等可能引起工期延误的因素，但未举证上述因素确实导致了工期延误以及实际延误的天数，也并未就上述因素发生在关键线路上进行强调，这可能导致承包人一方未达到工期延误免责或索赔的证明标准。

三、结语

本次《司法解释二》对建设工程施工合同纠纷中如何处理工程质量、工程结算和工期问题作出了进一步规定，也规范了工程鉴定问题。在建设工程施工合同诉讼中，除了依据《民法总则》《合同法》《建筑法》《招标投标法》等法律之外，代理律师还应充分结合本次《司法解释二》新规，围绕工程质量、造价、工期三大核心问题进行梳理，进而开展证据组织、质证和辩论，从而有力地维护当事人的诉讼利益。

建设工程质量缺陷保修责任承担追问

高树林[*]　郎云云[**]

一、问题提出

笔者曾遇到这样的问题:某商业大厦先后有两个施工总包单位,各自施工的部分钢管柱均有质量问题,建设单位自行委托第三方进行了检测、修复、加固,经检测满足设计要求,该大厦竣工验收合格。笔者疑惑,根据我国建筑法关于主体结构质量终身制的规定,应该对该商业大厦的主体结构质量承担终身责任的主体是谁?继续追问,如果应该承担责任的施工主体出现破产、清算、注销等非正常情形,或者预留保修金不足或者责任主体无力承担,又该怎么办?围绕该问题,笔者试图从现行规定、实务处理、其他途径等角度展开追问。

二、主要法律、法规

(一)法律层面

《民法通则》第126条虽是对建筑物的特殊侵权责任规定,但其中包括了建设工程质量缺陷责任承担原则,"建筑物或者其他设施以及建筑物上的搁置物、悬挂物发生倒塌、脱落、坠落造成他人损害的,它的所有人或者管理人应当承担民事责任,但能够证明自己没有过错的除外"。

建设工程施工合同作为承揽合同的特殊形式,《合同法》第262条的规定当然适用于建设工程,"承揽人交付的工作成果不符合质量要求的,定作人可以要求承

---

* 高树林,上海市锦天城律师事务所南京办公室高级合伙人,一级律师,中国政法大学法学学士,南京大学法律硕士;擅长领域为公司与并购重组、金融与银行、房地产建筑、争议解决。

** 郎云云,上海市锦天城律师事务所南京办公室资深律师,四川大学民商法学硕士;擅长领域为公司诉讼与非诉讼事务、房地产建筑。

揽人承担修理、重作、减少报酬、赔偿损失等违约责任”。《合同法》“建设工程合同”部分在第281条再次明确规定施工人应承担的质量责任,“因施工人的原因致使建设工程质量不符合约定的,发包人有权要求施工人在合理期限内无偿修理或者返工、改建。经过修理或者返工、改建后,造成逾期交付的,施工人应当承担违约责任”;第282条对承包人的质量保证责任予以明确,“因承包人的原因致使建设工程在合理使用期限内造成人身和财产损害的,承包人应当承担损害赔偿责任”。

《建筑法》第58条对建设工程质量问题予以明确规定,“建筑施工企业对工程的施工质量负责。建筑施工企业必须按照工程设计图纸和施工技术标准施工,不得偷工减料。工程设计的修改由原设计单位负责,建筑施工企业不得擅自修改工程设计”;同时,第59条明确了施工企业的施工原则,“建筑施工企业必须按照工程设计要求、施工技术标准和合同的约定,对建筑材料、建筑构配件和设备进行检验,不合格的不得使用”。第60条规定,“建筑物在合理使用寿命内,必须确保地基基础工程和主体结构的质量。建筑工程竣工时,屋顶、墙面不得留有渗漏、开裂等质量缺陷;对已发现的质量缺陷,建筑施工企业应当修复”;第62条明确规定了建筑工程的质量保修制度,同时对建筑工程的保修范围保修期限予以了明确规定。保修范围包括地基基础工程、主体结构工程、屋面防水工程和其他土建工程,以及电气管线、上下水管线的安装工程,供热、供冷系统工程等项目;保修的期限应当按照保证建筑物合理寿命年限内正常使用,维护使用者合法权益的原则确定。具体的保修范围和最低保修期限由国务院规定。

(二)法规、规章层面

国务院2000年1月30日公布的《建设工程质量管理条例》和建设部《房屋建筑工程质量保修办法》对保修制度做了进一步细化,具体表现:

《建设工程质量管理条例》总则中即明确了建设工程质量责任主体包括工程参与各方,并非仅施工单位,《建设工程质量管理条例》第3条明确,“建设单位、勘察单位、设计单位、施工单位、工程监理单位依法对建设工程质量负责”,但事实上存在对各方责任规定不平衡的情形。相较于对施工单位责任的明确规定,第24条规定设计单位的责任是“应当参与建设工程质量事故分析,并对因设计造成的质量事故,提出相应的技术处理方案”,第36条规定监理单位的责任是“……对施工质量承担监理责任”,第32条规定施工单位的责任则清楚明确,“施工单位对施工中出现质量问题的建设工程或者竣工验收不合格的建设工程，应当负责返修”，第41条规定了施工单位的保修责任，“建设工程在保修范围和保修期限内发生质量问题的，施工单位应当履行保修义务，并对造成的损失承担赔偿责任”。

建设部2000年6月30日公布的《房屋建筑工程质量保修办法》（以下简称《办法》）进一步明确。首先，明确了“房屋建筑工程质量保修”是指房屋建筑工程竣工验收后保修期内出现的质量缺陷，该质量缺陷是指不符合工程建设强制性标准及合同约定的质量缺陷，对该缺陷施工单位应当履行保修义务。其次，明确了对发生质量缺陷后的修复、验收程序，所涉保修责任、费用等，均规定由质量缺陷的责任方承担。体现在《办法》第10条、第11条规定中，“发生涉及结构安全的质量缺陷，建设单位或者房屋建筑所有人应当立即向当地建设行政主管部门报告，采取安全防范措施；由原设计单位或者具有相应资质等级的设计单位提出保修方案，施工单位实施保修，原工程质量监督机构负责监督”，“保修完成后，由建设单位或者房屋建筑所有人组织验收。涉及结构安全的，应当报当地建设行政主管部门备案”。最后，《办法》第12条强调，“施工单位不按工程质量保修书约定保修的，建设单位可以另行委托其他单位保修，由原施工单位承担相应责任”。这是笔者检索到的与问题最相关的规定，但笔者认为此处的“相应责任”应指费用承担责任。

2017年2月24日出台的《国务院办公厅关于促进建筑业持续健康发展的意见》（国办发〔2017〕19号）规定：“……（五）严格落实工程质量责任。全面落实各方主体的工程质量责任，特别要强化建设单位的首要责任和勘察、设计、施工单位的主体责任。严格执行工程质量终身责任制，在建筑物明显部位设置永久性标牌，公示质量责任主体和主要责任人。对违反有关规定、造成工程质量事故的，依法给予责任单位停业整顿、降低资质等级、吊销资质证书等行政处罚……”

住房城乡建设部2018年9月21日《关于印发工程质量安全手册（试行）的通知》（以下简称《手册》），该《手册》在已有规定的基础上，将建设工程涉及的各方面予以概括梳理，推出了简洁明了、要求明确的实施细则，强调指出要督促工程建设各方主体认真执行工程质量安全手册，将工程质量安全要求落实到每个项目、每个员工，落实到工程建设全过程，对建设工程质量安全的重视程度可见一斑。其中，基本要求：2.1.1 建设、勘察、设计、施工、监理、检测等单位依法对工程质量安全负责；2.1.3 建设、勘察、设计、施工、监理等单位的法定代表人应当签署授权委托书，明确各自工程项目负责人。项目负责人应当签署工程质量终身责任承诺书。法定代表人和项目负责人在工程设计使用年限内对工程质量承担相应责任。

综上所述，法律、法规及部门规章层面的规定，更着眼于设定规范角度，唯一相关的《房屋建筑工程质量保修办法》第12条也并没有具体展开。

三、合同效力与保修责任承担的关系

鉴于实践中大量存在的建设工程施工合同无效情形，合同无效是否对承担质量缺陷保修责任有影响呢？从合同主体不应因无效合同而获得额外利益的基本法理出发，答案也应该是否定的。联系笔者提出的问题，又有无相关具体规定或者实践指导呢？笔者收集与实践最接地气的最高人民法院司法解释，以及地方高级人民法院建设工程质量缺陷保修问题作出指导意见、解答、审理指南等，并予以梳理，列述如下。

《最高人民法院关于审理建设工程施工合同纠纷案件适用法律问题的解释》（以下简称《建设工程施工合同解释》，法释〔2004〕14号）第2条规定，“建设工程施工合同无效，但建设工程经竣工验收合格，承包人请求参照合同约定支付工程价款的，应予支持”，第3条规定：“建设工程施工合同无效，且建设工程经竣工验收不合格的，按照以下情形分别处理：（一）修复后的建设工程经竣工验收合格，发包人请求承包人承担修复费用的，应予支持；（二）修复后的建设工程经竣工验收不合格，承包人请求支付工程价款的，不予支持。因建设工程不合格造成的损失，发包人有过错的，也应承担相应的民事责任。”第10条规定：“建设工程施工合同解除后，已经完成的建设工程质量合格的，发包人应当按照约定支付相应的工程价款；已经完成的建设工程质量不合格的，参照本解释第三条规定处理。因一方违约导致合同解除的，违约方应当赔偿因此而给对方造成的损失。”第11条规定：“因承包人的过错造成建设工程质量不符合约定，承包人拒绝修理、返工或者改建，发包人请求减少支付工程价款的，应予支持”，第12条列举了发包人的过错责任，承包人有过错的也应分担，第13条规定了擅自使用部分质量责任应视为合格，主体结构部分除外。

《最高人民法院关于审理建设工程施工合同纠纷案件适用法律问题的解释（二）》（法释〔2018〕20号）第8条第2款对此问题予以强调、重申，“发包人返还工程质量保证金后，不影响承包人根据合同约定或者法律规定履行工程保修义务”，但并未具体展开。

搜索各地高级人民法院就“审理建设工程施工合同纠纷案件”做出的解答、意见、审理指南等，广东、江苏排在前列，均做出过三次指导意见性文件，安徽做出两次，河北、北京、福建、四川、浙江高院及深圳中院、杭州中院各一次。针对提出的问题，笔者将梳理的相关指导意见列述如下：

《安徽省高级人民法院关于审理建设工程施工合同纠纷案件适用法律问题的指导意见》(2009 年 5 月 4 日)及《安徽省高级人民法院关于审理建设工程施工合同纠纷案件适用法律问题的指导意见(二)》(2013 年)认为，“建设工程施工合同无效，但工程经竣工验收合格并交付发包人使用的，承包人应承担相应的工程保修义务和责任，发包人可参照合同约定扣留一定比例的工程款作为工程质量保修金”；“建设工程尚未竣工，合同终止履行的，已完工程质量合格，发包人主张按照合同约定扣留一定比例的工程价款作为质量保修金的，不予支持”。

《北京市高级人民法院关于审理建设工程施工合同纠纷案件若干疑难问题的解答》(2012)认为，“建设工程施工合同无效，但工程经竣工验收合格并交付发包人使用的，承包人应依据法律、行政法规的规定承担质量保修责任。发包人要求参照合同约定扣留一定比例的工程款作为工程质量保修金的，应予支持”。

《江苏省高级人民法院建设工程施工合同案件审理指南》(2010 年)曾明确指出，“在建设工程施工合同被确认无效后，合同关系不再存在，该合同对当事人不再具有任何拘束力。发包人不得要求承包人承担约定的保修责任，是不是承包人不承担保修责任呢？显然不是。承包人仍应在《建设工程质量管理条例》第四十条规定的最低保修期限内承担法定的保修责任。解决这个问题后，在履行保修责任的方式上，如果施工合同不是因为承包人没有相应的资质而被确认无效的，则仍由承包人承担质量瑕疵的维修义务。若施工合同是由于承包人没有相应的资质而被确认无效的，则不能由承包人自己来承担质量瑕疵的维修义务。可由承包人自行委托具有相应资质的施工队伍，来替代承包人承担质量瑕疵的维修义务，也可由发包人自行维修，修复的费用由承包人承担”。〔1〕

《江苏省高级人民法院关于审理建设工程施工合同纠纷案件若干问题的解答》(2018 年)则未涉及。

《浙江省高级人民法院民事审判第一庭关于审理建设工程施工合同纠纷案件若干疑难问题的解答》规定，“建设工程施工合同无效，不影响发包人按合同约定、承包人出具的质量保修书或法律法规的规定，请求承包人承担工程质量责任”。

---

〔1〕《建设工程施工合同司法解释配套法律规范与示范文本》，人民法院出版社 2019 年版，第 208 页。

综上所述,借用对最高人民法院2011年6月29日给江苏省高级人民法院的关于常州长兴集团房地产开发有限公司与南通新华建筑集团公司建设工程施工合同纠纷请示一案的答复意见的理解,“《建设工程司法解释》第2条确立了建设工程施工合同无效,但建设工程经竣工验收合格时的折价补偿原则,即参照合同约定支付工程价款。该条的本意并不是赋予承包人选择参照合同约定或工程定额标准进行结算的权利。根据该条规定精神,建设工程施工合同无效,但建设工程经竣工验收合格,发包人也可以请求参照合同约定支付工程价款”,笔者认为,虽然论证路径不同,但施工单位承担质量缺陷保修责任的义务不受建设工程施工合同效力的影响。但遗憾的是,上述文件均未进一步涉及笔者提出的问题。

四、对既有公开裁判意见的借鉴、分析

以“建设工程、质量缺陷、自行修复、保修”为关键词,在中国裁判文书网搜索显示,最高人民法院及地方高级人民法院裁判文书共有21份,与本文有关的争议事项主要为修复质量缺陷费用承担问题,但部分论证观点具有借鉴意义。

未验收退场建设单位自行施工、维修的,中铁十八局集团有限公司、陕西葆岚实业工程建设有限公司建设工程施工合同纠纷二审民事判决书[(2017)最高法民终471号]一案中,笔者赞同青海省高级人民法院一审认定意见(最高人民法院未予置评),“中铁十八局在葆岚公司退场前,未对案涉工程进行质量验收,在双方签订《会议纪要》、《外协队工程决算协议书》后,葆岚公司即撤出施工现场,由中铁十八局对未完工程继续组织施工、维修,由此产生的质量问题,应当由中铁十八局自行承担责任”。

对于中途退场施工单位的保修责任,笔者认同四川省高级人民法院在四川恒熙建设有限公司与成都安彩敬天科技有限公司建设工程施工合同纠纷二审民事判决书[(2013)川民终字第400号]中的观点,“因合同解除后,涉案项目至今仍处于停滞状态,现实状况不可能具备竣工验收的条件。而涉案项目已进行分部质量验收,且安彩公司现有证据亦不能证明恒熙公司施工部分项目质量不合格,原审法院根据司法解释第十条的规定认定安彩公司应支付工程价款正确,本院予以支持。建设部《房屋建筑工程质量保修办法》第三条第一款规定‘本办法所称房屋建筑工程质量保修,是指对房屋建筑工程竣工验收后在保修期限内出现的质量缺陷,予以修复’。因涉案项目并未竣工验收,不适用《房屋建筑工程质量保修办法》的相关规定”。

众所周知，建筑物出现质量缺陷原因复杂，通常非单一原因导致，本文抛开勘察、设计、监理等其他主体责任情形，仅以单一施工单位原因作为讨论前提。笔者认为，四川省高级人民法院的裁判观点，对未经竣工验收工程的施工单位具有重要借鉴意义。但商业大厦经建设单位自行委托第三方检测、同时委托第三方对质量瑕疵部分加固修复并满足设计要求，且两施工总承包单位均承担加固修复费用的情况下，主体结构质量责任若仍要求原两施工总承包单位承担，笔者认为显然不符合公平、合理以及《建筑法》第58条规定的原则，承担修复施工的建筑施工单位应对其施工工程的质量负责。笔者认为，原施工单位承担修复费用，已履行了前述法律、法规及司法解释等相关规定的要求，经修复验收合格的主体结构部分的质量缺陷保修责任应由修复主体承担。如此一来，该大厦可能存在多个施工主体承担责任情形。

基于《建筑法》规定的终身保修制度规定，"建筑物在合理使用寿命内，必须确保地基基础工程和主体结构的质量"，假设该大厦再出现主体结构质量缺陷，三个施工主体责任如何划分，各自是否仅依据保修制度规定承担责任？就该问题的进一步分析探讨，对可能出现的情形笔者似乎已难轻易概述。笔者认为，《建筑法》终身保修制度的规定主要针对单一施工主体，对多主体交叉施工责任则未予充分考虑。针对多主体交叉施工责任承担情形，按现行司法裁判机制，在各方不能达成一致时，需要鉴定工程质量原因作为裁判责任主体的依据。据此，要区分责任，需要启动一整套裁判机制，这也是诸多建设工程案件久拖不决、讼累难结的根本原因。对此，从避免责任纷争、建筑受损角度，笔者建议推行建设工程质量缺陷责任保险制度，即由施工、修复主体按照规定的费用向建设单位同意的保险公司投保，由保险人理赔款作为对建设工程质量缺陷责任的费用承担来源并据此进行修复，似可解决笔者心中疑问。

五、保险责任制度路径探索

笔者注意到，在前述法律渊源之外，对建设工程质量缺陷保修责任保险制度的路径探索已经展开，就笔者了解的情况略述一二：

2005年8月5日建设部、中国保险监督管理委员会出台仍现行有效的《关于推进建设工程质量保险工作的意见》（建质〔2005〕133号），其第2条规定，"建设工程质量保险是一种转移在工程建设和使用期间由可能的质量缺陷引起的经济责任的方式，它由能够转移工程技术风险、落实质量责任的一系列保险产品组成，包括建筑工程一切险、安装工程一切险、工程质量保证保险和相关职业责任保险等。其中,工程质量保证保险主要为工程竣工后一定期限内出现的主体结构问题和渗漏问题等提供风险保障”。

2016年6月,上海市人民政府办公厅转发上海市住房城乡建设管理委、市金融办、上海保监局等三部门《关于本市推进商品住宅和保障性住宅工程质量潜在缺陷保险的实施意见》[2](沪府办〔2016〕50号),实施意见规定,主体结构部分的保险期限为十年,其他部分保险期限为五年,“保险期限从该工程质量潜在缺陷保险承保的建筑竣工备案两年后开始起算。建设工程在竣工备案后两年内出现质量缺陷的,由施工承包单位负责维修”;“投保建设工程质量缺陷保险的建设单位应当在建设工程概预算组成中,列明该保险费”;“施工单位投保建设工程施工责任险,并且保险责任涵盖竣工验收备案后两年保修义务的,建设单位不再设立施工单位的建设工程质量保证金”;“投保工程质量潜在缺陷保险的建设单位,应当在办公施工许可手续时间节点前,与保险公司签订工程质量潜在缺陷保险合同,并一次性支付合同约定的保险费(含不高于30%的风险管理费用)”;“保险合同签订后,由保险公司聘请建设工程质量安全风险管理结构和专业人员对保险责任内容实施风险管理,施工单位、监理单位应予以配合”;“保险公司在最终检查报告中指出建设项目存在严重质量缺陷,且在竣工时没有得到实质性整改的,建设单位不得通过竣工验收”;“因法律法规或合同约定应由设计单位、施工单位、设备材料供应商等责任方承担的法律责任,并不因建设单位投保工程质量潜在缺陷保险而免责”。

《上海市住宅工程质量潜在缺陷保险实施细则(试行)》(沪住建规范〔2017〕4号)进一步明确,“保险期限从住宅工程质量潜在缺陷保险承保的建筑竣工备案两年后开始起算。建设工程在竣工备案后两年内出现的质量缺陷,由施工承包单位负责维修”;“在业主办理入户手续时,建设单位应当将《住宅工程质量潜在缺陷保险告知书》,随同《新建住宅质量保证书》、《新建住宅使用说明书》一起送交业主。《新建住宅质量保证书》中应补充以下内容,建设单位应当明确保险期限起算日之前负责维修的单位名称、联系电话、建设单位联系电话;并明确保险期限内的保险公司、联系电话。建设单位应在《上海市商品房出售合同》《上海市商品房预售合同》中将上述内容做出书面承诺”。

---

〔2〕 来源:北大法宝,http://www.pkulaw.cn。

2018年5月，安徽省住建厅联合保监会安徽监管局印发《关于推行工程质量保险试点工作的通知》，提出将在政府投资工程、装配式建筑和实行工程总承包的项目中，试点推行工程质量保险制度。通知明确，工程的基本承保范围和期限为：基础设施工程、房屋建筑的地基基础工程和主体结构工程，为设计文件规定的该工程的合理使用年限；屋面防水工程、有防水要求的卫生间、房间和外墙面的防渗漏，围护结构的保温工程，为5年；其他为2年。

2018年2月，江苏省住建厅联合江苏保监局印发《关于推行江苏省住宅工程质量潜在缺陷保险试点的实施意见（试行）》，提出要在经省住房城乡建设厅确定的试点项目或试点地区范围内的保障性住宅工程、商品住宅工程中，推行工程质量潜在缺陷保险，试行有效期至2020年12月31日止。试行意见规定，主体结构部分的保险期限为十年，其他部分保险期限为五年，“保险期限可从该工程质量潜在缺陷保险承保的建筑竣工备案两年后开始起算。建设工程在建筑竣工备案后两年内出现质量缺陷的，由施工承包单位负责维修”，整体架构与上海规定相似。

工程质量潜在缺陷保险制度并非我国首创，借鉴于法国、西班牙、意大利等国家强制推行的工程质量保险制度，与国际普遍采用的FIDIC标准合同必备工程保险接轨，其中的“十年”保险期间亦借鉴于此。当然，以法国为例，法国的“十年”保险期间，与上海、江苏推行的“十年”保险期间的法律规定背景并不一致。《法国民法典》第2270条规定：“建筑人及承揽人，经过十年后。即免除其对于建筑或指导的巨大工程担保的义务。”《建筑职责与保险法》还规定，工程项目竣工后。承包商应对该项工程的主体部分，在十年内承担缺陷保证责任；对建筑设备在两年内承担功能保证责任。[3] 笔者进一步查阅资料发现，国外将质量缺陷责任期间限定为10年有其合理性，因为通常认为，影响建筑物结构的质量缺陷一般会在几年内显现出来，为暴露结构质量缺陷预留的10年期间是充足的。[4] 推行工程保险制度还可以合理分散风险，而不是将建筑物的结构质量缺陷保修责任建立在名为参建主体实为施工主体身上。

六、结语

在我国建设工程基本法律制度《建筑法》关于保修制度的基本规定延续的前

---

〔3〕 张娜：《我国推行建设工程质量保修保险制度的必要性》，载《市场透视》2009年第9期。

〔4〕 李中锡：《工程质量责任终身制的缺陷》，载《工程质量》2004年第9期。

提下,安徽与上海、江苏的规定基调显然不同。2018 年以来,虽然国内多个城市陆续推出新版建筑工程质量保险产品,但到底该如何看待试水性的 10 年保险期间问题,尚待上层法律制度的架构调整。但毫无疑问,笔者认为上海、江苏推行的工程质量潜在缺陷保险制度的架构基本可以解决笔者所提出的问题。

法律具有滞后性。强制推行工程质量潜在缺陷保险制度的国家在强制推行之前均经过了较长的自愿试行阶段。受限于笔者能力,对提出的问题未能深入解析,希望此文抛砖引玉,引起完善现行建设工程质量缺陷保修制度的更深层探讨。

参考文献

1. 何晓航主编:《房地产纠纷裁判依据新释新解》,人民法院出版社 2014 年版。
2. 最高人民法院民事审判第一庭编著:《最高人民法院建设工程施工合同司法解释的理解与适用》,人民法院出版社 2004 年版。
3. 罗向明:《FIDIC 合同条件下工程项目于工程保险的规范管理》,载《中国保险学会首届学术年会入选论文集》。
4. 李嘉鸿:《关于完善工程质量保修制度的思考》,载《建筑工程技术与设计》2015 年 8 月中。

EPC 模式下总承包项目合同风险管理问题探讨

吁　斌[*]　李　滨[**]

随着经济的快速发展,我国的工程建设领域也进入了高速发展阶段,无论是工程的数量还是工程的开发规模,都呈现了快速扩张的趋势。随着工程建设的全面发展和繁荣,也带来了建设工程合同的变化,合同的条款和相应的要求明显增多,对工程的建设质量管理要求也进一步提升。特别是我国总承包项目合同很多都进行了相应的合同分包,其面临的市场环境也日趋复杂。从合同的签订双方角度来看,需要对合同风险进行正确的认识,并进行相应的风险防范措施的制定和实施,增强合同风险管理的效果,提高风险管理能力,进而在保证合同质量安全管理的前提下,提高工程项目管理的质量和效益。

一、EPC 模式下总承包项目合同风险的分析

(一)合同签订阶段条款风险分析

首先,在合同签订阶段需要面对可能发生的通货膨胀风险。由于当前我国的整体物价水平呈现了较快的增长趋势,通货膨胀较为明显。在这种情况下,可能会因为通货膨胀引发材料和工资的大幅度增长,超过正常的波动范围和幅度。如果在合同签订过程中,不能约定较为明确的合同条款,可能会给承包商带来一定的合同风险。EPC 总承包项目的建设周期一般较长,工程的整体规模水平较高,物价上涨的因素需要在合同签订的过程中予以充分的考虑,并确定相应的价格调

* 吁斌,上海市锦天城律师事务所南昌办公室高级合伙人,法学硕士;擅长领域为建筑工程和房地产、项目投资、企业风险管理、争议解决。

** 李滨,上海市锦天城律师事务所南昌办公室执业律师,法学学士;擅长领域为建筑工程和房地产、项目投收购、建筑房地产领域争议解决。

整公式,进而确定相应的调整措施。

其次,合同索赔风险。在EPC总承包项目中,业主进行索赔相对较为简单,因为可以通过质保金等具体的措施来对合同条款进行相应的约束性规定,但承包人在进行具体的索赔过程中,难以向业主方进行相应的索赔。如果承包人在具体的工程实施过程中,为了自身的利益考虑,需要增强索赔的意识和能力,并科学利用索赔方法,严格地利用合同所约定的调控进行相应的工程索赔。

再次,工期及验收风险。EPC总承包项目在工程实施过程中,可能会面临较为复杂的工程环境,并受到各种自然条件的影响,需要综合考虑各种工程管理的因素,如果不能进行充分考虑,可能会因此导致工程合同的延期,进而在工程验收过程中,面对各种可能出现的合同验收风险。在EPC总承包项目实施过程中,需要根据工程的进度情况,按计划进行相应的工程实施,但如果因为工程中承包方自身的因素,导致工程不能及时验收,那么对工程的验收管理会带来诸多困难。

最后,合同的完备性。在合同的签订过程中,需要根据合同的各种条款进行具体的解释,比如合同实施过程中,可能会面对的各种工程责任因为不可抗力因素导致的工程责任问题,需要在合同中明确变更条款以及相应的索赔方面的规定。EPC总承包项目一般涉及的内容较为宽泛,其相应的技术较为复杂,在合同签订过程中,需要对具体的合同条款进行不同的理解,避免在合同的具体执行过程中,出现各种因为责任不明确而发生的纠纷。

(二)合同执行阶段客观风险分析

合同签订时,可能会因为合同的内容难以全面覆盖,导致在合同执行过程中,面临各种可能的风险问题。在合同执行过程中,需要充分考虑EPC总承包项目的复杂性,以及因此可能会发生的风险问题。在具体执行阶段,需要面对以下几个方面的客观风险因素。

首先,是自然条件的风险因素。在EPC总承包项目的具体执行过程中,需要面对各种工程地质等基础性条件,并根据具体的工程设计管理进行相应的基础资料的收集,在工程实施过程中,业主方一般都会提供一定的地质资料,但业主方并不对地质状况进行具体的分析和解释,可能导致在施工过程中,施工的相关资料和实际的施工状况存在较大的出入,给承包商带来很大的风险,并会因此而引起工期的延长或者成本的超支。同时,在施工过程中,可能会遇到各种不可抗力的因素影响,这种风险是难以估计的,应该引起承包商的充分重视。

其次，材料、设备供应风险。在 EPC 总承包项目的施工过程中，会因为材料等不符合规定，导致工程因为材料更换或者材料不能及时供应带来停工或者窝工。同时，在 EPC 总承包项目实施过程中，会涉及大量的设备安装和调试，如果不能进行有效的控制。或者设备的类型不符合规定，给调试带来重大麻烦。在 EPC 总承包项目的施工过程中，还会遇到技术进步因素带来各种施工设计技术的更新换代，也要结合具体的环境进行相应的适应，这都会给其带来一定的风险。

最后，工程变更风险。工程变更主要是因为合同中涉及的工程范围或者设计发生了变化等。在进行具体的 EPC 工程总承包项目设计和施工中，其主要工作都是交由承包商完成，由于工程的施工工期较为紧张，在施工过程中，需要根据工程的设计管理规定进行相应的设计优化和管理，而总承包商需要根据具体地点施工设计要求做出相应的响应，并进行具体的设计变更，如果在合同管理过程中，不充分考虑这些工程的施工进度等原因所带来的风险问题，会让承包商的施工计划难以适应实际的施工要求，导致其施工成本增加或者工期延误。

（三）合同执行阶段主观风险分析

在合同执行过程中，因为业主方以及承包方和供应商的管理问题所带来的各种风险问题的发生。主要有以下几个方面的风险问题。

首先，业主支付能力的风险。EPC 工程总承包项目所涉及的金额较高，而且一般是采用了分期付款的方式进行结算，时间间隔并不相同。如果在合同执行的过程中，因为业主方的原因导致其出现资金支付安全和支付能力不足等问题，将直接导致工程款拖欠，使总承包商面临巨大资金压力。

其次，人力资源的管理问题。在项目施工过程中，项目经理作为项目的具体负责人，其风险管理能力直接影响合同执行效果，这些问题的发生可能需要在进行具体的施工工程的解决过程中，进行相应的工程协调，并协调各个部门，确保合同能够得到有效的执行，防范可能发生的风险。同时，还需要正确处理好核心人员的流动问题。在对核心人员的管理过程中，应该对核心人员进行严格管理，确保其能够成为合同执行的主要负责人，如果项目的核心人员流失会导致其技术的流失和项目机密泄露，对管理也带来不稳定，导致项目的风险发生。

最后，分包风险。EPA 总承包工程通常是较大规模的项目，项目实施较为复杂，会有较多分包单位参与项目的实施，总承包商需要根据具体的项目建设情况做出具体的项目安排和实施，组织协调和管理，并正确处理和各个分包商之间的关系,如果不能很好地处理各个环节的关系,将导致工程延误或者项目工程的质量难以保障。

二、EPC 模式下总承包项目合同风险控制措施

EPC 模式下总承包项目合同风险需要进行相应的风险控制措施的制定和执行,提高项目管理的有效性,对可能存在的风险进行全过程的控制和管理,要体现在以下几个方面:

(一)合同签订阶段条款风险管理

为了提高合同签订阶段的风险管理,首先,要提高人员的风险管理意识,从一般的项目管理人员到项目高层管理人员都要保持较为强烈的风险管理的意识,密切关注项目施工过程中可能面对的风险。在合同签订阶段,需要充分考虑未来各个执行阶段可能出现的风险问题,定期或不定期地对相关人员进行业务培训,注重对项目管理人员的知识更新,提升项目管理人员的专业素质能力,让其能够充分地熟悉项目施工的管理和项目实施的具体环节管理,保护核心管理人员工作稳定。通过对人员素质的管理提升,可以更好地动态利用合同管理体系,强化项目合同的管理标准化,不断完善合同反馈管理信息,提升全员参与管理的水平,多角度调整合同风险控制体系,提升整个项目部乃至企业的管理水平。

其次,需要强化合同管理信息化充分提高总承包项目合同管理的规范化内容,提升标准化管理的实施效果,提高项目合同的信息公开内容,减少信息沟通不畅。在合同管理实践中,会涉及其他项目部门的相互沟通,需要通过推广信息化管理手段的利用,用电子签名代替纸质文档,缩短信息传递时间,提高信息的准确度,提升总承包商合同风险管理的效率。

(二)合同执行阶段客观风险管理

在 EPC 工程总承包项目实施过程中,存在工程变更风险的问题,主要是对合同的实施范围和工程的设计进行了相应的变更处理。具体的 EPC 工程总承包项目的设计管理和施工管理都是通过承包商来进行实施完成。施工工作的进行一般是跟随设计工作的安排。在工程施工的过程中,需要不断的优化设计变更,而总承包商的设计也能及时得到相应变更,并且根据具体的施工安排项目进行相应的设计变更和优化管理。通过科学的安排施工环节,提高施工的具体实施效果。

在具体的实施过程中，项目总承包商应按照施工的日报表进度情况进行实际施工情况的及时汇报处理，并将施工的情况和设计人员进行及时的沟通，并汇总相关问题，设计人员应对现场的施工情况进行相应的优化处理，比如项目现场可能出现的钢材过剩的问题，施工现场的管理人员应将钢材清单进行了相应的汇总递交，并根据钢材情况进行了相应的库存调整，根据已经购入和消耗情况进行后续安排，避免工程材料浪费。

（三）合同执行阶段主观风险管理

EPC 总承包项目工程款支付过程中，可以采用现款支付或者延期支付的形式。采用现款支付的形式，主要是对项目的具体金额来源可靠性进行详细的审核，而采用后者的支付方式，主要是提供给业主方各种延期支付的保证方式。一般来说，EPC 总承包项目应积极地采用现汇付款的方式来结算，通过这种方式提高资金的筹集率，解决自行安排工程款的数额。业主在向银行进行贷款申请过程中，应按照专项贷款进行办理，保证总承包商按照合同进度进行相应的工程进度来获得资金，有效防范合同风险中业主支付能力不足的风险。

总承包商在业务处理过程中，对相关业务并不完全精通。而对项目进行分包，可以有效地提升社会资源的优化，并在合同的实施过程中，将合同的风险进行适当地转移，因此，在这个过程中，需要选择合适的分包商负责具体合同的执行，确保合同风险能够得到有效的控制。除了进行合理的工程分包以外，采购供应商也可以影响总承包商的风险。总承包商为减少因合伙关系选择不当而带来的风险，应将相关企业的信息录入到信用库，从信用库中选择合适的供应商，不断地提高工程质量，将分包风险转化为收益。

参考文献

1. 姜龑：《中央建筑企业 EPC 总承包发展模式的途径研究》，载《价值工程》2016 年第 1 期。
2. 代春泉：《工程合同风险分配机制研究》，载《建筑经济》2015 年第 6 期。
3. 李玲：《我国推行 EPC 模式问题与对策研究》，载《现代商贸工业》2017 年第 24 期。
4. 苏志娟、杨正、时舰：《国际 EPC 工程物资采购风险分析及应对》，载《国际经济合作》2017 年第 5 期。
5. 张吉：《浅议 EPC 总承包企业财务风险防范》，载《财会通讯》2017 年第 26 期。
6. 刘洁峰、韩立男：《国际水泥 EPC 总承包工程的合同风险分析》，载《水泥技术》2017 年第 4 期。

建设工程质量保证金优先受偿权之浅析

熊　刚*

一、建设工程质量保证金的定义、特征及与保修金的概念区分

（一）定义

《住房城乡建设部、财政部关于印发建设工程质量保证金管理办法的通知》（建质〔2017〕138 号）规定，建设工程质量保证金是指发包人与承包人在建设工程承包合同中约定，从应付的工程款中预留，用以保证承包人在缺陷责任期内对建设工程出现的缺陷进行维修的资金。

缺陷是指建设工程质量不符合工程建设强制性标准、设计文件，以及承包合同的约定。

缺陷责任期一般为 1 年，最长不超过 2 年，由发、承包双方在合同中约定。

（二）法律特征

通过以上规定得出建设工程质量保证金有如下法律特征：其一，是否设定质量保证金属于双方在建设工程承包合同中的书面约定内容，属于双方意思自治的范畴，并非强制性规定；其二，工程质量保证金的资金来源系承包方在发包方处应收的工程款，若承包人尚未形成对发包方应收的工程款债权，则无质量保证金来源；其三，保证的范围为用于承担建设工程质量缺陷维修责任；其四，保证的年限不超过两年。

---

* 熊刚，上海市锦天城律师事务所重庆办公室高级合伙人，重庆工商大学经济法学士；擅长领域为建设工程和房地产、公司法律顾问、商事争议解决。

（三）建设工程质量保证金与保修金的区别与联系

《建筑法》及《建筑质量管理条例》中规定了保修期，也相应地产生了保修金；《建设工程质量保证金管理暂行办法》（建质〔2005〕7号），已被废止）首次规定了缺陷责任期，也相应地规定了质量保证金。关于该两种期限和两种资金的联系和区别，进行以下浅要分析。

1. 保修期与缺陷责任期的依据及联系

（1）依据

保修期的法律法规依据：《建筑法》第62条规定了建筑工程实行质量保修制度，《建设工程质量管理条例》第39条、第40条规定了建设工程实行质量保修制度，这是保修期的法律法规依据。建设部颁发的《房屋建筑工程质量保修办法》（2000年6月30日建设部令第80号公布）也规定了房屋建筑工程实行质量保修制度，对房屋建筑工程竣工验收后在保修期内出现的质量缺陷，予以修复。

缺陷责任期的依据：《建设工程质量保证金管理暂行办法》（建质〔2005〕7号，被《建设工程质量保证金管理办法》（建质〔2017〕138号）取代，首次出现了缺陷责任期及相应的质量保证金的规定，而在该规定中，将保修金与保证金的概念进行了等同（在2017年《建设工程质量保证金管理办法》中，没有再就保修金与质量保证金进行等同）。

（2）联系

保修期与缺陷责任期均是承包人对发包人就质量缺陷承担的修复责任的期间规定，并为此要求承包人提供相关资金并承担相关责任，在承包人承担修复义务中，两者责任期限可能重合；两者均自工程竣工验收合格之日起算责任期限。

2. 保修期和缺陷责任期的区别

（1）责任期限起算规定的细致度不同

保修期系以建设工程竣工验收合格后由承包人签发保修书中进行载明或在不低于最低限度保修义务中进行书面约定，法律法规层面没有就发承包方各自原因导致的延迟竣工验收情形明确规定不同的保修起算时间。而缺陷责任期就发承包双方不同原因导致延迟竣工验收的情况进行了明确规章规定：由于承包人的原因导致无法按照规定竣工（交工）验收之日验收的，则缺陷责任期自实际通过竣工（交）工之日起计算；由于发包人的原因导致工程无法按照规定期限进行竣工（交工）验收的，则承包人提交竣工（交工）验收报告之日起90天后，自动进入缺陷期。

(2)期限不同

保修责任具有强制性,而缺陷责任是意思自治事项。保修责任和保修期限有法规强制性规定的最低期限,在最低保修期限外的期限由双方约定。缺陷责任期由双方约定,不属于强制性规定,该责任期由规章规定了最长期限,在最长期限2年内进行约定。

(3)资金来源不同

在《建筑法》《建筑质量管理条例》《房屋建筑工程质量保修办法》中均未规定保修金的来源和方式,因此保修金是否收取,是否为预留工程款等,均是双方约定事项。而质量保证金则通过行政规章的方式直接规定了资金来源即发包方预留工程款作为质量保证金,并且规定了预留资金在工程款占有的最高比例。

(4)规定的效力层级不同

保修期依据是法律法规的规定,没有约定保修期的,直接适用法规规定的最低保修期,若合同约定压缩保修期的,则因违反法规强制性规定而无效。缺陷责任期属于建设部规章规定,对当事人有指导意义,对于政府管理部门有管理依据,合同没有约定或约定不符该规章规定的,不得强制适用;违反该规定进行约定也不会导致合同缺陷责任条款的无效。

(5)期限届满后的法律后果不同

保修期限届满后,承包人的保修义务消灭。缺陷责任期届满后,若缺陷责任期低于法定保修的最低期限的,承包人还应承担保修义务。

(6)质量修复的范围不同

在保修期内,承包人只在法规规定最低限度范围保修或双方当事人在承包合同中约定不低于法规规定的最低限度保修范围内承担保修责任。在缺陷责任期内,发包人有权要求承包人就其承包的工程范围内的任何质量缺陷予以修复。

(7)不予修复的处理方式不同

在保修期内,若承包人没有预留工程款作为保修金或缴纳保修金,则发包人就承包人不履行保修责任的情况,只有通过协商或诉讼、仲裁方式解决。在缺陷责任期内,发包人有权因承包人不履行缺陷修复责任,予以直接扣除质量保证金,质量保证金不足以扣除的,再行通过诉讼、仲裁方式解决。

通过以上论述,保修期不等同于缺陷责任期,保修金也不等同于建设工程质量保证金。只有当保修金来源于发包人预留承包人工程款,在保修期届满后,承包人要求返还保修金,该保修金是否有优先受偿权,以及优先受偿权的起算期限,均适用本文的相关论述。

二、建设工程质量保证金的表现形式

2017 年《住房城乡建设部、财政部关于印发建设工程质量保证金管理办法的通知》倡导了多种形式作为质量担保。在工程实际中,质量保证金具体有如下几种表现形式。

(一)预留工程款形式

发包方在应付的工程款中预留不超过一定比例的工程款作为质量保证金。这是质量保证金最普遍也是行政规章规定的一种形式,此处不再展开论述。

(二)单独缴纳形式

发包方为了督促承包方按时保质修复,也系变相地向承包方融资,要求承包方提交一定数额的资金作为工程质量保证金。但在《国务院办公厅关于清理规范工程建设领域保证金的通知》后,单独缴纳质量保证金的方式已经属于禁止行为,但是在非国有的发包方中仍然存在。

(三)履约保证金形式

发包方要求承包方支付施工合同履约保证金,保证合同依法守约地履行,若施工过程中及竣工验收后发生质量缺陷,发包方有权予以扣除一定数额的违约金或修复费用。该履约保证金系担保整个合同的履行,通常在履约保证金中,不会划分质量保证金的比例或数额。在这种情形中,发包方不得再要求承包方缴纳或在工程款中预留质量保证金。

(四)提供保函或担保书形式

承包方提供工程质量保函、担保书。在合同签订时或在竣工验收前后,发包方要求承包方提供第三方出具的保函、担保书,第三方包括担保公司、银行、保险公司、有良好资信的公司或个人,该保函的内容包括单独工程质量保函,也包括合同履约保函。

(五)其他形式

其他变相提供质量保证金的形式,如发包方要求承包方出借一定资金、购买一定数量的房屋、借用承包人的名义向银行等机构融资等。在工程出现质量缺陷时,承包方不履行缺陷修复费用的,发包方通过减少或免除发包人应当归还的借款本金、利息标准等方式达到扣收承包方质量保证金的目的。

本文在后续论述中,主要就第一种形式的质量保证金予以展开。至于承包方自行缴纳的履约保证金、质量保证金,因不是源于预留的工程款,因此在返还时为一般债权,不具有优先受偿的权利。

三、工程质量保证金是否为担保债权的争议

工程质量保证金是否承担担保作用,在司法实践中,存有不同的理解。

第一种观点认为,建设工程质量保证金不具有担保性质,主要理由为建设工程质量保证金的返还仅是为了债权人履行缺陷责任期间内维修义务后的后合同义务,若质量保证金没有特定化且属于承包人预留的款项,并非承包人支付给发包人,因此不满足特定化及质押物占有的特征,不属于担保债权。[1]

第二种观点认为,占有质量保证金的建设工程合同的发包方,对于承包方来说是具有特定权利的债权人,双方除合同关系外,又形成具有特定性质的金钱之债,保证金的性质属于实现特定目的及债的金钱质押物,相对于其他民事债权而言具有优先受偿权。[2]

第三种观点认为,质量保证金属于金钱质押,若能特定化则作为动产质押,一旦特定化,即具有对抗第三人的权利,不能特定化,则作为债权质押。

本文认为,建设工程质量保证金具有担保作用,属于质押物担保,有以下几个因素:

其一,质量保证金的目的。承包方为了保证及时修复质量缺陷和不及时修复承担修复责任和费用的义务而设立。

其二,发包人是否具有优先受偿权。当工程出现质量缺陷后,在承包人不予修复或延迟修复的情况下,发包人有权直接在预留的质量保证金中用于自行或另

〔1〕 孙玉军、钱小华:《论建设工程质量保证金不具有担保性质》,载微信公众号“工程项目法律分析”,2017年2月28日。

〔2〕 孔红:《建设工程质量保证金可否强制执行》,载《检察日报》2016年8月3日,第3版。

行聘用第三方修复支出,在缺陷责任期届满后,若有质量保证金余额方进行退还,因此承包人的债权人只有在缺陷责任期届满后才能享有该保证金余额的到期债权,在缺陷责任期未届满或届满后没有余额,则承包人的债权人不享有受偿权。因此承包人的债权人和发包方之间,只有发包人在质量缺陷责任期有优先处分权和优先受偿权。

其三,是否已经交付。不能片面以承包人支付的方式方为交付,承包人以应收取的款项,被发包方预留收取,也属于交付。

其四,是否必须特定化。质量保证金属于资金,属于种类物,除非通过封闭式账户、第三方机构提存、第三方金融机构保管等方式特定,其属于承包方以应收的工程款债权出质给第三方作的担保,为质押物。资金是否特定化,这是确定属于金钱质押还是债权质押的判断标准而已,并非否定其为质押担保的法律特征。若对该质量保证资金进行特定化,则属于动产质押,在未进行质保金清算前,这属于金钱动产质押,具有对抗第三方的权利,也就是发包方有权对承包人的债权人在未届清偿期,具有对抗权,承包人也有权对发包人的债权人提出异议,以承包人的担保物在未能确定担保责任和费用前,发包人的债权人无权进行处分。

因此结合前述论述,对于预留工程款、单独支付资金、提交履约保证金、提供保函均应是作为担保性质,至于其他方式是否属于担保则需要根据具体不同情形进行甄别和认定。

四、在缺陷责任期届满后应当予以返还的质量保证金是否属于工程款债权

一种观点认为,工程质量保证金系为了保证工程质量而设立,该笔资金来源于承包人提供资金进行担保,至于预留工程款作为保证金,只是保证金来源而已,预留工程款成为质量保证金后从而使应收工程款转化为一般债权。

另一种观点认为,预留的工程款作为质量保证金,本身的性质属于工程款的一部分,仅是以工程款作为担保,当质量保证期限届满后,应当予以返还的质量保证金仍是承包人应收的部分工程款,并不因为成为了质量保证金,从而就改变了工程款本身的性质。

笔者认为,工程款系施工方的人力、物力、管理、材料等物化为建筑工程后的应收款项,其作为质量保证金,只是以工程款作为质量担保,并未改变工程款的性质,应当予以返还的质量保证金仍应是工程款,承包方收取时也是开具工程款的

发票,故质量保证金应当按照工程款予以主张。

五、工程质量保证金的起算时间

《最高人民法院关于审理建设工程施工合同纠纷案件适用法律问题的解释(二)》规定,当事人未约定工程质量保证金返还期限的,自建设工程通过竣工验收之日起满两年;因发包人原因建设工程未按约定期限进行竣工验收的,当事人未约定工程质量保证金返还期限的,自承包人提交工程竣工验收报告90日后起满两年。

因此竣工验收期限的确定,是界定工程质量保证金返还的关键时间节点,如何确定质量保证金的返还时间,有如下几个参考标准:

(一)工程竣工验收

按照《最高人民法院关于审理建设工程施工合同纠纷案件适用法律问题的解释》规定,竣工日期按以下标准确定:(1)建设工程经竣工验收合格的,以竣工验收合格之日为竣工日期;(2)承包人已经提交竣工验收报告,发包人拖延验收的,以承包人提交验收报告之日为竣工日期;(3)建设工程未经竣工验收,发包人擅自使用的,以转移占有建设工程之日为竣工日期。

(二)工程未竣工验收

1. 因为建设业主的原因工程处于停工、停建状态,并且无法继续复工建设,在这种情况下,应当以建设业主发出的停工通知之日或承包人报告停工之日起算承包人的质量缺陷责任期。

2. 在施工过程中,因为双方协商或司法机关、仲裁机构裁判解除合同的,应当自解除合同之日,起算缺陷责任期。

3. 在施工过程中,因为双方产生争议,施工单位被勒令退场或施工单位主动提出退场的,应当以施工单位退场之日确定缺陷责任期。

六、工程质量保证金优先受偿权的行使期限

在《最高人民法院关于审理建设工程施工合同纠纷案件适用法律问题的解释(二)》颁布和施行前,对于工程质量保证金如何行使优先受偿权的期限,存有不同的裁判:

第一种，在质量保证期限届满后主张。“现该工程于 2015 年 6 月 26 日经过竣工结算，故 5% 的质保金的支付期限尚未到达，其可待到期后另行主张。原告在涉案工程完工后六个月内已经向被告就涉案工程主张过优先受偿权，故对原告要求工程款优先受偿的诉讼请求，本院亦予以支持。”——宁波市超强装饰有限公司与余姚市龙鼎商业广场有限公司建设工程施工合同纠纷一案[（2016）浙 0281 民初 591 号]

第二种，在质量保证期限届满前，在工程竣工验收之日起 6 个月主张的。“本案中的质保金属于工程价款一部分，故中邦公司享有质保金的优先受偿权也应当在工程竣工之日起六个月内行使。”——深圳市中邦（集团）建设总承包有限公司与东莞晨真光伏优先公司建设工程施工合同纠纷一案[（2015）东中法民二终字第 183 号]

第三种，在质量保证期限届满后，因为已经超过了竣工验收 6 个月，不予支持的。“故原告要求被告支付工程质量保修金的请求予以支持，但原告要求的工程价款优先受偿权的问题，根据《最高人民法院关于审理建设工程价款优先受偿权问题的批复》第四条的规定，建设工程承包人行使优先权的期限为六个月，自建设工程竣工之日或建设工程合同约定的竣工之日起算，该工程于 2011 年 10 月 20 日验收合格，至起诉之日已经超过了 6 个月的优先权的行使期限，故对原告的该项诉讼请求不予支持。”——重庆花溪建设（集团）有限公司与重庆豪晟实业有限公司建设工程施工合同纠纷一案[重庆市大足区人民法院（2017）渝 011 民初字第 138 号]

《最高人民法院关于审理建设工程施工合同纠纷案件适用法律问题的解释（二）》明确规定工程价款优先受偿权自发包人应付工程价款时计算。如前所述，预留工程款作为质量保证金的，该质量保证金按照工程款主张优先受偿权，则质量保证金的返还期限作为行使优先受偿权的起算期限。

按照该司法解释对于质量保证金的返还时间应当按照如下期限界定也即起算优先受偿权的期限界定：

第一，有约定质量保证金返还期限的，按照约定期限执行。

第二，没有约定工程质量保证金返还期限的，自建设工程通过竣工验收之日起满两年。

第三，发包人原因导致建设工程未按约定期限进行竣工验收的，自承包人提交工程竣工验收报告 90 日后起当事人约定工程质量保证金返还期限届满；当事人未约定工程质量保证金返还期限的,自承包人提交工程竣工验收报告之日起两年。

在工程没有竣工验收,承包人却解除合同、退场等情形下,已经施工的工程质量合格,承包人优先受偿权的行使期限如何确定?《最高人民法院关于审理建设工程施工合同纠纷案件适用法律问题的解释(二)》没有作出规定。笔者认为应当遵循以下原则:

第一,工程未经竣工验收,因为建设业主的原因工程处于停工、停建状态,并且无法继续复工建设,应当以建设业主发出的停工通知之日或承包人报告停工之日起算承包人的质量缺陷责任期届满。

第二,在施工过程中,因为双方协商或司法机关、仲裁机构裁判解除合同的,在已经施工工程质量合格的情况下,应当自协商解除合同之日或生效裁判文书裁判确定的合同解除之日,起算缺陷责任期届满。

第三,在施工过程中,因为双方产生争议,承包方被勒令退场或施工单位主动提出退场的,应当以承包方退场之日确定缺陷责任期届满。

七、总结

笔者通过质量保证金的性质、资金来源、权利行使期限等角度,阐述了发包人预留工程款作为质量保证金,在返还时应当按照工程款享受优先受偿权,对工程质量保证金债权是否有优先受偿权这一问题作了一些探讨,以及在整个建筑市场中,对于金额和数量均为庞大的工程质量保证金债权如何保护提供了一些意见和思考。

建设工程主体结构和辅助结构区分的法律研究

冯俊武[*]　付　有[**]

建设施工往往要求承包单位在有限的时间和一定的空间内同时进行多种操作,其操作往往较为复杂,导致施工过程中极易产生纠纷。因此,我国在建筑领域出台了很多法律规范。其中为了解决施工过程中出现的违法分包、转包、挂靠等问题,国家要求承包单位在主体结构的施工方面承担更为严格的责任,该做法一定程度上规范了施工行为,为解决争议提供了一定的法律依据。但是,现今建设工程种类愈加多样,重大安全质量事故频发。究其根本,还是在于我国现行的法律法规对主体结构的规定实操性不强,对前述违法行为的表现形式以及构成要件缺乏统一的认定、查处标准。因此,笔者将从四个方面对主体结构界定展开探讨,重点梳理区分主体结构和辅助结构的判断标准,厘清建设工程领域主体结构和辅助结构的界限。

一、主体结构与辅助结构的定义

在工程法律制度体系内,主体结构的定义涵盖的范围比较广,叙述的内容比较概括。然而,法谚有云:探讨法律问题时不可或缺的环节是概念界定,缺少这一环节,我们对问题的探讨也无从说起。故欲探讨主体结构与辅助结构区分问题,应首先明确主体结构和辅助结构的定义。

学理上一般认为,建设工程的主体结构是指在建筑中,由若干构件连接而成

---

* 冯俊武,上海市锦天城律师事务所天津办公室高级合伙人,中国政法大学法学学士;擅长领域为土地及房地产投资、房地产开发、房地产项目并购及交易、融资租赁、私募基金、国有资产管理。

** 付有,上海市锦天城律师事务所天津办公室实习律师,中南财经政法大学法学学士;擅长领域为公司治理、建设工程纠纷处置。

的能承受作用力的平面或空间体系。[1] 主体结构通常具有足够的强度、刚度和稳定性,可以承受建筑本身各种附着物的荷载,在保证建设工程整体稳定的前提下,主要承担建设工程的安全性和经济性。建设工程主体结构是各项相关建设的重要基石,是建设工程中最重要的部分,也是整个建设结构安全稳定的载体。建设工程的辅助结构则是服务和衬托主体结构,并构成整体建设工程的组成部分,一般是生产线配套的,为生产中间环节而设的设施或工程,主要承担建设工程的外观设计和使用性能,例如,装修装饰工程、建筑节能工程、电梯等均属于典型的辅助结构工程。建设工程的主体结构和辅助结构类似于建设工程项目进程中的主要矛盾和次要矛盾,主体结构是需要首要解决的,对整个建设工程项目起到决定作用的部分,决定工程是否存在价值。而辅助结构也会作用于整个建设工程项目,影响该工程价值的区间。

就建筑工程主体结构而言,《建筑工程施工质量验收统一标准》(GB 50300—2013)将其划分为七个子工程,即混凝土结构、钢结构、钢管混凝土结构、型钢混凝土结构、铝合金结构、木结构,其中对各结构的具体范围也有详细规定。但是,《建筑工程施工质量验收统一标准》对主体结构子工程的明确主要针对的是工业或民用建筑工程,而将石油化工、电力、铁路等工程排除在外,法律法规的内涵和外延均存在一定漏洞。[2]

然而,建设工程类别较多,各类工程结构不尽相同,随着社会发展亦不断有新领域的工程出现,笔者认为,从规范角度对每一类工程主体进行定义既不可能,也无必要。实际上,涉及具体建设工程的有关主管部门对工程建设的分发包管理均有所规定,在操作中并非无法可依。

《国家电网公司电力建设工程分包、劳务分包及临时用工管理规定(试行)》第 11 条规定了送电线路项目、变电项目、抽水蓄能电站项目、火电建设项目中的主体工程的范围,该规定明示出电力建设工程方面的主体工程都是从发电到电流产出所必须依靠的,对电流的产出起至关重要的设施或工程。《中国石油化工集团公司工程建设项目分包发包管理规定》第 18 条规定:工程施工中的四大一特的施工,不得进行专业工程的分包。其虽没有明确指出石油化工工程建设的主体结

---

〔1〕 高晓英:《浅谈建设工程施工中的转包和分包》,载《科学之友》2010 年第 3 期。
〔2〕 庞军林:《关于合同法中"主体结构由施工总承包人自行完成"之规定的探讨》,载《石油化工建设》2015 年第 5 期。

构是上述内容，但依据法律要求的主体工程由承包人自行完成，[3]而且从储罐的安装到特殊材料的焊接再到大型吊装工程的建设，都是油或气从生产到产出中极为重要的一环，是完成从原料到成品这个工艺流程中所必须依靠的，对成品的产出起至关重要的设施或工程。所以，“四大一特”应属石油化工工程的主体结构。不得不承认，这些规定在具体行业中有一定的借鉴意义，也符合法理上对主体工程的定义，但强制力和普及程度不够，面对建设工程分包、转包、挂靠的操作常态，实际施工人存在无法区分主体工程的可能。

二、区分主体结构和辅助结构的必要性和重要性

（一）建设工程相关法律法规的要求

我国《合同法》[4]《招标投标法》以及国务院颁布的《建设工程质量管理条例》《建设工程安全生产管理条例》《招标投标法实施条例》等法律法规都对“总承包单位独自完成主体结构施工”做出了相关规定。

《建筑工程施工发包与承包违法行为认定查处管理办法》细化了主体结构工程分包中的责任分配。《建筑法》[5]《建设工程质量管理条例》也着重规定了建设单位在涉及工程主体结构变动时的安全保障义务和施工人对主体结构的保修责任。

上述法律规定明显基于主体结构的特殊性对施工人责任做出了更为严格的要求。该法律法规的实施均有赖于建设工程主体结构的明确认定，也要求施工人明确掌握主体结构和辅助结构的区分。

（二）主体结构对工程质量的要求

主体结构之所以为主体结构，在于其对整个工程质量起到决定性作用，是决定建设工程安全性和经济性的最重要指标。主体结构的完整，是其他一切辅助工程开展的基石，是整个建设工程进行的前提。而且主体结构工程本身极具复杂

---

〔3〕 宿辉、丁晓欣、何佰洲：《论“主体结构由施工总承包人自行完成”的解释方法》，载《建筑经济》2011年。

〔4〕 《合同法》第272条规定：……承包人不得将其承包的全部建设工程转包给第三人或者将其承包的全部建设工程肢解以后以分包的名义分别转包给第三人……禁止分包单位将其承包的工程再分包。建设工程主体结构的施工必须由承包人自行完成。

〔5〕 《建筑法》第49条规定：涉及建筑主体和承重结构变动的装修工程，建设单位应当在施工前委托原设计单位或者具有相应资质条件的设计单位提出设计方案；没有设计方案的，不得施工。

性,具体施工节点以及施工材料的每一个环节都会对主体结构产生重要的影响,如不严格监控施工过程、明确施工责任分配,很难有效保证整个建设工程的质量。

鉴于主体结构工程质量问题多体现严重性的特征,主体结构施工质量如存在问题,多难以挽回且形成连锁效应,不仅难以补强而且会引发辅助结构质量问题的出现。另外,对主体结构工程质量的再完善,也势必带来高成本的投入。

所以,主体结构工程质量的合格是最经济安全的建设途径,有效区分主体结构的范围,并对主体结构予以特别关注是十分必要且影响深远的重要环节,对于规范建设主体交易行为、保障工程质量安全均具有十分重要的意义。

三、涉及主体结构认定的司法实践

中亚金谷公司与亚欧大陆桥金轮建筑公司、中铁电气化公司铁路修建合同纠纷案中,中亚金谷公司作为发包人与承包人中铁电气化公司签订了总承包合同,约定由中铁电气化公司完成奎屯铁路专用线的改扩建工程。同年中铁电气化公司与金轮公司签订了《专业分包合同》,主要施工内容为路基工程、桥涵工程、轨道工程、其他运营生产设备及建筑物及混凝土集中拌和站。该《专业分包合同》在一审中因涉及违反"建设工程主体结构的施工必须由承包人自行完成"的规定被认定无效。中亚金谷公司认为总承包合同是以中铁电气化公司具备专业的铁路电气化施工资质及技术为背景而签订的,该合同的主合同应当是铁路电气化改造合同,而非工程的土建部分,故《专业分包合同》并非分包工程的主体工程,以一审法院认定专业分包合同无效错误为由提起上诉。二审法院认为该分包合同的主要施工内容为主体、关键性工程,故而驳回该诉请。[6]

宝钢工程建设有限公司与中建二局第二建筑工程有限公司、中建二局第二建筑工程有限公司华东分公司建设工程施工合同纠纷案中,宝钢工程公司与中建二局华东公司签署《上海浦东国际机场 DHL 航空货运枢纽项目工程安装分包合同》,约定中建二局华东公司将其承包的工程中的钢结构及维护系统工程分包给宝钢工程公司施工,案涉工程已经竣工交付,但工程款尚未结清。一审法院认为中建二局华东公司将其承包工程的主体部分钢结构的施工分包给宝钢工程公司施工,违反法律、行政法规的强制性规定,应属无效。但宝钢工程公司认为总包项目是上海浦东国际机场 DHL 枢纽项目,宝钢工程公司承接的只是钢结构工程,仅

---

〔6〕 参见新疆维吾尔自治区高级人民法院(2017)新民终 301 号民事判决书。

有5092万元，并非主体结构，不服原判提出上诉。针对该请求，中建二局华东公司、中建二局共同辩称案涉工程是钢结构工程，整个大楼均为钢结构组成，应属于主体工程。二审法院在判决中明确表示判断某项工程是否属于主体结构并非仅取决于该项工程造价在整个工程造价中的占比，而主要取决于整个工程的结构，故不予采纳宝钢工程公司的该项上诉主张。[7]

国亚建设集团有限公司与吉林省佳和钢结构安装有限公司、易继新建设工程施工合同纠纷案中。国亚公司与统一公司签订了总承包合同，国亚公司随后又将其中的新建厂房工程发包给佳和公司施工。国亚公司认为本案所涉的工程是钢结构的主体工程，以分包合同无效为由提起上诉。二审法院认为施工总承包单位将房屋建筑工程的主体结构的施工分包给其他单位的属于违法分包，但钢结构工程除外，故国亚公司将钢结构分包给佳和公司的行为虽系将工程主体结构分包，但不属于违法分包。[8] 虽然该案是工程结算纠纷，合同的效力也不影响工程款项的结算，但是审查合同的效力是解决争议的首要前提，如果属于无效合同则应按无效合同的原则处理。该案在认定合同效力的过程中，虽然对主体结构的认定并无争议，但对钢结构这一主体结构分包的法律责任存在争议。

在司法实践中，直接就案涉工程是否属于主体结构为争议焦点并不常见，当事人对就该问题法院做出的判决存在争议更为常见。虽然法院裁判中对主体结构认定的事实理由的阐述并不全面，但不妨碍认定主体结构是法院做出判决的基础前提。无论是当事人解决争议的要求，还是节省法院资源的需要，明确主体结构的范围以及相关法律责任，都至关重要。

四、区分主体结构和辅助结构的现实标准

我国工程法律体系中对于主体结构的规定既是法院裁判的主要依据，也是规范建设市场参建单位交易行为的重要标尺。为了使这些规定发挥更有效的价值，满足工程理论和实践发展的需求，提高参建单位交易行为的专业化水平，指导律师在承办建设工程纠纷案件中更好地履行代理职责，我们在区分主体机构和辅助结构时，应该遵循以下原则：

首先，严谨全面的合同条款是规避法律风险的最有效的途径，应该在招标文

---

〔7〕 参见南京市中级人民法院(2015)宁民终字第1286号民事判决书。
〔8〕 参见长春市中级人民法院(2015)长民一终字第288号民事判决书。

件或者施工合同中明确规定该工程不得分包的工程范围。期待统一的技术规范对所有工程的主体结构做出明确规定并不现实,也极易被快速发展的社会现状所淘汰。所以根据每次交易行为的特殊性,交易双方在具体工程中对主体结构的范围形成合意最为关键,这也是我们积极预防因主体结构认定不明产生纠纷的最有效的办法,有利于当事人主动规避建设问题,实现合同签订的最大价值。在实践操作中,招标工程可以在相应的招标文件中明确可以分包的项目,非招标工程可以直接在施工合同或者分包合同中明确禁止分包内容。建设工程项目应注重事前防范,避免无规定的同时也要避免一揽子的简易规定,既不符合现实情况,又会造成出现问题时无约可依。

其次,规范性文件的颁布是我们认定主体结构和辅助结构的重要指南,这不仅包括地方在实践中总结的规定,也包括具体行业在操作中明确公布的规范。例如,本文在主体结构和辅助结构定义部分所介绍的《国家电网公司电力建设工程分包、劳务分包及临时用工管理规定》《中国石油化工集团公司工程建设项目分包发包管理规定》等行业规范就是区分特殊建设工程领域主体结构的重要依据。《浙江省公路水运工程施工分包管理规定(试行)》中也对不得分包的主体工程和关键性工作做出规定,明确了特定类别工程中应自行完成施工的内容。[9] 实践中应在期待行业规范加大推广程度的同时,提高对地区及行业规范的重视程度,形成对主体结构的敏感度,在参与施工或相关工作中对其予以关注。

最后,区分主体结构和辅助结构应着重立法目的。建设工程法律系统中之所以重视主体结构工程建设的责任规定,实操中之所以规定主体工程不得分包,皆基于保障建设工程质量最终实现建设目的的需要。因此判断总承包方对于主体结构的建设责任是否到位,最重要的就是判断总承包单位是否尽到全面且勤勉的工程项目的管理责任,是否存在责任转嫁、以包代管的情形。如果分包人系在其资质许可的专业范围内承揽业务,总承包人也不存在懈怠工程的恶意且尽到监督的责任,还将其“一刀切”地定义为违法分包显然不合适。同样,界定主体结构的主要标准在于是否为产品生产必须,产品生产出来所必须依靠的、对产品的产出起至关重要的设施或工程自然是主体结构,施工方对于主体结构自应承担更全面

〔9〕 杨泽学、周显峰、叶万和:《我国工程总分包管理制度的若干缺陷及完善建议》,载《建筑经济》2007年第7期。

的质量担保责任。《建设项目环境影响评价培训教材》中也有类似的区分标准,[10]虽然并没有明确的法律依据作为支撑,但以生产工艺流程作为建设工程主体结构和辅助结构的区分标准是现在普遍认同的观点。

综上所述,现实中涉及不同的建设工程应从主体结构保护从而达到安全生产的目的出发,参考相应的规范性文件或者该建设工程的分包、发包管理规定,在合同订立阶段就预先明确主体结构工程范围即该工程不得分包的范围。相信工程实践中对于案涉工程是否属于主体结构的争议会越来越少,保障工程质量和安全生产的建设目的也会最终实现。

---

〔10〕 环境保护部环境工程评估中心:《建设项目环境影响评价培训教材》,中国环境科学出版社 2011 年版,第 23 ~ 27 页。

刍议独立保函在建设工程合同中的具体应用

邹　辉*

在世界范围内的建设工程领域，独立保函和备用信用证是应用最为广泛的保障措施，联合国于1995年12月11日以5048号决议通过《联合国独立担保和备用信用证公约》，该公约于2000年1月1日起生效。因独立保函的独立性与一般担保的从属性相左，其项下的付款义务对于保函开立人过于严苛，所以独立保函一直未得到我国国内法的认可。[1] 直到2016年12月1日实施的《最高人民法院关于审理独立保函纠纷案件若干问题的规定》（以下简称《独立保函规定》）正式确立了独立保函在国内法上的合法性。那么，独立保函有什么独特之处，保函项下的法律关系与一般的保证关系有何不同，其能够满足国内司法实践中的哪些需求，都是实务界，尤其是执业律师首先要面对的问题。

---

* 邹辉，上海市锦天城律师事务所西安办公室高级合伙人，西北政法大学法学学士；擅长领域包括建设工程与房地产、项目收购兼并、建筑房地产领域争议解决、公司法律风险管理。

〔1〕 最高人民法院对独立保函合法性的认识上，也存在一个转变过程，最早在其就“湖南机械进出口公司、海南国际租赁公司与宁波东方投资公司代理进口合同案”做出的（1998）经终字第184号民事判决中认为，“担保合同中虽然有‘本担保函不因委托人的原因导致代理进口协议书无效而失去担保责任’的约定，但在国内民事活动中不应采取此种独立担保方式，因此该约定无效”。实务中，最高人民法院在上述案件中的观念也在逐渐改变，甚至已经在审判实务中认识到了独立保函的特殊性，其在“中国建筑第五工程局有限公司与和记黄埔地产（成都）温江有限公司不当得利纠纷申请再审”中作出的（2014）民申字第418号民事裁定认为“二审判决认定中行湖南省分行为中建五局提供的担保属于独立担保关系，案涉银行保函是不可撤销的、见索即付保函的独立保函。我国有关担保的相关法律虽未对独立保函作出专项规定，但根据《中华人民共和国担保法》第五条第一款：‘担保合同是主合同的从合同，主合同无效，担保合同无效。担保合同另有约定的，按照约定’的规定，双方约定的独立担保关系成立并生效，和记黄埔温江公司取得独立保函项下钱款具有合同依据”，即认为“见索即付”等独立条款即是第5条第1款“担保合同另有约定的，按照约定”的另有约定，而且该“另有约定”系有效约定。

一、独立保函的概念和法律特征

（一）独立保函的法律概念

保函，是指银行等金融机构应某一基础交易合同一方当事人（保函申请人）的申请，为确保该合同项下的某种义务履行或责任承担，以其自身的信用向基础交易合同的另一方当事人出具的一种具有一定担保金额、一定担保期限、一定担保条件的担保法律文书。保函出具行为是一个单方法律行为，根据《最高人民法院关于适用〈中华人民共和国担保法〉若干问题的解释》（以下简称《担保法司法解释》）第22条“第三人单方以书面形式向债权人出具担保书，债权人接受且未提出异议的，保证合同成立”之规定，基于保函依据《担保法》成立的系债权人和保函出具人（担保人）之间的保证合同关系。根据《担保法》第5条第2款之规定，即“担保合同是主合同的从合同，主合同无效，担保合同无效。担保合同另有约定的，按照约定”中的“另有约定”即是成立独立保函法律关系的法律依据，其可以具有相对于主合同关系的独立性。有鉴于此，《独立保函规定》第1条第1款给出了独立保函的法定概念，即“本规定所称的独立保函，是指银行或非银行金融机构作为开立人，以书面形式向受益人出具的，同意在受益人请求付款并提交符合保函要求的单据时，向其支付特定款项或在保函最高金额内付款的承诺”。在具体的独立保函关系中，申请出具独立保函的是申请人，往往是基础法律关系中的债务人；依申请向受益人开立独立保函的是开立人，特定独立保函关系中存在转开独立保函的，还存在开立人和转开人；而享有独立保函项下对开立人付款请求权利的是受益人，一般是基础法律关系中的债权人。

（二）独立保函关系与保证关系的异同

有关独立保函合法性的争议不仅仅只是围绕保函与基础交易关系之间效力上的从属性这个问题，更为重要的是受益人在保函项下的权利是否独立，或其主张保函开立人承担担保责任付款的条件受基础交易关系影响的程度，或保函开立人在面对保函受益人付款请求时是否享有基础交易关系中保函申请人（债务人）的抗辩权等问题。为了区分独立保函和保证，法国最高法院确定独立保函具备以下两个条件：第一，对于受益人提出的索赔请求，担保人有义务立即支付；第二，担保人必须明确表示不行使基础交易合同中的各种抗辩权。

最高人民法院民四庭庭长张勇健法官在《独立保函规定》发布会上明确指出，

独立保函是开立人出具的附单据条件的付款承诺,在受益人提交符合独立保函要求的单据时,开立人即需独立承担付款义务,受益人无须证明债务人在基础交易中的违约事实,开立人不享有传统保证所具有的主债务人抗辩权以及先诉抗辩权。因此,独立保函的性质和运作机理与商业跟单信用证基本相同。《独立保函规定》亦参照信用证司法解释的基本思路进行制定,其进一步明确,独立保函虽然具有担保债权实现的功能,但不属于我国担保法规定的法定担保方式,故不适用我国担保法关于保证的规定。《独立保函规定》通过第1条和第3条“当事人主张独立保函适用担保法关于一般保证或连带保证规定的,人民法院不予支持”的规定,明确界定了独立保函与我国担保法规定的保证两者之间的区分标准,有效澄清了司法误区。

根据《独立保函规定》的规定和张庭长的观点,独立保函不属于我国《担保法》现有规定中的任何一种担保类型,其是一种新的、为司法机关认可的,基于开立人和受益人之间的约定而形成的,近似于保证关系的债权债务关系,或者说是一种新的合同关系类型。独立保函关系不同于保证合同关系之处,主要体现在以下两个方面:(1)保证合同中的保证人系基于主债权合同当事人的违约情形而承担保证责任。鉴于保证人一般不能替代履行非金钱债务,故保证人担保的实际上是债务人应当承担的责任,而不是一般意义上的合同义务。反观独立保函关系中的开立人,其根据独立保函承担付款义务,所以从严格意义上讲,开立人履行的是独立保函项下的合同义务或债务,而不是承担债务人的法律责任。(2)保证人承担的保证责任在大小和程度上(担保权实现的费用除外)应当和主债务人应承担的违约责任一致,所以在保证人承担保证责任前应审查主债务人的违约程度,后者是前者的前提,所以保证人享有债务人在主债权合同中的抗辩权。而独立保函开立人履行保函项下的付款义务只需根据保函的约定,独立于基础交易合同;这样,开立人不享有申请人相对于债权人的抗辩权,其承担付款义务也不以查明债务人违约程度为前提。在独立保函欺诈案件中,虽然也将债务人不负有付款或赔偿义务作为保函欺诈认定的标准,但相比保证合同和主债权合同之间较强的从属关系而言,独立保函案件中独立保函关系和基础交易合同之间的关系只能算是一种弱连接;严格意义上说,独立保函甚至都不能算是一种担保方式。

(三)独立保函的法律特征

结合《独立保函规定》的规范内容和国内学术界就独立保函的研究成果,笔者

认为,独立保函具有以下法律特征:

1. 内容上的独立性

独立保函一旦开立,其受益人以及开立人之间的权利和义务完全以保函所载内容为准,不再受基础交易合同内容的约束。也即是说,独立保函脱离了基础交易合同而独立存在(这一点完全不同于一般的保证法律关系,保证合同是主债权合同的从合同,不构成独立契约,保证债权一般情况下亦不能独立存在),从而成为一个独立的契约。《独立保函规定》甚至在第10条中还允许当事人转让独立保函项下的民事权益。根据独立保函这一独立合同的约定,受益人只要提交了与保函条款相符的单据(符点),则开立人即必须履行付款义务,否则即要承担独立保函合同关系的违约责任。因此,开立人不再如保证人那样是基础交易合同中补充(一般保证)或连带债务人,或者说,其与债务人之间不是严格意义上的不真正连带关系,而仅仅是依据保函成立的债权债务法律关系中的债务人,其所履行的也是保函项下的付款义务。

2. 效力上的无因性

在独立保函法律关系中,独立保函的效力与基础交易合同无关,基础交易合同无效或被撤销并不必然影响开立人向受益人(债权人)承担独立保函的付款义务。同时,基础交易合同的修改,以及债权人放弃基于基础交易合同而拥有的对债务人的某些权利(如抵押权)或对其他担保人的权利(如抵押权、质押权)等行为,或者基础交易合同的解除或终止均不影响保函项下独立担保的效力,开立人仍应依独立保函的约定承担担保责任,除非受益人同意修改或放弃源自保函的付款请求权。这一点与一般的保证法律关系不同,在保证法律关系中,主合同无效、被修改,以及债权人放弃其对主合同债务人的某些权利(如抵押权、质权)或解除其他担保人的担保责任,都将成为保证人不承担或减轻担保责任的法定事由。

3. 担保责任的无条件性和不可撤销性

在保证合同中,债权人要求保证人承诺担保责任时必须证明主债务人违约事实;而在独立保函法律关系中,只要保函受益人提供的文件在形式上符合保函的要求,那么开立人就要履行付款义务,一般不能以保函以外的事由对抗对受益人的付款请求,这即是所谓的保函担保责任的无条件性。实际上,因为独立保函中"无条件"或"见索即付"的表述,导致受益人要求开立人履行付款义务时豁免了就基础交易合同债务人违约等事项的举证责任,只需要向开立人交付保函要求的单据即可。此外,独立保函还具有不可撤销性,即在保函有效期内,开立人不得单方解除其担保责任,除非受益人退回保函正本或书面同意免除开立人的付款义务。

按照独立保函的国际惯例,存在无条件见索即付的例外情况,即证明受益人的索偿存在欺诈或权利滥用的情况。实践中,各国均对该证明责任规定了非常严苛的证明责任:(1)需由法院判决或仲裁裁决证明;(2)需证明基础交易合同中的债务人完全没有付款或赔偿责任。例如,在基础交易合同的债务人已经向受益人完全履行了合同义务,而受益人仍然持保函要求开立人履行独立保函项下的付款义务。

4. 独立保函担保人不享有债务人的抗辩权

在独立保函法律关系中,开立人不得像保证合同中的保证人那样援引主债务人基于主合同而拥有的对债权人的各种抗辩权,其只能行使来自保函自身的抗辩权。这种法律关系满足了作为担保人的银行不欲介入债权人和债务人之间合同纠纷的需求,因为银行仅仅是专业的信用经营机构,没有过多的精力参与一般的民事纠纷,也符合经济交往快速便捷的需要。根据《独立保函规定》第9条规定,开立人承担独立保函付款义务后的追偿权,即“开立人依据独立保函付款后向保函申请人追偿的,人民法院应予支持,但受益人提交的单据存在不符点的除外”,开立人向申请人追偿的例外情况只有“不符点”,而不包括开立人未行使申请人相对于债权人的各项抗辩权。

事实上,独立保函的开立人并不是基础交易合同债务人的连带债务人,其仅仅是保函所成立的付款法律关系的债务人,开立人履行付款义务并不意味着基础交易合同中的债务人放弃源自基础交易合同的诸项抗辩权。如果债务人能够证明受益人索偿无据,那么其可以在开立人付款后请求受益人返还不当得利,司法实践中还存在可能因独立保函欺诈而构成的侵权赔偿。应当注意,按照国际惯例,在受益人是否索偿无据问题上,开立人并无证明义务,即使其依据保函履行付款义务,但事实证明付款错误,一般也不影响开立人依据出具保函协议书向保函申请人(债务人)追偿的权利。从这个层面上看,独立保函已经不再是大陆法系传统法律关系中的担保法律关系,最高人民法院《独立保函规定》的内容也充分证明了这一点。

二、独立保函关系与建设工程合同的契合性

独立保函在国际建设工程领域被广泛应用,笔者认为,独立保函在法律特征

上与建设工程合同十分契合，符合该合同类型中发包人的实际需要，值得在国内司法实践中大力推广。

（一）建设工程合同中适用保证、抵押、质押担保所面临的问题

根据《合同法》第269条“建设工程合同是承包人进行工程建设，发包人支付价款的合同”之规定，建设工程合同是承揽合同的一种特殊类型，大的类型上属于提供劳务的合同类型；而且，建设工程合同属于双务合同，承包人依据合同提供建设工程劳务服务，而发包人按照合同约定履行劳务价款支付义务。

在一个建设工程合同关系中，对于发包人的付款义务，承包人可以要求其提供保证、抵押、质押担保付款义务的履行；但是，对于承包人的建设工程义务，当事人约定保证或抵押、质押担保的，发包人在要求担保人就承包人的违约行为承担担保责任时，即需面对以下三个问题：(1)在保证及抵、质押担保关系中，担保人所承担的本质上是债务人应当承担的违约责任，这也是为什么担保人承担的是担保责任的原因。所以，发包人要求担保人承担担保责任，需以查明承包人的违约情形为前提。(2)面对承包人是否存在违约行为的问题，如是否存在承包人未按合同约定完成相应的施工进度，或施工不符合合同约定的质量标准，发包人很难满足举证要求。实务中，发包人即使提交承包人存在违约行为的证据，这些证据往往也因为承包人可能拥有的同时或先履行抗辩权，如发包人未提供符合合同要求的工作界面等，都需要在诉讼中通过鉴定机构出具鉴定报告加以确认，费时费力，并可能影响工程进度。(3)承包人违约的，发包人原则上拥有要求承包人按照《合同法》第107条规定以继续履行、采取补救措施、赔偿损失三种方式承担违约责任的权利。但因为担保人一般不能替代履行完成承包人未履行或未完全履行的建设工程义务，故发包人一般不能要求担保人代承包人以继续履行、采取补救措施的方式承担担保责任，其要求担保人承担责任一般需查明承包人在违约责任问题上应当在金额上承担多大的违约金或赔偿金之后，方可进行。[2] 所以，发包人要求承包人的担保人承担担保责任的，一般均是在合同解除并清算违约责任的情况下进行的，但此时即会遇到是否存在根本违约的法定或约定的解除事由，以及是否有必要解除合同的问题。总之，一般的保证及抵押、质押担保很难满足发包人

---

〔2〕 这一结论来自《担保法司法解释》第13条之规定，即“保证合同中约定保证人代为履行非金钱债务的，如果保证人不能实际代为履行，对债权人因此造成的损失，保证人应当承担赔偿责任”。

面对承包人可能的违约情形时所需要的保障需求。

(二)独立保函与建设工程合同的契合性

从前述独立保函法律特征可知,独立保函实际是独立依据保函所载事实成立的“担保”关系,几乎与基础交易合同无任何从属性。这一点从《独立保函规定》第7条规定,只依据独立保函载明的审单标准进行审查是否存在保函欺诈的规范,即可看出,所以受益人在实务中仅需按独立保函内容提交表面相符的证据即可要求开立人履行独立保函项下的付款义务。鉴于此,在建设工程合同关系中,对于发包人而言,其要求承包人开立独立保函具有以下优点:

第一,受益人仅需初步证明申请人具有违约行为即可,该证据无须经诉讼加以认定。在“东方置业房地产有限公司、安徽省外经建设(集团)有限公司信用证欺诈纠纷再审案”的审理中,最高人民法院认为,“《项目工程检验报告》构成证明外经集团公司基础合同项下违约行为的初步证据,外经集团公司提供的证据不足以证明上述报告存在虚假或者伪造,亦不足以证明东方置业公司明知基础合同的相对人并不存在基础合同项下的违约事实或者不存在其他导致独立保函付款的事实而要求实现保函。东方置业公司基于外经集团公司基础合同项下的违约行为,依据合同的规定,提出实现独立保函项下的权利不构成保函欺诈”。换句话说,在建设工程合同的独立保函中,发包人只要向开立人提交了第三方鉴定报告,开立人即负有保函项下款项的付款义务。

第二,开立人独立根据独立保函履行支付义务,一般不享有申请人来自基础交易关系中对受益人的抗辩权。在“辽宁高科能源集团有限公司、工业园18有限公司信用证欺诈纠纷再审案”中,申请人认为受益人存在违约行为,即“18有限公司存在延误付款、在设计上的阻碍行为导致高科公司无法按时提交图纸以及拒不为高科公司的工作人员办理工作签证等行为,上述行为导致高科公司基础合同项下工程的巨大延误”,但最高人民法院在其就该案作出的(2017)民申5067号民事裁定中认为,“独立保函独立于委托人和受益人之间的基础交易,担保行的付款义务不受委托人与受益人之间基础交易项下抗辩权的影响。18有限公司作为受益人,其自身在基础合同履行中存在的违约情形,并不必然构成独立保函项下的欺诈索款”;而且,《独立保函规定》第14条第2款规定:“止付申请人以受益人在基础交易中违约为由请求止付的,人民法院不予支持”。也即是说,在建设工程合同的独立保函中,开立人只根据独立保函审查发包人的付款申请,开立人不得以发包人存在如未支付进度款、未提供工作界面、未清场等建设工程合同项下的违约责任(与有过失情形),或进一步证明发包人的违约与承包人的违约存在因果关系为由,而拒绝支付独立保函项下的款项。这里,应当注意,独立保函关系和建设工程合同的相对独立性,即使承包人对发包人享有来自建设工程合同的期限、同时履行等抗辩权,只要这些抗辩事项没有写入独立保函之中,开立人就需根据独立保函向发包人履行款项支付义务。

最高人民法院在就"东方置业房地产有限公司、安徽省外经建设(集团)有限公司信用证欺诈纠纷再审案"作出的(2017)最高法民再134号民事裁定书中,详细阐述了其所坚持的有限和必要审查原则的原因,即"人民法院在审理独立保函及与独立保函相关的反担保案件时,对基础交易的审查,应当坚持有限原则和必要原则,审查的范围应当限于受益人是否明知基础合同的相对人并不存在基础合同项下的违约事实或者不存在其他导致独立保函付款的事实。否则,对基础合同的审查将会动摇独立保函'见索即付'的制度价值"。由此可见,独立保函开立人除保函另有约定外,只能在承包人不存在违约情形的例外情况下才能拒绝履行独立保函项下之付款义务。

第三,开立人向受益人独立履行独立保函项下的付款义务,在数量上,与申请人在基础交易合同中的违约程度,或违约造成的受益人的真实损失数量无关。这一点,是独立保函与保证担保的核心区别,也是独立保函系独立的合同类型,而不是担保方式的证明。例如,承包人未按工期完成施工进度,造成发包人实际直接或间接经济损失可能为一百万元,独立保函开立人并不以此为基准,而是依据独立保函的内容,可能会向发包人支付五百万元保函项下的款项。独立保函的这一特征,解决了发包人就实际损失举证困难的问题,符合独立保函"先付款、后纠纷"的思路;即使在随后的纠纷中,承包人经开立人追偿后向发包人主张返还不当得利,有关已支付款项远高于实际损失的举证责任也被转移至承包人。也就是说,独立保函甚至改变了建设工程合同关系中原有的举证责任和诉讼格局。另外,履行独立保函项下付款义务的开立人系建设工程合同当事人之外的第三方,其支付款项不必以对承包人违约责任进行清算为前提,所以开立人履行独立保函项下支付款项可以在最小的程度上影响,甚至说完全不影响建设工程合同的继续履行。例如,承包人未按期履行作业面±零的义务,此时发包方可以在承包人继续履行合同的情况下要求开立人支付独立保函项下的款项;至于该款项是否大于发包方的实际损失,完全可以等到工程结算时再行计算。这样,避免了一般担保关系中,需先经清算查明才能要求担保人承担担保责任的问题。

独立保函在制度上,完全是为建设工程合同这一类难以查明是否存在违约情形,以及违约程度大小的大型劳务合同设置的保障措施,除了具有上述符合发包人、委托方的实际需要的优点外,根据《独立保函规定》的内容,独立保函还因其系银行或非银行金融机构出具而具有较高信用等级等优点。所以,独立保函制度完全可以且有必要在国内建设工程领域内大力推广。

三、独立保函在建设工程合同关系中的具体应用

(一)独立保函形式要件和生效

独立保函(《独立保函规定》第 1 条)和建设工程合同一样(《合同法》第 27 条)均为要式法律性行为,均需书面形式。此外,独立保函在法律行为类型上是单方、需领受的法律行为,即必须向受益人出具,但其生效并未采取我国民事法律理论中意思表示"到达主义"生效的立法模式,《独立保函规定》第 4 条第 2 款规定,"独立保函一经开出立即生效,但独立保函载明生效时日或事件的除外"。也就是说,独立保函在生效问题上,采用英美法上的"发出主义",仅仅是在附期限和条件的情况下存在例外情形。在内容上,《独立保函规定》在第 3 条第 1 款规定独立保函必须具备以下内容:(1)见索即付适用《见索即付保函统一规则》或在内容上独立于基础交易关系,仅需提交相符单据即可要求开立人付款。(2)载明受益人要求开立人付款的单据类型。对此,第 1 条第 2 款用不完全列举的方式加以规定,即"独立保函载明的受益人应提交的付款请求书、违约声明、第三方签发的文件、法院判决、仲裁裁决、汇票、发票等表明发生付款到期事件的书面文件"。也就是说,受益人仅需提交上述单据即可要求开立人付款。(3)应当载明开立人付款的最高金额。上述三项系独立保函在内容上的必要内容,缺一不可,否则不成立独立保函关系。

此外,《独立保函规定》第 3 条第 2 款还规定在满足第一款保函内容条件的情况下,当事人不得以独立保函记载了对应的基础交易为由,主张该保函性质为一般保证或连带保证。对于这样的规定,最高人民法院显然是不满足的,其在第 3 款中进一步强调,"当事人主张独立保函适用担保法关于一般保证或连带保证规定的,人民法院不予支持"。在建设工程合同中,发包人应该特别注意以下事项:(1)独立保函仅能由银行或非银行金融机构开具方可得到法院的支持;(2)独立保函应当载明见索即付的字样,或者在纠纷后一审法庭辩论终结前一致援引《见

索即付保函统一规则》,以使案涉保函归入独立保函规则之中;(3)应当明确请求付款时应当提交的书面文件类型和内容,在形式上尽可能单证化,在内容上尽可能简单化。例如,约定在某一特定时期承包人未完成基础工程的工作量,或未完成设备进场等,并以违约声明等形式单证化;(4)在独立保函中尽可能要求开立人从正向明确保函的独立保函性质,从反向排除保函的保证合同性质。

(二)独立保函付款请求和抗辩

对于开立人而言,面对受益人提出的付款请求,其仅能依据独立保函的内容加以抗辩,这是独立保函与保证合同关系的本质区别。在特定独立保函关系中,根据《独立保函规定》第6条的规定,单据仅表面相符即可,即所谓的"符点"即可,而且开立人不得以基础交易关系或申请人与开立人之间的申请关系作为其履行付款义务的抗辩。就此,最高人民法院在第7条规定了审查"符点"的标准:(1)独立保函载明审单标准的,以所载内容为准;未载明审单标准的,可以参照国际商会确定的相关审单标准。(2)如果出现不完全"符点"的情形,只要不导致相互之间产生歧义,则在结论上应当是"符点"。

在实务中发包方需要注意要求开立人开立符合要求的独立保函,一方面将需提交的法律文书单证化、简单化,另一方面将审单标准简单化,尽量避免模棱两可、含混不清的审单标准。例如,独立保函载明只要现场在某一特定日期审查承包人是否完成约定工作量即可,工作量可以约定为±0、清场、封顶等;对于工程质量,可以在单证和审单标准上载明由特定第三方出具的工程质量检测报告即可。

(三)独立保函欺诈的认定

作为"符点"并付款的例外,《独立保函规定》第12条规定了对了保函欺诈的具体情形:(1)受益人与保函申请人或其他人串通,虚构基础交易的;(2)受益人提交的第三方单据系伪造或内容虚假的;(3)法院判决或仲裁裁决认定基础交易债务人没有付款或赔偿责任的;(4)受益人确认基础交易债务已得到完全履行或者确认独立保函载明的付款到期事件并未发生的;(5)受益人明知其没有付款请求权仍滥用该权利的其他情形。从上述规定看,核心即是用法定证据证明申请人对受益人不存在基础交易合同项下的付款义务。

(四)独立保函开立人、申请人的救济

对于承担独立保函付款义务的开立人、申请出具保函的申请人而言,《独立保

函规定》在明确其义务的情况下，也用具体规定明确了对其的救济方式——止付：(1)止付事由，即第12条规定的保函欺诈的情形。(2)提出止付请求的时间，可以在提起诉讼或申请仲裁前提出，也可以在上述程序，即独立保函欺诈纠纷案件的审理程序中提出。(3)止付裁定，只有人民法院做出的止付裁定才能够中止独立保函项下的款项，否则开立人应就止付行为向受益人承担法律责任。(4)人民法院做出止付裁定的，需同时满足第14条所规定的以下条件：①止付申请人提交的证据材料证明本规定第12条情形的存在具有高度可能性；②情况紧急，不立即采取止付措施，将给止付申请人的合法权益造成难以弥补的损害；③止付申请人提供了足以弥补被申请人因止付可能遭受损失的担保。客观地说，最高人民法院设定的支付条件较为苛刻，但为了保障独立保函的有效性，最高人民法院还进一步在第14条第2款规定，止付申请人不得以受益人在基础交易中违约为由申请止付，而且开立人已经善意支付独立保函项下款项的，也不得裁定止付。(5)第16条第1款规定，人民法院受理止付申请后，应当在48小时作出书面裁定，中止支付的立即执行。(6)第16条第3款规定，如果止付申请人未在止付裁定后30日内以独立保函欺诈为由提起诉讼或仲裁的，人民法院应当解除止付裁定。也即是说，是否存在保函欺诈的实体问题，应当另行提起的保函欺诈诉讼中加以解决。

《独立保函规定》全面而细致地就独立保函在司法实践中可能面对的各种问题作出规定，笔者认为，独立保函符合建设工程合同中发包人对承包人履约保障措施的需求，完全可以在国内建设工程领域内大力推广。

关于现行建设工程施工合同(示范文本)体例的缺陷分析及修订意见

唐国华* 周山涧**

一、国内外建设工程施工合同体例概述

(一)国际建设工程施工合同体例概述

不同的工程建设模式需要不同的合同条件,国际上相关专业组织相继编制了相关施工合同范本。目前较为著名的组织有:国际咨询工程师联合会 FIDIC、英国联合合同委员会、英国咨询建筑师学会、美国建筑师协会等。

目前国际较为有名的施工承包合同范本有 FIDIC《施工合同条件》等。我国已加入 FIDIC,鉴于 FIDIC 条款得到国际上的普遍认同及其条款的完备性特征,本文着重关注 FIDIC 条款中的《施工合同条件》。

FIDIC 是"国际咨询工程师联合会"的缩写,1999 年 FIDIC 包括《施工合同条件》(以下简称 99 版 FIDIC《施工合同条件》)、《生产设备和设计—建造合同条件》、《设计—采购—施工/交钥匙合同条件》、《简明合同格式》。其中《施工合同条件》由协议书、通用条款、专用条款三部分组成,通用条款和专用条款均由 20 条主要条款组成,专用条款是对通用条款的补充,并且其条款编号与通用条款相互

* 唐国华,上海市锦天城律师事务所杭州办公室高级合伙人,北京大学法学学士;擅长领域为公司与并购、房地产与建设工程、诉讼与仲裁。

** 周山涧,上海市锦天城律师事务所杭州办公室律师,西北工业大学法学学士;擅长领域为房地产与建设工程、诉讼与仲裁。

对应,专用条款后附有一些附件。[1]

(二)我国建设工程施工合同(示范文本)体例概述

《建设工程施工合同(示范文本)》(注:2017 年版本,以下简称 17 版《示范文本》)由协议书、通用条款和专用条款三部分组成。协议书主要包括工程概况、工期、质量、合同价及其他,集中约定了合同当事人基本的合同权利义务。通用条款主要对合同当事人的权利义务作出原则性约定。专用条款是对通用条款原则性约定的细化、完善、补充、修改或另行约定。

(三)99 版 FIDIC《施工合同条件》与 17 版《示范文本》体例比较

13 版《示范文本》(指 2013 年国家相关部门制定的《建设工程施工合同》)、17 版《示范文本》多处参考了 FIDIC《施工合同条件》的规范条款,由于参考了大量的国际成熟做法,比如在某种程度上兼顾了合同双方的权利和义务。不过,虽然 17 版《示范文本》与 FIDIC《施工合同条件》条数相同,但很多条款并没有一一对应,如 FIDIC《施工合同条件》规定的第 5 条指定分包商条款、第 17 条风险和责任条款,均未在 13 版、17 版《示范文本》中出现。[2]

另外,关于 17 版《示范文本》对 13 版《示范文本》的修改,仅涉及质量缺陷责任期和质量保证金两方面,[3]是故 17 版《示范文本》与 13 版《示范文本》,在合同体例上无本质区别。

二、我国建设工程施工合同(示范文本)体例分析

(一)我国建设工程施工合同(示范文本)体例的发展

从 99 版《示范文本》到现今 17 版《示范文本》,始终保持了基本的协议书、通用条款、专用条款的基本体例,17 版《示范文本》体例与 13 版《示范文本》无本质区别,但 13 版、17 版《示范文本》在 99 版《示范文本》基础上有明显修订与进步,例如:

---

[1] 孟海红:《FIDIC 施工合同条件和广东省标准施工合同比较研究》,广州大学 2012 年硕士学位论文。

[2] 宴金炜:《论施工合同示范文本的应然设计》,华东政法大学 2014 年硕士学位论文。

[3] 周吉高、李瑞生:《关于 2017 版〈建设工程施工合同(示范文本)〉的评析和建议》,载微信公众平台"建筑房地产法律评论",最后访问日期:2017 年 11 月 23 日。

1. 合同条款的增加

99 版《示范文本》的合同协议书共 10 条,17 版《 示范文本》共 13 条。99 版《示范文本》的通用条款共 11 条,17 版《 示范文本》共 20 条,专用合同条款都与通用条款相对应。

2. 合同管理制度的创新

针对市场情况的变化和实践中的不规范操作,对外借鉴 FIDIC 条款的经验,13 版、17 版《示范文本》通用条款在 99 版《示范文本》基础上设定了 8 项新的合同管理制度:承发包的双方互为担保制度;情势变更调价制度;逾期付款的违约双倍赔偿制度;物权证书移交制度;保修金返还的缺陷责任定期制度;风险防范的工程系列保险制度;索赔过期作废制度;前置程序的争议过程评审制度。

3. 建立了监理人文件传递中心机制

13 版、17 版《示范文本》调整完善了合同结构体系,13 版《示范文本》确立了监理单位为"文件传递中心"的地位。99 版《示范文本》并未全面约定监理人的职责,13 版、17 版《示范文本》对监理人的相关职责进行了进一步明确,我国相关法律对监理人的义务进行了规定,另外监理人的天然地位是介于发包人与承包人之间,监理人本身即具备或者说应当履行发、承包人之间协调、沟通、传递的功能。监理人在授权范围内由其发出的指示应被视为发包人的意思表示。因此监理人的权限非常重要,在合同中应当由发包人予以明确约定。

4. 完善了合同价格类型,增加了暂估价的规定及操作程序

13 版《示范文本》在协议书第 4 条、通用条款 1.1.5、10.7 等条款增加了关于暂估价的定义和操作程序。通用条款第 10.7 条约定了暂估价的操作程序。

5. 针对发、承包人履约行为进行指引和规范,并尽量避免出现利益维护失衡的情况

一方面根据合同的公平原则,基于实际情况确保不会明显偏向任何一方;另一方面根据合同诚信原则,防止出现恶法,即合同条款出现漏洞使之成为当事人恶意违约或欺诈的情况;另外,因建设工程合同与一般合同存在明显区别,其专业性与复杂性非常强,故作为示范文本层面,合同条款应考虑到并尊重双方协商的可能和空间,避免出现因太过具体反而最终限制了当事人拒绝使用示范文本的情况。[4]

---

〔4〕《以合同管理为抓手规范建筑市场秩序——住房城乡建设部建筑市场监管司有关负责人就 2013 版施工合同答记者问》。

6. 加强了与国家现行法律法规的衔接[5]

17 版《示范文本》通用条款 1.3 对相关法律的范围进行了明确。合同当事人可以在专用合同条款中约定合同适用的其他规范性文件。通用条款 11.2 约定基准日期后法律变化导致承包人与发包人合同权利义务进行具体的调整。因承包人原因造成工期延误，在工期延误期间出现法律变化的，由此增加的费用和（或）延误的工期由承包人承担。

（二）我国现行建设工程施工合同（示范文本）体例缺陷问题

上文已提及，现行 17 版《示范文本》的组成以及条款数量，因 17 版《示范文本》由三部分组成，本文姑且称之为“三段论体系”，本文认为三段论体系存在适用上的问题，理由如下：

1. 问题概述

三段论体系与合同内容之间产生矛盾或增加该矛盾发生的可能性有关。因《示范文本》专用条款本身并无实质内容，而主要列出空白处等待合同当事人自行商定并填写，因拟定合同本身的不确定性（不完全契约理论，下文详述）以及建设工程本身的复杂性，故对合同当事人拟定合同的水平要求甚高（不仅包括条款本身的合理性也包括合同体系内条款之间的衔接性和统一性）。然而现实情况却并不总尽如人意，根据司法实践，合同当事人由于合同本身条款之间约定不一致、矛盾而发生的纠纷也比比皆是（列举见下文“3. 司法实践情况”）。

2. 三段论体系导致的问题

（1）合同的天生不完全性以及诚实信用原则可能被三段论体系进一步撕裂或侵犯。

①合同的天生不完全性可能被三段论体系进一步撕裂

不完全契约理论（该理论系格鲁斯曼、哈特等人创立，具体背景不在此赘述）认为，由于人们的理性有限性、信息的不完全性及交易事项的不确定性，使明晰所有权利的成本过高，拟定完全契约是不可能的，不完全契约是必然和经常存在的。施工合同的拟定也可参考不完全契约理论。发包人与承包人签订施工合同时，即便合同双方都有丰富的“过去的经验”，但哈特认为这对达成计划和协议“提供不了多大帮助”。施工合同天生具备大多数合同所不具备的丰富性和复杂性，它不

[5] 曾春来：《基于 2013 版施工合同示范文本的理解与应用》，载《福建建材》第 8 期（总第 160 期）。

仅约束发包人与承包人,而且需要考虑整个工程的运行,故建设工程施工合同的天生不完全性较一般合同更甚。根据不完全契约理论,并结合建设工程的庞杂以及复杂程度,在工程项目开始之前不可能完全规划出可能出现的各种事件并作出完备的约定。此外,如果说就某一部分可能性事件进行一定程度预测的话,也应谨慎考虑是否可以做到,而情况往往是如果一开始就把所有可能导致纠纷发生的风险作出约定,也会使成本过高,所以建设方和施工方不愿过早对有关事项作出约定。[6] 具体到17版《示范文本》订约、履约过程体现出来的不完全性成因,无非与建设工程本身的复杂性、合同条款的表述精准与完全性、建筑法律体系问题、相关人员的理解程度、能力以及诚信等相关。

虽然,由于上述相关原因始终存在,理论上建设工程施工合同的不完全性问题无法得到完美解决,但是三段论体系却可能进一步撕裂合同不完全性的"口子"(指合同不完全性造成的反面影响范围及程度)。三段论体系中的专用条款并无实质内容,其地位和作用(指17版《示范文本》"说明"所描述的作用,本文并不认为一定可以达到该种作用)仅仅是在通用条款基础上进行补充、修改以期完善合同整体内容并保证合同的顺利履行,通用条款拟定之初就非强制性使用文本且通用条款本身约定范围、程度有限,故专用条款的单独存在势必极大可能造成与通用条款约定不一致甚至出现歧义、互相矛盾的情况(并非指某个特定合同而是从整体角度分析),部分条款可能与协议书共同形成17版《示范文本》"三分天下"的局面,如此可能加剧合同订立过程中的理解难度与错误概率,以及增加合同履约过程的理解成本。此时可以假设:若17版《示范文本》通用条款是根据不同类型、规模的建设工程分别拟定,且条款非常合理、齐备,甚至提供了诸多合理选项的情况下,专用条款仅需就其中极特殊或极具针对性的问题另外约定(类似补充协议)或者不需要专用条款,那么17版《示范文本》的不完全性或处可控状态,至少不会进一步撕裂。但我国从99版《示范文本》到现行的17版《示范文本》,通用条款本身存在诸多问题,在合同完备性方面亦无法与FIDIC条款比拟,例如13版、17版《示范文本》有关竣工结算审核期限的约定缺乏可操作性、有关争议评审的约定没有可履行性、有关需要支付承包人合理利润情形的约定没有可履行性、通用条款第16条与第19条之间无条款衔接、部分约定表述不够清晰、暂估价项

[6] 斯晓慰:《施工合同不完全性的成因机理及治理对策研究》,西安建筑科技大学2015年硕士学位论文。

目分包人选择方式偏离国际通行的指定分包模式等,[7]另外,关于各类期限的规定没有考虑工程规模、工程项目资源状况、工程效率等因素,大中小工程均适用同一期限(如通用条款14.2),关于违约责任的约定不够明确等问题,[8]在这种情况下,专用条款(在不考虑补充协议的情况下)势必要在诸多方面进行更为合理或明确的约定,若专用条款经常性修改、补充通用条款,甚至一定程度上替代通用条款的作用,此种情形进一步扩大将彻底违背设置三段论体系的初衷,亦将给订约和履约过程造成不必要的障碍。

②诚实信用原则可能被侵犯

《合同法》第6条以及第125条均规定了诚实信用原则。

上文已论述现行17版《示范文本》三段论体系与通用条款、专用条款约定歧义、矛盾之间的关系,且通用条款越不完善,歧义与矛盾便越加剧、激化,正因这样,明确合同当事人的真实意思表示将会变得非常困难,而合同恶意一方极有可能利用约定不明、不合理的情况故意曲解双方订约时真实意思表示以牟取不合理却可能合法的利益,此时合同法规定的诚实信用原则将被侵犯。

(2)三段论体系与效率、经济原则之间存在一定矛盾。

使用标准化合同的初衷是节约和减少当事人的谈判时间和交易成本,避免出现对原本无必要或经常之事进行无意义地、繁杂地商讨。但是,标准化合同也存在明显的缺点:即基于事先已经拟定的合同内容,双方要再行修改的成本也比较高,而且已经确定的合同内容基于不完全契约理论天生就会具备无法与所有合同履约情况完美契合的事实,如此便不可避免地无法满足合同当事人的具体需求。[9]

诚然,无论是建设工程施工合同,还是其他行业的合同,如商品房买卖合同、保险合同等,也无论是示范文本还是格式合同,初衷都离不开提升效率、降低交易成本。先不论示范文本或格式合同天生缺少个性、不灵活的"遗传病",具体到17版《示范文本》,通用条款依然存在诸多问题,本文无意否认制定行业通用条款的意义和价值,反而当务之急应是如何完善通用条款,但目前面临的问题是在现行17版《示范文本》存在内容不完善、适用性不强等问题的前提下,继续适用三段论

---

〔7〕 周吉高:《新版合同范本若干条款的不足》,载《建筑》2013年第17期。

〔8〕 戴永琦:《〈建设工程施工合同(示范文本)〉2013版与1999版的对比分析》,载《法制与社会》2014年第2期。

〔9〕 杨晓蓉:《关系合同视角下的建设工程合同制度研究》,南京大学2018年博士学位论文。

体系,即在现有通用条款基础上、意欲通过合同当事人商拟专用条款的方式,以实现明晰双方权利义务内容、减少条款歧义,甚至厘清合同条款之间关系的目的,且实现这一切还需保证整个合同的统一性和完整性,笔者认为几乎无法实现,即便可以实现,那么订约及履约的成本亦会非常高,如此不仅无法发挥示范文本本身应具备的高效优势,反而将影响订约及履约效率,甚至影响合同当事人合作基础。

3. 司法实践情况

根据笔者查阅资料,发现因合同内容前后约定不一致(包括中标通知书)而导致纠纷或理解歧义的情况,常与三段论体系有关,现举例如下:

(1)合同协议书与专用条款就合同工期约定不一致(虽装修工程合同各地有单独合同示范文本,但其与建设工程施工合同示范文本三段论体系法理相通)。

案例1

[**案件背景**]装修合同专用条款第14.1条记载,本工程合同总日历天数为137天,外立面石材装修由承包人施工,本工程工期顺延15天。合同第一部分协议书约定合同工期总日历天数为90天。

一审法院认为:

应依据协议书及专用条款约定,工期为90天+15天=105天。

二审法院认为:

根据涉案装修合同专用条款第14.1条的记载,本工程合同总日历天数为137天,如外立面石材装修由承包人施工,则本工程工期顺延15天。虽合同第一部分协议书约定合同工期总日历天数为90天,因专用条款效力高于通用条款,两者如有矛盾,应以专用条款为准,故双方之间约定的涉案工程的工期日历天数至少为137天。

[**案件分析**]本案中,案涉协议书与专用条款就工期约定不一致,虽然二审判决认为一审判决认定事实清楚、适用法律正确最终维持原判,但二审法院认定工期的依据之一是专用条款,一审法院认定工期的依据之一却是协议书(二审判决书未明确协议书与专用条款效力孰高孰低),先不论一审及二审判决的合理性与否,至少由此可见三段论体系中前后内容约定不一致,不仅容易加剧合同当事人对约定内容理解上的矛盾,甚至不同法院对此认定亦不一致。

案例来源:(2018)沪02民终9085号

(2)《中标通知书》、合同专用条款、通用条款何为当事人真实意思表示？

案例 2

[**案件背景**]招标文件中《投标报价》规定：投标报价是招标范围内全部工作的价格体现，采用的是固定价格报价（固定价格，即一口价、包死价、招标范围内的总价包干）。实际施工人表示愿以人民币 59 902 610.58 元总价承包本招标范围内的全部工程。正荣公司（发包人）支付给福建二建（承包人）的工程款中，均是以中标通知书确定的工程价款计算，并已支付 56 411 325.16 元，上述工程款已经福建二建转给秦峥嵘、陈招兴、余建忠等三人（实际施工人）。

《建设工程施工合同》第一部分协议书第 5 条约定：合同价款 59 902 610.58 元。按招投标文件的约定工程总价款也为 59 902 610.58 元。通用条款 23 条约定，发包人、承包人应该以该中标价格为依据确定合同价款。同时也约定，发包人、承包人可以在专用条款中约定采用固定价格，可调价格或者成本加酬金的方式确定合同价款。《建设工程施工合同》第三部分专用条款第 23.2 条、第 23.3 条约定，本案工程总价款应采用 2001 工程定额按实结算。

一审法院认为：

根据《投标报价》以及工程款实际支付情况，工程款结算应以中标通知书确定的固定价加签证工程款来计算。

二审法院认为：

根据通用条款 23 条的指引，发包人与承包人完全可以根据中标价格在专用条款中约定采用固定价格确定合同价款，但却在专用条款 23.2 条明确约定本合同价款采用可调价格合同；另外，工程价款结算采用了合同内价加变更及签证方式。故按实结算是当事人真实意思表示。

[**案件分析**]本案中，招投标过程包括中标通知书明确是固定总价，通用条款约定应以中标价格为依据，却又约定可以在专用条款中选择采用固定价格、可调价格或者成本加筹金，专用条款则约定为按实结算。从一审、二审法院认定可以看出，两级法院对结算依据的认定存在根本区别。先不论招投标以及合同是否合法有效，根据本案情况，想要探究当事人真实意思表示变得极为困难。本案从中标通知书到通用条款再到专用条款，价款的约定不合常理地由固定总价转变为按实结算，二审判决“本院认为”中支持二审法院判决（结算

依据部分)最重要的论述如下:“发包人正荣公司与承包人福建二建在专用条款中完全可以根据中标价格在专用条款中约定采用固定价格确定合同价款,但却在专用条款23.2条明确约定本合同价款采用可调价格合同,按实进行调整。可见,按实结算本案工程总价款是正荣公司与福建二建在签订《建设工程施工合同》时的真实意思表示”,该论述是根据合同约定内容推断而来,却并非直接依据合同某条清晰、与合同及中标通知书不矛盾的约定(当然事实上本案不存在这种情况)。试想,若当事人在通用条款中直接约定清楚,并不在专用条款中进行额外的约定或者直接将专用条款的约定纳入通用条款进行统一化,该合同在适用上应会大大减少歧义的可能。可见三段论体系与合同内容的严谨性、清晰地表达当事人真实意思之间,存在一定矛盾。

案例来源:(2015)赣民一终字第243号

三、完善修订现有17版《示范文本》的建议

为使17版《示范文本》更具权威性并增强可适用性,降低交易成本、提升效率,建议如下:

(一)完善现有《示范文本》通用条款内容

通用条款内容是《示范文本》的灵魂,通用条款的内容是否合理直接决定了《示范文本》的可适用性及严肃性。上文已经论及合同条款存在的问题,不再赘述,对于相关问题,应进一步从实际情况出发,完善条款本身的描述,防止歧义。另需查漏补缺,应尽量涵盖合同履行过程中可能遇到的问题,防止出现纠纷时合同未约定而需考虑合同目的、交易习惯的情况。

例如,通用条款16.1.1(5)约定若发包人自身原因导致停工的,则属于发包人违约情形,但除通用条款6.1.1约定遇到特殊情况发包人应当及时下令停工外,似乎并无其他关于发包人有关停工相关义务的约定。建议应进一步明确合同双方关于停工范畴内的权利义务。又如,通用条款16.1.2以及16.2.2中关于发包人及承包人的违约责任,仅仅明确违约行为的后果是工期的延误及费用的增加。通用条款不应过于简单、缺乏可操作性,建议详细约定违约责任。

(二)调整、完善17版《示范文本》体例

1. 建议根据不同建设工程的类型、大小分别制定不同的通用条款

鉴于17版《示范文本》本身的局限性,若所有建设工程均采纳同一个合同版本,势必需以《专用条款》、补充协议或其他方式进行大篇幅的修改或补充。例如,FIDIC条款非单一合同,而是由《施工合同条件》《生产设备和设计——施工合同条件》及其他合同条件或示范为本构成的一系列合同,不同的合同对应不同的适用范围。建议区分不同类型、不同规模的建设工程分别制定不同施工合同示范文本通用条款。

例如,通用条款14.2中关于竣工结算审核期限的约定,建议应根据不同规模的工程约定发包人不同审核期限,可考虑根据工程预算规模大小进行约定。

2. 建议取消独立的专用条款,强化17版《示范文本》的统一性

专用条款的意义和作用似乎是对通用条款原则性约定进行完善和修改,但细想这种观点有待商榷。

首先,通用条款本身不仅要最大限度提升普遍适用性,亦要保证尽可能涵盖可能出现的问题和情况,但若将上述"历史任务"过多地压在专用条款上,反而认为通用条款本身只是原则性的约定,那么显然失去了(至少部分失去了)制定通用条款的初衷。故不能将专用条款定义为一定程度上替代通用条款的存在,也不能定义为可以大范围、深度地以任何形式更改通用条款的存在。

其次,诚然,通用条款不可能解决一切问题,建设工程本身存在复杂性、多样性,从订约角度考虑,应允许订约时对通用条款进行修改和补充。但是,没有必要另行设置一套完整的条款(甚至连编号都一样)用以修改、补充通用条款,上文已论述三段论体系可能造成的危害,不再赘述,建议应直接在通用条款基础上进行修改或补充,并可在订约前单独标注修改、补充的部分,如此更利于维护合同的统一性、提升订约、履约效率。

四、总结

一方面,笔者看到众多关于协议书、专用条款、通用条款之间存在约定不一致甚至完全矛盾的情况,因此引发纠纷,代价不可谓不惨重。从这个角度,似乎合同当事人缔约能力仍普遍较弱,但另一方面,随着建设工程施工领域的发展,特别是大型开发商、建筑商经验丰富,员工专业能力较强的情况下,如此考虑似乎情况并

非如此。

笔者认为三段论体系从目前来看仍是弊大于利,不像保险合同,建设工程施工合同更为复杂,且就单个企业而言,缔约频率并没有那么高,合同双方完全可以且应该仔细地就合同条款好好协商(包括招投标阶段),在此情况下,若再讨论专用条款的地位以及其与通用条款的关系就变得非常尴尬,因为缔约双方不再需要这样一个组合——一个并不是很完备的、将完善并细化约定任务交给专用条款的通用条款+一个有极大可能与通用条款甚至是协议书矛盾的专用条款。

但无论如何,如何"制造"多种适用不同种类建设工程且尽可能完备、科学合理的通用条款仍是目前的重要课题。

浅析房地产在建工程项目收购的法律风险与防范

张月明[*]　魏学全[**]　万　州[***]

近年来,在国家经济发展减速,推行“去杠杆化”的大环境下,国家将房地产市场作为调控的中心,相继出台限购及限制证券、基金进入房地产市场,银行信贷紧缩等一系列调控政策,由此对房地产行业的发展产生了剧烈的影响。房地产企业本身作为一种典型的“重资产”企业,项目开发往往占用企业大量资金。因此,在当下国家宏观调控、市场趋近饱和及土地资源稀缺的情况下,房地产企业受自身行业性质的影响,在建工程项目收购已成为房地产企业战略调整及资产重组的主要方式之一。

在建工程项目收购在给房地产行业结构优化与资源重组带来市场机遇的同时,也因其法律关系复杂而伴随着更大的风险与挑战。因此,对于法律实务人员而言,如何准确发现并有效规避在建工程项目收购中的法律风险已是必须要解决的难题,笔者就此结合司法实践提出个人浅见,为房地产在建工程项目收购的司法实践提供些许参考。

一、在建工程项目收购的界定

一般而言,房地产收购存在股权并购和资产并购两种典型模式。股权收购,是最常见的并购模式,指收购方通过收购房地产项目所在的项目公司股权而间接

* 张月明,上海市锦天城律师事务所北京办公室高级合伙人,中国政法大学法学学士;擅长领域为房地产与建设工程、公司与并购、诉讼与仲裁、公司法律风险管理。

** 魏学全,上海市锦天城律师事务所北京办公室合伙人律师,河北地质大学法学学士;擅长领域为房地产与建设工程、房地产开发项目公司并购、房地产项目收购与转让、房地产项目融资与信托。

*** 万州,上海市锦天城律师事务所北京办公室律师助理,中国人民大学法学学士;擅长领域为房地产与建设工程。

收购持有房地产项目。资产收购,也称项目收购,指收购方直接收购房地产项目,一般根据房地产项目阶段不同可分为在建工程项目收购和已竣工未销售项目收购。

(一)在建工程的含义

若要分析在建工程项目收购产生的法律风险,必须对作为收购标的的在建工程的含义有基本了解。所谓在建工程,在学理上有广义和狭义之分。狭义的在建工程,是指房屋不动产工程自主体工程基本建设完成至房地产主管机关颁发所有权证书前所处的状态,即在建工程主体已基本建设完成,只是尚未办理所有权登记手续,是一种法律上的状态。广义的在建工程,是指房屋不动产自主体工程建设开始至建成后,房地产主管机关颁发所有权证书前所处的状态,其不仅包含狭义的在建工程,还包括房屋主体动工后至建成前的状态,是一种事实上及法律上均未完成的状态。

《城市房地产管理法》第 39 条规定:“以出让方式取得土地使用权的,转让房地产时,应当符合下列条件:(一)按照出让合同约定已经支付全部土地使用权出让金,并取得土地使用权证书;(二)按照出让合同约定进行投资开发,属于房屋建设工程的,完成开发投资总额的百分之二十五以上,属于成片开发土地的,形成工业用地或者其他建设用地条件。”作为收购标的的在建工程的含义应以广义说为准。据此,在建工程项目收购,可概括为转让方将国有土地使用权及附着于该土地上的未建成的建筑物、构筑物、附属设施一并转让给收购方,并由收购方支付转让价款的民事法律行为。

(二)在建工程项目收购应符合的条件

根据《城市房地产管理法》第 38 条、第 39 条的相关规定,在建工程项目收购应符合以下条件:(1)土地出让金已全部缴纳,并取得土地使用权证;(2)按照出让合同约定进行投资开发,属于房屋建设工程的,完成开发投资总额的百分之二十五以上,属于成片开发土地的,形成工业用地或者其他建设用地条件;(3)不属于司法机关和行政机关依法裁定、决定查封或者以其他形式限制房地产权利的情形,不属于依法回收土地使用权;(4)房地产产权属清晰、权属证明依法登记等。

(三)在建工程项目收购与股权收购模式的对比分析

在建工程项目收购是最为直接的收购方式,收购目标更加明确,风险范围也限于在建工程项目本身,相对较明晰、可控。但鉴于国家对土地、房地产项目转让的限制以及房地产行业现行税收政策,在建工程项目收购存在以下弊端:变更手续烦琐且周期不确定,主要体现在"四证或五证"及其他政府审批手续的变更;税负较重,在建工程项目收购必然涉及土地使用权转让,相较于股权收购涉及的税种多、税率高,尤其是土地增值税,必将增加交易难度和成本。

而股权收购交易过程相对简单,不涉及"四证或五证"及其他政府审批手续的变更,税负交易成本相对较少,同时因直接控制项目公司避免了自身房地产开发资质问题,可直接投入资金进行后续房地产开发。但从风险表现来看,股权收购面临着收购方要承接项目公司整体风险,除了在建工程本身带来的风险之外,还包括项目公司主体资质、资产状况、债权债务、税收、劳动人事及纠纷争议等法律风险。如果非全部股权收购,还需要考虑和项目公司原股东合作经营的问题,因此股权收购相对来说法律风险更大,尤其对于相对大型的公司,在股权结构复杂、债权债务不够明晰、股东意见难以达成一致的情况下,股权收购的可操作性及法律风险控制均具有较强的难度和不确定性。

二、在建工程项目收购的法律风险及防范

了解在建工程的含义、转让条件,只是选择房地产收购交易模式的基础,而交易模式的选择也只是法律风险分析的第一步,不同的交易模式各有利弊,相应的也带来了不同的法律风险。接下来笔者就结合以往参与过的在建工程项目收购案例,将案例中反映出的在建工程项目收购过程中的主要法律风险总结如下:

(一)土地使用权问题带来的法律风险及防范

由于我国土地制度的特殊性,土地使用权的审查是房地产收购活动中的首要问题,土地使用权是否存在瑕疵亦是在建工程项目收购中不可忽视的风险。

1. 通过出让方式获得的土地使用权

首先,根据《城市房地产管理法》第15条规定:"土地使用权出让,应当签订书面出让合同。土地使用权出让合同由市、县人民政府土地管理部门与土地使用者签订。"因此,有权出让土地使用的合法主体只有市、县人民政府土地管理部门。但实践中,存在部分地区政府为了鼓励土地开发等原因下放土地出让职权或部分非法定主体擅自与开发商签署土地出让合同的情况,因此,收购方在签署土地出让合同的过程中应当注意出让主体是否具备合法性,在存在瑕疵时可以通过与政

府沟通乃至重新与法定出让主体签订合同进行弥补。

其次，根据《城市房地产管理法》第 11 条、第 61 条相关规定，土地使用权合同需要经过相关政府部门批准与登记，并取得政府颁发的土地使用权证书，因此，项目公司是否取得土地使用权证书、该土地用途与合同是否一致且符合收购方用途以及土地出让金是否全部缴纳都是审查重点。

再次，亦要审查土地使用权是否符合《城市房地产管理法》第 39 条规定的转让条件，以及《城市房地产管理法》第 38 条规定的禁止性情形，其中尤其需要注意完成开发投资总额的 25% 以上的内涵如何界定，以及未达到 25% 以上的法律后果问题。就投资总额的 25% 以上的内涵问题，笔者认为，简单地说就是看已投资额除以总投资额的结果是否大于 25%，由此核心问题还是已投资额和投资总额的界定问题，但法律就此并无明确规定。根据房地产理论及以往实务经验，笔者认为，“应投资额”是指土地使用者直接投入用于土地开发的资金总额，不包括取得土地使用权的费用，“已投资额”是指土地使用者已经投入用于土地开发建设的资金总额。“总投资额”是指土地使用者直接投入用于土地开发的资金总额，不包括取得土地使用权的费用和向国家缴纳的相关税费。笔者认为，既然总投资额不包含取得土地使用权的费用和向国家缴纳的相关税费，那么属于“总投资额”范畴内的“已投资额”当然也不应包含取得土地使用权的费用和向国家缴纳的相关税费，即土地出让金不能纳入“已投资额”进行计算。就未达到 25% 以上的法律后果问题，根据最高人民法院以往案例，笔者认为，未达到投资总额的 25% 以上并不影响收购合同效力，但只能在达到投资总额的 25% 以上方可办理变更登记，这势必会给收购方带来极大的隐患和风险。

最后，要谨慎审查相应的土地使用权出让合同、招牌挂文件及诸如产业监管协议等相关文件，以确定转让方在取得土地使用权时是否附有配建一定比例的保障性住房、公租房、人防工程及一定金额的税赋指标，尤其需要关注土地出让金返还及税收减免或返还等相关约定，特别是土地是否存在闲置情形以及相应的解决方案。我们要充分分析和评估这些约定对在建工程项目收购的影响，特别是土地出让金返还及税收减免或返还等相关约定的有效性，以及土地闲置可能带来的法律后果。

2. 通过划拨方式取得土地

通过划拨方式获取的土地首先应当核实划拨用地的用途，如用于非营利性投资产业或政府重点扶持的能源产业的划拨土地不能用于房地产开发，并且根据

《城市房地产管理法》第40条第1款规定,“以划拨方式取得土地使用权的,转让房地产时,应当按照国务院规定,报有批准权的人民政府审批。有批准权的人民政府准予转让的,应当由受让方办理土地使用权出让手续,并依照国家有关规定缴纳土地使用权出让金”,因此在土地使用权属于划拨用地时,应当判断是否可以用作房地产开发,更要充分评估划拨转让可否获得有批准权的人民政府审批,且因其具有较强的不确定性,实务中法律风险极大。

3. 通过转让方式取得土地使用权

通过在土地二级市场购买取得的土地使用权属于土地使用权再转移,这种方式取得的土地使用权一般年限较短,收购方在评估交易对价时应当考虑剩余年限及项目整体规划问题。同时,还要审查上述“通过出让方式获得的土地使用权出让获得的土地使用权”项下的相应法律风险。

笔者提示,在审查土地使用权瑕疵时,转让方常隐瞒潜在风险,如该土地使用权是否存在限制、禁止转让、土地闲置等风险,收购方应当尽可能从土地管理部门等转让方之外的途径获取更多信息。

(二)工程规划问题带来的法律风险及防范

根据我国法律法规规定,建设工程需取得“四证”后才能开工建设,而在取得“四证”的行政审批流程中,除了土地部门需进行总体规划和土地供应方式审查,规划部门对工程设计文件的审查之外,还需要经过其他数个政府主管部门的审查,最典型的包括环保局的环保审批,文化局、水利局、地震局等对工程选址的各自职权范围内的审批、人防办对人防设施布局与设计的审批等。收购方需在收购前进行全面的前期尽职调查,以确定在建工程在工程规划方面是否存在问题或障碍,特别是审查转让方是否按照审批的工程规划进行施工建设。

笔者提示,收购在建工程时,应当进行实地调查,并将项目现场情况与在建工程规划文件进行详细核对,确认已开工建设的工程符合相关法律法规、当地政府部门的审批文件及政策要求。实务中经常出现不按规划部门审批的规划文件施工建设的问题,如把应配建的办公或商业建成住宅、超规划面积建设、未配建保障性住房、人防工程及其他相关配套设施等,这些问题在一定程度上必将会影响在建工程的后续施工建设、竣工及验收备案。然而,实务中大多的收购方考虑到提前被政府部门知道后可能影响在建工程项目建设进度,甚至是被迫停工,而仅要求转让方出具相应解决方案的书面承诺文件。笔者认为,这样操作必将带来极大的风险隐患，这些问题绝不仅仅是补交土地出让金、易地建设费就可以解决，而是极有可能无法取得政府相关部门的审批同意，最终导致无法办理竣工验收备案手续，这对一个房地产项目来说是极其巨大甚至是不可挽救的法律风险。

（三）在建工程预售问题带来的法律风险及防范

1. 房地产企业往往通过商品房预售回笼资金，但实践中存在大量未取得商品房预售许可证便进行商品房预售的情况。为此，进行在建工程收购过程中，应到建设主管部门核查在建工程是否已取得商品房预售许可证，以及商品房预售备案情况，并要求转让方提供包含已售房屋数量、价款支付情况、备案情况、交房时间等在内的销售情况统计表及相应商品房预售合同，全面评估预售过程中产生的逾期交房、房屋质量等多个风险点，以及预售情况对在建工程交易价款的影响。

2. 因在建工程项目转让涉及"四证或五证"的手续变更，如商品房预售已办理备案，亦需要办理备案手续的变更，但随着房地产市场限购政策的普遍实施，很有可能因为新的限购政策导致原购房人不再具备购房资格而无法办理预售备案的变更手续，这势必会给在建工程项目转让的后续履行带来一定的障碍。为此，笔者建议，收购方应事先对在建工程项目所在地的房地产限购政策做深入了解和预判，并预先就限购政策所导致的风险处理作出预案。同时，为避免购房业主不同意配合办理变更手续，甚至是"一房二卖"所引发的潜在法律风险，应当要求转让方提供所有购房业主同意在建工程转让及配合办理变更商品房预售手续的书面文件，并要求转让方与不同意出具书面同意文件的购房人及时解约。

（四）工程施工责任划分问题带来的法律风险及防范

在建工程项目转让，无论是否涉及施工总承包商的更换，都必将导致发包方变更，这势必会涉及施工总承包商与转让方就原施工合同履行处理问题，以及转让方与收购方就原工程量的施工质量责任划分问题。就前一个问题，需处理好转让方签订的施工合同的继续履行、责任的划分、款项支付等问题，厘清工程施工的边界及责任，避免产生纠纷。如果处理不好，很有可能引发诉讼，由于涉及在建工程优先受偿权的问题，很有可能因此影响在建工程的后续施工进度以及收购方的合法权益。后一个问题则更为突出，由于收购方接手后可能对原有在建工程规划进行适当调整，这很有可能会导致原有施工工程内容与后续新的工程内容无法兼容，而需要拆除或修复。同时，亦不排除系因原施工质量问题而出现拆除或修复问题,为此如收购方就原施工量进行拆除或修复时未事先确定原因及明确责任划分,后续必将产生重大分歧,甚至影响收购合同的履行。

(五)拆迁安置问题带来的法律风险及防范

拆迁安置问题是房地产项目建设开发中常见的难题,在建工程项目收购中亦然。部分收购方由于了解不全面或未重视拆迁安置问题,致使在后续实施中遭到居民的抵制并产生了大量诉讼纠纷,导致工期严重滞后,风险与收益变得无法预计。根据《城市房地产开发经营管理条例》第 21 条规定:“房地产开发企业转让房地产开发项目时,尚未完成拆迁补偿安置的,原拆迁补偿安置合同中有关的权利、义务随之转移给受让人。项目转让人应当书面通知被拆迁人。”笔者提示,部分在建工程项目由于存在拆迁问题导致无法继续施工而转让,而收购方往往认为项目已在施工建设过程而忽略了拆迁安置问题。因此,收购方在收购前,需到现场踏勘了解在建工程项目在规划红线范围内是否存在尚未拆迁房屋、拆迁居民的补偿安置是否已解决完毕,并与转让方就被拆迁人员的安置问题作出明确具体约定,有效规避因此可能产生的诉讼、上访等维权风险。

(六)建设工程优先权问题带来的法律风险及防范

在我国建设工程款拖欠愈加严重的背景下,为保护施工者的利益,《合同法》第 286 条规定了建设工程优先权:“发包人未按照约定支付价款的,承包人可以催告发包人在合理期限内支付价款。发包人逾期不支付的,除按照建设工程的性质不宜折价、拍卖的以外,承包人可以与发包人协议将该工程折价,也可以申请人民法院将该工程依法拍卖。建设工程的价款就该工程折价或者拍卖的价款优先受偿。”学界对建设工程优先权的性质存在争议,有部分学者认为是“法定优先权”,而有部分学者认为是“留置权”的一种,笔者更倾向于后者。但无论性质如何,实务界对于建设工程优先权的行使具有较为统一的认识,建设工程优先权具体范围包括:材料款、人工费、垫资款、承包人的管理费、税金、利润,此外,建设工程中的装饰装修工程也在此范围内。根据最新出台的《最高人民法院关于审理建设工程施工合同纠纷案件适用法律问题的解释(二)》第 22 条规定,建设工程优先权的期限为自发包人应当给付建设工程价款之日起六个月。

笔者提示,房地产企业在收购在建工程项目时应妥善处理施工方的权利义务,一旦发生纠纷,不仅可能会拖延工期,而且即使工程已竣工验收,施工方仍然有折价或拍卖建设工程的优先受偿权。同时，建设工程优先权立法目的在于维护农民工等弱势群体的权益，根据《最高人民法院关于审理建设工程施工合同纠纷案件适用法律问题的解释（二）》第23条规定，发包方与施工方约定放弃或限制建设工程价款优先受偿权，损害建筑工人利益的，该约定无效。因此，收购方应对拟收购的工程付款进度及存在的纠纷进行详细调查，避免产生施工单位行使建设工程优先权的风险。

三、在建工程项目收购法律风险防范建议

通过上述论述，笔者已针对相应的法律风险点提出了相应的防范建议，故此处笔者仅从以下三个大的方面提出一些见解。

（一）详尽的前期尽职调查

大量实务经验告诉我们，任何一个房地产收购项目，法律风险在收购之时就已经存在，往往是因为未进行有效的尽职调查导致未能发现风险，这对收购方来说才是最可怕的。那么，如何才能完成一次详尽的尽职调查呢，笔者认为至少要做到如下几点：

1. 组建尽职调查团队，至少要包括项目人员、法律人员、审计人员、评估人员及税务人员，由各组成人员利用自身专业知识及实务经验，各司其职，分工协作。

2. 制定完善、详尽的尽职调查提纲和调查清单，并严格按照调查提纲和调查清单进行尽职调查。

3. 尽职调查内容上，应涵盖在建工程涉及的土地使用权、规划及施工等审批文件和相关专项政府审批文件，还应涵盖施工建设相关的所有合同、施工现场和拆迁安置情况、商品房预售、权利受限、相应税收优惠政策及其他相关事宜等，重点关注在建工程项目的合法合规性及转让的合法合规性。

4. 尽职调查方式上，不仅要审核转让方提供的书面文件资料，还要与政府相关主管部门进行沟通并制作相应的访谈笔录或记录，与总承包商进行沟通并制作访谈笔录，进行项目现场及周际情况的实地踏勘并制作现场勘查记录，与转让方负责人及在建工程项目负责人进行访谈并制作访谈笔录，并尽量通过网络等渠道查询公开信息来全面了解在建工程项目及转让方的基本情况。

（二）起草严谨完善的交易文本

任何一个重大交易活动最终都会通过合同的形式来明确双方的合意与权利

义务,对于在建工程项目转让的合同,需由专业的法律工作人员结合尽职调查结果及交易各方的商业目的进行起草、审查,准确描述法律风险点的边界、解决方案及责任承担,并有针对性设置可操作性强的保障性条款及违约条款,尽可能规避、转移风险,维护己方权益,保障收购目的的实现。除一般合同条款外,收购方还可以考虑在合同中设置资金监管条款、担保条款、过渡期权利义务条款及其他具体的陈述与保证性条款。

(三)密切关注房地产调控政策及法规

由于我国土地政策的特殊性与复杂性,房地产开发过程中应当持续地、积极地与政府相关部门进行沟通,及时关注国家及地方出台的各类房地产调控政策,减少在土地转让、工程规划、项目预售与销售及拆迁安置等过程中产生的法律风险。

四、结语

综上所述,房地产在建工程项目收购因其特殊性与专业性是非常复杂的交易,存在多种法律风险。收购方在正式交易前应采取审慎的态度,通过专业人士提供尽职调查、合同起草、审查等法律服务,对拟收购的在建工程项目从立项、土地使用权取得、工程规划、施工、房屋预售等全过程进行详尽的调查,最大限度地降低收购过程中的各种法律风险,最终实现合法商业利益的最大化,并助力房地产行业的良性发展。

参考文献

1.《内资房地产企业并购重组的历史性机遇及对策建议》,载《中央财经大学学报》2009 年第 6 期。

2. 潘启:《对房地产企业并购法律模式的分析》,载《法制与社会》2017 年第 10 期。

3. 张马林、张宇清:《在建工程抵押制度的法律分析》,载《南京工业大学学报》(社会科学版)2010 年第 3 期。

浅析实际施工人权利救济

李小平* 李佳成**

《最高人民法院关于审理建设工程施工合同纠纷案件适用法律问题的解释》(以下简称《解释一》)创设的“实际施工人”制度,虽对保障实际施工人获得工程价款、劳动报酬等方面的实现具有积极的意义,但因其对实际施工人的主体身份及适用范围界定不够明确,也未对实际施工人是否享有优先受偿权、未完工工程的优先权等方面进行规范,导致许多省、市级法院在区域内出台的解释适用、审判规范、指导意见规定不一,甚至出现完全对立的情况,造成全国各地出现了许多同案不同判的情况,有损法律的公平公正,不但没有有效解决纠纷,反而引起了更多申诉案件的发生。《最高人民法院关于审理建设工程施工合同纠纷案件适用法律若干问题的解释(二)》(以下简称《解释二》)对《解释一》第 26 条对其进行了适度的修改,完善了实际施工人的诉讼权利,增加了实际施工人的代位权诉讼,进一步加强了对实际施工人权益的保障。虽然《解释二》明确了承包人优先受偿权的范围,赋予了实际施工人代位权诉讼,而代位权是否会成为实际施工人享有优先受偿权的另外一条途径,值得探讨研究。

一、实际施工人的内涵与外延

实际施工人这一概念是 2004 年最高人民法院在《解释一》中首次提出的,提出这一概念的大背景是当时建筑行业中转包、违法分包、挂靠现象乱象丛生,建设

---

* 李小平,上海市锦天城律师事务所南昌办公室高级合伙人;擅长领域为建设工程和房地产、建筑房地产领域争议解决、公司法律风险管理、企业破产清算。

** 李佳成,上海市锦天城律师事务所南昌办公室执业律师,南昌大学法律硕士;擅长领域为建筑工程和房地产、公司法律风险管理、民商事争议解决。

单位拖欠工程款的现象日渐严重,许多实际施工人在垫资完成建设工程后无法按时取得报酬,而且无法按照《合同法》第286条之规定直接向发包人主张工程款优先受偿权,实际施工人的合法权益无法得到保障,农民工的工资和劳务费得不到按时偿付,引发了一系列的社会问题。为切实保障实际施工人的权益,在《解释一》中提出了实际施工人的概念,明确实际施工人可以直接向发包人主张工程款,至于哪些人属于实际施工人?实际施工人的范围如何界定?在《解释一》中未给出明确的定义。司法实践中,一般参照最高人民法院民事审判第一庭编著的《最高人民法院建设工程施工合同司法解释的理解与适用》一书中提出的观点适用,认为实际施工人是指无效合同的承包人,如转包人、违法分包的承包人、没有资质借用有资质的承包人。[1]

上述定义虽然对实际施工人的范围进行了一定界定,但表述比较笼统,加之建筑施工工序的多样性,带来了建筑市场人员的复杂性,产生的法律关系也呈多层次性,在司法实践中各地法院对实际施工人的外延理解不一。例如,《北京市高级人民法院关于审理建设工程施工合同纠纷案件若干疑难问题的解答》第18条规定:"实际施工人"是指无效建设工程施工合同的承包人,即违法的专业工程分包和劳务作业分包合同的承包人、转承包人、借用资质的施工人(挂靠施工人);建设工程经数次转包的,实际施工人应当是最终实际投入资金、材料和劳力进行工程施工的法人、非法人企业、个人合伙、包工头等民事主体。而《山东省高级人民法院关于印发全省民事审判工作会议纪要的通知》规定:"实际施工人可以是法人、其他组织、个人合伙,也可以是自然人(俗称'包工头'),但从事建筑业劳务作业的农民工不属于实际施工人"。根据上述两地高院的规定,实际投入资金、材料和劳力进行工程施工的法人、非法人企业、个人合伙、包工头等民事主体,都属于实际施工人范畴,相比较官方定义显得更具有可操作性,但在主体范围的界定上也存在差异。

那么,将包工头这一类主体认定为实际施工人加以保护并非我国特色,国外对于施工主体保护的范围更加广泛,以美国和法国为例:美国作为英美法系国家,其立法体系中并没有物权这一权利类型,为了解决建设工程领域工程款拖欠问题,其在对留置权进行规定时,赋予了留置权一定的优先权制度。《加利福利亚州

---

[1] 最高人民法院民事审判第一庭编著:《最高人民法院建设工程施工合同司法解释的理解与适用》,人民法院出版社2004年版,第218页。

宪法》第14条第3款(Mechanic's Lien[2])规定:"技工、供料人、工匠,以及其他任何类型的劳动者,对提供了劳动或材料的财产,就所供劳动或材料的价值有留置权;立法机构应通过法律,迅速和有效地强制执行这些留置权。"[3]可见,在加利福尼亚州,为改良所有权人不动产而提供劳动、材料、设备、服务的任何人都享有施工留置权,也体现了对工程可以主张优先受偿权的立法制度。法国作为大陆法系国家,其《法国民法典》极具代表性。为解决工程款拖欠问题,法国民法典继承了罗马法中的优先权制度,将建设工程优先权规定在物权法中,与留置权、抵押权并列。《法国民法典》第2103条关于不动产优先权的五种类型中,建设工程价款优先受偿权在第4款中被提到,其规定只要与不动产所有人具有直接的法律关系,包括施工者、承包方、泥水工、建造或修筑建筑物、沟渠的其他人员都享有建设工程优先受偿权。[4]可见,在法国,对建设工程享有优先受偿权的主体也相当广泛,只要实际参与了建设工程施工,通过自己的劳动、材料或者其他方式使得建设工程的价值增加或增值的主体都享有优先受偿权。

通过分析可知,不管是大陆法系的法国还是英美法系的美国,只要是提供劳动、材料还是其他方式,凡使建设工程增值的主体都享有建设工程优先受偿权,法律都对其权利进行优先保障,并没有区分承包人与实际施工人。我国当前立法环境下,将违法分包、转包、挂靠的这三类主体认定为实际施工人,目前学界和理论界是没有争议的,2014年10月1日实施的住房与城乡建设部关于《建筑工程施工违法分包等违法行为认定查处管理办法(试行)》,明确规定的七种转包、八种违法分包、八种挂靠行为的认定,[5]可以视为对实际施工人认定的一种细化,在认定上不存在太大难度。笔者认为:在认定实际施工人时,应特别注意以下几类主体:"包工头"属于实际施工人。在实践中,实际施工人可能是法人、非法人团体、个人合伙、自然人等,我国建筑行业中常见的包工头属于自然人一类的实际施工人。他们通常是某一团队、班组的负责人,下面有人数固定的农民工或技术工人,但没有固定的办公地点,没有固定的建制,也没有固定的工作内容,一般从事的是体力劳动和技术含量较低的工作。包工头获利的方式一般是通过与承包人签订施工

---

[2] 1791年美国马里兰州颁布的Mechanic's Lien是现代第一个业主履约担保法律,历史上的Mechanic's Lien广泛用于保护劳动者利益。

[3] 援引自《美国不动产施工留置权综述——兼论中国物权法设立施工留置权》一文。

[4] 参见尹田:《法国物权法》,法律出版社1998年版。

[5] 邹梦云:《建筑施工合同中实际施工人工程价款优先受偿权研究》,载《法治与社会》2017年第23期。

合同、分包合同,完成相应的工程量获取一定的报酬。包工头对外以个人名义签订合同,享受工程收益,对外承担责任,符合实际施工人的特征。

"农民工"不属于实际施工人。农民工是实际施工人招募而来的劳务人员,农民工只是以劳动力来换取相应的报酬,实践中往往是按天付费,由包工头按照工作天数发放工资,其个体并不会与承包人签订承包合同。从现实角度来说,农民工务工数量庞大,如果赋予其实际施工人地位,也会造成司法系统的紧张,使发包人承担较大的诉讼风险。另外,从设置制度的价值来看,我国对于农民工"欠薪问题"相当重视,建筑相关政府主管部门加大了惩处力度,农民工保证金制度的建立及行政监管也使农民工的工资报酬能够正常实现。

内部承包的组织(区别于挂靠)不属于实际施工人。实践中,承包人为了更广泛地发挥自身优势,促进企业良性发展,会在企业内部成立项目部,由项目部负责具体施工,对项目进行管理。项目部的人员是从承包人内部抽调形成的,适用承包人的管理制度,使用的设备、资金都来自承包人,承包人会派专员负责监督施工进度和质量。本质上内部承包组织是承包人的一个组成部门,承包人可直接依据《合同法》来主张权利。

专门从事收取"管理费"的转包人、违法分包人不属于实际施工人。实践中存在大量层层分包、转包的情况,如果前手转包人、分包人恶意诉讼获得工程款后不向实际施工人支付工程款,实际施工人的权益依旧得不到保障。司法解释突破合同相对性,赋予实际施工人向发包人主张的权利,是出于保护弱势群体的利益考量。因此在认定实际施工人时要注意审查其是否实际参与工程建设。

劳务分包合同承包人不属于实际施工人。因为劳务分包合同是合法的,总承包人可以将一些辅助性的工作分包给第三人,由承包人对工程质量承担连带责任。实际施工人认定的前提是无效合同,因此不应包含劳务分包合同承包人。

二、实际施工人的权利救济途径

关于实际施工人的的权利保护,《解释二》赋予了实际施工人两条途径,第一种途径在《解释一》中第 26 条已有规定,《解释二》在此基础上进行了修改,对《解释一》第 26 条中的"可以"修改为"应当","当事人"修改为"第三人",通过对诉讼程序的修改,完善了对实际施工人的权益保护。第二种途径是新增的一种救济方式,即赋予实际施工人代位权,进一步加强对实际施工人的权益保护。

(一)突破合同相对性,实际施工人直接向发包人主张工程价款

《解释二》第 24 条规定,“实际施工人以发包人为被告主张权利的,人民法院应当追加转包人或者违法分包人为本案第三人,在查明发包人欠付转包人或者违法分包人建设工程价款的数额后,判决发包人在欠付建设工程价款范围内对实际施工人承担责任”。《解释二》在解释一的基础上进行了完善,即明确法院“应当”追加而非“可以”追加,追加转包人或者违法分包人为本案“当事人”修改为“第三人”,如此规定有利于防止发包人陷入过多的诉讼和纠纷,也便于一次性解决建筑工程领域普遍存在的三角债的问题。

不过在《解释一》颁布之后,该条就受到了学者广泛的质疑,该种权利的性质应如何定义,理论上有很大的分歧。因为债的相对性原则一直被学者视为合同法的灵魂与基石,是合同法的基本原则之一,与物权的对世性原则一起,被视为民法体系的两大支柱。《解释一》突破债的相对性直接赋予实际施工人直接向发包人主张工程价款的权利,持否定观点的认为践踏了合同法的原则,破坏了法律的稳定性和体系性,不利于市场交易的安全与稳定。目前主流的观点主要有三种:第一种观点主张,这种权利的性质是基于事实合同法律关系。实际施工人虽然没有与发包人签订建设工程施工合同,但其实际全面履行了合同义务,实际施工人基于实际参与工程建设进而取代了承包人的地位。第二种观点主张,实际施工人是基于发包人存在过错责任而享有权利。在建设工程实际施工过程中,发包人是明知存在违法分包、转包情形的,但其对此事默认的,作为受益方应当承担责任。第三种观点主张,该条款是基于保护弱势群体的利益角度出发的,且存在事实合同的关系。因为在建设工程工程款中,实际施工人代替承包人履行了合同义务,并有实际性投入;且农民工工资在工程价款中占有一定的比例,为了维护社会稳定,赋予实际施工人直接向发包人主张工程款的权利,更有利于维护建筑行业中弱势群体的合法权益。[6]

笔者支持第三种观点,这种观点既符合立法初衷,也符合目前我国国情。农民工作为弱势群体,其利益当然应当受到保护,有利于促进整个社会和谐、稳定的发展,以及更好地实现“以民为本”“以人为本”的理念。而第一种观点对订立合

---

〔6〕《最高人民法院建设工程施工合同司法解释的理解与适用》,人民法院出版社 2004 年版,第 229 页。

同当事人的契约自由是一种束缚,也会成为发包人对外签约自由的负担。民法追求当事人之间意思自治,发包人通过公开招标选择符合资质的承包人,是基于对承包人实力的认可和信任,才选择将工程交给承包人承建。如果仅因实际施工人履行了合同义务而认定存在事实合同关系,违背了发包人的真实意思表示,不符合当代民法理论的基本精神。第二种观点加重了发包人的义务,发包人在对外招投标时,已经充分考虑了承包人的资质,现要求发包人随时审核施工者的身份有点强人所难,作为承揽合同之一的建设施工合同,发包人所追求的合同效果是承包人通过自有的专业技术交付质量合格的工程,至于过程如何并不是发包人所应关注的。

实际施工人向发包人主张工程价款的权利,是最高人民法院为解决现实问题和社会矛盾而作出的规定,在建筑领域,转包、违法分包等情况十分普遍,经过层层转包、分包后,实际施工人所获取的利益就寥寥无几,而建筑行业又吸收了大量的农民工就业,如果实际施工人的工程款得不到保障,进而引发农民工工资无法得到保障的连锁反应,将会严重影响社会和谐与稳定。《解释一》赋予实际施工人突破债的相对性向发包人主张工程款的权利,具有重大的现实意义。该规定自施行以来,为保护实际施工人的权益、解决农民工工资等问题提供了法律保障,取得了较好的社会效果。

(二)实际施工人根据《合同法》第73条的规定行使代位权

《解释二》第25条规定:实际施工人根据《合同法》第73条规定,以转包人或者违法分包人怠于向发包人行使到期债权,对其造成伤害为由,提起代位权诉讼的,人民法院应予支持。在《解释二》第24条已经明确实际施工人可以向发包人主张权利的情况下,又另行规定实际施工人可以行使代位权进行救济;可以理解为实际施工人向发包人主张债权不仅仅局限于实际施工人参建的项目,只要是转包人或者违法分包人到期的债权,在符合法定条件的情况下,对非参建项目实际施工人也可以行使代位权,其目的是扩大其受偿范围,最大限度保障权利的实现。

近现代意义上的代位权法律制度最先由《法国民法典》所创立,法典第1166条规定:"债权人得行使债务人的一切权利及诉权,但权利和诉权专属于债务人个人者不在此限。"[7]传统理论认为债权人行使代位权,不得请求次债务人直接向

〔7〕《法国民法典》,罗结珍译,国际文化出版公司1997年版,第267页。

自己履行债务，其行使代位权所得利益应加入债务人总财产之内，作为全体债权人的共同担保财产，由行使代位权的债权人和其他债权人平等受偿，不得专供清偿自己的债权或抵销自己的债务。[8] 这在理论上也被称为"入库规则"，不过我国立法对此实施了相应变通，债权人可以直接抵销自己的债务。我国对代位权制度的这种独特突破，虽与该制度设立的逻辑体系相违背，有悖于民法平等和公平的精神，受到了广泛的质疑，但实际中我国代位权制度对于解决目前社会上存在的三角债、连还债等问题上发挥了巨大的作用。为了平衡利弊，我国对代位权的行使设置了条件。规定代位权诉讼，应当符合下列条件：(1)债权人对债务人的债权合法；(2)债务人怠于行使其到期债权，对债权人造成损害；(3)债务人的债权已经到期；(4)债务人的债权不是专属于债务人自身的债权。

笔者认为，《解释二》明确实际施工人享有代位权是必要的。《解释一》出台也已经十多年，拖欠实际施工人工程款的问题还是层出不穷，究其原因是实际施工人的受偿范围有限，发包人只在欠付工程款的范围内对实际施工人承担责任，在发包人已经支付工程款的情况下，实际施工人就无法得到救济。扩大实际施工人的受偿范围，为实际施工人权利的实现提供了法律上的依据。

三、代位权制度有条件地确定了实际施工人享有优先受偿权

首先，代位权制度作为民法中债的保全制度的一种，是指当债务人怠于行使其对第三人享有的权利而害及债权人的债权时，债权人为保全其债权，可以自己的名义代位行使债务人对第三人之权的权利。近现代意义上的代位权法律制度最先由《法国民法典》所创立，法典第1166条规定："债权人得行使债务人的一切权利及诉权，但权利和诉权专属于债务人个人者不在此限。"[9] 按照代位权理论可知，债权人（实际施工人）得以行使债务人（承包人）的一切权利及诉权，由于优先受偿权并非专属于债务人个人，那么代位权人行使代位权后理所当然也应当享有债务人享有的《合同法》第286条规定的优先受偿权，这是代为权制度的应有之义。

其次，代位权的性质决定了实际施工人应当享有优先受偿权。理论界关于代位权的性质主要有以下几种主流观点：第一种是广义形成权说，"债权人代位权系

---

[8] 史尚宽：《债法总论》，荣泰印书馆1978年版，第453～456页。

[9] 《法国民法典》，罗结珍译，国际文化出版公司1997年版，第267页。

依自己之行为而生法律上之效果,其行使对象不限于债务人所得行使之形成权,除专属于债务人本身之权利外,一切权利均得代位行使"[10]。第二种观点是管理权或能权说,"代位权为行使他人债权之权利,其以权利或法律关系之变更为目的,虽与形成权类似,然非依权利人一方之意思表示而形成法律上之效力,唯依实行债务人之权利而行使,故非纯粹之形成权,乃系以行使他人权利为内容之管理权或能权,从而债权人应以善良管理人之注意行使此权利"[11]。第三种观点是债权权能说,"代位权在内容上并不是对于债务人和第三人的请求权,它是债权中包含的、除请求权以外的权能。代位权是一种法定的债权权能,此种权能称为保全权能"[12]。无论是广义形成权说还是管理权或能权说,代位权人都是代为行使债务人的权利,此时代位权人在地位上相当于代理人,代位权人当然享有承包人所应享有的优先权。至于第三种学说,王利明、崔建远认为,代位权作为债权人保全债务人债权之权利并不是独立存在的,而是依附于债权而存在的。债权一产生就当然包含代位权,代位权随债权的移转和消灭而发生移转和消灭。代位权作为一种实体法上的权利,只有承认代位权人享有优先受偿权才能充分发挥其担保权能。

最后,从社会效果层面分析,肯定实际施工人享有优先权可以更好地解决目前建筑工程领域普遍存在的三角债务问题。

众所周知,建筑行业属于微利行业,资质等级高的建筑企业只有以挂靠、联营、内部承包等形式吸纳很多没有资质的工头,准许他们借用本企业资质证书对外以被挂靠单位名义承揽工程,才可以迅速扩充市场份额,同时收取大量管理费(出借施工企业资质费用),这是转包、违法分包、肢解发包背后的利益驱动因素。

由于《解释一》并未对实际施工人的权利性质进行明确界定,导致各地法院对此有不同的理解,有的法院赋予了实际施工人优先受偿权,如安徽省高级人民法

---

[10] 史尚宽:《债法总论》,中国政法大学出版社 2000 年版,第 463 页。

[11] 王利明、崔建远:《合同法新论·总则》(修订版),中国政法大学出版社 2000 年版,第 379 页。

[12] 《安徽省高级人民法院关于审理建设工程施工合同纠纷意见案件适用法律问题的指导意见》第 18 条:"分包人或实际施工人完成了合同约定的施工义务且工程质量合格的,在总包人或非法转包人怠于主张工程价款优先受偿权时,就其承建的工程在发包人欠付的工程款范围内主张工程价款优先受偿权,可予支持。"

院〔13〕和四川省高级人民法院〔14〕规定，实际施工人在工程经竣工验收的情况下享有优先受偿权。首先，如果否定实际施工人享有优先受偿权，就会导致因地方立法解读与《解释二》相互冲突而失效的问题。其次，由于建设工程优先受偿权的行使期间为6个月，属于除斥期间，如果承包人不及时行使该权利，就会导致权利丧失。因承包人赚取的是管理费，其不一定会积极行使权利，这样就会导致工程款得不到优先受偿，进而可能会因农民工工资得不到支付而引发不必要的社会矛盾。再次，肯定实际施工人享有一定的优先受偿权，相比较实际施工人直接向发包人主张权利，更符合合同相对性的原则。因为代位权赋予实际施工人的是一种间接诉权，而非直接诉权，相对于《解释二》第24条更为合理。最后，赋予实际施工人代位权，并未加重发包人的义务，代位权行使的范围以债权人的债权为限，如果发包人已经向承包人支付了工程款，那代位权行使的前提也就不存在了，从这一点上来说，赋予实际施工人优先受偿权并没有加重其义务，反而有助于解决目前建筑工程领域普遍存在的三角债务问题。

但也应当注意，实际施工人因行使代位权享有优先受偿权，也应满足《合同法》第286条的规定。其一，从事辅助工作的承包人也不享有优先受偿权。《合同法》第286条规定，按照建设工程的性质适宜折价、拍卖的前提下承包人才享有优先受偿权，从事辅助性工程的承包人，如铺设水电网工程的承包人，他们所从事的工作只是主体工程的一小部分，他们承建的部分并不能进行单独的折价拍卖，所以，他们也不享有优先受偿权。其二，并非所有的装修装饰工程的承包人都享有该权利，有合同约束的装修装饰工程的承包人才享有优先受偿权，此时要严守合同相对性。《最高人民法院关于装修装饰工程款是否享有合同法第二百八十六条规定的优先受偿权的函复》及《解释二》指出，装修装饰工程属于建设工程，可享有优先受偿权，但装修装饰工程的发包人不是该建筑物的所有权人或者承包人与该建筑物的所有权人之间没有合同关系的除外。

---

〔13〕《安徽省高级人民法院关于审理建设工程施工合同纠纷意见案件适用法律问题的指导意见》第18条："分包人或实际施工人完成了合同约定的施工义务且工程质量合格的，在总包人或非法转包人怠于主张工程价款优先受偿权时，就其承建的工程在发包人欠付的工程款范围内主张工程价款优先受偿权，可予支持。"

〔14〕《四川省高级人民法院关于审理建设工程施工合同纠纷案件若干疑难问题的解答》第37条："……建设工程施工合同无效，但建设工程经竣工验收合格，或者未经竣工验收但已经实际使用，实际施工人请求其工程价款就承建的建设工程折价或拍卖的价款优先受偿的，应予支持。"

四、结语

建筑业是国民经济支柱产业,对吸纳农村转移劳动力、带动关联产业、促进经济社会发展、推动城乡建设和民生改善等作用重大。《解释一》对统一法律适用、保证工程质量、规范建筑市场、保护各类主体尤其是农民工等弱势群体合法权益发挥了重要作用,但随着我国建筑业投资经营方式和监管政策发生变化,现实生活中实际施工人工程款被拖欠现象仍未得到根本解决,严重阻碍着我国建筑市场的发展。《解释二》从法律层面赋予实际施工人代位权诉讼,有条件地肯定实际施工人享有优先受偿权,无论是从实务角度还是法律层面,对解决当下建筑市场拖欠工程款的乱象具有重要意义。

参考文献

1. 崔建远主编:《合同法》,法律出版社 2000 年版。
2. 秦瑞:《对建设工程优先受偿权主体之争的探究》,载《新经济》2014 年第 2 期。
3. 邬砚:《实际施工人向发包人追索工程款的权利解析》,载《人民司法》2013 年第 9 期。
4. 梁慧星:《合同法第二百八十六条的权利性质及其适用》,载《山西大学学报》2011 年第 3 期。
5. 王林清等:《建设工程合同纠纷裁判思路》,法律出版社 2015 年版。
6. 徐秀月:《浅析实际施工人的界定与适用》,载《法制与社会》2012 年第 6 期。
7. 王利明、崔建远:《合同法新论 · 总则》,中国政法大学出版社 2000 年版。

论规避执行行为及应对措施

——基于两类房地产建工执行案件视阈分析

王　芳*

一、提出问题

执行之实施乃是品尝法律胜利之果实的过程，也是司法维护社会公平正义的最后一道防线。而纵观当下，“执行难”“难执行”等问题已然成为横在法律权利从应然向实然转变过程中的一道鸿沟。实践中，存在相当一部分债务人为逃避履行生效法律文书确定之义务，有预谋地在债权最终确定之前或之后通过采取转移财产、恶意制造债务等方式，使债权人在历经千辛万苦后获得生效法律文书，进入执行程序后发现，债务人名下已无有效财产可供执行，致使法律文书所确定的权利义务不能充分有效执行而沦为一纸空文，这严重挑战着司法公信与权威。

近年来各地法院在执行方式与策略上也在不断探索、创新，亦取得一些成绩，但“执行难”痼疾依旧未能得到根本解决。2018 年是“执行年”，目标在于要求各地法院“基本解决执行难”问题，同时，最高人民法院也想方设法规范和指导执行，仅在 2018 年 5 月 28 日至 5 月 31 日的四天时间里，就下发了五份通知、批复或意见：《关于进一步规范近期执行工作相关问题的通知》（法〔2018〕141 号）、《关于人民法院立案、审判与执行工作协调运行的意见》（法发〔2018〕9 号）、《关于仲裁机构“先予仲裁”裁决或者调解书立案、执行等法律适用问题的批复》（法释〔2018〕10 号）、《关于拒不执行判决、裁定罪自诉案件受理工作有关问题的通知》（法〔2018〕147 号）以及《关于进一步规范指定执行等执行案件立案、结案、统计和考

* 王芳，上海市锦天城律师事务所南京办公室高级合伙人，南京大学法学学士、东南大学 EMBA 硕士；擅长领域为房地产建设工程、PPP 法律业务、重大商事争议解决、公司法、证券发行。

核工作的通知》(法明传〔2018〕335 号)；同时为了配合解决“执行难”问题，各地法院也加强了对拒不执行判决、裁定罪的审判力度，江苏省高级人民法院于 2018 年 8 月 22 日下发了《关于办理拒不执行判决、裁定罪案件若干问题的通知》，提升拒执类犯罪的打击力度，为法院“基本解决执行难”提供有力支撑。本文基于此背景，探讨房地产建设工程纠纷案件司法实践中两类定性较为模糊的执行案件，分析其中法律关系，并提出相应的应对措施。

二、理论分析：规避执行行为概述

(一)规避执行的概念及特征

规避执行是指，负有履行生效法律文书确定义务的当事人，或与案外人串通，采取表面合法的手段或者利用法律的漏洞，转移、隐匿财产，或者对法院执行设置障碍，制造无履行能力的假象，躲避法院强制执行。[1] 它是一种在民事诉讼过程中发生的表面“合法”的逃避履行债务的违法行为。

规避执行旨在逃避履行生效法律文书确定的债务，要准确判断被执行人是否存在规避执行行为，应当从规避执行的法律特征入手，逐一判断：

一是主体的特定性，规避执行的主体是生效法律文书确定的债务人，也包括参与规避执行的案外人。二是目的的非法性，规避执行的目的是逃避履行生效法律文书确定的债务，为法律所禁止。三是行为方式的多样化，如转移、隐匿财产、虚假诉讼、变更法定代表人、在财产上设立权利负担等。四是表面合法性，规避执行的行为本身不明显违反法律强制性规定，而是利用法律规定不明确、模糊或法律漏洞，带有“合法”的假象。五是行为后果的危害性，规避执行不仅导致债权人诉讼目的的落空，损害债权人的债权，而且也严重损害司法的公信力，产生较为恶劣的社会影响。

(二)规避执行行为常见类型与表现

实践中，规避执行的表现较为多样，某些债务人通过恶意提起诉讼的方式逃避执行，如被执行人在财产被法院查封、扣押、冻结后，与案外第三人恶意串通，由案外第三人到其他法院另行提起确权诉讼，然后再以另外一个法院的生效判决书

〔1〕 参见 2010 年 5 月在安徽省合肥市召开的最高法院执行专题华东片研讨会《关于制定对规避、逃避执行行为反制措施的若干意见》讨论稿。

或者调解书，对抗执行法院的执行；有的债务人与第三人恶意串通，在进入执行程序之前事先制造一个假的诉讼案件，通过保全程序将自己的财产查封、扣押、冻结，给其他案件的执行设置障碍；有的债务人与第三人恶意串通，由第三人虚构债权提起诉讼，获得胜诉判决后再申请参与分配，导致其他债权人受偿数额减少，从而达到逃避执行的目的。〔2〕

在房地产建设工程纠纷案例执行实践中，存在两类较为特殊的"对抗"执行行为，法院在认定被执行人是否存在规避行为时，遇到了一定的障碍。一类是挂靠情形下法院对被挂靠人承包项目的工程款项进行查封、冻结、划扣，实际施工人以享有建设工程价款优先受偿权为由对抗法院的协助执行；另一类是在被挂靠人存在较多债务、资不抵债时，实际施工人与被挂靠人达成在建工程的债权转让协议，约定由实际施工人直接享有对发包人的工程款债权，以此对抗法院的执行。上述两类行为的效力评价结果将直接影响申请人执行的顺利与否，本文将通过这两类典型的执行案例，对被执行人（被挂靠人）与实际施工人（挂靠人）之间行为之效力进行分析研究。

三、实证研究：从两类房地产建设工程执行案件谈起

（一）实际施工人以建设工程价款优先受偿权对抗法院协助执行的效力辨析

案例1

［**案情简介**］在江某与王某、江苏某装饰公司、南京某投资公司执行异议纠纷一案〔3〕中（如案例1图示），南京某投资公司将涉案工程发包给江苏某装饰公司，江苏某装饰公司又将涉案工程交由挂靠在其名下的挂靠人江某实际施工，工程现已竣工尚未结算，工程造价3354.6万元，南京某投资公司已经支付工程款2492万元。案外人王某与江苏某装饰公司700万元债权纠纷一案判决已经生效，王某向法院申请强制执行，划扣了江苏某装饰公司在南京某投资公司的工程款681万元。实际施工人江某主张对涉案工程享有建设工程价款优先受偿权，提出执行异议。

〔2〕 刘德权编：《最高人民法院司法观点集成》（新编版）（民事诉讼卷Ⅱ），中国法制出版社2017年版，第893页。

〔3〕 参见江苏省盐城市中级人民法院（2018）苏09民终4652号民事裁定书。

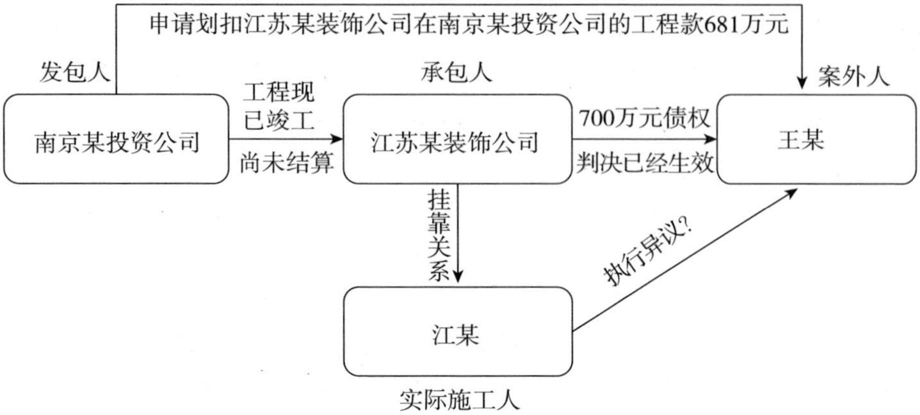

案例1图示

[**案件分析**]该案的争议焦点是江某能否以建设工程价款优先受偿权为由对抗法院的协助执行?对此,法院认为,江某作为实际施工人的劳动已经物化到建筑物中,江苏某装饰公司不主张或者怠于行使工程价款优先受偿权时,江某作为实际施工人对工程价款享有优先受偿权。但是本案中的681万元并非工程折价或者拍卖形成的款项,故江某某对该681万元不享有优先受偿权。江某对争议的681万元不享有所有权等足以排除强制执行的实体权益,其基于所有权提出的执行异议本院不予支持。

从法院判决观点看,实际施工人仅以其与承包人之间存在挂靠关系、其应享有工程款债权及对工程价款优先受偿权为由提起执行异议之诉,法院一般不予支持。应当指出的是,建设工程价款优先受偿权的本质是以建设工程的交换价值担保工程款债权的实现,也就是说,建设工程价款优先受偿权只是一种顺位权,不能达到阻却执行的效果。因此,人民法院对建设工程采取强制执行措施时,实际施工人不能以其对该建设工程享有优先受偿权为由提起执行异议之诉要求停止执行,而只能在执行程序中向执行法院提出优先受偿的主张。

（二）实际施工人与被挂靠人达成在建工程债权转让协议的效力辨析

案例2

［**案情简介**］曹某、金箔公司债权人代位权纠纷一案[4]中（如案例2图示），2011年金箔公司与三嘉公司签订《建设工程施工合同》，约定金箔公司将涉案工程发包给三嘉公司施工。2013年7月8日，三嘉公司与挂靠人刘某签订责任承包书，约定案涉工程由刘某承包，三嘉公司收取1%的工程管理费。2014年1月21日、2014年2月26日、2014年11月26日，金箔公司、三嘉公司、刘某三方共同签订《协议书》，约定三嘉公司将金箔公司所欠的全部工程款及相关权利全部转让给刘某。2014年11月25日，工程验收合格。案外人曹某与三嘉公司民间借贷纠纷一案，一审法院于2014年4月16日立案受理，于2014年9月15日作出民事判决，判决三嘉公司于判决生效后10日内归还曹某借款450万元及利息。该判决生效后，曹某向一审法院申请强制执行，法院于2015年1月21日向金箔公司发出履行债务通知，要求金箔公司向曹某履行对三嘉公司所负债务600万元，不得向三嘉公司清偿。金箔公司于2015年2月12日两次分别付给刘某300万元、2 102 000元。后曹某以三嘉公司对金箔公司享有债权并怠于行使权利为由提起诉讼，并主张金箔公司对刘某的清偿行为无效。

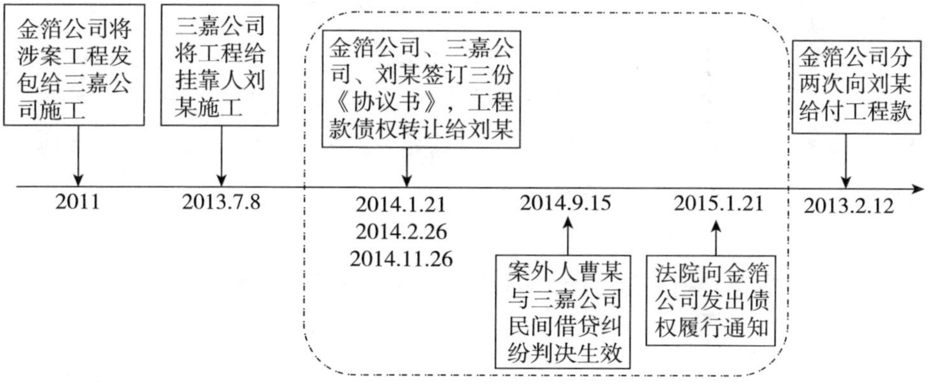

案例2图示

［4］ 参见最高人民法院（2018）最高法民申1249号民事裁定书。

[**案件分析**]本案的争议焦点是三嘉公司将对金箔公司的债权转让给刘某的行为是否有效,即三嘉公司对金箔公司是否还有债权?如果无效,则三嘉公司存在规避执行的嫌疑,申请人有权代位执行三嘉公司对金箔公司享有的债权。

然而,本案中一审、二审、再审法院均驳回了申请人曹某的诉讼请求,法院认为,施工合同和承包合同无效并不否定三嘉公司向金箔公司和刘某向三嘉公司请求给付工程款的权利,即三嘉公司对金箔公司和刘某对三嘉公司的债权受法律保护,因此给付工程款请求权的转让并不违反法律的强制性规定,该转让行为有效。而且,案涉工程是否完工,虽然影响债权数额的确定,但并不影响债权本身的存在,当事人意思表示真实,债权转让并不存在履行障碍,债权转让行为有效。

申请人要证明被挂靠人与实际施工人达成的债权转让协议无效,双方存在规避执行行为,需证明被执行人存在逃避履行生效法律文书确定的债务的非法性。本案中,从被挂靠单位三嘉公司与实际施工人刘某签订债权转让协议时间、双方之间有无恶意串通损害申请人曹某合理利益等角度综合判断,首先,三嘉公司于2014年1月、2月即将相关债权转让给刘某,而曹某于2014年4月16日才就其与三嘉公司之间的借贷纠纷提起诉讼,被挂靠单位三嘉公司与实际施工人刘某签订债权转让协议形成在前,不存在逃避履行生效法律文书确定的债务的客观事实。其次,三嘉公司对金箔公司所享有的相关债权,已于法院向金箔公司发出履行到期债权通知之前转让给刘某,且债权转让行为合法有效,依据现有证据难以证明三嘉公司、金箔公司、刘某之间存在恶意串通,损害申请人曹某的债权。因此,法院认定被挂靠人与实际施工人达成的工程款债权转让协议有效,不存在规避执行行为。

四、应对措施:规避执行行为的判断标准及救济途径

(一)规避执行行为之判断标准

1. 建设工程价款优先受偿权不属于足以排除强制执行的民事权益

案例1中,发包人在收到法院协助执行通知后,实际施工人主张自己享有建设工程价款优先受偿权,要求发包人直接支付欠付承包人的工程款,此时如果发包人将欠付被挂靠人(被执行人)的工程款支付给实际施工人,被挂靠人、实际施

工人与发包人是否构成规避执行呢?

首先,建设工程价款优先受偿权未经审判或仲裁程序确认,法院一般不认可其优先受偿权。建设工程价款优先受偿权的确认属于实体范畴,在执行程序中一般不宜对实体性问题作出判断,因此未经审判或仲裁程序确认的,实际施工人不能以建设工程价款优先受偿权为由对抗法院的协助执行。

其次,即使实际施工人建设工程价款优先受偿权经法院确认,其优先受偿权也不能对抗法院的强制执行。一方面,工程竣工验收后,实际施工人有权主张工程款,但是最终承担责任的主体仍然是被执行人,发包人仅在欠付被执行人工程款的范围内承担责任,也就是说实际施工人就工程应得的工程款所指向的最终债务人是被执行人,其享有的工程款债权与申请执行人一样都是普通的债权,但是申请执行人的债权经司法确认在前,且对被执行人在发包人处的债权查封、冻结、划扣在先,不能阻止申请执行人的执行申请。另一方面,《江苏省高级人民法院关于对 29 个执行异议之诉问题的解答》第 24 条规定,建设工程价款优先受偿权的本质是以建设工程的交换价值担保工程款债权的实现,也就是说,建设工程价款优先受偿权只是一种顺位权,不能达到阻却执行的效果,实际施工人只能以享有法定优先权为由,就该工程折价或者拍卖的价款,主张优先受偿。

最后,发包人将欠付被执行人的工程款支付给实际施工人,可能构成规避执行。实际施工人享有的建设工程价款优先受偿权不能对抗法院的协助执行,不能达到阻却申请执行人要求执行被执行人金钱债权的效果,因此发包人收到法院的协助执行通知后,应当中止对被执行人或实际施工人的债务清偿。一旦发包人向实际施工人支付工程款,被执行人、实际施工人和发包人明知法院在协助执行,发包人仍然继续给付,将导致申请执行人的诉讼目的落空,损害申请执行人的债权,有可能构成规避执行行为。

2. 在建工程债权转让行为应当认定为个别清偿行为

被执行人在资不抵债的情况下,私自与挂靠的实际施工人达成在建工程债权转让协议,约定由实际施工人直接享有对工程发包人的工程款债权,这种做法打破了债权平等性原则,使个别债权人的债权优先获得满足或保障,构成对其他债权人的个别清偿,即所谓的"偏颇行为",进而降低其他普通债权的受偿比例,使债权人之间在债权的受偿上出现优劣等级。这涉及普通债权人的利益保护、债务人的财产管理自由以及司法公信力维护等不同利益诉求之间的关系,[5]也是法院对此类处分行为进行效力评价时需要回答的关键性问题。

这种个别清偿的偏颇行为与被执行人恶意转移财产存在本质的区别,恶意转移财产行为的结果导致的是被执行人责任财产的减少,被执行人清偿个别债务,导致其积极财产减少,同时消极财产亦减少,因此责任财产总数基本保持不变。要判断该个别清偿行为是否构成规避执行,不仅要求其对申请执行人的债权产生不利影响,而且还要证明被执行人和受清偿人存在规避履行生效法律文书确定债务的主观恶意。就本文第二则案件来说,被挂靠人即被执行人与实际施工人达成在建工程债权转让协议,其结果导致实际施工人对被执行人享有的工程款先行得到清偿,但是对于被执行人的其他债权人明显不利。对此,法院主要从以下几点对在建工程债权转让协议是否有效进行审查:一是债权是否真实存在;二是债权是否具有可转让性;三是被执行人与实际施工人的行为是否存在恶意串通。应当指出的是,被执行人与实际施工人之间的挂靠行为虽然违反法律的强制性规定而无效,但是双方之间的债权真实存在,同时不存在按合同性质不得转让、当事人约定不得转让或其他法律规定不得转让的情形,而且申请执行人在向被执行人提起债权诉讼前,被执行人、实际施工人与发包人即已经达成在建工程债权转让协议,不存在规避履行生效法律文书确定债务的客观事实,难以认定被执行人与实际施工人主观上存在恶意串通。因此,在此种情况下法院倾向于认定被执行人与实际施工人达成的在建工程债权转让协议,不存在规避执行的行为。

案例3[6]

[**案情简介**]申请执行人中国银行铜山支行与被执行人兴众公司之间的债权,于2015年1月27日已经法院生效判决确认,兴达公司对被执行人兴众公司的债务承担连带保证责任。另查明,2012年10月,经工商登记,第三人鸿成公司的股东为被执行人兴达公司的职工李某文一人。2014年6月4日,李某文将在鸿成公司的全部股权转让给中铁煤焦公司。2015年2月5日,兴达公司将对鸿成公司享有的债权转让给鸿成公司的唯一股东中铁煤焦公司,以冲抵兴达公司对中铁煤焦公司的债务,但是仅提供债权转让协议复印件。

---

〔5〕 陈韵希:《论民事实体法秩序下偏颇行为的撤销》,载《法学家》2018年第3期。
〔6〕 参见最高人民法院(2017)最高法民申3572号民事裁定书。

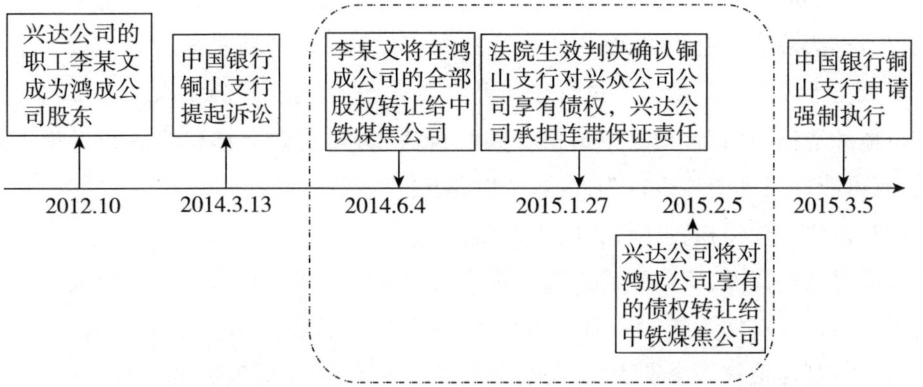

案例3图示

［**案件分析**］在本案中，中国银行铜山支行与兴众公司、兴达公司债权债务已经法院生效法律文书确定的情形下，被执行人仍然将对第三人享有的债权转让给被执行人的其他债权人，以冲抵被执行人对其他债权人的债务。法院认为，兴达公司未依法提供债权转让协议书原件，不符合法定的提交书证原件确有困难的情形。即使兴达公司将自己对第三人享有的全部债权转让给兴达公司的其他债权人，其意图使申请执行人的诉求落空，该转让、受让债权行为损害了申请执行人的合法权益，主观上具有恶意串通、规避履行生效法律文书确定债务的故意，该转让、受让行为应认定为无效。由此可见，在债务人资不抵债的情况下，即使是存在真实的债权债务关系，如果申请执行人能够证明被执行人的个人清偿行为存在规避履行生效法律文书确定债务的主观恶意，因个别清偿导致债务人积极财产的不当减少，损害了申请执行人的合法权利，申请执行人有权申请法院撤销个别清偿行为或者认定其为无效。

（二）规避执行行为之救济途径

1. 以优先受偿权对抗法院协助执行的规制路径

在房地产建设工程纠纷案件中，被执行人在第三人处的财产被法院采取查封、冻结等措施后，被执行人与第三人不能擅自处置该财产，即使是实际施工人也不能以建设工程价款优先受偿权为由对抗法院执行，这点已成为司法实践之共识，比较明晰。因此，在处理此类纠纷时，应当首先判断案涉工程款是否已经被法院采取强制措施，如果实际施工人在提起执行异议时，法院已经就被执行人在第三人处的案涉工程款采取强制措施,那么实际施工人不能以建设工程价款优先受偿权对抗法院的协助执行,第三人也不能向实际施工人或者被执行人清偿。如果第三人已经收到法院的协助执行通知等文书时,仍然对实际施工人或者被执行人进行债务清偿,将直接损害申请执行人的合法权益,主观上具有故意或者重大过错,有可能构成规避执行行为,应当予以制止。

2. 在建工程债权转让行为的规制路径

前文已经提及,实际施工人与被执行人达成的在建工程债权转让协议应当认定为被执行人对实际施工人债务的个别清偿,在被执行人资不抵债的情形下,被执行人对其他债权人个别清偿,使各债权人之间的债权出现优劣等级顺序,一定程度上打破了债的平等性。债的平等性有两层含义:第一层,全体普通债权人有平等受偿权;第二层,债务人可自由决定清偿对象、清偿顺利。为了平衡债权人之间的利益以及保护各债权的平等性,《企业破产法》第 32 条规定,人民法院受理破产申请前6 个月内,债务人有本法第 2 条第 1 款规定的情形,仍对个别债权人进行清偿的,管理人有权请求人民法院予以撤销。但是,个别清偿使债务人财产受益的除外。该规定贯彻落实债权人之债权的平等性受偿,体现在破产程序中对债权人利益的保护价值取向,从而防止不正当的债务清偿行为,避免对其他债权人债权产生不利影响。

但是,若被执行企业资不抵债但未进入破产程序或者被执行人是自然人或非法人组织时,申请执行人则无法继续通过《企业破产法》第 32 条的规定主张撤销,对此,应当从认定被执行人与其他债权人之间的行为是否构成规避执行角度入手。具体言之,在房地产建设工程施工领域,认定实际施工人与被执行人达成的在建工程债权转让协议是否构成规避执行时,不仅要求申请执行人证明转让行为对其债权产生不利影响,还要证明被执行人和实际施工人存在规避履行生效法律文书确定债务的主观恶意。为达到上述证明目的,第一,申请执行人应当证明被执行人与实际施工人在签订在建工程债权转让协议之前,申请执行人与被执行人之间已经存在债权债务关系,最好已经得到法院的生效裁判文书确认,这也是法院认定被执行人是否存在规避执行行为最为关键的一环;第二,初步证明被执行人与实际施工人之间在建工程债权转让协议的真实性,是否存在虚构的可能,以此来推断被执行人与实际施工人之间是否存在恶意串通的主观故意,达到逃避法院执行这一高度盖然的可能性。否则,根据债的平等性,债务人享有财务管理自由,债务人可以自由安排债务偿还顺序及偿还对象,同时债权人也均有权要求获得受偿,此时不能再适用规避执行的有关规定。

五、结语

在房地产建设工程纠纷执行案件中,存在两类较为复杂的规避执行行为,关于第一类情形目前司法实践中已经形成较为统一的裁判口径,即实际施工人无权以享有建设工程价款优先受偿权为由对抗法院的协助执行;关于另一类情形不宜对此类行为是否构成规避执行持"一刀切"态度,应当结合在建工程债权是否真实存在、债权是否具有可转让性、被执行人与实际施工人的转让行为是否存在恶意串通的可能等综合认定。

建设方任意压缩合理工期的认定及应对措施

罗宪民[*]　郭　敏[**]

在建筑安装工程（以下简称建设工程）中，建设工程工期是建设工程完工的时间限制，是建筑企业重要的核算指标之一，工期的长短直接影响建筑企业的经济效益，同时也是建设工程合同实质性条款之一，合理的施工工期将极大促进建设工程顺利实施，因此合理确定建设工程工期对施工单位完成建设工程施工工作而言至关重要。而实践中，为最大限度节约成本，建设方通常都会以各种方式任意压缩建设工程合理工期，极大损害了施工单位的合法权益。

一、建筑安装工程工期定额与工期计算

（一）建筑安装工程工期定额规定

为规范建设工程工期确定，1985 年原城乡建设环境保护部（现为住房和城乡建设部）制定并颁布《建筑安装工程工期定额》，这是施工单位编制施工组织设计、安排施工计划和考核施工工期的依据，同时也是建设方编制招标文件和签订建设工程合同的重要依据。

2000 年，原建设部（与城乡建设环境保护部为同一单位，现为住房和城乡建设部）在 1985 年《建筑安装工程工期定额》基础上制定并颁布了《全国统一建筑安装工程工期定额》；2016 年，住房和城乡建设部制定并颁布了《建筑安装工程工期定额》，2000 年《全国统一建筑安装工程工期定额》同时废止；截至本文书就之日，

---

* 罗宪民，上海市锦天城律师事务所北京办公室高级合伙人，中国政法大学法学硕士；擅长领域建设工程和房地产、争议解决。

** 郭敏，上海市锦天城律师事务所北京办公室专职律师，武汉大学法律硕士；擅长领域建设工程和房地产、投资并购、争议解决。

2016 年《建筑安装工程工期定额》为有效适用文本。

《建筑安装工程工期定额》(2016 年版)颁布后,全国各地市根据自身情况分别制定了适用于各地市建设工程的工期定额规定,其中,北京市住房和城乡建设委员会在《建筑安装工程工期定额》(2016 年版)之基础上于 2018 年颁布了《北京市建设工程工期定额》,将于 2019 年 3 月 1 日起正式施行,各地市也先后颁布了最新适用的建设工程工期定额规范性文件,本文在此不赘述。

(二)建筑安装工程工期计算

尽管住房和城乡建设部已经颁布了全国统一适用的《建筑安装工程工期定额》(2016 年版),根据《立法法》之相关规定[1],该文件之性质属于部门规章;同时,因《立法法》并未就地方政府各部委颁布的文件性质作出规定,北京市住房和城乡建设委员会颁布的《北京市建设工程工期定额》(2018 年版)之性质为规范性文件,仅为建设方和承包人在确定建设工程工期时的参考文件,并非必须遵守的法律、行政法规强制性规定,其他地方住房和城乡建设委员会颁布的与工期定额相关的文件性质亦为规范性文件。因此,根据《合同法》之相关规定[2],建设方与施工方在就建设工程工期进行磋商的过程中,无论是《建筑安装工程工期定额》(2016 年版)还是《北京市建设工程工期定额》(2018 年版),其仅能作为双方确定工期的参考依据,并非是建设方与施工方在确定工期时必须遵守的法律或者行政法规,即使建设方与施工方确定的工期与根据前述两份文件计算的工期并不一致,也不能因此认定建设方与施工方确定的工期无效。

尽管从法律角度来讲,在计算建设工程工期时,《建筑安装工程工期定额》(2016 年版)和《北京市建设工程工期定额》(2018 年版)并非对建设方构成法律强制约束力的文件,但是作为建设工程之监管机构制定的规范性文件,应可作为计算建设工程工期的重要依据,因此,笔者认为,在我国没有颁布其他计算建设工

---

〔1〕《立法法》第 80 条规定:国务院各部、委员会、中国人民银行、审计署和具有行政管理职能的直属机构,可以根据法律和国务院的行政法规、决定、命令,在本部门的权限范围内,制定规章。部门规章规定的事项应当属于执行法律或者国务院的行政法规、决定、命令的事项。没有法律或者国务院的行政法规、决定、命令的依据,部门规章不得设定减损公民、法人和其他组织权利或者增加其义务的规范,不得增加本部门的权力或者减少本部门的法定职责。

〔2〕《合同法》第 52 条规定:有下列情形之一的,合同无效:(一)一方以欺诈、胁迫的手段订立合同,损害国家利益;(二)恶意串通,损害国家、集体或者第三人利益;(三)以合法形式掩盖非法目的;(四)损害社会公共利益;(五)违反法律、行政法规的强制性规定。

程工期的依据文件或者在建筑业没有其他更为合理的计算建设工程工期的依据和方法的情况下,根据前述文件计算的建设工程工期应为建设工程合理工期。

为避免歧义,本文下文在论述建设方任意压缩合理工期时,均以根据笔者检索到的案例发生时有效的工期定额文件计算而得的合理工期作为基准工期。

二、建设方任意压缩合理工期之形式

尽管我国住房和城乡建设部以及地方住房和城乡建设委员会已经就工期定额作出规定,并且笔者合理推定根据我国住房和城乡建设部以及地方住房和城乡建设委员会制定的工期定额文件计算的工期为建设工程合理工期,但是从法律角度来讲,我国仍然没有针对建设工程工期定额的任何法律或者行政法规出台,建设方在确定工期时,也可以不将我国住房和城乡建设部以及地方住房和城乡建设委员会制定的工期定额文件作为依据,这也为建设方任意压缩合理工期提供了便利条件。

在司法实践中,为了最大限度地实现经济效益,建设方压缩工期的做法非常常见,而建设方在合理范围内压缩工期也并不必然导致施工方合法权益受损,并且根据《建设工程质量管理条例》第 10 条"建设工程发包单位不得任意压缩合理工期"之规定,法律法规并不禁止建设方压缩工期,而仅仅是禁止建设方任意压缩合理工期,因此,本文仅讨论建设方任意压缩合理工期的情形。

在司法实践中,建设方任意压缩合理工期如何认定是一个非常复杂的问题,因我国没有统一的法律法规规定,各地市建委或者有权监管机构通常以规范性文件的形式对建设方任意压缩合理工期的认定标准作出规定。以北京市为例,根据《北京市住房和城乡建设委员会关于进一步加强房地产开发企业工程建设质量安全管理工作的通知》第 9 条第 2 款之规定,开发企业(本文所称建设方)压缩工期天数不得超过定额工期的 30%,超过 30%,视为任意压缩合理工期,依照《建设工程质量管理条例》的有关规定进行处理,同时北京市住房和城乡建设委员会于 2018 年 11 月 21 日最新发布的《关于加强房屋建筑和市政基础设施工程施工技术管理工作的通知》再次明确规定,"压缩工期的天数不得超过国家和本市规定的标准"。

基于上述规范性文件,笔者认为,在司法实践中,所谓任意压缩合理工期,系指建设方在建设工程所在地规范性文件规定的可压缩工期范围之外任意压缩建设工程工期,当然,如果建设工程所在地并无相关规范性文件就建设工程可压缩工期范围作出规定，则在司法实践中很难对建设方是否任意压缩合理工期作出认定，因此，为避免歧义，本文仅讨论建设工程所在地规范性文件已经对建设方可压缩工期范围作出明确规定的情形。

在司法实践中，建设方通常通过以下两种方式任意压缩建设工程合理工期：

1. 在签署建设工程施工合同时，建设方约定不合理工期

根据笔者检索到的(2017)浙0213民初1366号一审民事判决书、(2017)苏05民终9667号二审民事判决书以及(2017)苏民终2204号二审民事判决书，该三份判决书所涉及的案件中，相较于按照案件发生时有效的建设工程工期定额规范性文件计算的工期，建设方均对建设工程工期进行了压缩，并且均超过了案涉建设工程所在地规范性文件明确规定的可压缩工期范围。

2. 在建设工程施工合同实施过程中，本应予以顺延工期或者调整工期的，建设方拒绝延长或者调整

为便于论述，本部分内容以北京市规定为例进行分析。

根据《北京市建设工程工期定额》(2018年版)总说明之规定，以下情形可顺延或者调整工期：

(1)因不可抗力、异常恶劣天气或政府政策性影响施工进度或造成工程暂停施工的，经发包、承包双方确认，工期可顺延。

(2)因设计变更或发包方原因造成工期变化的，经发包、承包双方确认后，工期可调整。

(3)基础施工遇到障碍物或古董、文物、流沙、溶洞、暗滨、淤泥、石方等需要进行基础处理且影响关键线路时，由发包、承包双方确认后增加工期。

(4)因拆迁、地下管线改移未完成，不能按合同约定时间开工时，由发包、承包双方确定调整工期。

(5)设计、施工技术规范或质量管理文件要求，冬季不能施工而影响关键线路工期时，由发包、承包双方确认后调整工期。

根据《北京市建设工程工期定额》(2018年版)总说明之规定，工程实际竣工日期按照如下方式确定：

(1)工程经竣工验收合格的，以承包人提交竣工验收申请报告之日为实际竣工日期。

(2)因发包人原因，未在监理人收到承包人提交的竣工验收申请报告42天内完成竣工验收或完成竣工验收不予签发工程接受证书的，以提交竣工验收申请报

告的日期为实际竣工日期。

(3)工程未经竣工验收,发包人擅自使用的,以转移占有工程之日为竣工日期。

尽管北京市已有规范性文件对可延长或者调整工期的情形作出了规定,但是就笔者接触的建设工程而言,除非严格适用建设工程施工合同示范文本的项目(事实上,大部分建设工程项目都不会严格按照示范文本签署建设工程施工合同),由于建设方通常处于优势地位,其往往利用优势地位在建设工程施工合同中明确将根据规范性文件可以顺延工期的部分情形排除在可顺延工期情形之外,同时明确约定工程竣工日期以建设方签发工程接受证书之日为准。

因受限于保密义务,笔者无法具体列明具体建设工程项目或者合同条款,笔者在此仅以一例作为引述。在笔者接触的某建设工程项目中,建设工程施工合同明确约定,除非适用法律的变更或任何适用的后继法律的颁布导致本合同的履行不再合法,否则法律变更和政府行为均不属于不可抗力,通常,建设工程项目持续时间较长,而期间,政府政策性行为经常导致工期延长或者调整,前述建设工程施工合同的约定极大侵害了承包人的合法权益。

综上所述,不管建设方选择直接在建设施工合同中明确约定不合理工期还是选择在建设工程项目执行过程中无正当理由拒绝延长或者调整工期,建设方利用其优势地位任意压缩合理工期极大侵害了承包人的合法权益。

三、建设方任意压缩合理工期之应对措施

(一)在签署建设工程施工合同时约定合理工期

建设方通过在签署建设工程施工合同时约定不合理工期的方式任意压缩合理工期的,虽然建设方利用其优势地位任意压缩合理工期侵害了承包人的合法权益,然而遗憾的是,因截至本文完成之日,我国关于建设方任意压缩合理工期的约定仍然仅仅限于各地市规范性文件,尚未有任何法律、行政法规对建设方任意压缩合理工期进行任何规定,因此,在司法实践中,即使建设方任意压缩合理工期,但是基于当事人意思自治以及充分尊重当事人意思表示的合同法基本原则并且在规范性文件并不具有法律强制性约束力的情况下,如承包人无法提供充分的相反证据,则承包人主张建设方任意压缩合理工期通常不会被支持,法院仍然按照建设施工合同认定建设工程工期。

在笔者检索到的(2017)浙 0213 民初 1366 号一审民事判决书、(2017)苏 05

民终 9667 号二审民事判决书以及(2017)苏民终 2204 号二审民事判决书中,除了(2017)苏民终 2204 号二审民事判决书中因建设施工合同约定的工期不明承包人主张建设方任意压缩合理工期部分被支持外,另外两则判决书中,承包人主张建设方任意压缩合理工期均未被支持。

综上所述,在建设方以在签署建设工程施工合同时约定不合理工期的方式任意压缩合理工期的情况下,因我国尚未有法律、行政法规对此作出明确规定,承包人的合法权益将无法获得保护,在此情形下,承包人或只能选择在建设工程施工合同签署阶段与建设方沟通协商确定合理工期。

(二)在建设工程施工合同实施过程中,及时主张延长工期

在建设工程施工合同实施过程中,为最大限度控制成本,建设方通常会严格把控工期,对于承包人延长或者调整工期的请求都会严格审查,因此,承包人主张延长或者调整工期将面临非常大的实质性困难。尽管如此,根据《最高人民法院关于审理建设工程施工合同纠纷案件适用法律问题的解释(二)》第 6 条第 1 款"当事人约定顺延工期应当经发包人或者监理人签证等方式确认,承包人虽未取得工期顺延的确认,但能够证明在合同约定的期限内向发包人或者监理人申请过工期顺延且顺延事由符合合同约定,承包人以此为由主张工期顺延的,人民法院应予支持"之规定,在建设工程施工合同实施过程中,笔者仍建议承包人及时保留应顺延工期的证据,及时向建设方主张顺延工期,即使建设方未以签证或者建设方认可的形式对承包人顺延工期的请求予以确认,但是承包人顺延工期的主张仍有可能被支持。

关于上述司法解释相关条款的适用,需提醒的是,该条款适用的前提是工期顺延事由符合合同约定,考虑到建设工程施工合同的约定通常情况下有利于建设方,因此,笔者建议,在建设工程施工合同实施过程中,只要承包人认为发生了应当顺延工期的情形,其应当及时保留相关证据,然后从有利于承包人的角度对建设工程施工合同进行解释,在此基础上,按照建设工程施工合同约定的时间和方式及时向建设方主张顺延工期。

四、总结

尽管根据《建设工程质量管理条例》之规定,建设方不得任意压缩合理工期,根据我国各地市规范性文件,工期定额规范性文件为建设工程工期计算的重要依

据,并且建设方不得在相关规范性文件规定的范围之外任意压缩合理工期,但是因截至本文完成之日,我国并未有任何法律、行政法规对建设方不得任意压缩合理工期进行系统明确的规定,导致司法实践中,建设方任意压缩合理工期情形频发,但是却无法得到有效规范,承包人的合法权益也一再被侵害。

基于上述现状,笔者期待,除了最新颁布实施的《最高人民法院关于审理建设工程施工合同纠纷案件适用法律问题的解释(二)》外,我国能尽快出台法律、行政法规,对建设方任意压缩合理工期的认定及其法律后果进行系统明确的规定,以便更有效地保护承包人的合法权益。

浅析建设工程“黑白合同”效力及结算

朱　哲* 　陈善茵**

建设工程领域的“黑白合同”情形是一个广泛存在的现象。因城市房屋建设需要履行严格的立项、规划等各类审批程序，项目当事人为规避相关政府部门要求的备案及审批程序，除了签署相关行政主管部门要求的“白合同”，双方往往会另外签署实际履行的合同，即俗称的“黑合同”。[1] 2001年6月建设部（已撤销）发布的《房屋建筑和市政基础设施工程施工招标投标管理办法》（2018年9月28日已修订）第47条规定，招标人和投标人应当在订立合同之后7个工作日内将合同送县级以上工程所在地的建设行政主管部门备案。这一备案程序直接导致了现建设工程领域及有关司法解释中所述“备案的中标合同”的产生，即“白合同”。“黑白合同”现象的存在，在建设工程合同当事人之间发生争议后，常常引发建设工程合同工程效力、金额结算等问题，直接关系到合同适用及工程结算金额。

[**案情简介**]原告华荣公司与被告东方公司建设工程施工合同纠纷一案。东方公司作为发包人、华荣公司作为承包人，双方于2012年3月31日签订了《深圳市建设工程施工（单价）合同》（以下简称施工合同），该合同于2012年4月27日在深圳市龙岗区住房和建设局备案。2012年3月31日，东方公司作为发包人、华荣公司作为承包人签订了《“××大厦”建设工程总包施工合同补充协议书》（以下简称补充协议），约定为落实本项目建设过程中的各项工

---

* 朱哲，上海市锦天城律师事务所深圳办公室高级合伙人，中国人民法学民商法硕士；擅长领域为建设工程和房地产、商事并购、诉讼与仲裁争议解决、公司法律。

** 陈善茵，朱哲律师团队成员，上海市锦天城律师事务所深圳办公室律师，香港城市大学仲裁法学硕士；擅长领域为建设工程和房地产、公司法律。

〔1〕 谭敬慧：《建设工程疑难问题与法律事务》，法律出版社2016年版，第66页。

作,双方协商同意签订补充协议书。双方共同确认,本补充协议书与主合同(施工合同)约定不一致之处,以本补充协议书为准。后华荣公司因东方公司拖欠工程,诉至深圳市中级人民法院,要求东方公司向华荣公司支付拖欠的工程款人民币7388万元及利息。

一、关于“黑白合同”的几种情形

我国现行的建设工程法律法规,包括《最高人民法院关于审理建设工程施工合同纠纷案件适用法律问题的解释》(以下简称《解释(一)》),均未对“黑白合同”情形进行分类。实际上,全国各地法院对“黑白合同”效力及结算问题有各自不同的理解与适用。例如,在《北京市高级人民法院关于审理建设工程施工合同纠纷案件若干疑难问题的解答》(以下简称《北京高院指导意见》)中,北京市高级人民法院将“是否必须进行招标”和“合同备案”两个概念划分并作为因素区分后,将“黑白合同”产生的情形分为三类:

(1)属于必须进行招标的建设工程,当事人经招投标程序并备案后,当事人又签订与其实质性内容不一致的“黑合同”实际履行;

(2)不属于必须进行招标的建设工程,当事人经招投标程序并备案后,当事人又签订与其实质性内容不一致的“黑合同”实际履行;

(3)不属于必须进行招标的建设工程,当事人实际未依法进行招投标,但是将签订的建设工程施工合同在当地建设行政管理部门进行备案后,当事人又签订与其实质性内容不一致的“黑合同”实际履行。

在上述华荣公司与东方公司案件中,涉案工程未涉及招投标程序问题,发包人东方公司及承包人华荣公司双方实际未就工程进行招投标程序,但双方签署了备案合同并进行了备案手续,并在同一天就前述施工合同签署了补充协议,属于上述北京高院所划分的第三种情形。

二、“黑白合同”的合同效力及适用

(一)“黑白合同”效力判断因素

涉及“黑白合同”的建设工程合同效力问题,需要着重考虑:(1)该建设工程是否属于依法必须招标工程;(2)“黑白合同”签署日期的先后顺序;(3)双方实际履行的是哪一份合同。

（二）应先考虑工程是否属于依法必须招标的工程

在确定涉案工程是否属于法律规定必须招标的工程，相关参考标准主要有：《招标投标法》第 3 条、《必须招标的工程项目规定》、《必须招标的基础设施和公共事业项目范围规定》，核查是否属于必须进行招标的工程。

若涉案工程属于必须进行招标的工程，在中标通知书发出前签署了“黑合同”，属于违反《招标投标法》的行为，根据《合同法》第 52 条，“黑白合同”均属于无效。

（三）关于不属于依法必须招标的工程合同效力问题

1. 不属于依法必须进行招标的建设工程，当事人实际未进行招投标，但是将签订的建设工程施工合同在当地建设行政管理部门进行备案后，是否会导致需要适用备案合同，而不能适用双方签署的“黑合同”？

法院对上述华荣公司与东方公司纠纷案认定如下：

关于涉案合同的效力问题。涉案施工合同及补充协议均为涉案双方真实意思表示，东方公司就 × × 大厦工程已取得相应的《深圳市建设用地规划许可证》《深圳市建设工程规划许可证》《建筑工程施工许可证》，华荣公司亦具有相应的建筑施工企业资质，涉案施工合同内容未有违反法律、行政法规的强制性规定，合法有效；而关于涉案补充协议的效力，依据前述本案已查明的事实，涉案《深圳市建设工程规划许可证》显示 × × 大厦工程为 × 栋 × × 层、总建筑面积 36 063 平方米，而涉案补充协议约定 × × 大厦工程的建筑面积为包括屋面构架两层在内的 45 477. 34平方米，显已超出前述规划许可的范围，故涉案补充协议中关于超出规划许可范围部分工程的约定条款无效，但该部分条款无效并不影响补充协议其他条款的效力。华荣公司主张涉案补充协议仅为避税所需、并非实际履行的合同，与事实不符，本院对此不予采纳，涉案双方实际履行的合同应为涉案补充协议……

根据《北京高院指导意见》规定，对于不是必须进行招标的建设工程，实际也未依法进行招投标，当事人签署备案合同并至当地建设部门备案，备案的合同与实际履行的合同实质不一致的，应当以当事人实际履行的合同作为结算工程价款的依据。然而，该规定亦未明确合同效力的问题，仅就结算适用“黑白合同”问题进行了规范。

2. 不属于依法必须招标的工程建设项目，双方当事人进行了招标并备案，是否会导致需要适用备案合同，而不能适用双方签署的“黑合同”？

对此，歌山建设集团有限公司与福建省恒顺融资担保股份有限公司建设工程施工合同纠纷二审民事判决书[案号为(2015)民一终字第70号]认定：案涉工程项目的规划用途为办公和酒店经营，不在规定第3条列举的范围之内，也不具有为社会公众提供公共服务的性质，应不属于“公用事业项目”，因此不属于必须进行招标的工程建设项目。对于不属于必须进行招标的工程建设项目，在双方当事人既进行了招标，又另行签订了协议的情形下，应以体现双方当事人真实意思的合同作为履行依据。

虽然我国法律法规未明确不涉及招投标程序的建设工程“黑白合同”问题如何处理，但根据目前我国的相关案例分析，应当从尊重工程合同当事人双方的真实意思表示角度出发，以实际履行合同为准。

(四)工程履行期间合同双方达成的协议效力认定

建设工程履行过程中，合同双方当事人如果达成协议，而该协议内容属于承发包双方对于既存在债权债务关系清理，具有独立性。主合同无效不必然导致上述协议无效。

在上诉人黔东南州兴源建筑工程有限责任公司与被上诉人黔东南州欣黔投资开发有限责任公司、镇远县人民政府及一审第三人曾德祥建设工程施工合同纠纷一案[案号(2017)最高法民终933号]中，最高人民法院二审认为：建设工程施工合同被认定无效后，施工方对合格工程请求支付工程价款时，工程款的数额可以参照当事人的约定。

根据《合同法》第58条规定，合同无效后，因该合同取得的财产应予以返还，不能返还的，折价补偿。在合同无效后，兴源公司是不能依据合同条款向欣黔公司主张工程价款的。《最高人民法院关于审理建设工程施工合同纠纷案件适用法律问题的解释》第2条规定，在工程合格的前提下，当事人的约定是工程款支付的参照，而非依据。

《清表方量确认书》《挖方方量确认书》上记载的工程单价与双方当事人和各个工程队签订的《清算表》《结算表》亦一致，可以相互印证，应视为双方对各方的权利义务、案涉工程量和工程价款进行了最终的处理。一审法院对欣黔公司和兴源公司之间债权债务关系的结清和清理予以确认并作为工程款支付的参照并无不当。建设工程施工合同因违反招标投标法的规定而无效，履行过程中双方达成的结算工程价款补充协议属于合同结算清理条款的，不因施工合同无效而必然无效。

上述情形，应该综合分析协议内容所反映出来的当事人之间权利义务关系性质及与施工合同之间的法律关系，并不应以是否冠以“补充协议”称谓而简单认定二者主从关系，如果协议内容属于承发包双方对既存在债权债务关系清理，具有独立性，根据《合同法》第98条规定，合同的权利义务终止，不影响合同中结算和清理条款的效力。[2]

三、关于“黑白合同”的结算与法律适用问题

1. 目前关于“黑白合同”结算与合同适用问题，主要根据《解释(一)》第21条的规定，当事人就同一建设工程另行订立的建设工程施工合同与经过备案的中标合同实质性内容不一致的，应当以备案的中标合同作为结算工程价款的根据

针对“黑白合同”的几种类型，《北京高院指导意见》中详细规定了以下几种结算方式：

(1)经过招投标程序的建设工程，且中标合同进行备案的，以中标合同为准。

(2)不是必须进行招标的建设工程，也未依法进行招投标，合同进行备案的，以实际履行的合同为准。

(3)备案的中标合同与当事人实际履行的施工合同均因违反法律、行政法规的强制性规定被认定为无效的，可以参照当事人实际履行的合同结算工程价款。

2.《最高人民法院关于审理建设工程施工合同纠纷案件适用法律问题的解释(二)》明确规定以中标合同作为结算建设工程价款依据

最高人民法院于2018年12月29日正式发布《最高人民法院关于审理建设工程施工合同纠纷案件适用法律问题的解释(二)》(以下简称《解释(二)》)亦维持了上述观点，发包人将依法不属于必须招标的建设工程进行招标后，与承包人另行订立的建设工程施工合同背离中标合同的实质性内容，当事人请求以中标合同作为结算建设工程价款依据的，人民法院应予支持。但应当注意，《解释(二)》删除了“备案”的规定。

---

[2] 杜万华：《承发包双方签订的建设工程施工合同因违反招标投标法规定而无效，合同履行过程中双方达成的结算工程价款补充协议是否必然无效》，载最高人民法院民事审判第一庭编：《民事审判指导与参考》(第70辑)，人民法院出版社2017年版，第257页。

对此,实务中的案例亦有体现。如上述华荣公司与东方公司案的法院认定:关于涉案工程款的结算问题。法院认为,确定涉案工程款结算的合同依据系为涉案施工合同抑或涉案补充协议,应予具体考量涉案双方实际履行合同的情况。……涉案双方实际履行的合同为涉案补充协议。根据《解释(一)》第2条的规定,建设工程施工合同无效,但建设工程经竣工验收合格,承包人请求参照合同约定支付工程价款的,应予支持。故涉案补充协议虽部分无效,仍可作为涉案双方结算涉案工程款参照的合同依据。

四、关于取消施工合同备案的规定及其相关影响

1. 随着市场逐渐成熟,国家对社会投资建设工程项目的监管逐渐放松

2018年5月14日,国务院办公厅正式颁布了《国务院办公厅关于开展工程建设项目审批制度改革试点的通知》(国办发〔2018〕33号),明确要求:取消施工合同备案、建筑节能设计审查备案等事项。社会投资的房屋建筑工程,建设单位可以自主决定发包方式。

试点地区为北京市、天津市、上海市、重庆市、沈阳市、大连市、南京市、厦门市、武汉市、广州市、深圳市、成都市、贵阳市、渭南市、延安市和浙江省。

深圳市住房和建设局于2018年8月1日发布《深圳市住房和建设局关于取消深圳市建设工程合同备案的通知》(深建市场〔2018〕21号),自2018年8月1日起,取消深圳市建设工程合同备案事项,市住房建设局停止受理该事项申请。

2018年9月28日,《住房城乡建设部关于修改〈房屋建筑和市政基础设施工程招标投标管理办法〉的决定》亦删除施工合同备案的规定。

2.《解释(二)》对“黑白合同”的相关认定

整理后可发现,《解释(二)》中与“黑白合同”问题相关的规定主要有第1条、第9条及第10条。

《解释(二)》的上述规定,均体现对施工合同备案制度取消的回应。上述规定明确“白合同”是中标合同,不再对备案作规定,体现了“黑白合同”认定标准上,法院更倾向于从《招标投标法》的精神及实质性上去判断是否存在背离中标合同实质性内容的情况。无论具体项目依法是否属于必须招标的建设工程进行招标,《解释(二)》已明确以中标合同作为依据,不得背离中标合同的实质性内容。

3. 取消施工合同备案制度对"黑白合同"现象的相关影响

在施工合同备案取消后，是否还会存在"黑白合同"的问题，现仍存在各方不同观点。笔者个人认为，施工合同备案取消并未能真正消除"黑白合同"的问题。

首先，《招标投标法》《房屋建筑和市政基础设施工程施工招标投标管理办法》《工程建设项目招标范围和规模标准规定》等法律法规的存在，继续对必须进行招投标程序的建设工程项目进行规范。即使施工合同备案制度取消，必须进行招投标程序的建设工程项目仍需按规定进行招投标程序。同时，非必须进行招投标程序的建设工程，亦存在进行招投标程序后，适用《招标投标法》等法律法规的可能。若违反了《招标投标法》，合同当事人仍需要承担相应的法律后果。因此，仍然存在中标合同与双方实际履行的合同约定不一致的情况。

其次，《解释(一)》及法院相关解答所针对的"白合同"，是"备案的中标合同"，并非单纯的"中标合同"。《解释(二)》不再规定"白合同"需要"备案"。在中标合同备案制度取消后，若中标合同与双方实际履行的合同约定不一致，仍然存在应如何判断合同结算条款的适用问题。

笔者个人认为，《解释(一)》《解释(二)》《房屋建筑和市政基础设施工程施工招标投标管理办法》等法律法规均侧重于规范招标投标程序，即在中标后，合同双方另行签署与中标合同实质内容不一致的合同，仍属于"黑合同"的范畴。因此，即使施工合同备案制度取消，亦无法完全消除"黑白合同"的问题。

已取消备案制度地区的建设工程合同可能会更符合《解释(二)》的施行背景及目的。然而，《解释(二)》施行后，仍存在许多备案合同与中标的实际履行合同并存的情形，能否通过《解释(二)》更好地解决合同效力及结算问题，需要通过司法实践检验。

"备案"这一制度本身是作为"白合同"的重要认定标准，施工合同备案制度取消，"黑白合同"的认定标准存在疑点，《解释(一)》《解释(二)》《房屋建筑和市政基础设施工程施工招标投标管理办法》等法律法规应如何适用仍存在争议。

五、结语

"黑白合同"的认定标准、合同效力及结算依据仍是解决建设工程施工合同纠纷的重要因素，并应根据具体案件的不同情况进行分析判断。涉及"黑白合同"的建设工程合同纠纷，建议着重考虑工程是否为法律规定必须招投标工程、"黑白合同"签署时间先后及合同当事人对合同的实际履行情况，以判断合同效力、适用及结算问题。

施工合同备案制度的取消对“黑白合同”现象产生了一定的影响,但即使施工合同备案制度取消,“黑白合同”现象会依旧存在。

对施工合同各方而言,应尽量避免“黑白合同”带来的不利影响。对律师而言,应慎重考虑“黑白合同”的适用,以维护当事人的合法权益。

建设工程施工合同纠纷工程款利息的主张及处理原则的探讨

万祖军*

利息是法定孳息的一种，由资本产生，一般指一方让渡资本的使用价值，另一方使用这部分资本而付出的代价；或者又叫资本的时间价值。在建设工程合同纠纷中，由于工程款数额巨大，案件审理期限长，工程价款的利息高达十万元、百万元已是常态，因此工程款的利息计算往往是成本双方争议焦点。工程款利息的计算看似简单，实则在实践中存在很多问题，如垫资款可否主张利息、约定利息过高、无效合同利息主张等。

一、可主张利息的建设工程施工合同款项

利息本质上是对资金占用的一种补偿，因此只要是已经或者未来可能形成资金占用的款项都在可主张利息的范围内，就建设工程施工合同而言，可主张利息的款项包括不限于：

（一）逾期未付工程款

工程价款是建设工程合同纠纷中最常见的欠付款项，利息为本金经由时间创造的价值，本金基数大或时间长，其创造的价值是惊人的，是发包人所面临的重要诉讼风险之一。

如在（2017）最高法民终 20 号案中，经计算，即便发包人在判决生效后立即支

* 万祖军，上海市锦天城律师事务所济南办公室专职律师，中国人民解放军西安政治学院法学学士；擅长领域为刑事辩护、房地产及建设工程纠纷处置、建筑房地产领域争议解决、公司法律风险管理。

付工程款,该工程款产生利息已经高达 43 458 521.57 元,已经相当于一个建筑工程的造价。因此我们建议当事人本着诚信原则友好协商纠纷,避免不必要的风险。

(二)工程进度款

工程进度款是指在施工过程中,按时间、工程进度等完成的工程数量情况根据合同约定支付的费用。发包人逾期支付工程进度款显然应承担支付逾期利息的责任。

(三)垫资款

垫资款是指承包人为取得工程项目,承诺发包人不用预付和按工程进度给付承包人工程款,而是利用自有资金进场施工,待施工到约定部分,再由发包人进行偿付。

《最高人民法院关于审理建设工程施工合同纠纷案件适用法律问题的解释》第 6 条对垫资及垫资利息进行了规定,规定有约定的从约定,无约定的按照工程欠款处理,对垫资利息没有约定的承包人请求支付利息的,法院不予支持。

(四)其他款项

其他工程款如总包管理费、甩项工程配合费及补偿款、工期延误损失费等费用,可在建设工程施工合同中进行约定,并自付款期届满后计取利息,对此承包人应当根据合同约定积极行使索赔权利。

工程款之外的各种费用,如质量保证金、工程质量奖、工期奖、文明奖等各类工程奖金不属于工程款范畴,如建设工程施工合同对上述费用的支付约定了期限,未付款利息应从期限届满起算。

二、逾期支付工程款的利息主张及处理原则

债务人迟延履行债务,除向债权人支付本金外,还应支付利息。

工程建设中,承包人按照合同约定完成工程建设,发包人应当支付工程款,即应按照《最高人民法院关于审理建设工程施工合同纠纷案件适用法律问题的解释》第 17 条规定的计付标准对欠付工程价款利息计付标准有约定的,按照约定处理;没有约定的,按照中国人民银行发布的同期同类贷款利率计息。

三、工程进度款利息主张及处理原则

工程款往往根据进度完成情况或工程形象进度情况确定工程款分多笔支付，实务中绝大多数施工合同均约定在工程竣工验收前发包人需要支付大部分的工程款项。由于进度款利息发生在施工合同履行过程中，与工程进度完成情况挂钩，导致工程进度款应付款基数、支付起算期间等难以确定，使工程进度款利息主张问题成为难点。

（一）合同约定以实际总完成工程量为基础计算进度款时，如何确定进度款利息计算基数

合同中约定在完成一定工程节点时以总完成工作量（或工程总造价）的一定比例支付进度款，但总完成工作量或总工程造价需等工程全部完工之后经结算才能确定，这种情况如何判定是否存在未按时足额支付工程款？如何确定逾期付款数额？

我们认为，以总完成工作量作为工程进度款计算基数，本身存在工程款支付数额无法具体确定的问题，发包人在工程完工并经结算前根本无法确定应付工程进度款数额，如果机械地以在后结算的工程总价倒推应付工程进度款显然对发包人不公平。在发包人已经按照约定支付工程进度款且支付金额与实际总价相差不存在显著差异的情况下，不宜认定发包人应当承担工程进度款利息。

如（2017）最高法民终506号案中，根据合同约定，工程完工前应支付到总工程款的80%，截至2013年12月即本案工程移交时，已付工程款为202 150 100元，与总工程造价的80%相比相差不到1000万元。最高人民法院认为：金汇房地产公司已按照合同约定支付至工程总造价的80%，符合合同的约定。实事集团主张工程进度款的违约责任，对此应承担举证责任。除该自行制作的工程进度款的违约利息计算表外，实事集团未能进一步提供证据证明金汇房地产公司工程进度款违约的具体事实与责任，应承担相应的不利后果。

如若发包人未按合同约定支付工程款或支付工程款明显低于工程款预算价格，明显存在拖欠工程款行为时，可以最终结算价确定进度款支付额度，从而确定发包人是否就工程款承担利息。[1]

---

〔1〕 参见四川高院（2017）川民终311号。

(二)承包人违约,能否提出工程进度款利息主张

关于进度款利息的另一个问题在于:如果承包人在施工过程中存在工程质量不合格、延误工期等违约情形,能否主张工程进度款利息?

我们认为,根据《合同法》第67条规定,在承包人存在先违约行为且未纠正时,发包人有权主张不予支付进度款。

如(2017)最高法民终476号中,最高人民法院认为:虽然三利公司在本案中存在逾期支付9月工程进度款的行为。但由于海诚公司已经中途离场,无法确定三利公司最终拖欠工程进度款的程度;且海诚公司是否按要求进行整改并未提交有效证据予以证实,现另案已判决海诚公司应承担质量问题修复费。鉴于双方在合同解除的原因上无法分清过错程度及责任大小。故一审法院未予支持海诚公司要求三利公司承担工程进度款逾期付款违约责任和违约金的请求。

我们认为,承包人违约并不必然丧失利息主张权利,根据《合同法》第67条规定,承包人违约行为尚未得到补救时发包人有权对承包人要求支付工程款的请求进行暂时抗辩,一旦承包人违约行为得到纠正,且具备了付款条件,承包人即应当支付工程款以及在付款期满时产生的法定孳息。承包人违约行为给发包人造成损失的,发包人有权要求承包人承担违约责任。

(三)合同无效能否主张支付工程进度款利息

在合同无效情形下,法院一般会基于公正、公平原则将承包人主张的工程结算款利息按照同期银行贷款利率进行支持,合同无效,则施工合同关于进度款支付约定亦无效,因此承包人主张进度款支付逾期没有事实依据,难以得到法院支持。[2]

但如果在工程停工后或完工后,双方签署的补充协议、结算协议中对工程进度款利息存在具体约定的,该协议的效力并不受施工合同效力的影响,属于有效协议,其关于工程进度款利息计算的约定依法具有约束力,应当予以支持。

如(2016)最高法民终733号案中,承包人苏中建设公司在发包人已经支付工程款本金后,依据完工后签署的三份协议向法院主张工程进度款利息,法院认为:上述三份协议书是对已完工程进度款或者已竣工验收工程的价款数额、给付时间

〔2〕 参见最高院(2014)民一终字第108号、(2016)最高法民终485号等。

和违约责任的约定。在性质上,它可以脱离于建设工程施工合同而独立存在,应认定为有效协议。据此支持了苏中建设公司的诉请。

(四)进度款利息和垫资利息重合问题

当合同中既对垫资利息进行了约定,又对工程进度款支付及逾期利息进行了约定时,就会存在垫资款在合同约定的进度款支付期满转化为进度款的问题。由此会导致计息即可按垫资款进行计算,[3]也可以按逾期支付进度款计算利息问题,即进度款利息和垫资利息。

我们要注意的是,垫资款利息和进度款利息不能重复计算,垫资款不得超过同期银行贷款利息,但根据《最高人民法院关于审理建设工程合同纠纷案件适用法律问题的解释》(以下简称《建设工程施工合同司法解释》)第 17 条规定,工程款(包括进度款)利息以双方约定为准(超过限额除外),因此,在两种利息重合时,承包人应当根据合同约定以有利己方计算方式主张利息。

建设工程合同金额高,且工程完工历时长,绝大多数合同约定的进度款在竣工结算前就应当付至 80% 以上,逾期支付进度款产生的利息绝非属于可忽视的小额款项,如上文(2017)最高法民终 20 号案件中,法院支持的工程进度利息高达 3441 万元。为保证工程进度款利息,我们建议:第一,要保证建设工程合同有效性或将进度款利息主动纳入双方结算范围;第二,关于进度款的支付基数要约定清晰,如可以合同价款作为进度款付款基数;第三,在以实际完工进度作为进度款计算基数时,承包人应按合同约定及时向发包人提出工程进度款申请,保留向发包人主张工程进度款的证据(如递交的工程进度表及监理管理工程进度的确认材料、来往邮件等)。

四、工程价款利息计息方式

(一)一般工程款利息

一般工程款利息是指发包人逾期支付工程款应当承担的利息。《建设工程施工合同司法解释》第 17 条规定确立了建设工程价款利率的方式,即合同有约定的依约定,未约定的以同期银行贷款利率计算利息。

在合同对工程款利息计算方式约定计算标准过高的情况下,违约方往往会依

---

〔3〕 参见(2016)最高法民终 360 号。

据《合同法》第114条规定请求降低利息计算标准,由于承包人对于工程款逾期造成损失较难举证证明,该情形下,法院不能认定迟延履行工程款利息或违约金是否过高。

从司法实践来看,绝大部分案件中均认同金钱债权到期未付即按民间借贷认定迟延履行造成的损失,超过24%的迟延未付利息或违约金才会被认定为过高。

(二)迟延履行期间债务利息计算

迟延履行期间利息是指逾期支付生效法律裁判文书确定日期金钱债务的利息。根据《民事诉讼法》第253条和《最高人民法院关于执行程序中计算迟延履行期间的债务利息适用法律若干问题的解释》之规定,迟延履行期间的债务利息,包括迟延履行期间的一般债务利息和加倍部分债务利息,实行分段计算方式。[4]

五、建设工程合同无效的利息主张及处理原则

(一)无效施工合同后果处理的一般规则是无效施工合同所涉工程款利息是否应当支持的前提

《合同法》第56条、第58条规定了合同无效的情形及合同无效后的处理结果。建设工程施工合同虽无效,但施工方付出的劳务、使用的材料都已经物化到具体的建筑物中,工程已经竣工验收合格并交付使用或者工程尚未完工。但因建设工程的权利人是建设单位或其他权利人,导致无论是从物理形态还是从物权归属上看,建设工程均无法适用返还原物的处理方式,原物是建筑材料和设备,已经转化成了建筑物,客观上已无法返还。合同无效后,客观上能够实现的且最经济、最能平衡各方利益的方式就是折价补偿,也就是发包人采取将工程折价的方式来补偿施工方在工程上的投入和付出。根据《最高人民法院关于审理建设工程施工合同纠纷案件适用法律问题的解释》第2条规定,施工合同虽然无效,但是只要工程经竣工验收合格,发包人就应当支付工程款。

(二)合同无效后,是否支持欠付工程款的利息主张,需要从利息的性质入手进行分析

对于工程款利息可否主张,存在两种观点:

---

〔4〕 参见最高人民法院(2014)执申字第12号。

正方观点：

(1)在民法理论中，利息通常被认为属于法定孳息，无效施工合同中的工程款利息依《建设工程施工合同司法解释》第17条、第18条规定采用了法定孳息的观点。

(2)《合同法》规定，合同无效，有过错的一方应当赔偿对方因此所受到的损失。从应付工程款之日起，发包人未支付的工程款即为发包人占有的施工人的资金，发包人未按合同约定支付工程款，存在过错，就应当赔偿利息损失。

反方观点：

(1)《合同法》第58条规定了无效合同的处理原则，发包人和施工人对不具有资质问题都是明知的，按照《合同法》关于无效合同损失处理的原则，两者皆存在过错，应当各自承担相应的责任。若支持施工人关于工程款利息的主张，则结果是施工人从无效合同中获得利益，会助长当事人签订无效合同，与法的精神相悖。

(2)根据《建设工程施工合同司法解释》条文的文意可得出，无效合同处理的仅是原无效合同中工程价款的约定，不包括合同中其他的权利义务的约定，故利息也不应按有效合同的约定处理。

(3)实际施工人主张的逾期利息，实际上就是指逾期付款的违约金，合同无效便无违约责任可言。因此，利息支付作为违约责任不应被支持。

笔者认为，法律依据不明的情形下，我们可从法院的审判实践中来分析法院关于无效施工合同工程款利息的处理情况。

案例1

[**案情简介**]原告王某承包被告龙达公司开发的巴彦高勒镇政府小区商住楼工程。经原告多次找被告索要工程款未果，遂提起诉讼。法院认为：王某与龙达公司之间签订的工程施工合同属于无效合同。因龙达公司擅自使用诉争工程且拒付尾欠工程款，因此龙达公司应在接收使用诉争工程之日即2011年6月1日起至给付完毕日止，按60万元为本金以中国人民银行同期同档贷款利率计息给付利息。

[**法院判决**]被告兴安盟龙达房地产开发有限公司在本判决生效后15日内给付原告王某尾欠工程款60万元，并以60万元为本金从2011年6月1日起至给付完毕日止按中国人民银行同期同档贷款利率计息给付利息。

案例2

[**案情简介**]2014年10月,被告衢州市久曲坊酒业有限公司将其公司的"坛酒仓库钢棚工程"及"成品仓库钢棚工程"发包给原告宋某施工,双方未签订书面合同。工程完工后原告即将钢棚交付被告使用。因被告欠工程款,原告起诉。法院认为:原、被告虽未签订书面合同,但形成了事实上的施工合同关系。原告属于没有资质的实际施工人,双方的事实合同系无效合同。建设工程施工合同被确认无效后,因该合同取得的财产,应当予以返还。鉴于施工方投入的物力、劳务,已经物化到建设工程项目当中,客观上无法予以返还,故被告应当以支付相应工程价款的方式进行折价补偿。

[**法院判决**]被告衢州市久曲坊酒业有限公司于本判决生效之日起10日内支付原告宋某工程款334 255元,并自2016年5月24日起按中国人民银行同期贷款基准利率计算利息,付款时息随本清。上述四个案例,无论是转包、挂靠施工还是发包人直接把工程发包给无资质的个人,合同均被认定无效。合同虽无效,但不管是单独主张工程款利息还是利息随同工程款一并主张,最终法院都支持了给付利息。也就是说,虽然施工合同无效,施工人的工程款请求被支持的同时利息主张也得以支持。

从上述案例中利息约定条款以及计算标准的裁判观点,我们可见,无效施工合同工程款利息,法院一般都会支持,但前述几个案例都是在合同对利息没有约定的情形下法院按银行同期贷款利率作为计付标准。如果无效的合同、协议或者后续就工程款、利息等专门问题进行协商处理所签订的协议当中明确有关于利息的约定内容,能否按约定的利息来主张呢?我们再来看两个案例。

案例3

[**案情简介**]原告张某与被告成都艺隆农业投资有限公司签订《成都艺隆农业投资有限公司智能温室项目施工协议》及《补充协议》,约定由原告全额垫资承建被告发包的"现代设施草莓博览园智能温室"工程。《施工协议》第6条约定:"工程款在竣工验收合格之日起一年内甲方应向乙方付清工程全款,如果甲方一年内未能向乙方付清工程全款,按银行利息的四倍支付其资金利息。"被告未付款项960 000元。法院认为:张某个人不具有建筑工程专业承

包资质,双方签订的施工协议及补充协议应当无效。关于违约金的计算,应视为逾期付款利息,根据《最高人民法院关于审理建设工程施工合同纠纷案件适用法律问题的解释》第6条规定:"当事人对垫资和垫资利息有约定的,承包人请求按照约定返还垫资及其利息的,应予支持,但是约定的利息计算标准高于中国人民银行发布的同期同类贷款利率的部分除外。"虽然施工协议无效,但被告艺隆公司实际占用了资金,其应向原告张某支付未付工程款部分的利息,即从2014年5月28日起,以960 000元为基数,按照中国人民银行同期贷款基准利率支付逾期利息。对原告张某要求按照中国人民银行同期贷款利率的四倍支付违约金的诉讼请求不予支持。

[**法院判决**]被告成都艺隆农业投资有限公司于本判决生效之日起10日内向原告张某支付工程款960 000元,并支付逾期利息(利息以960 000元为基数,从2014年5月28日起按照中国人民银行同期贷款基准利率计算至本判决书确定的付款宽限期内的实际给付日止)。

案例4

[**案情简介**]2011年10月10日,吴某与张某、童某签订《益林中心商业街工程承包框架协议》。2011年12月8日,益林公司与中厦公司签订施工合同一份。2011年12月18日,中厦公司与吴某签订《工程项目管理目标合同书》,约定中厦公司将其承接的益林镇中心商业街工程交与吴某实际施工管理。2012年4月19日,张某与吴某签订《建设工程补充协议》,就益林中心商业街A地块项目商住楼建筑工程的分包内容、工程价结算等事宜达成如下补充协议:……四、工程决算:3.最终审计结论、工程造价与甲方工程结算总价支付乙方工程结算总价差额≤3%双方不计息,超过3%,超出部分的金额自工程竣工验收合格后:第四至六个月按2.5%月利率计息、七至九个月按4%月利率计息、十个月后按5%月利率计息。法院认为:因案涉工程施工合同无效,故主张违约金无法律依据。但因各被告拖欠付款及到期后未按约返还质保金,致使吴某产生利息损失,庭审中,经释明,吴某也明确其主张的违约金实际就是在2012年4月19日签订的补充协议第四条中约定的工程款利息。该利息属于实际损失,应予支持,但吴某主张按协议约定的利息标准计算明显超出实

际利息损失,应按中国人民银行公布的同期同类银行贷款利率计算利息损失。

[**法院判决**]阜宁县益林镇村镇房屋开发有限责任公司与江苏中厦集团有限公司共同向吴某支付工程欠款 11 742 120.54 元(已扣除税金及未到期的质保金),并承担利息。

可见,虽然合同无效,但仍应遵守诚实守信和公平原则对承包方应发包人迟延支付工程款造成的损失(利息)予以相应支持,目前大部分司法审判实务中均支持了合同无效下的工程款利息。但合同无效情形下,合同双方有关工程价款利息的约定无效,利息计算标准只能按无约定进行处理[5]。

六、一审支持承包人要求支付欠付工程本金及违约金诉求,二审认定施工合同无效,能否判决发包人承担工程欠款的利息损失[6]

实践中主要有三种观点:

第一种观点认为,如果承包人一审起诉未主张工程欠款利息,一审判决也没有就此作出判决,承包人亦未上诉,按照不告不理原则,二审不能直接判决发包人承担工程欠款利息的支付责任。

第二种观点认为,由于一审、二审法院对涉案合同效力问题的认定截然不同,当事人一审起诉是以合同有效为基础和前提,从充分保障当事人诉讼权利和实体权利的角度出发,二审法院应将该案发回重审。

第三种观点认为,尽管承包人在一审起诉时没有针对发包人工程欠款的利息提出明确主张,但主张了逾期付款违约金。表明承包人的本意并不是放弃欠款利息。发包人应支付其未付工程款部分的相应利息。

笔者基本赞同第三种观点。

第一,对当事人诉讼请求的理解不能失之机械,应当遵循客观全面的原则进行。虽然承包人在一审起诉时没有针对发包人工程欠款的利息提出明确主张,但其主张了逾期付款违约金。表明承包人的本意并不是放弃欠款利息。发包人应支付其未付工程款部分的相应利息。第一种观点认为二审直接针对欠款利息问题作出处理违反不告不理原则,属于对承包人诉讼请求的机械理解,亦与其权利

[5] 参见(2016)最高法民终 297 号、(2016)最高法民终 485 号等。

[6] 王林清、杨心忠、柳适思、赵蕾:《建设工程合同纠纷裁判思路》,法律出版社 2014 年版,第 203 页。

救济的目的不符。

第二,二审法院应否将该案发回重审的问题。当事人所签建设工程施工合同应为无效,一审法院所作判决则是以该合同有效为前提。合同效力是关系案件裁判走向最为重要的案件事实,从这个意义上说,二审处理思路的选择应该把握这样几个原则:一是不损害当事人的诉讼权利和实体权利。合同有效无效对当事人权利主张和行使必将产生重大影响,若二审直接改判将导致法院对当事人争议的处理变相成为一审终审或导致当事人在合同无效情况下其他损失无法纳入本案诉讼,故二审法院应发回重审。二是有利于诉讼效率及经济。如果对当事人就合同无效过错的认定确定清晰,则应直接作出改判,以免造成诉讼拖延,增加当事人诉累。除此之外,还应注意二审直接作出改判对工程欠款利息的处理应以当事人请求的违约金数额为限,否则将导致上诉人负担加重。

七、工程价款利息的起算时间如何确定

利息的起算时间,当事人有约定的从约定;未约定或约定不明的,因利息属于工程款的法定孳息,因此利息从应付工程价款之日计付。

应付工程价款的时间,当事人有约定的从约定;没有约定或约定不明的,按照《最高人民法院关于审理建设工程施工合同纠纷案件适用法律问题的解释》第18条规定处理。

八、总结

我们认为:工程款计息是承包人权利的体现,且由于工程款巨大,利用得当甚至是使工程扭亏为盈的法律利器。但多数情形下,承包人为快速结算工程价款,轻而易举地放弃了该项权利,尤其是工程进度款的利息,实质等于放弃了巨额财富,承包人应当提高权利意识。同时,司法实践对于利息主张,在实践中还存在很多争议及不明之处,需要承包人在签署合同时有足够的权利意识及在施工过程中做好证据保留工作,为此,才能更好地保护自身的切身利益。

浅谈建设工程施工合同签订及履行的法律风险

——以初涉房地产开发业务的企业为视角

何　艳*

一、前言

现阶段由于房地产市场竞争激烈，许多施工企业为获取工程项目，在投标时都采用低价策略。对于初涉房地产开发业务的企业而言，从节约成本的初衷出发，低价总是具有吸引力的；但施工企业也是正常的市场参与者，盈利才是其最终目的，施工企业低价中标后又依仗比业主更具有专业及经验的优势，借助工程施工过程中各种事由向发包人发出签证申请或者采取其他可以计算工程费用的方式，使发包人因缺乏经验而完全无力招架，进而陷入施工企业高额索赔法律风险。

初涉房地产开发业务企业由于缺乏相关工程施工及管理经验，整个过程中对于施工合同的签署及履行均无严格的管理程序，或者在过程中忽视管理的重要性，最终还是无法实现节约成本的初衷，还可能深陷各类诉讼纠纷中无法自拔，甚至致使整个项目开发失败。

二、建设工程施工合同核心条款

（一）工期

工期，简单地讲就是开工日期到竣工日期的期间。在业主和承包人之间的合同中均会按照日历天数（包括各类节假日）来计算工程的施工天数。在此期间内，

---

* 何艳，上海市锦天城律师事务所资深律师，华东政法大学法律硕士，中南财经政法大学管理学学士；擅长领域为民商事争议解决、房地产项目开发综合法律事务、房地产项目并购交易、建设工程施工合同纠纷等。

承包人(施工企业)如无协议约定的例外情形,应当按照双方的合同约定完成工程施工建设工作。

工期的确定对于合同双方均具有十分重要的意义,这关系到工程款的支付、违约责任的承担、工程质保期的起算时间、工程保修金的返还时间的确认等。

1. 开工日期

开工日期,简单地讲就是施工企业开始施工的日期。开工一般应在取得项目施工许可证之后,否则违背《建筑法》第 64 条规定:"违反本法规定,未取得施工许可证或者开工报告未经批准擅自施工的,责令改正,对不符合开工条件的责令停止施工,可以处以罚款。"

由于发包人没有认识到开工日期的重要性,如果在实践中随意填写开工日期,甚至不清楚怎么填写开工日期,由承包人自行填写开工日期,会引发各种各样的风险:如没有取得施工许可证即开始项目施工导致被主管部门勒令停工;开工令中的开工日期晚于实际施工日期,遂而被举报与承包人串标,发包人被行政处罚;取得施工许可证后,项目场地因各种客观原因迟迟不具备实际开工条件,施工许可证申请延期两次以后,为避免施工许可证过期,慌忙向施工企业开出书面开工令,又由于现场实际不具备开工条件,引发施工企业的高额索赔等情况。

开工日期应约定一个与工程实际情况相符的相对日期,考虑到客观情况会不断变化,施工合同中应明确最终以发包人书面发出的开工令的日期为准,同时发包人要注意结合工程实际情况,正确填写开工日期。

2. 竣工日期

在施工合同中通常会明确约定一个竣工日期。但通常情况下由于建筑工程施工的特殊性,存在客观因素干扰大、周期长、不可预见的事件发生等因素,实际竣工日期基本和合同约定的竣工日期往往不一致。确定竣工日期可直接影响工程款支付进度、工期延误的违约责任等重要问题的界定。

工程竣工验收期间,通常是承包人(含总承包和各类分包单位)与发包人就工程款及工程索赔款进行谈判的关键期间,承包人必将会使出浑身解数为谈判增加各种筹码或障碍,如不配合提交竣工资料、不盖章、不确认等。根据实践来看,最好约定承包人提交竣工验收报告之日作为竣工日期。

(二)合同价款的价格形式

建设工程施工合同中合同价款的形式有以下两种:

(1)固定价:也就是一口价,固定不变。固定价格又可分为固定总价和固定单价两种形式。固定总价合同是以图纸及相关规定、计算规范为基础,对合同总价一口包死,非施工合同所约定,总价是不予调整的,按照固定价结算工程价款,合同一方请求对建设工程造价进行鉴定,是不予支持的。[1] 固定单价是指工程项目中各单项价格确定不变,在工程竣工后以竣工图的工程量进行结算后形成工程总价款的结算方式。

一般情况下,如发包人的设计团队工作能力突出,在招标时设计图纸已经比较完善的前提下,可采用固定总价的方式把控工程建设成本,固定总价在此种情况下相对来说容易控制项目工程的建设成本。反之,设计图纸不完善,较多细节没确认的情况下,一味地采用固定总价模式有可能导致合同约定与实际不符,出现招标图与施工图差异过大或者调整过多的情况,最终合同约定被突破,结果往往会违背控制成本的初衷。

(2)可调价:可调价合同是指工程款的总价款暂时是不确定的,但是计算工程价款的因素、标准是确定的,工程最终结算以双方施工合同中约定的计算方法来进行调整确定。

(三)工程签证

工程签证实际上可视为施工合同的补充协议,一般指工程承发包双方或者承发包双方的代表等在工程项目施工过程中以及在工程竣工结算完毕前对工程量、合同价款、支付的各种费用、顺延工期、承担违约责任、赔偿损失等内容所达成一致意见的补充文件。工程签证的主要表现形式有工程(工作)联系单、会议纪要、备忘录、补充协议等书面材料。

工程签证具有证明效力,作为确认建设工程相关情况的依据,除非被相反证据足以推翻之外,都可以作为具有可变更合同价款的证据。工程签证是施工过程管理的重要环节,直接影响发包人的经济效益。工程签证同时也是施工企业索

---

〔1〕《最高人民法院关于审理建设工程施工合同纠纷案件适用法律问题的解释》第22条规定:当事人约定按照固定价结算工程价款,一方当事人请求对建设工程造价进行鉴定的,不予支持。

赔、诉讼的重要证据。因此,作为业主的发包人一定不可忽视上述涉及工程价款变更的各类书面文件,在整个施工过程中将对工程签证的管理作为成本控制的重中之重。

(四)违约责任

建设工程施工合同违约责任的内容,主要包括工期延误违约责任的认定及处理、工程质量相关问题违约责任的处理、工程款支付逾期的相关责任的处理以及相应的违约金计算标准的约定。

工程如未能在合同约定的期限内竣工,发包方会根据实际情况要求承包方承担工期违约责任,承包方也会要求发包方赔偿其停工、窝工损失。工程质量相关的违约责任主要涉及工程质量是否符合合同约定,如是否一次性验收通过,是否达到合同特殊约定,如获得"鲁班奖""白玉兰奖"等。工程款支付的违约责任主要是逾期支付的相关责任,但也不可忽视未具备工程款支付条件所造成逾期的相关责任承担。关于违约金计算标准的约定,需切实考虑违约的可能后再进行约定,一味地追求高额违约金并不可取,在司法实践中,对于过分高于实际损失的违约金法院会结合实际损失进行相应的调整。

三、建设工程施工承包合同签约、履行时的法律风险把控

(一)结合客观实际,严格控制合同价款、工期、工程签证管理、违约责任等核心条款

在签署建设工程施工合同初期,发包人(业主)处于主动的有利地位,此时发包人应充分考虑自身客观条件,借助有经验的第三方专业机构及人员设计有利于自身的合同条款,通过对核心条款内容的反复审慎考虑及细化,争取最终签署有利于发包人(业主)的合同内容。例如,资金较为短缺、困难的发包人(业主)在选择了垫资模式的情况下,工程价款的实际支付肯定会发生逾期,那么约定相应的逾期付款责任时,对违约金进行一个较低标准(但不会低于实际损失)的约定,今后在工程逾期时可大大减少支付违约金的金额。

(二)根据企业资金来源及使用,安排考虑合同中付款节点

房地产开发属于资金密集型产业,对于资金的需求量是巨大的,房地产开发企业的资金链不能轻易断裂,否则项目开发将会受到巨大影响,情况严重的可能

直接导致项目成为“烂尾楼”。因此在合同约定时,企业一定要结合自身实际,在专业律师团队的帮助下,设立相应的付款节奏的合同条款,避免付款违约导致承担违约责任。

有一种情况需要特别说明,实践中在各种各样的资金来源中,施工企业为获得项目,往往会提供一定条件的“垫资”,对于资金筹集比较困难的房产开发企业,这种条件是十分具有诱惑力的。在司法实践中,垫资虽是不被允许的行为,但是仍对垫资进行处理的相应规定。[2] 虽然有垫资情况处理的规定,作为房产开发企业也不能一味地只考虑融资成本而忽视其他问题,引入大幅度承诺垫资的施工企业,很可能被一些资质不好的施工企业钻空子,为了收回垫资的成本,施工单位在合同履行过程中,通常会卡住各种重要工程时间节点(如主体结构封顶、竣工验收等)向发包方要求变更合同约定,签署合同变更协议或补充协议,并以各种方式迫使发包方不得不接受其要求。因此还是要寻找具有行业口碑的、正规的工程施工企业作为承包方,不仅能有效地解决融资问题,而且在信誉及工程质量上也有较好的保证。

(三)对合同变更及签证审批流程等严格约定,在履约过程中严格把关

在合同条款中应当严格约定合同变更的情况及签证审批流程和权限。对于单一部门特别是工程部可以对其合同变更或签证签发进行否定。任何情况下合同变更及签证签发都需要多部门联合审批,切实做到控制量、控制价。在履约过程中还要注意对合同变更及签证发生的事实进行记录及确认,增加审核的依据,可采用视频、录像、照片及往来函件等书面文件进行佐证。同时,也要切实发挥好发包人代表监理单位的作用,并有意识地收集监理工作日志,各种证据的掌握有利于发包人对签证的审核及确认。

(四)建立并强化反索赔意识,在履约工程中收集相关证据资料、固定相关事实

在合同拟定的阶段,发包人要对索赔的范围、程序及步骤、期限等进行必要的

〔2〕《最高人民法院关于审理建设工程施工合同纠纷案件适用法律问题的解释》第6条规定:当事人对垫资和垫资利息有约定,承包人请求按照约定返还垫资及其利息的,应予支持,但是约定的利息计算标准高于中国人民银行发布的同期同类贷款利率的部分除外。当事人对垫资没有约定的,按照工程欠款处理。当事人对垫资利息没有约定,承包人请求支付利息的,不予支持。

约定，掌握索赔的主动权；在实际施工过程中，则要强化索赔管理，特别是对工程部经理及工程部员工进行法律培训，不断提高其反索赔的意识，适时收集反索赔的资料并进行反索赔。

笔者所遇到的大多数发包人相关管理人员主观上都认为索赔是由施工单位发起的，发包人只有认证施工单位索赔的工作，而实际上恰恰相反的是，发包人应当更加注重反索赔的事实及证据的收集和固定，甚至可以主动向施工单位进行索赔。例如，常见的工期索赔，过程中做好工期管理，将由承包人主动承诺的主要或关键工期节点作为督促承包人施工的依据，包括承包人上报的施工组织计划、工期进度安排等。不同客观事实情况下，可通过专业的律师团队在具体收集资料时进行指导，以达到反索赔的目的。

（五）需特别注意发包人（业主）权利义务相关的特别规定

根据《最高人民法院关于审理建设工程施工合同纠纷案件适用法律问题的解释》相关规定，以下几种情况作为发包人的业主一定要注意，避免在陷入以下相应情况下中，而不得不承担相应责任：

1. 业主作为发包人，对于工程质量缺陷同样负有相应责任，例如，提供的设计有缺陷；提供或者指定购买的建筑材料、建筑构配件、设备不符合强制性标准；直接指定分包人分包专业工程。承包人有过错的，也应当承担相应的过错责任。[3]

2. 未完成竣工验收，业主（发包人）即入驻使用的，无法要求承包人承担相应的质量责任。[4]

3. 根据合同约定（包括补充协议）的时间，发包人应在承包人递交结算后一定期限内进行回复，如承包人依约递交结算后一定期限内不回复的，视为发包人认可合同约定。[5]

---

〔3〕《最高人民法院关于审理建设工程施工合同纠纷案件适用法律问题的解释》第12条规定：发包人具有下列情形之一，造成建设工程质量缺陷，应当承担过错责任：（一）提供的设计有缺陷；（二）提供或者指定购买的建筑材料、建筑构配件、设备不符合强制性标准；（三）直接指定分包人分包专业工程。承包人有过错的，也应当承担相应的过错责任。

〔4〕《最高人民法院关于审理建设工程施工合同纠纷案件适用法律问题的解释》第13条规定：建设工程未经竣工验收，发包人擅自使用后，又以使用部分质量不符合约定为由主张权利的，不予支持……

〔5〕《最高人民法院关于审理建设工程施工合同纠纷案件适用法律问题的解释》第20条规定：当事人约定，发包人收到竣工结算文件后，在约定期限内不予答复，视为认可竣工结算文件的，按照约定处理。承包人请求按照竣工结算文件结算工程价款的，应予支持。

四、结语

作为初涉房地产开发业务的企业，难免存在缺乏工程管理专业知识和经验的情况，但这些问题是可以通过借助第三方富有经验的专业机构来解决的，如招投标咨询代理、律师事务所、造价投资咨询等。在这些第三方专业机构的支持下，企业可以听取各方咨询机构的专业建议，结合所开发项目的实际情况，从而在签署建设工程施工合同时把握住对自身有利的合同条款；在签约完成后对实际参与合同履行的相关部门及人员进行合同交底及培训，不断强化大家的法律风险意识；在履约过程中要勤发文，固定合同履行过程中的各种事实；不轻易突破合同条款，特别是工程款计价标准或者计价方法；严格把控工期重要节点；对施工单位在施工过程中的质量严格监督等。在整个项目工程建设施工过程中不断完善、落实管理工作，最大程度上控制项目建设的法律风险。

浅析建设工程固定总价合同

高　飞*

发包人和承包人在签订建设工程施工合同时有三种主要的价格约定方式，即固定总价、固定单价、可调价格。[1]《建设工程施工合同(示范文本)》(GF－2017－0201)通用合同条款第12.1条第2项中，有关于固定总价合同定义的描述，即“总价合同是指合同当事人约定以施工图、已标价工程量清单或预算书及有关条件进行合同价格计算、调整和确认的建设工程施工合同，在约定的范围内合同总价不作调整”。[2] 从这个定义可以看出，固定总价合同必须确定发包人和承包人双方价格计算的基础，如施工图或工程量清单，且双方需对施工范围和固定价格的风险范围作出明确约定，否则将会影响工程结算，产生价款纠纷。

一、固定总价合同中的固定价格对象

(一)固定总价合同的适用范围

对于固定总价的适用范围，《建筑工程施工发包与承包计价管理办法》第13条第3款规定：“建设规模较小、技术难度较低、工期较短的建筑工程，发承包双方可以采用总价方式确定合同价款。”[3] 建设规模小、技术难度低、工期短，则施工图纸会相对比较完整、工程量比较明确，施工过程中设计变更或工程量大幅变化的可能性较小，合同双方对于施工范围和风险范围更易约定明确，价格调整因素

* 高飞，上海市锦天城律师事务所律师，上海交通大学法律硕士；擅长领域为建设工程和房地产、收购与兼并、争议解决。

[1] 《建设工程价款结算暂行办法》(财建〔2004〕369号)第8条。

[2] 《建设工程施工合同(示范文本)》(GF－2017－0201)通用合同条款第12.1条第2项。

[3] 《建筑工程施工发包与承包计价管理办法》(住房和城乡建设部令第16号)第13条。

也较少。对于此类工程,双方约定的固定合同总价往往就是最终结算时的价格,这给双方结算带来便捷。但现在很多规模较大、技术难度较高、工期较长的工程,也约定适用固定总价合同。在施工过程中,此类较复杂的工程极易产生超出约定施工范围和风险范围的工程量,承包人将承担更多的价格风险。

(二)固定价格对象

1. 施工图纸范围内固定总价

在采用施工图纸方式确定固定总价的施工合同中,发包人在招标时或要求承包人报价时,只提供经审定的施工图纸,不提供工程量清单。承包人需根据发包人提供的施工图纸在施工范围内自行核算工程量,承包人必须对施工过程中可能遇到的各种风险进行预估,对其自行核算出的施工图纸范围内的所有施工项目进行报价,最终由双方协商确定固定总价。固定总价确定后,施工合同约定的施工图纸范围内的所有工程均由承包人负责施工。即使承包人在核算工程量时,对施工图纸所涵盖的施工内容有所遗漏,亦应由承包人自行承担相关责任。

2. 工程量清单范围内固定总价

在采用工程量清单方式确定固定总价的施工合同中,发包人会委托专业单位根据施工图纸编制详细的工程量清单,工程量清单是发包人编制控制价、承包人报价的基础,承包人预估风险后根据工程量清单进行单价和总价报价。在工程施工过程中,双方对于引起工程量增减的事项进行签证,结算时工程量清单和现场签证则作为结算价款调整、索赔的依据。在工程量清单范围内的工程项目,价格不作调整。

(三)计价风险

在固定总价形式的施工合同中,发包人和承包人会约定在合同总价包含的风险范围内工程价格不予调整,这就导致承包人需要承担较大的风险。主要包括:(1)在固定总价合同中,承包人所报价格应包含完成合同规定施工范围内所有工程的费用,双方对于固定价格达成一致后,会在施工合同中约定所有少核算、漏算的工程价款均视为承包人对发包人的让利。(2)双方约定工程量增加未超过约定比例时,合同价格不作调整,则需由承包人承担价格风险。(3)承包人必须对市场的变化做出充分的预估,减少由于物价上涨和通货膨胀变化带来的风险和造成的损失。

二、建设工程固定总价合同的价格调整

(一)引起合同价款调整的一般事项

若不考虑发承包双方合同约定的情况下,能引起建设工程合同价格调整的事项较多。根据《建设工程工程量清单计价规范》(GB 50500—2013)第9.1.1条中关于合同价款调整的规定,下列事项(但不限于)发生,发承包双方应当按照合同约定调整合同价款:(1)法律法规变化;(2)工程变更;(3)项目特征不符;(4)工程量清单缺项;(5)工程量偏差;(6)计日工;(7)物价变化;(8)暂估价;(9)不可抗力;(10)提前竣工(赶工补偿);(11)误期赔偿;(12)索赔;(13)现场签证;(14)暂列金额;(15)发承包双方约定的其他调整事项。[4]

(二)引起固定总价合同价格调整的因素

在固定总价合同中,除发包人和承包人双方有明确约定外,一般只有出现工程变更、误期赔偿、索赔、现场签证时才会调整合同价款,其他调整合同价款的事项都包含在施工合同约定的风险范围内,由承包人承担价格风险。

笔者主要对工程变更和现场签证对于价格调整的影响进行阐述。根据《建设工程工程量清单计价规范》(GB 50500—2013)第2.0.16条中关于"工程变更"的规定:"合同工程实施过程中由发包人提出或由承包人提出,经发包人批准的合同工程任何一项工作的增、减、取消或施工工艺、顺序、时间的改变;设计图纸的修改;施工条件的改变;招标工程量清单的错、漏从而引起合同条件的改变或工程量的增减变化。"[5]第2.0.24条中关于"现场签证"规定:"发包人现场代表(或其授权的监理人、工程造价咨询人)与承包人现场代表就施工过程中涉及的责任事件所作的签认证明。"[6]第9.14.1条关于"零星项目"规定:"承包人应发包人要求完成合同以外的零星项目、非承包人责任事件等工作的,发包人应及时以书面形式向承包人发出指令,并应提供所需的相关资料;承包人在收到指令后,应及时向发包人提出现场签证要求。"[7]

根据上述工程变更和现场签证的规定,笔者认为引起固定价格变化的主要因素是:(1)工程范围的变更;(2)设计图纸的修改变更;(3)施工工艺、施工条件的

---

〔4〕《建设工程工程量清单计价规范》(GB 50500—2013)第9.1.1条。
〔5〕《建设工程工程量清单计价规范》(GB 50500—2013)第2.0.16条。
〔6〕《建设工程工程量清单计价规范》(GB 50500—2013)第2.0.24条。
〔7〕《建设工程工程量清单计价规范》(GB 50500—2013)第9.14.1条。

变化;(4)发包人核减、错漏算相关工程量;(5)合同以外零星项目。这些因素造成的工程量变化,一般没有包含在合同约定的风险范围内,由发包人和承包人双方协商约定价格调整的方式。

(三)价格调整方法

《建设工程施工合同(示范文本)》(GF-2017-0201)通用合同条款第12.1条第2项规定,"合同当事人应在专用合同条款中约定总价包含的风险范围和风险费用的计算方法,并约定风险范围以外的合同价格的调整方法,其中因市场价格波动引起的调整按第11.1款〔市场价格波动引起的调整〕、因法律变化引起的调整按第11.2款〔法律变化引起的调整〕约定执行。"[8]对于约定风险范围以外的变更项目,发包人和承包人双方可根据合同中约定的计价方式进行调整,没有约定的,可采用现行价格定额或当地造价管理部门造价信息调整单价,双方可就此进行协商并最终确定。一般双方可按以下计价原则确定计价调整方式:

1. 对于合同(包括工程量清单)中有适用于变更项目的价格的,应采用该项目的已有单价;

2. 对于合同(包括工程量清单)中没有适用于变更项目的价格的,可参照合同中类似项目的约定单价;

3. 对于合同(包括工程量清单)中没有适用于变更项目,也没有类似于变更项目的,应由承包人根据发布的信息指导价格、计价办法和市场价格提出变更项目的价格,该价格应经发包人确认后方可调整;

4. 对于双方无法协商一致确定变更项目工程价款的,则可参考《最高人民法院关于审理建设工程施工合同纠纷案件适用法律问题的解释》第16条关于价格调整的规定,"因设计变更导致建设工程的工程量或者质量标准发生变化,当事人对该部分工程价款不能协商一致的,可以参照签订建设工程施工合同时当地建设行政主管部门发布的计价方法或者计价标准结算工程价款"。

三、避免产生合同价款纠纷的途径

(一)明确工程范围、核对工程量

发包人在招标时应确定发包的方式,明确施工范围。若采取施工图纸形式发

〔8〕《建设工程施工合同(示范文本)》(GF-2017-0201)通用合同条款第12.1条第2项。

包的，则发包人应提供详细的施工图纸及其说明、施工要求，施工图纸的设计深度应尽量符合施工的需要，减少在施工过程中进行大幅度设计变更的可能性。承包人在报价时，应仔细核对招标文件、施工图纸及其说明，按照施工图纸确定的施工范围全面核算工程量，避免漏算、错算工程量。

采用工程量清单形式发包的，则工程量清单应尽量与施工图纸、施工范围相对应。承包人报价时应仔细核对发包人提供的工程量清单，并注意是否与施工图纸确定的施工范围一致。对于发包人未在工程量清单中列明，但包含在施工图纸及施工范围内的工程量，承包人应注意与发包人进行沟通并添加在报价中。

发包人对于承包人的报价应进行比对，以确定报价的工程量清单中是否有不合理报价、漏算、错算的情形。

（二）施工合同中须明确风险范围

固定总价的基础是施工范围、施工图纸、工程量清单，双方要避免产生价款纠纷，还需明确固定价格包含的风险范围，即双方需在施工合同中明确约定各方应承担的风险范围及幅度、超出约定固定总价风险范围的价格调整方法。根据《建设工程工程量清单计价规范》（GB 50500—2013）第3.4.1条关于“计价风险”的规定，“建设工程发承包，必须在招标文件，合同中明确计价中的风险内容及其范围，不得采用无限风险、所有风险或类似语句规定计价中的风险内容及范围”〔9〕。故发包人在招标文件及施工合同中需明确约定合同总价所包含的风险项目范围，一般双方会约定人工费、材料费、税费、规费、措施费、安全文明施工费、服务费等费用包含在合同总价内，双方还可以根据项目的特殊性增加固定总价包含的费用种类。由于发包人和承包人在签约时无法预知材料、设备等物资在合同履行过程中的价格趋势，发包人和承包人需在施工合同中明确约定材料、设备等物资的价格调整标准，将材料、设备等物资的价格涨跌幅度控制在双方可接受的风险范围内。实践中，发包人和承包人会在施工合同中设置关于材料、人工价格涨跌百分比，并约定超过此幅度时，合同价格可进行调整及调整的方式。

〔9〕《建设工程工程量清单计价规范》（GB 50500—2013）第3.4.1条。

浅析工程总承包合同中发包人法律风险防范及应对策略

——以煤炭企业合同管理为视角

付庆华*

工程总承包，是指从事工程项目建设的单位受业主委托，按照合同约定对工程项目的可行性研究、勘察、设计、采购、施工、竣工验收等实行全过程或者若干阶段的承包，并对工程的质量、安全、工期和造价等全面负责的承包方式。工程总承包模式在煤炭行业的大规模应用已有10余年的历史，但目前还基本局限于选煤厂、机修厂等辅助工程的建设，对于矿井等大型主导项目的建设很少采用。本文力求从煤炭企业合同管理角度分析煤炭企业作为工程总承包发包人存在的法律风险并提出有效应对策略，希望能够为我国工程总承包发包人企业的可持续发展提供借鉴。

一、工程总承包在我国的缘起及发展

工程总承包制度，于20世纪80年代在我国就已开始推行。住房和城乡建设部、国家工商行政管理总局在2011年9月7日联合印发了《建设项目工程总承包合同示范文本（试行）》（GF－2011－0216）。

2016年2月6日，中共中央国务院在其发布的《关于进一步加强城市规划建设管理工作的若干意见》（中发〔2016〕6号）中提到，“深化建设项目组织实施方式

---

* 付庆华，上海市锦天城律师事务所太原办公室高级合伙人，山西财经大学法学硕士；擅长领域为公司与并购、房地产与建设工程、诉讼与仲裁、国有企业改制、并购重组、公用基础设施建设（PPP）。

改革,推广工程总承包制”。[1] 2016年5月,住房和城乡建设部为贯彻中共中央、国务院的上述文件精神,发布了《住房城乡建设部关于进一步推进工程总承包发展的若干意见》,进一步明确要“大力推进工程总承包”“完善工程总承包管理制度”[2]。

2017年5月4日,住房和城乡建设部发布了《建设项目工程总承包管理规范》(GB/T 50358—2017),2018年1月1日起正式实施。

二、煤炭企业矿井项目工程总承包合同管理现状

(一)煤炭企业矿井项目固有特征

煤炭企业矿井建设项目存在涉及多种专业技术,工程规模大,风险因素多(包括安全、政策、投资等风险),建设周期长,地下工程量大,不可预见因素多(包括断层、顶底板、水、火、瓦斯、煤尘、地温等自然因素),施工条件复杂,参建单位管理界面繁多而复杂,涉及当地民生等特征。

由于这些特征的存在,矿井项目在建设初期相当部分工程的工程量、造价、工期甚至施工方法均无法精准确定,实施阶段工程总承包模式难以顺利规范地运转,这正是需要工程总承包在合同管理中进一步完善解决的问题。

(二)煤炭企业矿井项目工程总承包合同管理现状

1. 合同管理前期工作不到位,发包人和承包人对合同文本内容不够熟悉,参建单位权利义务不明确,管理界面不清晰[3]

目前在煤炭行业,对工程总承包模式的理论研究与实践应用都很少,尤其是矿井项目。由于发包人和承包人对合同文本内容不够熟悉,该模式下各参建单位多且之间的权利义务关系不够清晰,管理界面不够明确。导致操作实践中常出现管理界面不明、行为随意性强、多方管理或管理重叠的问题,这不仅给项目建设的正常运行带来阻碍,同时也会产生诸多安全隐患。

城建部与国家工商总局联合出台的《建设工程施工合同(示范文本)》(GF-2017-0201)是目前国内普遍适用的施工合同文本,而住房和城乡建设部出台的

---

[1] 中共中央国务院:《关于进一步加强城市规划建设管理工作的若干意见》,2016年2月6日发布。

[2] 住房和城乡建设部:《住房城乡建设部关于进一步推进工程总承包发展的若干意见》,2016年5月发布。

[3] 冯违:《EPC工程总承包项目的合同管理研究》,华南理工大学2012年硕士学位论文。

《建设项目工程总承包合同示范文本(试行)》(GF－2011－0216)是目前国内被广泛适用的工程总承包合同文本。

《建设工程施工合同(示范文本)》与《建设项目工程总承包合同示范文本(试行)》存在本质区别,二者主要在承包内容、承包范围、价格标准、结算方式及责任条款上有着较大差异。在适用过程中,不能简单地将施工合同与总承包合同混为一谈。但实践操作中,发包人或承包人往往对总承包合同内容不够熟悉,各参建单位对各自的管理界面不够清晰,对各自的权利义务理解不够全面透彻,为后续合同的履行埋下纠纷隐患。

2. 在合同履行过程中,煤炭企业合同管理力度不足,合同条款不能被严格执行,诉诸法律时方知后果严重

煤炭企业作为项目投资主体,即发包人,对于工程建设的管理认知与经验严重缺乏,导致其对工程总承包合同管理意识淡薄、管理力度不足。在工程实践中,遇到纠纷问题时,大多不会按照合同约定的条款解决,而是比较随意地处置,且不注意留存痕迹、固定证据,为日后纠纷埋下败诉的风险。

三、煤炭企业矿井项目工程总承包合同发包人存在的法律风险及应对策略

煤炭企业作为工程总承包的发包人,在订立、履行工程总承包合同过程中产生争议,导致发包人承担法律责任、经济损失以及其他不利后果时,主要的法律风险及应对策略如下:

(一)合同文件解释顺序设置不当

合同文件解释顺序,也就是说当合同文件在表述上出现含糊不清或对相同内容的表述不统一时,需确定优先以哪个合同文件作为适用文本并予以解释的顺序。

《建设项目工程总承包合同示范文本(试行)》在通用条款中专门针对工程总承包合同文件的解释顺序进行了明确设置:第一,本合同文本;第二,本合同专用条款;第三,中标通知书;第四,招投标文件及其附件;第五,本合同通用条款;第六,合同附件;第七,标准、规范及有关技术文件;第八,设计文件、资料和图纸;第九,构成合同组成部分的其他文件。[4]

---

〔4〕 住房和城乡建设部、国家工商行政管理总局:《建设项目工程总承包合同示范文本(试行)》,2011年发布。

国际上通行的FIDIC银皮书《设计采购施工(工程总承包)/交钥匙工程合同条件》规定的解释顺序如下:第一,合同协议书;第二,本合同专用条件;第三,本合同通用条件;第四,雇主的要求;第五,投标书和构成合同组成部分的其他文件。[5]

二者对于合同文件解释顺序设置的差异,主要体现在招投标文件是否明确作为合同文件的一部分和招投标文件是否优先于合同通用条款。但是针对上述合同文件的解释顺序并不是强制固定的,合同双方当事人可以结合实际情况在合同专用条款中予以重新设置。[6]

鉴于工程总承包在招投标到合同签订需要一个相对漫长的过程,而工程总承包合同协议书、专用条款及发包人在签订合同时对承包人的要求,应该才是更能体现发包人真实意图的文件。

基于上述情况,建议煤炭企业作为发包人在设置工程总承包合同文件解释顺序时,可参考国际上通行的FIDIC银皮书的设置原则:(1)更能体现发包人真实意思表示的文件优先,如协议书、合同专用条款;(2)发包人特别要求并希望能在工程实施过程中贯彻的文件优先,譬如合同通用条款;(3)某个特定文件是在另一个文件的基础上修改或扩展的,则该特定文件优先,如会议纪要、补充协议;(4)涉及合同价款组成或技术要求的文件,如标准、规范及设计文件、资料和图纸等。

(二)最低性能标准条款约定不明

不同于施工合同,工程总承包合同通常包含最低性能标准条款,旨在通过量化的标准判定已交付工程的质量和功效,详尽规定承包方在交付其所建设的工程项目时应达到的性能要求。该条款是工程总承包合同中具有的特色条款。

工程总承包项目中发包人的合同目的是合同能够被完全履行,进而更好地完成总承包的建设项目。质量条款实际上是发包人特别重视的要求条款,最低性能标准条款是发包人对质量要求的进一步细化,详尽确定了质量标准,为合同可以得以顺利履行提供了稳妥的保障。假若最低性能标准条款在工程总承包合同中未能明确约定,发包人的真实目的便无法被承包人明确知悉与了解,导致其不能为发包人提供最为合适的工程建设服务,进而使承包人交付的工程成果无法达到

---

〔5〕 FIDIC:《设计采购施工(工程总承包)/交钥匙工程合同条件》,1999年9月出版。

〔6〕 盛玉涛:《建设工程总承包项目合同管理常见问题分析与对策》,载《建筑施工》2010年第5期。

发包人对该工程的预期效果。[7]

一言以蔽之,为确保合同能够得以完全履行,发包人应将最低性能标准条款作为项目验收条件,详尽明确工程项目应达到的各项功能指标,例如,可靠性指标、功率曲线指标、产能指标等,以保证发包人的预期目的能够实现。

(三)竣工后检验条款约定不明

国内总承包合同示范文本和国际通行 FIDIC 银皮书合同文件均对工程验收条件进行了明确规定,但是未对竣工后的检验条件予以明确。工程总承包模式中,发包人仅通过严格的竣工验收标准对工程完成的过程进行事后监督,并不会像传统发包模式中对工程的设计、采购、施工等各个环节予以全过程监督控制。换言之,对竣工验收阶段的质量控制条款应为工程总承包合同的重要条款内容。

竣工后检验条款是相对于最低性能标准条款而言的,是工程检验竣工工程在稳定运行一段时间后,工程或者相关设备能否符合发包人对于各项技术指标参数要求的最低性能标准,在大型工业项目的工程总承包合同中配套设施(如环保污水池的建设)中较为常见。总之,发包人在签署竣工后检验条款时应将竣工后试验和检验期限、程序、双方权利义务及延误试验、为通过试验的责任等方面的内容予以明确。

(四)竣工验收条件和申请提交资料约定不明

在工程总承包模式中,《建设项目工程总承包合同示范文本(试行)》(GF-2011-0216)的通用条款对竣工验收条件和申请资料约定不明,在实践操作中容易因理解歧义引发纠纷隐患,触发"发包人应在接到竣工验收报告和完整的竣工资料后25日内提出修改意见或予以确认,25日内发包人未提出修改意见,视为竣工资料和竣工验收报告已被确认"条款,存在诉讼风险。故在工程总承包合同专用条款中对竣工验收申请的条件及提交资料作明确约定。具体约定建议如下:

1. 关于竣工验收申请条件

笔者从司法实践中总结,建议煤炭企业发包人在工程总承包合同的专用条款中约定竣工验收申请条件如下:(1)工程设计和合同约定的各项内容均以完成;(2)技术档案和施工管理等资料,经审查基本完整合格;(3)监理资料完整齐全;

---

[7] 李媛:《EPC合同发包人法律风险分析及对策研究》,对外经贸大学2015年硕士学位论文。

(4)主管部门、监督部门或者业主责令或者提出亟待整改的问题已全部进行整改完成。

2. 竣工验收前,总承包人应提供的申请资料

笔者从司法实践中总结,建议煤炭企业发包人在工程总承包合同专用条款中约定如下竣工验收申请提交资料:(1)勘察单位出具的《工程质量检查报告》;(2)设计单位、图审单位出具的《工程质量检查报告》;(3)施工单位出具的《工程竣工报告》《工程质量保修书》;(4)监理单位出具的《工程质量评估报告》原件(由总监编写,公司技术负责人审批,在质量评价结论页盖公司章)。提供监理单位《资质证书》副本和《总监理工程师证书》复印件,加盖监理公司章;(5)检测机构出具《质量检测评价报告》原件(所有参加检测的单位均应出具),有不合格项的,应将闭合处理结果文件附后;(6)检测机构出具的《主体结构检测报告》,结论页加盖检测公司章。

上述六份文件应提供原件,若在未能提供原件的情况下提供复印件,该复印件应由出具单位加盖公章。上述六份文件的签署日期为竣工验收初验合格的日期。

(五)发包人应注意的主要时间节点,规避默视认可条款带来的风险[8]

工程总承包合同通用条款中存在众多默示认可条款,如忽视其效力可能给发包人引发不必要的赔偿风险,应引起发包人高度关注,发包人应将重要的时间节点作为其合同管理重要内容。具体列举如下:

1. 现场数据

发包人应在基准日前提供现场数据,基准日为提交投标文书截止日期前28日的日期。发包人向承包人提供的资料,包括其所获取现场的地下、水文条件及环境等方面的全部资料。对于发包人在基准日后获取的相关资料也应向承包人提供,但是对于这些资料的完整性、充分性和准确性不负责。

2. 试验

发包人应提前24小时将其要参加合同约定的试验(竣工后试验除外)的意图告知承包人。(1)发包人可以变更试验的位置或细节,抑或指示承包人实施附加

---

〔8〕 罗建荣:《EPC/交钥匙工程合同条件解析(图表)》(登记号:09－2008－A－020号),上海市版权局2008年版。

试验。假若上述变更或者附加试验的结果表明,经过试验的材料、设备、工艺等不符合合同的约定和要求,承包人应承担予以变更的相关费用;(2)假若发包人未在规定的时间和地点参加试验,在发包人没有另行只是的情况下,承包人便可自行进行试验,且该种情形下的自行试验被视为是发包人在场时进行的;(3)若因发包人的原因导致延误或者因服从发包人的特定指示,导致承包人收到损失的,可能引发承包人索要赔偿的法律风险。

3. 进度计划

对于承包人的进度计划,发包人若认为其不符合合同的约定,在收到进度计划后的21日内,应通知承包人并向其指出进度计划中不符合合同约定的部分。反之,承包人依然按照原有的进度计划,在遵守合同的其他义务的前提下进行工作。

发包人认为承包商的进度计划有不符合合同要求的部分,在收到进度计划后21天内,应向承包商发出通知,指出不符合的部分。否则,承包商即按照该进度计划,并遵守合同规定的其他义务进行工作。

4. 工程和单位工程的接收

发包人在收到承包人申请接收证书的申请书后28日内,满足条件的,应向承包人颁发该证书,并注明合同约定的工程或分项工程的竣工日期,除对实现工程或分项工程使用目的没有实质性影响的少量收尾工作和缺陷修补。若拒绝申请的,应说明理由,并指出承包人应如何补正。承包人应在完成发包人所指的还需做的工作后重新申请接收证书,若发包人在28日内仍未颁发接收证书,也未拒绝承包人的申请,但是工程或者分项工程实质上符合合同规定,视为接收证书已在上述规定的期限的最后一日颁发。

(六)忽视付款条件与工程资料移交之间的关系

在工程总承包合同中,一般的付款条件是按“里程碑”形象进度付款,也有按月工程进度量付款。往往约定除质保金外,在验收合格后,工程款项均要向承包人支付完毕。司法实践中,合同中因没有约定付款条件与工程资料移交之间的关系,引发纠纷后,承包商依据合同付款条件向发包人索要工程款,但拖延交付工程资料或资料不齐全,导致工程不能如期整体验收。部分法院裁判观点认为,工程资料的移交并没有在合同中约定为付款条件,所以,工程资料的移交被认定为合同附随义务,要求发包人先行向承包人付款,致使发包人陷入被动。故建议在合同中明确工程竣工验收且承包人向发包人移交全部工程资料后方能付款的付款条件。

四、结语

综上所述，工程总承包已然成为我国大型工程建设，尤其是对于政府出资、使用国有资金的工程项目应当采用的工程建设组织实施模式。煤炭企业作为发包人对其矿井项目采用工程总承包模式的，因其工程固有的复杂性特征尤其要更加注重工程总承包的合同管理，对工程总承包模式下的合同风险要有全面认知并能针对性地提出高效解决办法，打造一支综合全面并且素质、技术、能力皆过硬的合同管理人才队伍，才能把工程总承包模式下发包人的风险降到最低，企业可持续发展能力才能持续得以提升。

简析时差管理在工期索赔中的应用

单春利*

随着社会进步和经济发展，在建工程越来越多，项目体量越来越大，工程周期越来越长，能够按照计划工期完工的项目却极为少见。在诸多影响工期的因素中，有些工期延误无法预测也无法避免，属于不可抗力产生的，因不可抗力引起的工期延误应当顺延工期；有些工期延误是发包方原因引起的，因发包方原因引起的工期延误，也应当顺延工期。但是，当施工方向发包方索赔工期时，发包方往往会以延误节点不是关键线路节点为由拒绝顺延工期。

一、时差

在工程管理中，发包方处于管理的核心地位。发包方对进度的要求，是施工方的进度总目标，也是发包方工期反索赔的重要指标。因此，施工方要根据发包方的要求工期，结合工程范围、工程任务量以及施工方自身的人材机计划、现场的资源和环境等因素，合理计算施工工期，并使计算工期不大于要求工期，从而保证在发包方要求的工期内完成施工任务。

工程工期计算需要按照施工的顺序，在满足施工工艺、资源配置和经济投入的前提下逐层分解，分步计算各工作项持续时间后，再逐步有机累加汇总，最终获得该工程所花费的时间总和。

---

* 单春利，上海市锦天城律师事务所西安办公室律师，西北政法大学法律硕士，全国一级注册造价师、一级建造师、高级工程师；擅长领域为建设工程与房地产相关法律，为建设工程项目的立项、开发、设计、施工、验收、结算提供全过程法律服务，为建设单位和施工单位的合同管理、进度管理、质量管理、安全管理、索赔与反索赔及造价鉴定等提供服务。

(一)时差的概念

在整个工程建设中,随着进度计划的不断细化,会有许多既相互独立又有机联系的工作单元,这些工作单元会形成逻辑上的先后关系或并列关系,而有着直接先后关系的工作单元之间的施工间隔时间,即是本文所述的时差。

根据时差对后续工作影响的不同,可分为自由时差和总时差。自由时差是不影响紧后工作最早开始的可以利用的机动时间,总时差是不影响紧后工作最迟开始的可以利用的机动时间。一般而言,两先后关系的工作单元之间的施工间隔时间不得大于总时差,否则会影响总工期,需要调整施工方案。

由于每一工作单元的最早、最迟开始时间及最早、最迟结束时间各不相同,因此,每一工作单元的自由时差和总时差一般也各不相同。假如当工作 M 有紧后工作 N 时:

M 的自由时差 = N 最早开始时间 − M 最早完成时间,或者

M 的自由时差 = N 最早开始时间 − M 最早开始时间 − M 的持续时间

由此可以看出,M 的自由时差与 M 最早开始时间、M 的持续时间和 N 最早开始时间有关。而 M 最早开始时间、M 的持续时间和 N 最早开始时间又是施工方向发包方提交的施工组织设计中的网路图中的内容。因此,以上四个参数是施工单位根据施工任务、自身资源按照施工流程、施工工艺设计而成,并经发包方所确认的参数。

(二)时差与关键线路的关系

关键线路是指所有关联线路中工作持续时间最长的线路,在关键线路上的工作称为关键工作。[1] 当计划工期与计算工期相同时,关键工作的时差均为零。一个项目的关键线路至少一条,可能会有多条;一个项目的关键线路也可能会随着资源因素、组织因素、技术因素及现场施工情况的变化而出现变化。

在施工进度计划的实施过程中,由于关键线路没有自由时差及总时差的缓冲,一旦关键工作被拖后,则会直接造成总工期迟延。因此,关键工作是实际进度管理中的重点控制对象。

---

〔1〕 王淑雨、韩同银:《项目管理》,中国铁道出版社 2010 年版,第 1 页。

二、工期索赔与时差的关系

(一)工期索赔影响因素

造成工期延误的原因很多,一般可分为单因素延误和多因素延误。

单因素包括单纯的发包方原因引起的延误,例如,延迟提供图纸,延迟提供施工场地,监理人指令延迟或错误,发包方提供的材料、工程设备延迟或不合格,发包方提供的基础数据不准确,发包方要求暂停施工,发包方未按合同约定支付工程款造成停工等;单因素也包括单纯的承包人原因引起的延误,例如,施工不合格的返修,施工机械使用不当引起的停工等;客观原因引起的延误,例如,施工中遇到不利的物质条件,异常恶劣天气影响等。

多因素延误是指在同一时段的工作,由两个或两个以上的事件影响。如一项工作五天可完成,由于施工方原因造成延期两天,后来在该工作施工的第四天由于异常恶劣天气影响无法施工,这属于多因素延误。

(二)工期索赔形成因素

1. 实质延误

不论是单因素引起的延误还是多因素影响的延误,是否能获得工期索赔,首先要看该工期延误是否影响总工期,如果没有影响工程总工期,不论是谁的责任,施工单位均不能获得工期补偿(费用和利润补偿本文不作讨论)。

一项工作的延期是否会影响总工期,其实质是看该项工作延期数量是否大于该项工作的总时差。

2. 时差使用权归属

体现工期进度计划的网络图是施工组织设计的重要组成部分,一经发包方审核通过,将成为指导和考核施工进度的重要文件,构成双方相互合作并相互制约的合同依据。如果在实际工程施工中,能够完全按照进度计划实施,则该工程会准时高效完成,但现实中,由于种种因素,往往很难按照进度计划施工,这些因素有可能是发包方的原因,如设计变更、修改图纸、甲供材未按时供应等;也可能是施工方原因,如人员不足造成工期滞后、施工质量不合格造成返修、出现安全事故造成的停工等;也可能是自然事件,如暴雨造成的停工等。

如果,某项工作拖延时间小于该工作的总时差,则不会对总工期造成影响,此时,能否获得工期索赔,取决于时差使用权归属。

目前,对时差使用权归属主要存在三种观点。[2] 第一种观点认为应当归发包方所有,因为发包方是工程的总组织者,处于工程管理的核心地位,其有权决定是否认可施工方的网络图计划及网络图所显示的时差,其审批同意网络计划中的时差,正是为其所用。第二种观点认为时差应当归承包人所有,因为承包人是实际施工的组织者,在实际施工中不可控因素众多,施工方在网络图中留有时差,也是为按时完工留有储备空间,因此应由施工方使用。第三种观点认为应当是先采用者有使用权。

这三种观点各有利弊,第一种观点认为应当由发包方所有,如果采用该观点,可能造成发包方滥用时差,影响施工方的进度计划和实际施工。例如,施工方原本计划于某一时段施工某项工作,人工、机械准备就绪,因该工作有 10 天的总时差,发包方则把该工作所必须使用的甲供材料推迟至 10 天后供应,造成施工方的人工和机械窝工损失。第二种观点认为应该由承包人所有,该观点可能造成承包人滥用时差索赔权,对明明不会影响工期的延期事件肆意索赔,同时可能造成发包方在审核施工组织设计时,不审批含有时差的进度计划,造成发承包双方对立。第三种观点认为先采用者有使用权,也依然有其固有的弊端,如先违约者先使用时差权,后违约者则因无时差可用而受到惩罚,这不符合民法中的公平原则。

三、时差管理

本文所述的时差管理是指施工方在建设施工进度管理中,通过对人工、机械、材料等资源有效配置,按照施工流程和工艺要求合理选择施工方案,在保证进度计划可有效动态调整的情况下,使各项工作间的等待时间尽可能缩短。

(一)时差管理特点

1. 时差管理可以有效地配置资源

经过时差管理,可以有效减少资源的闲置时间和人员的等待时间,更高效地把各类资源应用到工程建设中,有利于节约资金、提供收益,也有利于节能减排、降低污染。

2. 时差管理可以储备隐性时差

通过时差管理,在不影响施工顺序和施工工艺的前提下,通过改变部分工作

---

[2] 张辉、顾箐:《CPM 中时差的权属问题》,载《建筑管理现代化》1997 年第 2 期(总 47 期)。

的逻辑关系,把易于压缩工期的工作放置在关键线路上,把难以直接压缩工期的工作置换至有更多时差的线路上;或通过资源调配把难以直接压缩工期的工作进行流水施工或并列施工,从而储备隐性时差。

3. 为工期索赔提供更好的条件

工期索赔不能成功的大部分原因是被影响的工作不在关键线路上、延误的时间间隔没有超过总时差。经过时差管理,尽量使每条工作线路均成为关键线路,使发包方失去工期索赔的抗辩理由,有利于承包方索赔。

(二)时差管理原则

1. 不违背施工技术原则

时差管理的最大原则是不能违背施工顺序和施工工艺,否则会造成工程无法施工或已施工质量出现重大问题。例如,不能在主体施工完毕后再做基础,也不能地基基础和主体结构同时施工,这违反了施工顺序,致使施工任务无法完成;也不能在混凝土未凝固前对预埋件进行拉拔实验,这违反了施工工艺,造成对混凝土的破坏。

2. 资源有效配置原则

时差管理必须考虑资源的供应及资源的共用关系。防止需要资源共用的两项工作形成并列关系,以至于因共用资源无法同时满足施工而影响施工;要防止资源超量供应而工作内容不足,造成资源的浪费;同时也要防止在需要压缩工期时的资源供应不足。

3. 真实时差辨别原则

有一类时间间隔从网络图的表面上看非常像时差,也常常被认为是时差,但实质不是时差,而是技术间歇时间。

因施工顺序和施工工艺等原因,在一项工作完成后必须停留一段时间方可进行下一段工作而产生的时间间隔属于技术间歇时间。比如,在地基基础工程中的预制桩工程,从打桩完成到开始静压试验需要间隔一定时间以释放因桩挤密土体而产生的应力。一般来说,在保证桩身强度能够达到设计要求的前提下,对于砂类土,停留时间不得少于 10 天;对于粉土和粘性土,停留时间不得少于 15 天;对于淤泥或淤泥质土,停留时间不得少于 25 天。这些时间间隔属于技术性要求的强制指标，也称为技术间歇期。[3]

由于技术间歇时间不能被该工作所使用，因此不属于时差。但由于技术间歇时间并无实质施工，以至于在网络图中按照间歇时间绘制，造成理解性的偏差。

尽管技术间歇期不属于时差，不可以被该工作机动的使用，但其无实质施工所空闲出的人工、机械可以被其他工作所使用。

4. 隐性工期储备原则

在时差管理中，要注意隐性时差储备。一般来说，在不影响施工工艺的前提下，尽量把不易压缩工期的工作和易于压缩工期的工作放在一个线路上，并把不易压缩工期的工作尽可能前置，以便后期有灵活机动时间。

5. 尽量缩短时差和有利于索赔原则

时差管理的核心就是尽量缩短时差甚至消灭时差，使每项工作都成为关键线路上的工作。当无法实现消灭时差时，要根据发承包双方的权利义务关系，把发包方可能干预或可能影响的工作放在关键线路上，或把有发包方可能干预或可能影响的工作的线路设置成关键线路。

（三）时差管理方法

时差管理方法，是从保证施工方按期完工及便于工期索赔的角度，把原本显性时差设计为隐性时差，把原本无时差工作通过改变逻辑关系或资源关系变成有时差工作。

工程进度计划一般会用网络图来表示，分为横道图、双代号网络图、单代号网络图、时标网络图等，其中，时差调整在时标网络图中更好操作和理解，本文以时标网络图为工具进行解析。

假如某项工程需要 A、B、C、D、E、F、G、H、K、L、M 等几项工作完成，各工作之间的逻辑关系及持续时间如图 1 所示（单位：月）：

---

〔3〕《建筑地基基础工程施工质量验收标准》（GB 50202—2018），中华人民共和国住房和城乡建设部 2018 年发布。

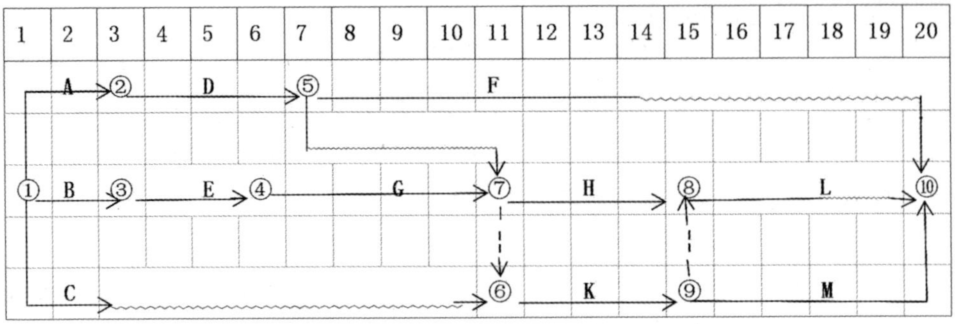

图1　时标网络图

由图1可知该工程的总工期为20个月。关键线路有一条,为B-E-G-K-M工作。C工作有8个月的自由时差,也有8个月的总时差;F工作有7个月的自由时差,也有7个月的总时差;L工作有3个月的自由时差,也有3个月的总时差;A工作、D工作无自由时差,但有4个月的总时差。

在此工程中,如果涉及发包方或应由发包方承担责任的工期延误,只有工期延误发生在关键线路上,即导致B-E-G-H-M工作中的一项或几项延误时,才能当然索赔到工期。如果只是导致其他工作工期延误,且造成工期延误的时间小于该项工作的总时差,则无法获得索赔。

因此,对于承包人来说,理想的工期索赔应该是发包方或应由发包方承担责任的工期延误均发生在关键线路上。为了满足这一特性,在不影响施工工艺和施工方法的前提下,人为把每一条线路都调整成关键线路,即所有工作的时差均为0。

为此,采取以下方法对各时差进行调整:

1. 调整有时差工作的持续时间

调整工作持续时间是调整时差的一种方法,比如该工程C工作持续时间仅有两个月,在施工组织设计时可以通过压缩资源供应等方式,使其工作持续时间延长至11个月。F工作、L工作均可通过该种方法实现。

对于A工作、D工作亦可通过该种方法实现,但该两项工作持续时间延长总和不得超过其总时差,即4个月,如果超过则影响总工期(如图2所示)。

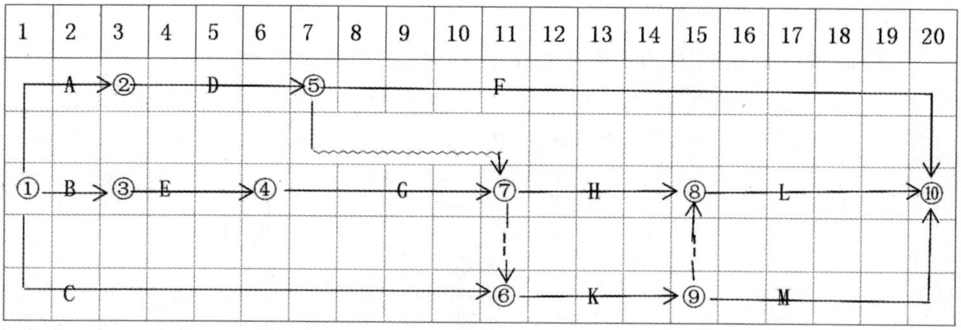

图 2　调整时差后的时标网络图

在该种工作模式下,所有的工作都在关键线路上,所有工作的总时差均为零,任意一工作出现工期延误,即影响总工期,有利于施工方工期索赔。如果发包方要求赶工,而这些工作均是通过压缩资源供应而引起的工作时间变长,随时可以通过增加资源供应进行赶工,此种方法不会实质影响工期,并可以获得部分赶工费。

该种调整方式需要考虑经济效益和资源配置方式,如 C 工作在两个月的工期内完成所需的资源量要远小于 11 个月完成所需资源量,则不适用该种方法;如延长该工作的持续时间会影响其他工作的资源调配,且无法规避影响总工期和资源总量的投入,则也不适用。

如果某项工作有技术间歇期,则后续的等待时间不得作为时差来应用,因为在技术间歇内,该工作并未真正完成。如果误认为技术间歇期持续时间为时差,并加以利用,则该项工作完成后,后续工作并不能马上开始工作,依然要等待该技术间歇期,如刚浇灌的水泥,需要等到水泥抗压强度达到设计要求值时,方可拆模或进行水泥作业。

2. 调整网络线路的逻辑结构

该方法主要适用于第一种方法无法解决时差调整时,或是涉及资源共用的情况。假设图 1 项目中的 F 工作与 L 工作共用一台设备,且必须一项工作完成才能开始另一项工作,图 2 的方法不能够使用,必须通过调整线路的逻辑结构来压缩时差。其方法为:

(1)确定先实施哪项工作。其依据首先要根据施工技术和施工工艺要求,不得违反;其次,要确定何种顺序对工期影响最小,就本工程而言,如果先完成 L 工作,再完成 F 工作,L 工作又是 F 工作的紧前工作,这样就会影响总工期;如果先完成 F 工作,再开始 L 工作,则不影响总工期。因此应先完成 F 工作再开始 L 工作。

(2)根据调整后的逻辑顺序调整网络图。

(3)调整有自由时差的工作项目的持续时间,如图3所示。

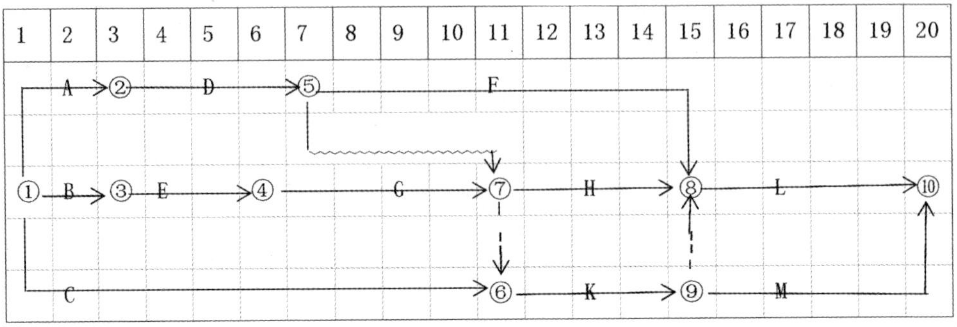

图3　对资源和时差均做调整的时标网络图

3. 先用时差法

先用时差法是指对于一个工程的各项工作,在不影响总工期的情况下,对每项工作均采用最迟开始时间,从而使每项工作均没有总时差可以利用,当发包方或应由发包方承担责任的工期延误事件出现后,发包方无法使用总时差抗辩,只能顺延工期,从而达到工期索赔目的。

此种方法,对每项工作均大大推迟了人工和机械的入场时间,节约了人工费和机械费,有利于工程投资的经济性,但该种方法会使得工程工期没有缓冲时间,影响工期的可靠性。

四、总结

可用来改变时差的因素很多,大致可分为三类:一是组织因素,如流水作业。二是资源因素,如在某一工作中,因施工人数的增加会使该段工作的工期变短,从而增加该工作的机动时间。二是两项工作共用一套设备,或一项工作有更多设备,均会改变可利用的机动时间。三是技术因素,如因技术变革造成某施工进度加快,给该工作赢来机动时间。

根据通说观点,能够产生工期索赔的核心要素是因发包方或应由发包方承担责任的原因造成某工作工期延误,且该工期延误时间应大于该工作的总时差。因此,作为工期索赔主导者的施工方应该充分规划、设计进度计划,在不影响施工顺序、施工工艺及实质进度的情况下,通过设计关键线路、减少工作时差,并报发包方审批,形成双方认可的合同文件,以便成为工期索赔依据。

工程发承包体系中合同的关联关系分析

李春艳*

工程合同体系尤其是发承包合同体系之中，总包合同、转包合同、分包合同以及挂靠协议虽系不同主体签订的各自独立的合同，但从订立原因、权利义务、合同履行、责任承担等各方面，不可避免地相互关联。这一关联关系，并非处理单一法律关系的规则所能解读，进而为工程项目合同管理、风险防范以及纠纷处置带来挑战。

一、合同的关联关系及理论借鉴

（一）关联关系体现

商业交易中，基于供给与需求之间的关系，企业通过订立合同形成一个密切联系的交易锁链，各份合同的签订、效力与履行虽存在于相对方之间，但不可避免地相互关联，影响力也会波及第三方，呈现“一荣俱荣、一损俱损”的态势，这就是本文所探讨的合同的关联特征。曾有学者将之形象地表述为：“合同几乎从来不是单独出现的，某一合同之所以有成立的可能是由于其过去曾有上百个合同，即所谓上游合同。任何两个人都可以成立买卖铅笔的合同，但两个人单靠他们自己是不能生产出一支铅笔的。”[1]经检索，有观点认为以下三种情形明显显现了合同之间的关联性：

1. 产权式酒店交易

投资者从酒店开发商处购买客房单间并取得产权，再将客房转托或转租给酒

---

* 李春艳，武汉大学刑法学硕士研究生，曾任扬州市中级人民法院审判员、办公室副主任；专业领域为房地产与建设工程。

〔1〕 沈达明：《英美合同法引论》，对外贸易教育出版社1993年版，第87页。

店开发商或第三方经营管理,获取相应投资回报或其他权益,此即产权式酒店交易。此类交易,涉及买卖、租赁或委托、信托等多层复合法律关系,通过“数个独立的合同的相互联结,当事人双方旨在实现一个独立的(产权式酒店运作)交易目的”[2]。

2. PPP 项目

财政部《PPP 项目合同指南(试行)》认为,在 PPP 项目合同体系中,各个合同之间并非完全独立、互不影响,而是紧密衔接、相互贯通的,合同之间存在一定的“传导关系”:(1)合同签订时,PPP 项目合同的具体条款会直接影响项目公司股东之间的协议内容,影响融资合同、保险合同等其他合同的内容,并传导到工程承包(分包)合同、原料供应合同、运营服务合同和产品或服务购买合同上。(2)合同履行中,合同关系的传导方向可能发生逆转,如分包合同的履行出现问题,会影响总承包合同的履行,进而影响 PPP 项目合同的履行。

3. 贷款购买商品房

有文章援引了《德国民法典》第 358 条所规定的“关联合同制度”[3],通过与《最高人民法院关于审理商品房买卖合同纠纷的案件适用法律若干问题的解释》第 23 条、第 24 条规定比较,认为当购房者以担保贷款的方式购买商品房时,商品房买卖合同与贷款合同在效力上的相互影响、在特定条件合同解除后的责任承担的规定,均不同程度地突破了传统的合同相对性理论,展现出某种关联性。

(二)特征归纳

上述类型大致存在以下共性:(1)合同主体重叠,无论是“联结”或“传导”,都形象地描述了不同合同主体如接力一般依次订立合同的形态;(2)合同间存在“供给”与“需求”的关系,不同合同间具有某种事实上的联系,类似于供应链,产生互为彼此的履行基础或履行保障的关系;(3)合同目的相关却各自独立,相关联合同具有在关系性、合作性活动中组织经济的功能,[4]某种程度上体现出多方主体基于合同组织起来的共同行为,不同于主从合同关系中从合同没有独立合同目的,

[2] 陆青:《合同联立问题研究》,载《政治与法律》2014 年第 5 期。

[3] 在消费信贷领域的关联合同下,消购房者享有在一定期限内自由撤回意思表示的权利,任一合同一经撤回其将不再受关联合同中的另一合同的约束;此外,其享有在经营者拒绝给付的限度内拒绝对贷与人返还贷款的权利。

[4] 王利明:《论合同法组织的功能》,载《中外法学》2017 年第 1 期。

也没有独立履行行为，只是为实现主合同目的服务的特点。

（三）理论借鉴

1. 合同联立理论

史尚宽教授认为，所谓合同联立，是指数个合同“不失其个性，而相结合”。王泽鉴教授认为，合同联立是指数个契约具有互相结合的关系，既包括单纯外观的结合，也包括具有一定依存关系的结合。合同联立并非立法用语，也并非一种独立的合同类型，而更多是一种法律事实状态的描述。德国、意大利和我国台湾地区对合同联立的认定和适用规则均有研究，大致从主观和客观两方面判断，认为依存关系本质上体现为当事人通过数个合同之结合进一步实现整体交易功能，当事人的合同利益具有一体性。〔5〕

2. 组织型合同理论

组织型契约有两个核心要素：长期性和网状特征。当事人按照约定的组织方式履行合同义务，各当事人之间的关系具有一定的组织性和层级性。与传统的合同关系不同，组织型合同通常不针对对立的双方当事人所实施的单个行为，而是主要着眼于多方主体基于合同组织起来的共同行为，在这一过程中，合同被用作组织和管理的工具与载体。

3. 先签合同与后续合同关系理论

崔建远教授认为，先签合同与后续合同之间可能构成多种样态，有的先签合同与后续合同虽然各自独立、标的物不同，但依当事人的真意，二者在实质上互为因果，没有先签合同就不会有后续合同，不签后续合同，也不会订立先签合同。对此，不得孤立地抽出一个合同或单方允诺，而应注意这些合同、单方允诺之间的关联性，整体审视全部合同、单方允诺即完整的交易，注意每份法律文件项下的权利义务间的相互影响。〔6〕

上述理论研究都是摒弃了孤立看待合同的惯性思维，关注了合同与合同之间的“依存关系”“组织关系”“因果关系”，生动展现了合同间相关联的特征，并试图构建与此适配的架构法律规则体系。相较而言，尽管严格意义上发承包合同难以构成合同联立，但合同联立理论研究相对成熟，对“依存关系”做广义和狭义的分

〔5〕 陆青：《合同联立问题研究》，载《政治与法律》2014 年第 5 期。
〔6〕 崔建远：《先签合同与后续合同的关系及其解释》，载《法学研究》2018 年第 4 期。

类和认定,对相应的法律后果有所研究,并倡导整体交易解释规则,为本文探讨的发承包合同关联关系提供了一定的理论支撑。先签合同与后续合同关系理论虽然对合同间关系做了最为全面的归纳和分类,但崔建远教授仍着眼于相同当事人之间先后签订合同的关系,与本文的研究对象大相径庭,但该理论倡导从合同的体系解释到交易的整体解释,也能起到借鉴作用。总体来说,孤立看待单个合同,已不能适应商业交易模式推陈出新的节奏,把合同置于完整交易中去考虑,才能在风险防范、条款解释以及争议处理中推导出公正合理的结论。

二、发承包语境下的合同关联关系

(一)关联关系样态及形成原因

同 PPP 合同体系相类似,建设工程合同体系也具有繁复的合同架构:设计合同、施工合同、分包合同、监理合同、采购合同为主体,还有劳务合同、咨询合同、运输合同、加工合同、贷款合同、保险合同以及合作开发协议、联合体内部协议、挂靠协议等。在这一体系中,合同具有明显的组织和管理功能,且互相依存,正因如此,工程领域的关联纠纷案件尤为多发,“在案件类型上,一个建设工程案件往往涉及商品房买卖合同纠纷、民间借贷纠纷、金融借款纠纷、以物抵债纠纷、执行异议之诉纠纷等案件。在案件主体上,往往涉及发包人、承包人、转包人、被挂靠人和实际施工人等多个主体,涉及法律关系盘根错节。工程款案件中还伴随着农民工索要工资、公司侵权赔偿、实际施工人非法集资等纠纷”〔7〕。

解析工程合同体系关联关系是一项浩大工程,本文仅探讨其中最为典型的发承包合同〔8〕体系。发承包合同体系内的各施工合同,被俗称为大合同和小合同,又常被称为上手合同和下手合同,原因在于总包、转包、分包等各份施工合同虽然属于独立的法律关系,但他们相互牵连,以转包合同与总包合同为例,一般而言,就是在工程价款上存在差异,其他内容如施工范围、质量标准、工期、违约责任等主要条款基本相同。这种环环相扣的表象,体现的即为合同的关联关系。

简言之,发承包合同的关联关系最为显著的特征为:(1)业主与总包单位之间关于工程范围、质量、工期、结算、付款的约定,必然在挂靠合同、转包合同、分包合

〔7〕 江苏省高级人民法院民一庭:《经济新常态背景下建筑市场的司法应对》(上篇),载《江苏法院房地产审判白皮书》(2017年)。

〔8〕 包括总包、转包、分包以及挂靠。

同中有所体现,由上至下顺次影响项目各个参与主体的经济利益;(2)不同层次发包一方对施工主体的选择以及对经济利益分配规则的确定,直接影响工程质量,进而决定了业主合同目的能否实现。

关联性之所以在工程领域如此显著,大致有以下原因:

1. 各合同均以完成施工任务为共同目的

围绕同一工程项目,参与施工的各主体与前手以及后手签订的合同之间,互为手段和目的,如因欠缺专业资质和技术,总包方以履行总包合同为目的而订立专业分包合同。随着不同主体在各层面的介入,施工任务按照标段、分部工程、分项工程等被不断细分,直至实际施工人的出现。

2. 各合同均以总包合同为核心

体系内其他合同的签订以及履行,均依赖于总包合同的签订和履行。总包合同中质量、价款、工期三个核心条款,对其余合同有着至关重要的影响。而总包合同根据工程内容会不断发生变更,相应地,转包合同、分包合同等在项目生命全周期中都处于动态变化之中。

3. 各合同均系转移履约风险的方式

工程建造过程中要面对许多风险,包括资金、工期、安全和质量等风险。对于总承包商不擅长的工程领域,总包方分包给具有丰富经验的施工团队,降低了工程建造风险,这是好的方面。坏的方面,如工程垫资虽被禁止,但仍十分普遍,转包、分包能实现资金压力和负债风险的转移。

(二)理论探讨

发承包合同并非主从关系。常有观点将工程合同的关联关系适用《合同法》主从合同的规定。如沙伯基础创新塑料(中国)有限公司与福建省土木建设实业有限公司深圳分公司、福建省土木建设实业有限公司侵权责任纠纷案等案件,当事人提出,分包合同为总包合同的从合同,补充协议是发承包合同的从合同等。但此种观点明显缺乏法律依据,未被法学理论和司法实践采纳。

发承包合同并非债务加入或债务转移。学界曾有观点认为建设工程分包合同属"并存的债务转移"或是第三人代为履行,该观点并不符合工程实际。即使是经业主同意并由三方共同签订或经业主同意由总包和分包签订的情形,从合同约定及工程规范上来看,所有施工要求、变更签证、付款请求等,分包都只能与总包而不得与业主发生往来,总包就施工合同的履行和施工质量对业主负责。

部分发承包合同可能构成合同联立。合同联立理论着眼于双方或多方签订相互依存的合同,旨在实现整体交易目的,体现在数个合同具有依存关系的结合。据此,总包合同与专业分包合同(目的在于业主对工程任务的安排)、挂靠合同与以被挂靠人名义签订的施工合同(目的在于挂靠人承揽工程),都有可能成立合同联立。但这一理论不能涵盖交易链条次第延伸的整个发承包合同体系,原因在于工程中合法与违法情形兼而有之,有些交易安排并非各合同主体所共同认可。

发承包合同之间除相互牵连、依存之外,呈现显著的传导性,远比前述理论所探讨的内容更为复杂。正因如此,财政部《PPP 项目合同指南(试行)》创造性地使用了"传导关系",但尚无学说论著对此种合同间关系开展研究。

(三)辨析发承包合同关联关系的意义

工程合同的风险防范和纠纷处置向来是难点,除工程合同的专业性之外,法律关系的复杂性是另一重要原因,其中,合同的关联关系常能产生"牵一发而动全身"的法律后果。研究发承包合同的关联关系,对于理论和实务均有重要意义。

1. 法律规则建立

合同联立理论和先签合同与后续合同关系理论,都提出从整体交易角度建立法律适用规则,进而以整体观和全局观的视角关注各个独立合同在成立、效力、解除、变更以及抗辩权等方面的相互影响。一直以来,建设工程施工合同的法律适用问题忽视了关联关系的影响力,因而欠缺体系性的合同解释规则,在一些情况下可能得出显失公平的结论。

2. 事前风险防范

建设工程施工通常周期较长、金额较高,合同风险也相应较大。对风险的识别与控制,不能局限于合同双方当事人,而是要立足于工程项目全局,对可能形成的关联合同关系有所预见,围绕质量、工期、造价三个核心问题,作出防范自身风险的交易安排。工程中常见的"背靠背"条款、甲指分包等,就是基于合同关联性所作出的交易安排。

3. 纠纷处置方面

要妥善解决工程合同的争议事项,不能仅就单个合同双方主体来处置,要从争议事项对关联合同的传导作用的角度观察,如工程款的结算,需考虑实际施工人的工程款请求权,再如解除合同,需考虑下手合同的解除与施工方退场问题,索赔与赔偿也绝非孤立的,而会产生连锁效应。

三、关联关系对发承包合同法律适用的影响

（一）无效的认定

发承包合同体系中极少出现单个合同无效的情形，常见的是因挂靠、转包、违法分包导致数个合同均归于无效。事实上，过多地宣告合同无效，必然造成许多交易锁链中断，给合同当事人的利益造成不同程度的影响。笔者认为，可以借鉴合同联立理论，严格控制违法行为在合同效力认定上的传导效应：

1. 挂靠行为致使合同无效的情形

《建筑法》第26条关于建筑企业资质等级的规定为效力性强制性规定，因此，《最高人民法院关于审理建设工程施工合同纠纷案件适用法律问题的解释》（以下简称《建设工程司法解释一》）第1条与第4条都明确规定没有资质的实际施工人借用有资质的建筑施工企业名义与他人签订建设工程施工合同的行为无效。通常认为，挂靠人与被挂靠人间签订的挂靠协议、被挂靠人与发包人签订的建设工程施工合同，因违反了相同的规定均为无效。从立法目的来看，挂靠人借用资质承揽工程的交易安排是被禁止的，挂靠协议必然无效，但如果发包人对挂靠行为并不知情和认可，甚至言明禁止挂靠，那么，发包人与被挂靠人、挂靠人的合同利益并不具有一体性，施工合同与挂靠协议之间虽有关联关系，但并不构成更为紧密的合同联立，无效的认定不应发生传导。

2. 违法招投标致使合同无效的情形

依法必须公开招标的工程项目未招标、应当招标而未招标或者中标无效的，都会导致施工合同无效。因分包合同的施工方并未参与违法招投标行为，与违法交易安排无关，即使分包合同与总包合同相关联，但此种原因导致的合同无效，对后续分包合同的效力应不构成影响。

3. 转包、违法分包致使合同无效的情形

根据《建设工程司法解释一》第4条，承包人非法转包、违法分包建设工程的，合同无效。但转包和违法分包行为并不因其违法性，必然导致后续合同全部无效，而通常是因为其他原因被认定无效。以转包为例，转包合同的承包人作为发包一方再行签订的后续施工合同，如分包合同，因没有取得建设单位的认可，构成违法分包，合同归于无效，这也是合同关联性的体现。正因如此，实务中常见的是同一工程相关的数个发承包合同被全部判定无效，并形成了层层转包后的实际施工人主张多个主体支付工程欠款的事实基础。

(二)连带责任的承担

除当事人自行约定外,连带责任只有在法律明确规定的情形下才适用。工程合同领域,合同间的关联关系成为各方承担连带责任的事实基础,因此,连带责任的规定较之于其他合同领域,更为常见:

1. 在工程质量问题方面,关联各方承担连带责任

如《建筑法》第 29 条第 2 款规定,建筑工程总承包单位按照总承包合同的约定对建设单位负责;分包单位按照分包合同的约定对总承包单位负责。总承包单位和分包单位就分包工程对建设单位承担连带责任。第 67 条规定,承包单位将承包的工程转包的,或者违反本法规定进行分包的……承包单位有前款规定的违法行为的,对因转包工程或者违法分包的工程不符合规定的质量标准造成的损失,与接受转包或者分包的单位承担连带赔偿责任。除施工单位之外,根据《建筑法》《建筑工程质量管理条例》的相关规定,工程监理单位与建设单位或施工单位串通,弄虚作假、降低工程质量的,应承担连带赔偿责任。

2. 在挂靠所致损失方面,关联各方承担连带责任

《民事诉讼法》第 54 条规定,挂靠人与被挂靠人为共同诉讼人,但因连带责任属于法定责任,除法律明确规定之外,挂靠人与被挂靠人之间并不当然承担连带责任。工程合同方面,《江苏省高级人民法院关于审理建设工程施工纠纷案件若干问题的意见》(2008 年 12 月 27 日)第 25 条规定,挂靠人以被挂靠人名义订立建设工程施工合同,因履行该合同产生的民事责任,挂靠人与被挂靠人应当承担连带责任。该意见在司法实务中被广泛运用,此次出台的《最高人民法院关于审理建设工程施工合同纠纷案件适用法律问题的解释(二)》(以下简称《建设工程司法解释二》)第 4 条首次以司法解释形式对工程挂靠连带责任作出规定,除规定提及的建设工程质量不合格责任之外,由人民法院出版社出版的《最高人民法院建设工程施工合同司法解释(二)理解与适用》中还将工期延误损失纳入“因出借资质造成的损失范畴”。相对于发包人,挂靠人与被挂靠人在合同利益上具有一体性,上述规定与该客观事实相符。

(三)实际施工人的权利救济

实际施工人是《建设工程司法解释一》创设的概念,根据第 26 条的规定,在合同无效时,工程欠款可层层追索至业主。“施工合同与其他合同相比较而言,具有

特殊性，特殊在于转包、违法分包合同与上手总承包合同比较而言，虽然属于两个独立的法律关系，但他们之间具有牵连关系。像转包合同与上手合同之间，一般而言，就是在工程价款上存在差异，其他内容，像施工范围、质量标准、工期、违约责任等合同主要条款均与上手合同基本相同。转包人、违法分包人为上手和下手两份合同的当事人，这些特征的存在为无效合同突破相对性后的处理方案打下了一定的基础"〔9〕。从立法者的本意来看，发承包合同的关联关系，是赋予实际施工人突破合同相对性追索工程款的重要理论依据。除了工程款请求权，实际施工人的优先受偿权在很多高院出台的意见中也得到确认。

《建设工程司法解释一》第26条适用十余年以来可谓是饱受争议，学界以及实务界都提出以《合同法》第73条关于债权人代位权的规定改造第26条。但代位权制度的架构，并不能很好地与具有关联特征的工程合同体系相匹配。根据《合同法》第73条的规定，因债务人怠于行使其到期债权，对债权人造成损害的，债权人可以向人民法院请求以自己的名义代位行使债务人的债权，债权人只能向债务人的次债务人代位行使权利，而工程层层转包分包的场合，实际施工人并不一定能向总包方或是发包人行使代位权，更不能直接向发包人主张优先受偿权，就实际施工人而言，不能解决其向有偿债能力的总包方或发包人主张债权的目的，不能有效保护实际施工人的权益。

因此，《建设工程司法解释二》仍是充分考虑了工程合同关联关系的特殊性，对实际施工人的工程款请求权设置了两条路径：(1)第24条规定实际施工人以发包人为被告主张权利的，人民法院应当追加转包人或者违法分包人为本案第三人，在查明发包人欠付转包人或者违法分包人建设工程价款的数额后，判决发包人在欠付建设工程价款范围内对实际施工人承担责任。(2)第25条规定实际施工人根据《合同法》第73条规定，以转包人或者违法分包人怠于向发包人行使到期债权，对其造成损害为由，提起代位权诉讼的，人民法院应予支持。

(四)合同的解除

上手合同的无效或是解除能否成为下手合同解除的正当事由？最高人民法院在沙伯基础创新塑料(中国)有限公司与福建省土木建设实业有限公司深圳分

〔9〕 冯小光：《回顾与展望——写在〈最高人民法院关于审理建设工程施工合同纠纷案件适用法律问题的解释〉颁布实施三周年之际》，载《民事审判指导与参考》2008年第1集(总第33集)，法律出版社2008年版。

公司、福建省土木建设实业有限公司侵权责任纠纷案的判决书中认为:分包合同虽然独立于总包合同,但总包合同是签订、履行分包合同的前提和基础。沙伯公司与三星公司之间的总包合同解除后,三星公司即丧失了总承包人的法律地位,三星公司与土木公司及其深圳分公司之间的分包合同即失去了继续履行的必要性和可能性,使分包合同陷于履行不能。在此情形下,分包合同应予解除。总包合同解除必然导致分包合同解除。因此,土木公司及其深圳分公司以三星公司严重违约给其造成巨大损失,出于保护施工现场及未经验收在建工程目的为由,主张其在与三星公司就分包合同解除、退场赔偿事宜达成协议前有权拒绝退场,不能得到支持。

总包合同解除后,除非业主方同意由分包方继续施工,否则基于客观事实的变化,分包合同必然陷于履行不能。不仅总包合同与分包合同如此,工程合同中所有上手合同与下手合同,在履行上具有同样的传导关系。但下手合同不会因上手合同的解除而当然解除,目前判例以及学界均不支持建设工程施工合同发包人享有任意解除权,在合同没有明确约定且双方又不能协商一致时,解除合同唯一的法律依据是《合同法》第110条的规定,即以法律上或者事实上不能履行为由认为继续履行不能,而采取诉讼的方式要求解除合同。尽管解除的结果可预见,但解除的方式和程序显然效率低下。

另一个问题是,发包人能否在总包单位怠于解除分包合同的情形下主张分包合同当然解除?实务中,存在总包单位怠于解除分包合同,分包单位要求继续履行合同并滞留工地索要高额补偿的情形。从合同相对性而言,发包人无法代替总包单位解除以及处置与分包单位的合同关系,导致出现僵局,发包人只能依赖总包单位的配合,或以侵权为由要求分包单位退场。

(五)索赔

在同一工程合同体系内,上手合同与下手合同主体之间的索赔与反索赔呈现传导式的关联关系:下手合同承包方提出的索赔请求,其相对方必然向上手合同发包方主张,如此传导至建设单位;建设单位的反索赔请求,承包人也必然向下手合同承包人提出,如此传导至实际施工人;相应的,抗辩权也是共通的。与上述关联关系不匹配的,是各合同文本不一定具有连贯性,在法律风险的识别以及应对等方面的能力亦不相同,可能在以下方面产生纠纷:

1. 合同文本约定不连贯

一是总包合同与分包合同对索赔事由约定不一致，如恶劣天气作为工期顺延事由的，对恶劣天气的界定不同。如此，将会致使总包方对业主享有的索赔权与分包方对总包方享有的索赔权并不相同。二是总包合同与分包合同对索赔程序约定不一致。因招投标以及备案所需，总承包合同一般采用建设工程施工合同示范文本，其中对承包人索赔和发包人的反索赔程序都做了严格约定，约定索赔事项发生后的 28 天内未发出索赔意向通知书的，丧失索赔权。例如，转包以及违法分包合同有时并未采用示范文本，一般不会有 28 天索赔期限的要求，即便有此约定，但合同无效会致使该约定无效。根据《建设工程司法解释二》第 6 条第 2 款的规定，当事人约定承包人未在约定期限内提出工期顺延申请视为工期不顺延的，按照约定处理，但发包人在约定期限后同意工期顺延或者承包人提出合理抗辩的除外。如此一来，实际施工人没有在 28 天之内提出索赔并不会丧失索赔权利，但总包单位超过 28 天提出索赔则面临丧失索赔权利的风险。

2. 抗辩事由不共通

以工期反索赔为例，一般而言，总包对业主的抗辩事由，在分包与总包之间可直接适用。规范的合同主体会留存工期顺延的证据作为己方的抗辩事由，如果分包人合同管理意识上相对薄弱，可能在总包方主张工期索赔时不能有效抗辩，造成不公平与不对等，即上手不必承担工期责任的同时要求下手支付工期延误违约金。这种情形实务中确有发生，如辽宁城建集团有限公司诉中国神华能源股份有限公司神东煤炭分公司建设工程施工合同纠纷案中，发包人神华能源公司要求总包方辽宁城建公司承担工期延误违约责任的请求未获支持，但在长江重工公司诉辽宁城建公司建设工程施工合同纠纷案中，因分包单位长江重工公司证据意识欠缺，未能提交因发包人和总包方原因致使工期顺延的证据，被法院判决承担逾期竣工违约金。

（六）工程款的结算与支付

总包方常在分包合同中约定，以其获得建设单位支付工程款作为其向分包方支付工程款的前提条件，即下手合同的付款依赖于上手合同的付款，此类条款被俗称为“背靠背”（Paid When Paid）条款。设置“背靠背”条款的目的，在于将上手合同的结算与下手合同相捆绑，以付款义务的相关联，实现风险共担、利益共享。有观点认为“背靠背”条款无效，理由是业主并非分包合同的当事人，此类约定突破了合同的相对性,且有违公平原则。亦有观点认为其有效,理由是该条款属于平等民事主体之间对自己民事权利的处置,亦未违反《合同法》第52条之规定。从目前的司法判例来看,采纳两种观点的判决兼而有之,持有效论者更为多见。

上述两种观点并未关注上手合同与下手合同的关联关系,总包方与分包方在工程款结算和支付方面,相对于业主方成为"利益共同体",正是这一关系赋予"背靠背"条款一定的合理性,在工程领域成为一种交易惯例。但笔者认为,"背靠背"条款并不一定有效,有效的前提是总包方事实上与分包方成为"利益共同体":总包方在分包合同签订之前将总包合同中涉及分包工作的相关文件与信息提供给分包方,便于分包方预判己方风险;总包合同的付款条件和时间节点,与分包合同中的相关条款相匹配;在业主怠于支付工程款时,总包方应采取积极措施予以主张。如总包方未基于诚实信用原则尽到前述信息披露、协助配合等义务,则其与分包方之间并不构成"利益共同体",其与业主之间的合同约定及履行情况与分包方无关,其应当承担工程款支付义务。

如何确定建设工程施工合同纠纷案件中开工日期
——基于最高人民法院审理的11起案例分析

胡　悦*

建设工程纠纷中，开工日期的确定是发包人与承包人争议的焦点问题之一，其关系到工程施工天数、是否按期竣工与延期竣工赔偿数额等问题。面对此种争议，一直以来缺少一个统一的法律规定或司法解释审判指导规范，各地出现裁判结果不一、甚至同案不同判的现象。最高人民法院于2019年1月3日公布的《最高人民法院关于审理建设工程施工合同纠纷案件适用法律问题的解释（二）》中第5条对开工日期的认定第一次进行了明确。

一、开工日期明确之意义

2018年7月5日，最高人民法院下发的《2018年度司法解释立项计划》〔1〕明确30件司法解释立项计划于2018年年底前完成，其中位列第10项的是《关于审理建设工程施工合同纠纷案件适用法律问题的解释（二）》（以下简称《施工合同纠纷司法解释（二）》）。2018年12月29日，《施工合同纠纷司法解释（二）》公布并于2019年2月1日起正式施行。〔2〕早在2004年，最高人民法院即在《关于审

* 胡悦，上海市锦天城律师事务所律师助理，中国政法大学法律硕士，协助专业律师在建设工程、房地产开发、房地产并购、公司股权转让、公司风险内控等方面提供法律服务。

〔1〕最高人民法院办公厅：《最高人民法院2018年度司法解释立项计划》（法办〔2018〕121号），发布日期2018年7月5日。

〔2〕《最高人民法院关于审理建设工程施工合同纠纷案件适用法律问题的解释（二）》（法释〔2018〕20号），发布日期2018年12月29日。

理建设工程施工合同纠纷案件适用法律问题的解释》[3]第14条中规定了当事人对实际竣工日期有争议的处理,但留下了确定开工日期的处理空白,于是实际审判中法官遇到此类问题时因缺乏统一指导,不仅会导致"同案不同判"的司法不公现象,更不利于今后建设工程施工合同的缔约和履行,有损不动产建设行业的健康平稳发展。

"工期的法律意义涉及确定承包人是否违约及计算违约金的数额、给付工程款的本金及利息的起算时间、建设工程交付及风险转移等诸多问题"[4]。工期的确定需要特定的开工日期和竣工日期作为起算点和结束点,发包人主张以较早的时间计算开工,以便承包人提出付款请求权时将工期延误作为重要的抗辩理由;承包人多主张以更为靠后的时间确定开工,争取较少的延期赔付。

二、开工日期争议之原因与司法实践

(一)开工日期争议之常见原因

由国务院住房和城乡建设部、工商总局下发,于2017年10月1日起执行的《建设工程施工合同(示范文本)》(GF-2017-0201)[5]第1.1.4.1条将开工日期分为计划开工日期以及实际开工日期。计划开工日期即指合同协议书约定的开工日期;实际开工日期是指监理人按照开工通知约定发出的符合法律规定的开工通知中载明的开工日期。结合示范文本及实践操作,对开工日期的记录有以下几种情况:(1)施工合同约定了具体开工日期,如本工程计划于××××年××月××日开工;(2)施工合同约定工程暂定于××××年××月××日开工,届时以监理人发出的符合法律规定的开工通知为准,或以发包人书面通知为准;(3)监理人开工通知上记载的开工日期;(4)许可证上记载的开工日期;(5)开工报告记载的开工日期;(6)竣工验收证明上记载的开工日期。

在工程实际施工过程中,实际开工日期常与合同约定日期或施工许可证记载日期不一。开工日期产生争议的主要原因在于:

其一,施工许可证的取得晚于工程开工日期。工程未取得施工许可证而承包

[3] 《最高人民法院关于审理建设工程施工合同纠纷案件适用法律问题的解释》(法释〔2004〕14号),发布日期2004年10月25日。

[4] 吴涛:《建设工程施工合同工期若干法律问题辨析》,载《建筑时报》2015年11月5日,第4版。

[5] 住房和城乡建设部:《建设工程施工合同(示范文本)》(GF-2017-0201),发布日期2017年9月22日。

人先予进场施工的情况在实践中十分常见，一旦承包人不能在既定竣工日期完工，发包人为争取更多的延期竣工赔偿，主张以承包人实际进场施工日为开工日；承包人为避免工期延误并争取较小的赔偿，往往主张应以施工许可证上记载的开工日期为准，获得施工许可前的工作视为施工准备抑或违法施工。

其二，发包人提供开工条件的时间晚于合同约定的开工日期。发包人未按约定提供开工条件的原因有很多，如发包人未取得用地或未得到净地、项目设计出现变更等。发包人主张以合同约定日期计算工期，承包人则以其他记录如开工报告、竣工验收证明书、施工许可证等主张实际开工日期。[6]

（二）开工日期争议之司法实践

笔者在中国裁判文书网上对2014年以来最高人民法院审理的建筑工程施工合同纠纷案件进行了检索与梳理，以“开工日期”为关键词搜索显示共有223起案件，其中具体开工日期的确定为案件审理争议焦点的共11起，如表1所示。

表1　2014—2018年最高法审理开工日期争议案件

序号	案号	案件文书	开工日期争议	开工日期认定	法院理由
1	（2015）民申字第3484号	八冶建设集团有限公司与鄂尔多斯市日兴房地产开发有限责任公司建设工程施工合同纠纷申诉、申请民事裁定书	八冶公司主张不以《建设工程施工合同》约定时间为开工日期，应以日兴公司将土石方工程指定分包基础工程交付给八冶公司的时间，即实际开工时间作为开工日期	施工合同约定的开工日期	一审、二审法院以合同约定日期作为开工日期，八冶公司与日兴公司一审、二审中对此均无异议，八冶公司再审中要求以实际开工日期作为开工日期，缺乏事实和法律依据
2	（2015）民一终字第249号	甘肃红旗建设工程集团有限公司与青海福音房地产开发有限公司建设工程施工合同纠纷二审民事判决书	红旗公司提出施工合同约定工期天数和开工时间、竣工时间不符，认为应以中标通知书中的竣工时间即2012年10月18日为准	施工合同约定的开工日期	中标通知书应在合同签订之前，工程的开、竣工时间应以合同约定的时间为准

〔6〕　参见吴佳洁、徐伟、黄喆：《工程开工与竣工日期争议及其确定》，载《建筑经济》2010年第10期。

续表

序号	案号	案件文书	开工日期争议	开工日期认定	法院理由
3	（2017）最高法民终716号	万通建设集团有限公司、曲阜圣地置业集团有限公司建设工程施工合同纠纷二审民事判决书	万通公司主张因项目设计变更，开工日期应为实际开工日，即2011年5月21日	施工合同约定的开工日期	《建设工程施工合同》约定的开工日期为2010年7月15日。由业主、监理和施工三方参加的会议形成的《会议纪要》载明合同约定的开工日期不变，故涉案工程开工日期为2010年7月15日
4	（2015）民一终字第179号	陕西圣安房地产开发有限公司、陕西圣安房地产开发有限公司延安分公司与延长油田股份有限公司川口采油厂商品房销售合同纠纷二审民事判决书	一审判决根据施工许可证、施工合同、会议纪要等证据，认定开工日期为2007年4月22日，圣安公司、圣安延安分公司根据监理公司的《情况说明》和延安电视台的《播出通知单》上诉主张开工时间实为2006年12月29日	施工许可证载明的日期	建筑工程施工许可证载明的案涉房屋建设工程的开工日期是2007年4月，该文件是经当地建设工程主管部门签发的法定文件，具有较高的证明力
5	（2015）民一终字第9号	浙江环宇建设集团有限公司与唐山市南北房地产开发有限公司建设工程施工合同纠纷二审民事判决书	备案合同和补充协议均未约定开工日期，2010年9月20日，该工程取得了建筑工程施工许可证，许可证上载明合同开工日期为2010年6月1日；南北公司主张环宇公司于2009年12月初就已经进场施工，环宇公司不认可，认为取得开工许可证的时间即为开工时间	施工许可证载明的日期	根据法院认定的事实，南北公司在环宇公司进场时还未申领施工许可证，故环宇公司的进场行为应被认为是施工准备，而非工程开工。施工许可证记载，涉案工程的合同开工日期为2010年6月1日，竣工日期为2012年6月1日，一审法院确认2010年6月1日为开工日期正确

续表

序号	案号	案件文书	开工日期争议	开工日期认定	法院理由
6	(2015)民一终字第269号	安徽文越投资置业有限公司、安徽省文化厅与浙江昆仑建设集团股份有限公司建设工程合同纠纷二审民事判决书	双方对开工日期有争议	双方另行约定	双方可在履行竣工验收备案手续时另行约定开工日期和竣工日期,而不单纯以竣工备案表中载明的日期为准
7	(2016)最高法民申3418号	连云港恒润海洋水建工程有限公司与于洪成、王飞航道、港口疏浚合同纠纷申诉、申请民事裁定书	涉案《港池、航道施工合同》约定工期为2009年9月30日至2010年4月30日,恒润公司2009年10月17日才拿到设计图,且技术交底载明开工日期为2009年10月下旬。恒润公司是否应承担逾期进场的违约责任	认定技术交底上记载的开工日期应视为双方对开工日期所作的重新约定	原审法院认定技术交底上记载的开工日期应视为双方对开工日期所作的重新约定,并无不当
8	(2014)民一终字第69号	青海方升建筑安装工程有限责任公司与青海隆豪置业有限公司建设工程施工合同纠纷二审民事判决书	隆豪公司主张,当实际开工时间和施工许可证上载明的时间不一致时,应当以施工许可证为准	实际开工日期	当施工单位实际开工日期与施工许可证上记载的日期不一致时,应当以实际开工日期为依据,而非施工许可证上日期。施工许可证载明的日期并不具备绝对排他的、无可争辩的效力,它是建设主管部门颁发给建设单位的准许施工的凭证,并不是确定开工日期的唯一凭证
9	(2017)最高法民申2885号	连云港华都房地产开发有限公司建设工程施工合同纠纷再审审查与审判监督民事裁定书	华都公司主张虽约定2007年2月1日开工,但实际开工日期为2月3日	开工报告、竣工验收证明书与现场监理认可	合同约定开工日期虽为2007年2月1日,但开工报告与竣工验收证明书均记载开工时间为2007年2月3日,且现场监理亦认可2月3日才符合施工现场的开工条件

续表

序号	案号	案件文书	开工日期争议	开工日期认定	法院理由
10	(2015)民申字第263号	天津市津南区八里台镇大孙庄村村民委员会与福建省永泰建筑工程公司建设工程施工合同纠纷申请再审民事裁定书	本案合同约定开工日期为2010年11月3日。村委会主张依据双方签订的补充协议确认开工日期为2010年11月5日。永泰公司主张以《工程开工报审表》及《开工报告》载明的2011年3月18日作为开工日期	结合设备进厂时间、施工许可证时间综合认定	因2010年12月22日村委会才取得限期施工许可证,此前并不具备开工条件,故村委会主张实际开工日期为2010年11月5日理据不足。法院结合永泰公司打桩设备进场时间、开始打桩时间以及村委会取得限期施工许可证的时间等情况,认为以2010年12月22日作为开工日期为宜
11	(2018)最高法民申1691号	江西恒盛房地产开发有限公司、国营南昌市北郊林场房地产开发经营合同纠纷再审审查与审判监督民事裁定书	恒盛公司主张北郊林场未按照合同约定及时办理土地使用权证,案涉工程施工单位江西中鹏建设有限责任公司出具的《证明》能够证明案涉工程的开工时间为2008年3月1日;而非一审法院认定的3月1日之前	综合双方所举证据,按优势证据规则认定开工日期	《开工通知》《开工报告》《建筑工程施工许可证》《建设工程竣工验收备案表》虽载明案涉工程开工日期为2008年3月1日或晚于该时间,但因上述材料记载的开工日期并不一致,与恒盛公司2007年11月6日向北郊林场出具的《告函》、恒盛公司2007年12月28日向北郊林场出具的《申请拨付解危解困房工程进度款的报告》中关于案涉工程已开工的记载明显不符;原审法院综合双方所举证据,按优势证据规则,认定案涉工程开工于2008年3月1日之前,并无不当

在11起案例中,前3起案例(序号1、2、3)法院以施工合同约定日期为开工日,2起案例(序号4、5)以施工许可证记载日期为开工日,2起案例(序号6、7)以双方另行约定的方式裁判,3起(序号9～11)案例最高人民法院综合考量了设备进场、施工许可证记载、开工报告等多种记录认定了开工日期;1起案例(序号8)法院否定了施工许可证的记载,以实际开工日期认定开工日期。

仅在11起案例中,最高人民法院就出现了裁判先后不统一的情况:案例8青海方升案以实际开工日为准,但案例1、案例3、案例5均驳回了当事人以实际开工日为准的诉请;案例8中,最高人民法院明确"施工许可证载明的日期并不具备绝对排他的。无可争辩的效力,建筑工程施工许可证只是表明工程符合开工的条件,应当与实际开工日期而不是施工许可证上记载的日期作为开工日期",而案例4陕西圣安案和案例5浙江环宇案中,最高人民法院认为施工许可证是当地主管部门签发的法定文件,具有较高的证明力,取得许可证之前的进场开工只能视为施工准备。由此,出台统一指导意见以明确开工日期之认定路径显得尤为重要。

三、开工日期之确定

《施工合同纠纷司法解释(二)》第5条就开工时间确定规定:"当事人对建设工程开工日期有争议的,人民法院应当分别按照以下情形予以认定:(一)开工日期为发包人或者监理人发出的开工通知载明的开工日期;开工通知发出后,尚不具备开工条件的,以开工条件具备的时间为开工日期;因承包人原因导致开工时间推迟的,以开工通知载明的时间为开工日期。(二)承包人经发包人同意已经实际进场施工的,以实际进场施工时间为开工日期。(三)发包人或者监理人未发出开工通知,亦无相关证据证明实际开工日期的,应当综合考虑开工报告、合同、施工许可证、竣工验收报告或者竣工验收备案表等载明的时间,并结合是否具备开工条件的事实,认定开工日期。"[7]

(一)《施工合同纠纷司法解释(二)》之分析

1.原则适用开工通知时间,实际开工时间优先于开工通知时间

《施工合同纠纷司法解释(二)》第5条第1项意指以发包人或监理人签发的开工通知上记载的时间为准,且监理人签发开工通知的前提条件为施工现场具备开工条件;排除了不具备开工条件而进场准备的情形。开工条件是否满足,笔者认为应参照国务院住房和城乡建设部于2013年颁布的《建设工程监理规范》(GB/T 50319—2013)第5.1.8条之规定,在"1)设计交底和图纸会审已完成;2)施工组织设计已由总监理工程师签认;3)施工单位现场质量、安全生产管理体

---

〔7〕《最高人民法院关于审理建设工程施工合同纠纷案件适用法律问题的解释(二)》(法释〔2018〕20号),发布日期2018年12月29日。

系已建立,管理及施工人员已到位,施工机械具备使用条件,主要工程材料已落实;4)进场道路及水、电、通信等已满足开工要求”的条件均满足的情况下,才可以由总监理工程师签署审查意见,并应报建设单位批准后,签发工程开工令。〔8〕同时,《施工合同纠纷司法解释(二)》第5条第1项还规定了由承包人原因导致延迟开工的,仍以具备开工条件的日期为开工日期,承包人为自己的延迟可能需要承担赶工甚至逾期竣工的代价。

第2项明确了经发包人同意,承包人实际进场施工的开工时间优先于开工通知发出的时间。实际情况中,现场虽未具备开工条件但发承包双方达成一致约定,或在开工通知签发前现场已具备开工条件,承包人获得发包人同意先行施工,故以实际开工日期为准。

第3项规定在没有发包人或监理人签发的开工通知及其他证据的情况下,综合考量开工报告、合同、施工许可证、竣工验收报告或竣工验收备案表等记载的时间,并结合是否具备开工条件的事实,综合判定开工日期。在笔者整理的案例9、案例10、案例11中,最高人民法院即结合开工报告、竣工验收说明书、施工许可证、设备进场时间,利用证据优势规则综合判定的开工时间。

2. 施工许可证记载日期与实际开工日期之取舍

实践中会出现承包人在没有取得施工许可证的情况下便已经进场并开工的情况,对于施工许可证记载时间和实际进场开工时间这两种日期的选择,有观点支持以实际开工日为准,认为“施工许可证的取得是开工的法定条件,虽然前期因尚未取得施工许可证而有违规施工存在,但此属建管部门的行政管理范畴,并不影响当事人将实际开工日作为开工日期”〔9〕,“建筑施工许可证是建设主管部门颁发给建设单位的准许施工的凭证,只是表明了建设工程符合相应的开工条件”〔10〕;与此相反,则支持以施工许可证记载日期为准,施工许可证“是经当地建设工程主管部门签发的法定文件,具有较高的证明力”,否认了监理人出具的《情况说明》等主张实际开工时间的证据,〔11〕主张“进场时尚未领取施工许可证的行

〔8〕 住房和城乡建设部:《建设工程监理规范》(GB/T 50319—2013),中国建筑工业出版社2013年版。

〔9〕 吴佳洁、徐伟、黄喆:《工程开工与竣工日期争议及其确定》,载《建筑经济》2010年第10期;参见上海市高级人民法院(2008)沪高民一(民)终字第60号民事判决书。

〔10〕 2014年最高人民法院公报案例:青海方升建筑安装工程有限责任公司与青海隆豪置业有限公司建设工程施工合同纠纷案,(2014)民一终字第69号。

〔11〕 (2015)民一终字第179号:陕西圣安房地产开发有限公司、陕西圣安房地产开发有限公司延安分公司与延长油田股份有限公司川口采油厂商品房销售合同纠纷案。

为应为施工准备,不能认定为工程开工"[12]。笔者遇到一起案件,承包人即主张在项目工程取得施工许可证之前,其行为都属于前期介入,以前期介入起算工期并不合法,应以取得施工许可证时间为准。

就这一问题,最高人民法院在《施工合同纠纷司法解释(二)》中进行了回避,但在此之前发布的《最高人民法院关于审理建设工程施工合同纠纷案件适用法律若干问题的解释(二)(征求意见稿)》(以下简称《征求意见稿》)第10条第4项有过征求意见条文:"(4)依照上述第1项、第3项确定的开工日期,在开工许可证载明的时间之前的,以开工许可证载明的时间确定开工日期。"[13]即依照优先适用发包人或监理人签发的开工通知,承包人提前进场施工的以实际开工时间为准——若是在开工许可证记载的时间之前的,以开工许可证时间为准。这项规定将施工许可证记载日期优先适用于开工通知记载日和实际进场施工日,即使现场已具备开工条件且承包人已经进场施工,但开工日期仍以施工许可证记载的在后的开工日期为准。笔者认为,之所以会这样规定,可能是出于以下两点考量:其一,与《建筑法》办理施工许可证之规定相呼应,体现法律规范体系的完整统一;其二,督促发包人尽快办理许可证,若该解释规定优先适用实际开工日期,实践中必然会出现发包人迟延不办理许可证即催促承包人先行施工的情况,实际开工缺少政府建设主管部门审查程序,则无法保证现场的施工安全与作业质量。

但笔者认为,此项规定不足在于,忽略了对开工日期进行确定的本意:发包人与承包人一般是就工期是否延误,承包人延误天数有争议,尤其是对开工起算时间有争议才诉请法院确定开工时间。工期时长、工期是否延误是事实判断,应以实际发生为准。若《征求意见稿》忽略实际开工事实,而以行政部门许可证明材料为准,尤其是该等证明材料上的日期是双方施工合同上约定的日期时,那么无法查得工期是否延误的真相,法院裁判也会有失偏颇,有违法庭追求客观事实真相并秉公裁判之原则。

笔者认为,首先需要明确施工许可证的性质及取得施工许可证之前进场施工行为的性质。根据《中华人民共和国建筑法》(以下简称《建筑法》)第7条、第8条之规定,建设单位在已经办理完用地审批手续、取得规划许可证、拆迁符合进

---

〔12〕(2015)民一终字第9号:浙江环宇建设集团有限公司与唐山市南北房地产开发有限公司建设工程施工合同纠纷案。

〔13〕《最高人民法院关于审理建设工程施工合同纠纷案件适用法律若干问题的解释(二)(征求意见稿)》。

度、有确定施工单位、有满足工程需要的施工图纸和技术资料、安全措施及资金均到位的情况下,应向工程所在地的政府建设行政主管部门申领施工许可证。第64条规定,在未取得施工许可证的情况下擅自施工的,责令改正,对不符合开工条件的责令停工,可处罚款。[14]

笔者看来,施工许可证载明了工程名称、建设地址及规模、建设单位、设计单位、监理单位、施工单位,以及开工日期和竣工日期等,性质应为行政许可,其上记载的开工日期和竣工日期也多是双方施工合同约定,无法真实反映实际施工情况。同时,结合《建筑法》第64条处罚规定来看,擅自施工的承担责令改正、即补齐证件资料的行政责任,考虑到违法重建成本,法律规定并未否定在先的施工行为。

(二)《施工合同纠纷司法解释(二)》之意义

《施工合同纠纷司法解释(二)》第5条确立了按照实际开工时间确定开工日期的原则。各地法院在审理施工合同纠纷案件中均有规定以实际开工日期为准:《深圳市中级人民法院关于审理建设工程施工合同纠纷案件的指导意见》第6条规定:"……承包人在领取《施工许可证》之前已实际施工,且双方约定以实际施工日为工期起算时间的,依照约定执行……"[15],《北京市高级人民法院关于审理建设工程施工合同纠纷案件若干疑难问题的解答》第25条规定:"……承包人在开工通知发出前已经实际进场施工的,以实际开工时间为开工日期……"[16],《浙江

---

〔14〕《建筑法》第7条规定:"建筑工程开工前,建设单位应当按照国家有关规定向工程所在地县级以上人民政府建设行政主管部门申请领取施工许可证;但是,国务院建设行政主管部门确定的限额以下的小型工程除外。按照国务院规定的权限和程序批准开工报告的建筑工程,不再领取施工许可证。"

第8条规定:"申请领取施工许可证,应当具备下列条件:(一)已经办理该建筑工程用地批准手续;(二)依法应当办理建设工程规划许可证的已经取得建设工程规划许可证;(三)需要拆迁的,其拆迁进度符合施工要求;(四)已经确定建筑施工企业;(五)有满足施工需要的资金安排施工图纸及技术资料;(六)有保证工程质量和安全的具体措施。建设行政主管部门应当自收到申请之日起15日内,对符合条件的申请颁发施工许可证。"

第64条规定:"违反本法规定,未取得施工许可证或者开工报告未经批准擅自施工的,责令改正,对不符合开工条件的责令停止施工,可以处以罚款。"

〔15〕《深圳市中级人民法院关于审理建设工程施工合同纠纷案件的指导意见》,2007年1月1日起试行,2010年3月9日经深圳市中级人民法院审判委员会第6次会议修订。

〔16〕《北京市高级人民法院关于审理建设工程施工合同纠纷案件若干疑难问题的解答》(京高法〔2012〕245号),2012年8月6日起实施。

省高级人民法院民事审判第一庭关于审理建设工程施工合同纠纷案件若干疑难问题的解答》第5条规定:"……没有开工通知或开工报告的,应以实际开工时间确定。"〔17〕同时,将《征求意见稿》中的"开工许可证"统一变更为"施工许可证",与实践中行政许可行为相对应。

然而,《施工合同纠纷司法解释(二)》第5条虽然删除了《征求意见稿》中第4项对开工许可证载明时间之优先适用规定,但是仍没有给出明确回复。笔者认为,在实践中如果遇到承包双方就施工许可证时间与实际开工时间引起纠纷时,法院只能依据《施工合同纠纷司法解释(二)》第5条第3项的规定,结合是否具备开工条件的事实,综合考虑施工许可证、合同、开工报告、竣工验收报告或者竣工验收备案表等载明的时间认定开工日期。

四、结论

实践中开工日期出现争议主要在于施工许可证还未取得,承包人已先行入场施工,开工日期以施工许可证上日期为准还是以实际开工日期为准;施工合同约定的开工日期已至但发包人未提供开工条件,开工日期以合同约定时间为准还是以实际开工日期为准。对于第一个问题,《最高人民法院关于审理建设工程施工合同纠纷案件适用法律问题的解释(二)》第5条并未给出正面回应,法院在裁判时仍只能综合多方证据考量;对于第二个问题,司法解释规定原则上适用开工条件满足后,以发包人或监理人签发的开工通知上记载时间为准,经发包人同意承包人进场施工的,以实际进场施工时间为准。

参考文献

1. 吴佳洁、徐伟、黄喆:《工程开工与竣工日期争议及其确定》,载《建筑经济》2010年第10期。
2. 吴涛:《建设工程施工合同工期若干法律问题辨析》,载《建筑时报》2015年11月5日,第4版。
3. 王海涛:《关于施工开工、竣工日期的确定——兼论相关规定的改进》,载《建筑监理》2010年第4期。
4. 黄喆:《论建设工程合同发包人的协力义务——以德国民法解释论为借鉴》,载《比较法研

〔17〕《浙江省高级人民法院民事审判第一庭关于审理建设工程施工合同纠纷案件若干疑难问题的解答》,发布日期:2012年4月5日。

究》2014 年第 5 期。
5. 宋宗宇:《寻求利益平衡——解读〈最高人民法院关于审理建设工程施工合同纠纷案件适用法律问题的解释〉》,载《工程法律》2005 年第 4 期。
6. 住房和城乡建设部:《建设工程施工合同》(GF - 2017 - 0201),发布日期 2017 年 9 月 22 日。
7. 住房和城乡建设部:《建设工程监理规范》(GB/T 50319—2013),中国建筑工业出版社 2013 年版。

石材行业规范管理之探讨

刘圣华*　邢丽苗**

一、石材与房地产建筑工程的关系

房地产作为城市化的关键载体，在改革开放40年的时间里，发展迅速，从最初的理论到摸索起步，渐渐走向成熟的阶段。石材属于房地产建筑工程不可或缺的材料，紧跟着房地产业发展的脚步，共同繁荣。

（一）石材属于建筑工程材料

石材是建筑建材之一，根据石材行业人士的介绍，石材产值占全部建材产值的10% ~15%。世界上有许多的著名建筑就是由天然石材建造而成，如意大利的比萨斜塔、我国的赵州桥等。天然石材资源丰富，使用历史悠久，是一种古老的建筑材料。天然石材是由天然岩石开采的，经过或不经过加工而制得的石材。由于天然石材具有抗压强度高、耐久性、耐磨性及装饰性等优点，在建筑建材中使用相当普遍，较多的应于用建筑装饰材料、基础和墙身。当然，随着合成高分子材料的兴起，人造石材作为装饰建材也得到极大的发展和应用。

（二）建筑工程对石材的需求特点

1. 耐气候性材料

建筑工程使用石材时应选用耐气候性的材料，且应符合国家现行产品标准的

---

* 刘圣华，上海市锦天城律师事务所厦门办公室律师，华东政法大学经济法学士；擅长领域公司与并购、诉讼与仲裁、房地产等。

** 邢丽苗，上海市锦天城律师事务所厦门办公室律师，华东政法大学经济法硕士；擅长领域公司与并购、诉讼与仲裁、PPP领域。

规定。石材应当结构致密、质地坚硬、耐酸碱、耐气候性好,可以在室外长期使用。耐气候性的建筑石材具有高承载性,抗压能力强,具备良好的研磨延展性,容易切割、塑造的特征。

2. 符合环保要求的生态建材

生态建筑材料的主要特征是节约资源和能源、减少环境污染,避免全球变暖与臭氧层的破坏。同时生态建材容易回收和循环利用。生态建筑材料在材料的生产、使用、废弃和再生循环过程中与生态环境相协调,满足最少资源和能源消耗,最小或无环境污染,最佳使用性能,最高循环再利用率等条件。

3. 需求的时尚性

石材作为一种建筑建材,应用于装饰材料时,其市场价值还取决于时尚性的程度。例如,石材薄型化处理就符合时尚性的要求。石材薄型化是与瓷砖行业相对而言的,其色彩丰富,重量轻、面积灵活,容易铺设。因此,石材薄型化处理逐渐成为时尚的处理方式。

(三)建筑工程石材类型

建筑用石材有天然石材和人造石材两大类,主要以天然石材为主。天然石材是指从天然岩体中开采出来的,并经加工成块状或板状材料的总称。天然石材分大理石和花岗石两种,它是一种高级的装饰材料,主要用于装饰等级要求高的工程中。人造石材属于较低档次的装饰材料,只用于中低档的室内装饰工程中。

二、石材行业的市场

就世界范围而言,石材行业是一个蓬勃发展的行业。根据中国石材网(http://www.stonesm.com/)上关于石材类别可以看出,石材应用的市场有环境装饰、建筑物配套、石材家具、庭院产品、荒料板材、石雕、墓碑、异形工艺、石材工具、石材器械、养护辅料等。其中最大的石材市场是建筑建材,即建筑的内外装饰用板材,这是石材使用最大的一部分;然后是建筑用石,包括园林、工程用石;再就是石雕刻、石艺术品、墓碑石产品等。

从地域上看,石材行业在海内外均有广阔的市场,有专家指出,我国的石材产品在国际市场上已经占有举足轻重的地位,石材外贸一直保持着高增长的态势。广东云浮、福建南安作为我国两大石材出口基地,已占到全球石材贸易额的15%以上。

三、石材行业存在的问题

（一）石材企业管理不规范

企业的良好发展依赖于现代企业管理制度，但对于石材企业而言，推行现代化企业管理制度存在一定的障碍。多数的石材企业是家族企业，出于财富的代际传递和财富积累等因素的考虑，企业的管理层一般是论血缘亲疏关系，无法推行现代企业管理制度。在引进人才方面，也会因此而受到较大的阻力，很多职业经理人表示在这些企业中很难施展手脚。在我们服务的石材企业中，就有一家石材企业，花重金外聘了一名职业经理人，希望依靠外来人才的先进管理思想给企业带来新的活力。但是，职业经理人到岗不到 3 个月即提出离职。其离职原因主要是公司上下都是老板的亲属，工作根本无法开展，之前的管理经验在这里完全没有用武之地。

从这个简单的例子中就充分反映了没有现代化的企业管理制度，石材企业是很难引进人才的，即便引进了人才，也会因为内部管理的问题而造成人才的流失。

（二）法律意识薄弱

石材企业缺乏基本的法律意识，如企业之间的合作从来不签署相应的协议、石材款项都是从个人账户转到个人账户、企业不按照劳动法规定聘用员工等，一旦发生问题，很难寻求正常的法律救济途径。笔者仅从石材企业的合同管理方面进行讨论。

石材经营活动从矿山开采、荒料加工、成品买卖到工程承包，最终都是通过各类合同来加以实现的。因此，石材企业的老板首先要有这样一个清醒的认识：无论商业收益还是损失，都表现为法律上权利义务的变化，而权利和义务的变化正是对经营活动进行了规范，参与合同的双方都必须遵守和遵循这种规范，才能达到双赢的局面。

结合我们为石材企业代理诉讼以及修改石材企业日常经营合同的经验，我们发现，石材企业在合同管理方面存在诸多问题：

（1）合同主体不明确。合同甲方和乙方的企业名称不全，尾部盖章处没有盖章而仅有石材企业洽谈业务的人员签字。一旦发生纠纷，如何证明甲企业和乙企业之间存在法律关系，确实存在一定的难度。

（2）合同内容约定不明确。比如对于石材款，价格条款没有约定该价格相对应的数量单位,无论是每平方米的价格还是每吨的价格等,在实际操作中将出现争议。

(3)合同款均从个人账户到个人账户。针对某个项目的款项,石材企业的财务负责人员经常用自己的私人账户进行转账,同时转给对方企业也是一个私人账户。双方之间也没有开具相应发票。为后期争议产生的证据证明埋下巨大的隐患。

(4)合同原件无法提供。在项目履行过程中发生争议后,律师会要求石材企业提供合同原件予以考察,然而石材企业没有专门的档案管理,经常很难提供合同原件,这就很难在开庭核对原件时证明证据的真实性。

若石材企业在合同管理方面有一定的法律意识,规范运作,则能够帮企业降低成本和排除风险。

(三)用工不规范

石材企业在用工方面的管理也存在各种不规范。在我们服务的石材企业中,大多未严格按照劳动法及劳动合同法等有关法律法规进行员工管理,造成劳动纠纷频繁且影响范围巨大。由于石材企业的员工大多为农民工,具有很大的流动性和季节性,春节期间,员工往往不在岗位上。对于该类型员工,石材企业与员工的劳动合同一般是一年一签,但是按照劳动合同法的规定,连续签订两次无固定期限合同后便需要和员工签订无固定期限合同。然而,大多数石材企业没有也不愿和员工签订无固定期限合同,赤裸裸地违反了法律的规定。

在发生劳动纠纷时,石材企业不能很好地处理与员工之间的纠纷,容易造成集体性事件,甚至需要借助公安的力量才能解决纠纷。

石材行业是一个高危行业,在工作中发生石材砸伤人、操作机械过程中发生事故的概率较大。石材企业老板没有工伤保险的意识,未按照劳动法律法规的规定为员工办理社保,有的石材企业不给员工办理社保,有的员工申请不缴纳社保而将该部分款直接作为工资使用。

若石材企业没有给员工缴纳社保,一旦发生重大安全事故,工伤保险无法办理,石材企业将面临大额赔偿款,甚至有些石材企业会因此不堪重负而直接倒闭。

(四)环保问题

保护环境是国家的基本国策,然而“高污染、高能耗、高排放”的石材行业显然不符合国家对环境保护的要求。石材开采对植被的破坏、加工切割产生的粉尘对空气的污染,污水的排放等严重损害了人类赖以生存的环境,与可持续发展理念也是背道而驰。

2015 年 7 月,中央全面深化改革领导小组第十四次会议上,审议通过了《环境保护督查方案》,环保督察组在全国范围内大力开展环保整治行动,各地政府也严格根据环保督查组的反馈意见进行大刀阔斧的整改,石材行业不可避免地受到整改。福建省为例,在《福建省贯彻落实中央第五环境保护督察组反馈意见整改方案》中提到,要深化建筑饰面石材行业的专项整治,针对一些地区石材矿山非法开采、一些石材加工企业污染治理水平较低等问题,应从严控制饰面石材矿山开采规模,严厉打击无证非法采矿行为,全面关闭非法开采的饰面石材矿山;落实矿山生态修复制度,严格执行差别电价政策,加快建筑饰面石材加工企业集中入园和整合提升,依法取缔关闭不符合要求的企业;强化粉尘和污水治理,完善雨污分流,严肃查处违法排污行为等。

环保整治之风逼着大部分的石材企业关停,石材人从春风得意变得愁云满面。石材环保调控主要为石材矿山与加工厂整顿,全国矿山停业、停产整顿,加工厂全面整顿停产。以福建省为例,福建省是石材进出口大户,水头镇是中国石材生产第一重镇,环保整治大锤重重地打在了他们的头上。"相关数据显示,自水头镇召开石材行业环境专项整治推进会以来,对水头镇辖区内 200 多家'三无'石材企业和群众反映激烈的中大型企业进行查处,采取切断生产电源措施,强制停产"[1]。

环保举措使得石材企业因订单无法履行而造成大面积违约,堆积的半成品和材料无法处理,工人下岗失业、银行贷款、土地租金等均无法及时应对。突然的停产,因没有资金和新的技术,复产更是难上加难。

严格环保政策之下,矿山关停整顿,出现石材供不应求现象,石材价格猛涨,导致石材品质下降。这些都是环保整治对石材行业的影响。

(五)税收问题

很多石材企业在经营过程中往往会通过各种手段来减轻自身的纳税负担,各

---

〔1〕 中国石材网《环保之于石材产业,究竟是怎样的存在?》,载 http://www.stonesm.com/news/details-14947.shtml,最后访问日期:2019 年 8 月 5 日。

种避税、少缴税款的方式也层出不穷。实践中,企业经营管理人员常使用自己的个人银行账户来开展企业日常的资金收支业务。更有甚者,石材行业的很多企业因为法律意识淡薄,不存在缴税意识,有些负责人因为税务问题被有关单位刑事拘留才知道原来自己的经营活动是需要缴税的。

我国对税收一直是严格把控和规范的,没有进行税收申报和如实缴纳税款等行为,将直接给企业带来各种税收风险、民事风险、行政处罚风险以及刑事风险。

若石材企业之间的石材购销合同中,款项是通过该石材企业老板的个人账户进行的,理论上并不能消灭公司与客户的债权债务,因此这不属于实务中的规范操作,对于客户而言也存在很大的法律风险。

行政风险,如根据《税收征收管理法》第62条的规定,纳税人未按照规定期限办理纳税申报的,可被税务机关责令限期改正,并被处以2000元以下罚款。

我国刑法中涉及增值税专用发票的罪名多达五项,涵盖虚开增值税专用发票、伪造或者出售伪造的增值税专用发票、非法出售增值税专用发票、非法购买增值税专用发票或者购买伪造的增值税专用发票、盗窃增值税专用发票等多种犯罪行为,面临的刑事责任包括罚金、没收财产、管制、拘役、有期徒刑、无期徒刑直至死刑。

(六)石材工程质量问题

石材工程质量问题主要体现在以下几个方面:在石材施工时,没有及时做好防碱、防水处理,使石材表面出现大小不一、颜色较暗的暗影即水斑;石材板块铺贴不平整;墙地面石材出现小窄条,影响整体效果;墙面石材与地面石材拼角处呈现朝天缝,影响观感等。

(七)石材工程招标问题

针对石材行业的招投标活动,最为常见的问题如下:

1. 中标人与实际施工方不一致

石材工程投标人经常使用他人的业绩和主体进行投标,待工程中标后,实际由另外一个主体进行施工;或者中标单位将工程分包给不具备相应资质条件的单位;承包单位承包建设工程后,不履行合同约定的责任和义务,将其承包的全部建设工程转给他人或者将其承包的全部建设工程分解以后分别转给其他单位承包等情形均会导致中标人与实际施工方不一致。

招投标活动中的上述操作行为将给企业带来风险,工程转包和违法分包导致工程管理发生问题,不利于工程投资、工程进度、工程质量等控制工作;转包或分包单位不具有相应的资质和条件,工程建设质量、工程管理水平、安全意识和单位人员素质较差,容易发生质量和安全事故。针对这些行为,需要按照法律的规定在招标文件中明确禁止转包和违法分包,同时一定要设定严格的违约责任;另外,将分包管理和查处工作交由监理单位,要求监理单位严格执行,被配套奖惩措施。

2. 投标人串标、围标

在石材行业投标活动中,投标人之间相互事先约定抬高或者压低投标报价、投标人之间事先约定中标者、投标人之间为谋取中标或者排斥特定投标人而联合采取行动的;或者属于同一协会成员的投标人,按照该协会的要求在投标中采取协同行动的情形都属于串标、围标。这些行为既干扰了招标投标活动的正常秩序,影响公平公正,又可能导致中标人不符合实际投标人需求,进而影响项目建设质量等。

我们建议针对可能出现的串标、围标活动,可以采取以下措施防范:(1)在招标文件中对不同投标人委托同一人办理投标事宜、不同投标人使用同一单位的账户资金交纳投标保证金、不同投标人的投标文件内容出现雷同,或者报价明细和报价分析雷同、不同投标人授权的项目管理人员为同一人、不同投标人的投标文件出现混装等情形作出禁止性规定,如果出现上述情形则做废标处理。(2)要求投标人在投标时提交有关单位资质证书、人员资格证明文件等原件进行核对。(3)在评标时对投标文件的内容进行仔细对比,查找串标、围标的可能性。发现串标、围标行为并确认后,对有关投标人做投标禁入处理,并按照法律规定报有关监管部门。

3. 与中标人签订“阴阳合同”

招标人与中标人签署“阴阳合同”的表现形式有很多,如招标人向中标人提出降低价格、增加建设内容等与招标文件不符合且违背中标人意愿的要求,以此作为发中标通知书或签订合同的条件;招标人与中标人不按照招标文件和中标人的投标文件的合同版本来订立合同,或者招标人、中标人订立违背招标内容要求的协议;招标人与中标人按照招投标文件的合同版本签订合同仅为了应付审计,实际又签订与中标合同实质性内容不一致的合同且具体均按照该合同来执行等。

招标人与中标人签署前后不一的合同具有很大的风险,按照《招标投标法实施条例》第75条的规定:“招标人和中标人不按照招标文件和中标人的投标文件订立合同,合同的主要条款与招标文件、中标人的投标文件的内容不一致,或者招标人、中标人订立背离合同实质性内容的协议的,由有关行政监督部门责令改正,可以处中标项目金额5‰以上10‰以下的罚款。”

招标人应当按照招标文件和中标人的投标文件签订合同,避免签订“阴阳合同”,履约过程中发生范围调整、工程变更等情况时,应当在专业人士的帮助下规范签署补充协议。

四、规范石材行业管理的建议

(一)规范企业管理,增强企业法律意识

全面、精细的法律风险管理,成为现代企业必须面对并解决的问题。针对石材企业,我们建议从以下几个方面规范企业管理,增强企业法律意识:

1. 建立并有效实行完善的企业内部管理制度

石材企业需结合自身的规模、经营内容、人员特点等法律法规的要求,制定内部管理制度,包括公司章程、员工手册、岗位职责、员工绩效考核、员工休假请假制度、档案管理制度等一整套的规章制度。同时建议石材企业对于上述制度进行专门讨论和培训,以便于实际实施。

2. 依法治企

对于石材企业,需要聘请法务专员对公司内部事务进行合法合规管控,同时建议聘请外部专业律师作为常年法律顾问与内部法务人员配合,对公司的事务进行法律风险的防范。同时,由法律人士对石材企业定期进行法律专题培训,加强具体业务人员的法律意识。

只有法律的完备以及石材企业对法律的敬畏和内心的诚信,才可能让石材行业有稳定而明确的预期,而明确而稳定的预期,则是石材行业得以持续发展的基础。

(二)提高环保意识

实现资源合理开发与利用的要求,构建绿色石材产业,寻求符合环保要求的投资项目,带动石材行业的资源整合和产业模式升级改造,将是石材行业实现产业与环境和谐发展的必经之路。

1. 在环保政策要求严格的大背景下,鼓励石材行业投资节能、环保和生产成本显著降低的新型建筑材料。新型建筑材料替代了传统的建筑材料,单个项目投

资额不大，同时该投资具备高成长性的特点，在后期上市的可能性较大。新型建筑材料可直接向国家环保部、科技部申请新型建筑材料试点推广，新型建筑材料一旦试点成功，在施工、房地产等成熟客户中可做重点快速推广。

2. 投资符合环保要求、利润率较高、有上市预期的矿山开采机械、成套加工设备及耗材企业。对于优质的石材机械设备，可在矿山、加工园区优先推广，根据矿山、加工园区需求提供成套设备，也可开发融资租赁等金融工具，提升设备生产企业的投资回报。

（三）聘请专业律师或法律人士对石材企业的用工管理进行规范指导

如何成功驾驭人力资源风险，如何控制石材企业的用工成本，如何解决劳动争议等，石材企业应当聘请专业律师进行用工管理的指导，主要从以下几个方面进行管理：

1. 规范公司的规章制度、员工手册、绩效考核、休假制度等一系列规章制度，并将所有的规章制度与工会进行讨论。同时针对员工进行规章制度的培训或者将规章制度发送给员工，让员工阅读并签字确认。

2. 在职工管理过程中，对于用工招聘、入职管理、在职管理、离职管理等各环节和流程都应结合劳动法及劳动合同法的要求，对于明显违反法律规定的及时进行调整，减少违法风险的发生。

3. 可考虑多种用工形式，如劳务派遣、劳务外包等方式，但在选择派遣单位和外包单位、订立相应协议时也需要注意合规性控制和用工风险预防。

4. 在发生劳动争议纠纷时，应当注意避免引起集体性纠纷，对于单个员工的劳动争议应按照“总体防范、个案控制”的原则进行观察和疏导，并根据政策变化和经营情势的发展动态处理。

5. 按照法律规定为员工缴纳社保，保障员工在发生重大安全责任事故时能够申请到工伤保险的赔偿款。同时，建议公司为员工购买商业保险，加大对员工出现事故时的赔偿范围。

（四）石材企业应当加强纳税风险管理

石材企业老板应当增强企业作为纳税主体的意识，聘用具有一定专业能力的财务人员和法律人士，遵守国家有关税收方面的管理规定，掌握一定税收方面的法律知识，做好公司的税收筹划，结合企业的经营范围，充分争取税收优惠政策，达到节约税收成本,又符合税收的法律规定。

(五)石材企业工程质量问题的风险防范

石材工程质量问题往往容易引起纠纷,在常见的房地产装修装饰合同、建设工程承包合同中承包人往往以包工包料的方式承接。石材装修装饰工程发生质量问题后,由于石材产品的质量问题肉眼很难直接分辨,诉讼阶段一般会要求申请工程质量鉴定,但是对于该质量鉴定并不是所有的鉴定机构都可以进行。鉴定结果一般会提示该工程质量是工程施工问题还是石材本身的质量问题。根据我们的诉讼实践经验,一般情况下若装修工程出现不规则裂缝、出现发霉的现象等大都会被鉴定为石材的质量问题。但是该鉴定是在石材已经过使用后出现的,而该问题是石材企业交付石材时出现的问题还是由于装修工人在装修过程中发生的问题是很难界定的。因此对于承包人以鉴定结果为要求石材企业承担最终责任的情况下,石材企业需要做好以下几个方面的风险防范:

1. 在出售石材时应当一并提交石材质量合格证书;

2. 在交付石材时应当让买受人对于交付的标的进行现场质量确认并签字留底。

3. 在签署合同时一定要注意关于质量问题承担的条款,是否存在将非石材企业原因引起的质量问题也约定由石材企业承担的条款。

4. 在石材生产方面,需要完善技术方面的因素,尽量保证石材产品的质量。

(六)规范石材企业的招投标活动

1. 对于石材企业招投标过程中出现的中标人与实际施工人不一致的问题,需从以下几个方面进行防范:

(1)加强投标资格预审工作,对投标企业设定一定的基本条件,如该企业不存在挂靠情形,不存在"黑名单"等情形。只有符合一定基本条件的企业才有资格递交投标文件。当然,对于基本条件不能设置得过高,否则会造成符合条件的企业数量过少而流标的情形。

(2)对于投标的企业提交的项目业绩应当核实是否存在中标人与实际施工人不一致问题,比如可以与业绩项目的业主单位联系核实情况。

(3)考虑大部分情况下评标专家掌握着投标人是否能够中标的决定权,因此对于评标专家人员需要符合相应的专业、资质条件和职业素养。

(4)在招标文件及合同内直接约定若出现中标人与实际施工人不一致情形,

若给发包人造成损失的，发包人有权要求承担相应的责任(该损失建议在合同内先约定一定的具体金额或者比例)，同时约定由中标人承担连带赔偿责任。

2. 对于投标人串标、围标问题的风险防范

投标人串标、围标的行为干扰了招标投标活动的正常秩序，影响公平公正；导致中标人质次价高，进而影响项目建设。针对该问题我们建议：

(1)在招标文件中对于以下情形作出禁止性规定，如出现则做废标处理：不同投标人使用同一单位的资金交纳投标保证金；不同投标人委托同一人办理投标事宜；不同投标人的投标文件内容出现非正常一致，或者报价细目呈明显规律性变化；不同投标人的投标文件载明的项目管理人员出现同一人；不同投标人的投标文件相互混装等情形。

(2)有关单位资质证书、人员资格证明文件等要求投标人在投标时提交原件进行核对。

(3)评标时对于报价细目、字体字号、投标文件所用纸张、墨痕等进行仔细对比，查找串标、围标的蛛丝马迹。

(4)发现串标、围标行为后，对有关投标人做投标禁入处理，并报有关监管部门。

3. 对于“阴阳合同”的风险管理

对于“阴阳合同”的具体防范，我们建议：

(1)按照招标文件和中标人的投标文件签订合同；

(2)避免签订“阴阳合同”；

(3)履约过程中发生范围调整、工程变更等情况时，在法律专业人士的帮助下规范签署补充协议。

五、规范石材企业的投资

根据我们对石材行业的服务经验，针对石材行业的规范管理，需要特别强调规范石材企业投资的重要性，尤其是在目前石材企业存在管理不规范、法律意识薄弱、环保问题的情况下，对于石材企业的投资需要从以下几个方面进行考虑。

(一)项目投资团队的要求

1. 资深的团队

投资石材行业应当组建或者寻求一个资深的项目团队。该团队可以提供具

有符合环保要求的优质项目储备资源,能够为被投企业提供战略发展规划、企业转型及全面专业的金融服务。同时,团队成员应当具有丰富的资本市场经验,广泛的政府资源和并购退出平台以及拥有多名矿产和建筑材料行业资深人员。

2. 配备专家

由于矿山具有隐蔽性,因此对矿山的资源内容无法一目了然,所以专家在评估矿山的属性方面发挥着不可忽略的优势。对于一个矿山的投资,往往需要专业的战略合作伙伴,如为矿产勘察、评估和投资决策提供支持的地质专家,行业内专业的矿山开采和经营的团队等。

3. 具有配套的产业链

项目的投资方能为众多的行业上游资源企业、交易园区企业、施工企业及地产客户提供融资、园区招商和产品直销服务,全产业链金融助力行业发展。

4. 专业的项目管理能力

项目投资方能够降低项目运营成本和风险,提高项目的增值,为被投企业的战略发展、财务制度、法律风险等方面提供专业指导,并制定可行的战略发展规划。

(二)"配套矿山+加工工业园区"模式

石材行业自规模化以来就是以小作坊的"小而散"和"脏乱差",粗放的增长模式在运行着。环保整治的高效率逼着石材行业需要迅速转变为集约型的发展模式,"配套矿山+加工工业园区"模式是调整石材产业结构的良好模式,拟投资靠近消费地、城市扩容潜力大的城市交易园区,以低价工业土地、配套商住用地方式建设建材加工、物流、交易、展示为一体的交易园区。这种模式能够改变传统矿山资源地区传统分散、小作坊式、散乱污染的生产方式以及无法满足高标准、大批量工程订单的现状。投资者与当地政府签订协议确定"配套矿山+加工工业园区"模式,同时要筛选实力企业入园进行规模化、工业化生产,对于尾矿再生项目寻找合作方。

(三)投资形式

设立石材产业基金的形式进行投资和管理,通过基金的平台获得收益。基金的类别可考虑:证券投资基金、私募股权投资基金、金属矿产基金、石材产业基金等。本文重点讨论石材产业基金。石材产业基金的投资对象可考虑石材及非金属矿产资源、交易园区、新型建筑材料、高利润率的石材机械企业，其收益主要是矿产开采收益、园区租赁的租金、并购退出等。

1. 国内石材矿山陆续关停成为一种趋势，投资符合环保要求的石材及非金属矿产资源的机会越来越少。因此，若基金选择投资石材及非金属矿产资源需要配备熟悉矿山运作的团队，能够很好地结合现在的环保要求，在适当时候能够及时退出，保证环保的前提下以获取最大的利益回报。

2. 关于交易园区，自项目的开发规划、现金流管理、政府审批及优惠政策等均需要非常专业的园区团队管理进行项目的管理和谈判。

3. 在环保政策要求严格的大背景下，鼓励石材行业投资节能、环保和生产成本显著降低的新型建筑材料。新型建筑材料替代了传统的建筑材料，单个项目投资额不大，同时该投资具备高成长性的特点，在后期上市的可能性较大。新型建筑材料可直接向国家环保部、科技部申请新型建筑材料试点推广，新型建筑材料一旦试点成功，在施工、房地产等成熟客户可重点快速推广。

4. 投资符合环保要求、利润率较高、有上市预期的矿山开采机械、成套加工设备及耗材企业。对于优质的石材机械设备，可在矿山、加工园区优先推广，根据矿山、加工园区需求提供成套设备，也可开发融资租赁等金融工具，提升设备生产企业的投资回报。

（四）项目投资流程

拟进行项目投资的流程大致如下：

1. 项目立项：对项目团队、竞争优势、成长性及潜在收益进行初评，对符合投资目的的项目进行立项。

2. 项目初审：管理公司内部成立初评委员会，表决是否立项跟踪。

3. 项目尽调：项目经理进行尽职调查，形成投资报告。

4. 项目决策：投资决策委员会根据项目组尽职调查结果，综合参考外部专家意见，对项目进行投资可行性进行评审，以集体表决方式作出决策。

5. 投资后的管理：对企业进行财务重组，提供战略和管理咨询，改善企业治理结构，整合资源，提高资源利用效率等加强项目管理。

6. 增值服务：由管理团队开展投资及投资后的管理工作，对所投资的企业提供个性化、科学有效的增值服务。

乡村旅游项目开发中集体土地利用的法律研究

李鹏飞[*]　邹　苗[**]

随着城镇化进程的加速发展，城市土地资源日趋紧缺，农村集体土地的资产价值逐渐显现，诸多房地产企业将视野转向农村或集镇，尤其是休闲农业、田园综合体等乡村旅游产业的投资领域。乡村旅游项目的开发建设有其自身的门槛和特点，其中土地问题尤为关键，主要体现在此类项目用地的土地用途、权利类型复杂多样，因而土地获取的审批程序复杂，项目落地周期长。同时，乡村旅游项目自身存在占地面积大、容积率低等问题，导致获地成本较高。但在近几年，“农村土地三权分置”“集体建设用地入市”“点状供地”等有关集体土地流转的相关政策文件相继发布，《农村土地承包法》《土地管理法》相继完成修订等系列立法及政府动作为乡村旅游项目开发中集体土地的利用拓展了全新的可能性空间。

一、乡村旅游项目开发中集体土地利用的现实困境

（一）乡村旅游项目的兴起背景

从国家宏观政策看，休闲农业和乡村旅游是农业供给侧结构改革的重要内容，也是当前和今后旅游业发展的重点方向。近几年，中共中央、国务院发布的多个中央一号文件均提出大力发展休闲农业和乡村旅游，国务院和相关部门也相继出台相关文件和意见，构建了国家休闲农业和乡村旅游政策的框架体系。在国家政策的引导下，地方政府也积极推动政策落实，为休闲农业和乡村旅游项目的开

---

* 李鹏飞，上海市锦天城律师事务所上海办公室高级合伙人律师，华东政法大学法律硕士；擅长领域为房地产的一级、二级开发建设，房地产投融资、收购及出售，农村集体土地流转，城市更新及旧城改造等。

** 邹苗，上海市锦天城律师事务所上海办公室律师，华东政法大学法学硕士；擅长领域为房地产并购、投融资、公司日常合规及风控等。

发建设营造了良好的环境。[1]

从房地产行业的现实情况来看，城市土地资源日益紧缺、地价持续攀升、土地开发成本不断增加，迫使房地产企业寻求转型之道。诸多房地产企业的投资方向开始转向进入休闲农业、田园综合体等乡村旅游领域（以下简称乡村旅游项目），加之国家的战略支持，乡村旅游项目成为开发商、金融机构等主体竞相分享的大蛋糕。但乡村旅游项目有其自身的门槛和特点，房地产企业能否顺利进军该市场，取决于企业在土地储备、资金实力、规划及开发能力等多方面能否契合乡村旅游项目的建设要求，其中，土地获取及利用是乡村旅游项目开发建设的核心问题。

（二）乡村旅游项目多元业态下土地利用的复杂性

从土地权属的角度划分，我国土地分为国家所有土地和集体所有土地；从土地用途的角度划分，我国土地主要分为农用地、建设用地和未利用地。乡村旅游项目用地不仅涉及国有土地，而且涉及集体所有土地的开发建设。鉴于国有土地开发建设已经有了相对成熟的规范及流程，且位于我国农村或集镇的土地性质多属于集体所有土地，故本文对国有土地的利用不再详述。

乡村旅游项目具有农业和旅游业两种业态交叉的特征，总体而言，此类项目用地应为能够满足游客观赏游览、体验、休闲及休憩目的，并能为游客提供一系列服务场所和设施的土地，包括餐饮、住宿、文体娱乐、医疗卫生等多元业态。因此，乡村旅游项目并非千篇一律，其项目用地可能跨越多种不同用途的集体土地，从土地获取路径和政府审批流程方面较之其他房地产项目的开发建设都更为复杂。房地产企业在决定投资乡村旅游项目后，往往需要提前介入项目前期的土地征收、农用地转用、规划调整等环节。所以乡村旅游项目范围内土地的权属及用途能否满足项目开发需求成为企业需要重点关注的问题。

（三）现行土地监管制度下乡村旅游项目的开发掣肘

随着城镇化建设的持续发展，我国将始终面临建设用地需求不断增加与人多

---

〔1〕 2015年，国土资源部联合住房和城乡建设部、国家旅游局印发《关于支持旅游业发展用地政策的意见》（国土资规〔2015〕10号）；2015年，农业部（已撤销）联合国家发展改革委等11个部门印发《关于积极开发农业多种功能 大力促进休闲农业发展的通知》（农加发〔2015〕5号）；2016年，农业部（已撤销）联合国家发展改革委等14个部门印发《关于大力发展休闲农业的指导意见》（农加发〔2016〕3号）；2017年，农业部办公厅印发《关于推动落实休闲农业和乡村旅游发展政策的通知》（农办加〔2017〕15号）等。

地少背景下农用地资源后备不足的矛盾,解决这一矛盾也是我国土地监管制度的根本出发点。

我国原《土地管理法》规定,除经依法批准使用集体土地的以外,任何单位和个人需要使用土地进行建设的,必须依法申请使用国有土地;同时规定农民集体土地使用权不得转让、出让、出租用于非农业建设,通过立法明确限制农民集体所有土地进行特定用途之外的非农业建设。同时,原《土地管理法》严格约束土地征收的条件,要求征收农用地的,应当先行办理农用地转用审批。《土地管理法实施条例》进一步明确农用地转为建设用地应符合土地利用总体规划和土地利用年度计划中确定的农用地转用指标和村庄、集镇规划,并由土地主管部门向土地使用者核发集体土地使用权证书,依法办理审批手续后方可转为农村集体建设用地。前述规定严格限制了集体土地的用途及流转,虽然在维护我国土地公有制、保护耕地方面具有重要意义,但同时显现了我国农村土地市场的限制性和不稳定性,必然会挫伤社会资本参与乡村旅游项目开发建设的积极性。

随着经济形势的变化发展,农村集体土地制度改革乃至《土地管理法》的修订成为新形势背景下的必然之举。2019 年 8 月 26 日,第十三届全国人民代表大会常务委员会第十二次会议通过了《关于修改〈中华人民共和国土地管理法〉、〈中华人民共和国城市房地产管理法〉的决定》。2019 年 9 月 5 日,全国人民代表大会官方网站公布了修改后的《土地管理法》,新《土地管理法》将于 2020 年 1 月 1 日起正式实施。新《土地管理法》的主要内容即聚焦在农村土地制度改革,重点涉及农村土地征收、集体经营性建设用地入市和宅基地制度三方面内容;主要方向除坚持严格的耕地保护制度外,同时包括适度放活集体经营性建设用地及宅基地使用权的流转。尤其值得关注的是,新《土地管理法》删去了从事非农业建设必须使用国有土地或者征为国有的原集体土地的相关规定,打通了历年来集体建设用地无法直接进入市场流转的法律障碍,增加了土地市场上的集体建设用地供给,为乡村旅游项目的业主方及/或运营方合法取得集体建设用地使用权破解了僵局,带来了重要机遇。

二、乡村旅游项目开发中农用地利用的路径分析

(一)农用地流转的发展进程

根据《土地管理法》中农用地的定义,农用地是指直接用于农业生产的土地,包括耕地、林地、草地、农田水利用地、养殖水面等。这与《农村土地承包法》中所称农村土地的概念基本一致。根据《农村土地承包法》的相关规定,我国现行农用

地利用的基本制度为家庭承包经营制，即对于集体所有的农用地，由集体经济组织发包，集体经济组织的成员以家庭（农户）为单位承包土地进行经营。而对于本集体经济组织以外的主体，除非是四荒地等不宜采取家庭承包方式的土地可以采取招标、拍卖、公开协商等方式承包，一般只能通过从承包经营的农户手中流转获取集体农用地的使用权。

自1988年宪法修正案明确土地使用权可以依法转让以来，农用地的流转被逐渐放宽，直至2002年《农村土地承包法》的出台，以法律形式确立了土地承包经营权可以依法流转。2014年10月，中共中央办公厅、国务院办公厅印发《关于引导农村土地经营权有序流转发展农业适度规模经营的意见》，该意见正式提出农村土地所有权、承包权、经营权分置，对土地经营权的流转提出了原则性要求。2016年10月，前述“两办”印发《关于完善农村土地所有权承包权经营权分置办法的意见》（以下简称《三权分置意见》）就指导农村土地“三权分置”的具体操作提出新的意见和要求。2018年12月，经全国人民代表大会常务委员会最新修订的《农村土地承包法》正式确立了农村土地的“三权分置”制度，落实了土地经营权的概念及流转要求，包括流转原则、流转合同的条款要件、融资担保等内容。自此，农用地“三权分置”、土地经营权概念正式上升至法律地位。

（二）“三权分置”下乡村旅游发展的可能性空间

从“两权分离”到“三权分置”，意味着农村土地经营格局从小而分散经营的家庭承包体系向多元化经营主体以及多样化、多形式的农业经营体系转变，呈现“集体所有、家庭承包、多元经营”的制度特征。在“三权分置”制度框架下，农村土地的产权主体可细分为作为所有权主体的农民集体、作为承包权主体的农户以及第三方经营主体与生产服务主体（农户、农民合作社及其他行业主体等），盘活土地经营权具有广泛的可能性空间。

上述可能性空间即体现在：承包方有权将土地经营权通过出租（转包）、入股或者其他方式流转给受让方（包括工商企业等社会资本），且经承包方书面同意并向集体经济组织备案，受让方可以再流转土地经营权。现有法律法规并未对前述“其他方式”作出进一步规定，这为未来创设新的土地经营权流转方式留下了空间。具体就房地产企业对乡村旅游项目的投资而言，企业与承包方签署土地经营权流转合同后便能够依法使用流转的承包地，自主开展生产经营并取得收益，但需注意维持土地的农业用途，仅能从事与旅游相关的种植业、林业、畜牧业和渔业生产。此种不改变土地性质的农用地流转方式推荐适用于主打农业观光、农业体验的乡村旅游项目,包含以农用地作为项目主要用地的农家乐、采摘园等项目。此类项目一般基于当地原有农业产业升级而成,无须使用大量建设用地。项目业主方及/或运营方可以在不改变土地属性的情况下,修建一些敞开式的、不具备完全遮蔽功能的构筑物。例如,无锡"田园东方"作为国内首个田园综合体项目,其以田园生活为目标核心,利用农用地建设有机农场、采摘园、户外课堂等休闲农业项目,为游客提供体验"三农"的新型产业经营形态。又如,杭州"春风长乐小镇"项目,作为农业主导、兼顾地产与旅游的综合性农林小镇代表,该小镇的项目特色及核心卖点即依靠大片的耕地、林地等农用地而建成的"农庄"。可以预见,随着农用地"三权分置"上升至法律规范制度且在实践中的逐步发展及完善,土地经营权的流转放活将为此类休闲农业型项目的开发建设提供更为灵活和规范的获地途径。

(三)农用地利用的风险及防范

第一,禁止利用农用地进行非农建设。现行法律及相关政策均明令禁止借土地流转之名违规搞非农建设。〔2〕在现行严格的农用地用途监管制度下,房地产企业拟在集体农用地上建造酒店、度假村等建筑物仍应经过土地征收、农转用及招拍挂程序,若擅自占用农用地将面临行政处罚,造成农用地大量损坏的还将被追究刑事责任。以河北省宁晋县的"换马店古镇"为例,开发商通过与农户签署土地流转合同的方式取得农用地使用权后,在未经合法变更土地用途程序的前提下就擅自在农用地上建设非农项目,该项目最终因违法变更农用地用途而被主管部门要求停工、拆除,导致项目功亏一篑,开发商的巨额投资付诸东流。因此,在乡村旅游项目投资前,房地产企业应对拟开发的项目用地进行全面尽职调查,先行判断土地用途、建设用地指标等是否符合拟建项目的用地需求,即便与当地政府合作开发项目,且地方政府对土地利用作出合法利用的承诺和保证,房地产企业在项目建设中仍应遵守不改变农用地用途、不破坏土地生态环境等红线要求。

第二,土地经营权融资担保的实践操作问题。在《农村土地承包法》修订前,由于土地经营权的融资担保仅有政策层面的概念指导,土地经营权人以土地经营

〔2〕 中共中央办公厅、国务院办公厅发布《关于引导农村土地经营权有序流转发展农业适度规模经营的意见》:……(十)加强土地流转用途管制。坚持最严格的耕地保护制度,切实保护基本农田。严禁借土地流转之名违规搞非农建设。严禁在流转农地上建设或变相建设旅游度假村、高尔夫球场、别墅、私人会所等。

权作为担保物向金融机构申请贷款始终存在制度障碍，所以房地产企业即便能够依法获取土地经营权，但囿于外部融资障碍造成的资金短缺，面对乡村旅游项目只能望洋兴叹。对此，新修订的《农村土地承包法》改变了这一现状，该法第47条明确了土地经营权可以向金融机构融资担保，免除了金融机构向土地经营权人提供贷款的后顾之忧。但在实践操作中，土地经营权人向金融机构融资担保应注意以下几点要求：其一，土地经营权人作融资担保，需经承包权人书面同意并向发包方备案；其二，融资担保合同生效时担保物权设立，虽然登记机构登记并非担保物权设立的必要条件，但未经登记不得对抗善意第三人，故为稳妥起见，建议经营权人及时向登记机构申请登记。另需注意的是，《农村土地承包法》并未对从承包经营权中分离出的经营权在性质上属物权还是债权作出界定，[3]故在此后的融资担保中，该如何协调土地承包权人与经营权人之间的权属纠纷，此等理论与操作问题仍待国务院有关部门作出规定。

三、乡村旅游项目开发中集体建设用地利用的路径分析

如本文第一节所述，乡村旅游项目涉及多种类土地的开发。即便是主打农业观光、农业体验的项目，也需要建设住宿、餐饮等配套设施，该等配套设施的建造均需使用建设用地，合法利用集体建设用地无疑是发展乡村旅游项目的最为主要的土地供给来源。

集体建设用地可分为集体经营性建设用地、宅基地、公共设施及公益事业用地三类用途。从房地产企业获地的角度看，得益于中央及地方政府对集体经营性建设用地和宅基地流转政策的放宽，该两种集体建设用地存在一定的开发利用空间；但公共设施及公益事业用地因承载集体福利或社会公共利益，基本无营利性开发空间，故本文不展开论述。

我国原《土地管理法》严格限制集体建设用地的流转，但在实践中，不难发现各地存在不少集体建设用地流转的“地下市场”，即集体建设用地未经合法程序向非农领域流转的情形，包括采用“直接售卖”“租赁”“合作开办企业”等实质上进行集体经营性建设用地非法流转的有偿形式。由于此类“地下市场”不受法律保护，集体建设用地的流转效力无法被认可，交易存在巨大法律风险，其弊端不言自

---

〔3〕《巩固和完善农村基本经营制度——刘振伟谈农村土地承包法修改》，载《农民日报》2019年1月4日，第1版。

明。近几年,中央及地方政府陆续出台有关集体建设用地流转的相关政策,且新《土地管理法》有条件地允许集体建设用地入市流转,为乡村旅游项目中利用集体建设用地提供了全新路径。

(一)集体经营性建设用地利用的路径

1. 集体经营性建设用地入市试点

2013 年 11 月,中共十八届三中全会审议通过《中共中央关于全面深化改革若干重大问题的决定》,首次提出集体经营性建设用地入市的概念:“在符合规划和用途管制前提下,允许农村集体经营性建设用地出让、租赁、入股,实行与国有土地同等入市、同权同价。” 2015 年 1 月,中共中央办公厅、国务院办公厅联合印发《关于农村土地征收、集体经营性建设用地入市、宅基地制度改革试点工作的意见》,再次提出集体经营性建设用地入市的改革目标。同年 2 月,全国人大常委会发布《关于授权国务院在北京市大兴区等三十三个试点县(市、区)行政区域暂时调整实施有关法律规定的决定》(以下简称《入市试点决定》),授权国务院在北京市大兴区等 33 个县(市、区)开展农村集体经营性建设用地入市试点工作,试点行政区域在试点期间内可以暂停适用《土地管理法》《城市房地产管理法》中限制集体经营性建设用地入市的相关法律规定。各地方政府部门紧跟着颁布地方政策性文件,通过进一步细化中央文件规定为集体经营性建设用地入市完善制度性建设。[4] 自此,该 33 个试点行政区域踏入集体经营性建设用地入市先列,北京市大兴区、浙江德清县、成都市郫都区等作为最早参与试点的地区,均积累了较为成熟的入市实践经验。

前述集体经营性建设用地入市实践经验自新《土地管理法》完成修订后已正式上升至法律层面。根据新《土地管理法》第 63 条第 1 款规定,对土地利用总体规划、城乡规划确定为工业、商业等经营性用途,并经依法登记的集体经营性建设用地,允许土地所有权人通过出让、出租等方式交由单位或者个人使用。鉴于《土地管理法实施条例》尚未完成修订,从现行规范体系看,集体经营性建设用地入市在国家层面并没有明确统一流程性指引,试点行政区域所推出的集体经营性建设用地入市项目的落地方式不尽相同。在流转方式方面,有的项目以市场招拍挂方式出让,有的项目则直接采取协议方式转让/租赁。以上海市松江区为例,该地区

---

〔4〕 以上海市为例,上海市松江区人民政府印发了《松江区集体经营性建设用地入市“1+5”配套文件》(沪松府规〔2018〕6 号),详见上海市松江区人民政府网站。

实行的集体经营性建设用地入市一般流程为：首先入市事项应由农村集体经济组织通过民主内部决议（经2/3以上成员或成员代表同意），其次委托区土地使用权招拍挂办公室拟订出让方案，出让方案须再次通过民主内部决议，报镇人民政府审核，并报松江区人民政府批准，随后由农村集体经济组织在上海市土地交易中心公开挂牌出让集体经营性建设用地使用权。

2. 集体经营性建设用地入市的风险及防范

虽然新《土地管理法》排除了集体经营性建设用地入市试点在法律层面的障碍，但关于集体经营性建设用地入市的相关流程、各参与主体的权利义务关系并没有明确的法律规定可遵循，房地产企业通过此种方式获取利用集体经营性建设用地使用权需注意以下问题：

第一，关于集体经营性建设用地使用权的期限问题。新《土地管理法》第63条第4款规定，集体建设用地使用权的最高年限参照同类用途的国有建设用地执行。各试点行政区域一般也是参照国有建设用地出让年限的规定来设定集体经营性建设用地使用权的期限，期限届满时是否可以续期则不明确。需要注意的是，我国《合同法》明确了租赁期限不得超过20年，租期超过20年将不受法律保护。在实践中存在试点行政区域采取租赁方式入市并将租赁期限设定为20年以上的做法，此种做法无法保障承租人对建设用地使用权的长期合法利用，对承租双方而言均具有法律风险。对此，虽然相较于出让或入股方式，采用租赁方式获取使用权更为简单高效，但从乡村旅游项目的长期稳定发展角度考虑，建议房地产企业优先选择出让或入股方式获取集体经营性建设用地使用权。

第二，关于集体经营性建设用地入市的范围及流程问题。集体经营性建设用地的入市流程涉及规划调整、土地确权登记、出让/租赁合同签署等多个环节，而各试点区域的相关探索经验不尽相同，未能形成统一的规则，新《土地管理法》亦未明确入市流程，入市的落地推行尚待《土地管理法实施条例》等法律的修改及地方配套规则的出台。为避免程序瑕疵带来的项目风险，房地产企业在利用集体经营性建设用地过程中，应注意核查每个环节的合法合规性，例如集体经营性建设用地使用权的流转属于涉及集体经济组织重大利益的事项，应符合自愿原则，经过集体民主议定程序讨论并作出决议〔5〕；流转的集体经营性建设用地应当权属

〔5〕 新《土地管理法》第63条第2款规定，前款规定的集体经营性建设用地出让、出租等，应当经本集体经济组织成员的村民会议三分之二以上成员或者三分之二以上村民代表的同意。

合法、界址清楚,符合土地利用总体规划及村镇建设规划。

(二)宅基地利用的路径

1. 宅基地的“三权分置”

宅基地指集体所有,农户占有并使用的用于建造住宅的土地。相较于农用地的土地承包经营权,国家对宅基地使用权的取得及流转存在更为严格的限制条件,即便受让对象为集体经济组织的内部成员,也需满足特定条件方可取得宅基地使用权。与此同时,在我国许多欠发达地区的乡村(镇),进城务工人员不断增多,大量宅基地被长期闲置,出现了“空心村”现象。如何盘活和利用这些宅基地资源成为亟待解决的现实问题。对此,2018 年中央一号文件《关于实施乡村振兴战略的意见》给出了指引,该意见首次在国家层面提出探索宅基地所有权、资格权、使用权“三权分置”,适度放活宅基地和农民房屋使用权。新《土地管理法》在宅基地制度改革方面也有了突破规定,明确允许进城落户的农村村民依法自愿有偿退出宅基地,鼓励农村集体经济组织及其成员盘活利用闲置宅基地和闲置住宅。

宅基地“三权分置”也于近两年进入了实践探索阶段。以上海市金山区枫泾镇为例,该镇村集体组织携手社会资本进行乡村更新,合作开发田园综合体。其具体合作模式为:村集体协调农户将闲置用房的宅基地使用权出租给众创企业,由众创企业将农房改造成“众创空间”,租赁期满后,宅基地使用权仍归农户享有。此种宅基地使用权的流转方式使闲置农宅“活”了起来,也为企业提供了创新创业平台。再以宁波市象山县为例,企业与村集体组织及农户签订宅基地使用权流转三方合同,在合同中明确宅基地坐落面积、流转价款、年限等内容,并由企业对宅基地进行统一开发。值得关注的是,象山县关于宅基地“三权分置”探索的亮点在于:该县国土局分别向宅基地所涉农户和企业颁发了农村宅基地资格权人证和使用权人证,且宅基地所在的乡镇政府为流转合同进行了鉴证。颁发宅基地使用权证及鉴证流转合同的行为相当于政府对宅基地合法流转的背书行为,此类背书行为一定程度上能够为社会资本合理开发利用宅基地减轻政策风险。

2. 宅基地利用的风险及防范

宅基地的“三权分置”目前尚处国家政策引导阶段,相关的法律法规仍处于缺位状态,实践落地过程中也会存在一定的风险和阻碍。

第一,尽管有中央及地方政策的支持,新《土地管理法》并未明确宅基地使用权的对外流转的具体适用条件及程序，所以在相关配套规定出台前，房地产企业作为宅基地使用权人倘与宅基地其他权利人（如村集体组织和农户）发生权属纠纷，结合以往的司法判例，宅基地使用权的流转仍有可能因法律依据的欠缺而被法院认定为无效或可撤销。

第二，在实际利用方面，宅基地也有其弊端。由于法律对宅基地使用权的取得及流转限制，每一处宅基地的面积十分有限，且不会集中在一处，小而分散的地块较难满足乡村旅游项目开发的需求。

第三，宅基地的资格权仅能由集体经济组织内部成员取得，若房地产企业所用宅基地的资格权人户口迁出农村或者死亡后无本集体内部的继承人，则该块宅基地的资格权就此灭失，宅基地应由集体收回。在此种情况下，已经由房地产企业取得的宅基地使用权又将“何去何从”，这也给宅基地的长期利用埋下了隐患。

基于上述风险及弊端，房地产企业拟租用或以其他方式取得宅基地使用权时，建议优先选择闲置的宅基地及农房，并将集体经济组织加入宅基地使用权的流转合同签署方，同时引入地方政府对宅基地使用权流转合同的鉴证手续，以及土地管理部门对宅基地“三权”的确权登记颁证程序，尽可能使企业与农户之间的普通债权合同关系上升为存在政府颁发权证证明的法律关系。

四、乡村旅游项目开发中集体未利用地利用的路径分析

（一）集体未利用地利用的路径

集体未利用地是指农用地和集体建设用地以外的集体所有土地，包括荒山、荒沟、荒丘、荒滩等土地，集体未利用地占地面积较广、开发潜力大，从现行政策来看，土地管理部门、旅游局等政府部门对在集体未利用地上建设乡村旅游项目多持鼓励和支持的态度。[6]

关于集体未利用地供应乡村旅游项目非农建设的审批流程，根据《土地管理

---

〔6〕《土地管理法》第 39 条规定，国家鼓励单位和个人按照土地利用总体规划，在保护和改善生态环境、防止水土流失和土地荒漠化的前提下，开发未利用的土地；适宜开发为农用地的，应当优先开发成农用地。

国土资源部、住房和城乡建设部、国家旅游局联合发布《关于支持旅游业发展用地政策的意见》（国土资规〔2015〕10 号）：支持使用未利用地、废弃地、边远海岛等土地建设旅游项目……农村集体经济组织以外的单位和个人，可依法通过承包经营流转的方式，使用农民集体所有的农用地、未利用地，从事与旅游相关的种植业、林业、畜牧业和渔业生产。

法》的规定,对未利用地的开垦,必须经过科学论证和评估,在土地利用总体规划划定的可开垦的区域内,经依法批准后进行。同时,《土地管理法实施条例》明确了建设项目占用城市建设用地范围外集体未利用地的,需报批征用土地方案和供地方案。据此,集体未利用地办理土地征收手续后可以依法供应具体建设项目使用,不需要办理转用手续。

（二）集体未利用地利用的风险及防范

根据《土地管理法》《城乡规划法》要求,土地利用应当符合土地利用总体规划和城乡规划要求,但当前有些农村闲置资源并未被前述法律覆盖,在土地征收前需对规划进行完善调整。且现行土地利用总体规划、控制性详细规划是以片状供地作为规划标准,即分别由国土资源部门及规划建设部门通过制定强制性指标对整体地块进行开发建设管控。所以,集体未利用地供应乡村旅游项目需要做好土地利用总体规划、控制性详细规划与未利用地综合开发利用规划、乡村旅游等专项规划的衔接工作,同样可能涉及对既有土地利用总体规划的修编及城乡规划的调整,进而实现"多规合一"。对此,房地产企业在投资乡村旅游项目前,应主动核实项目用地的规划限制,如既有的规划要求与拟建设项目的用地需求不匹配,应与当地政府提前沟通规划调整事项,并对调整难度及时限进行合理预判,避免在后期的土地开发进程中陷入进退两难的境地。

五、乡村旅游项目开发中集体土地利用的其他创新路径

关于集体土地的供地模式,传统上一直采用成片供地模式,但近些年,点状供地作为创新的供地模式在实践探索中成效显著,且此种模式的适用范围已从最初的集体未利用地拓展至其他集体土地的开发中。

（一）点状供地的提出及实践

乡村旅游项目通常占地面积大,容积率低。假设一个项目所需的建设用地面积是数百亩的"量级",按照传统成片供地模式,相应征地量可能会上升至千亩计,政府供地紧张,房地产企业获地成本倍增,且乡村旅游项目的配套设施属于较小且分散型,成片供地也会造成土地资源的浪费。在此背景下,点状供地作为新型供地模式应运而生。通俗来讲,点状供地是指将项目用地划分为永久性建设用地和生态保留用地,其中永久性建设用地根据项目的非农建设需求量据实供应,剩

余项目用地可只征不转,按租赁、托管、划拨等方式供项目业主方及/或运营方使用。

点状供地模式最早产生于荒地滩涂等未利用地的开发。浙江作为全国首批开展低丘缓坡等未利用土地开发利用的试点省份之一,在实践中创造性地作出了“补改结合”(点状供地的前身)的相关探索。2015 年,浙江省试点推行“点状布局、垂直开发”的土地综合利用新模式,被称为“坡地村镇”建设。[7] 2018 年,浙江省“坡地村镇”试点实施 3 年,吸引总投资 580 亿元,探索成效显著。“坡地村镇”建设中的点状供地这一土地开发利用模式也得到了国家旅游局的认可。[8] 2018 年 6 月,浙江省人民政府办公厅颁布《关于做好低丘缓坡开发利用推进生态“坡地村镇”建设的若干意见》,正式提出“坡地村镇”建设,并实行“点状或带状布局多个地块组合开发”的供地模式。[9]

重庆归原小镇是点状供地政策指导下的一个典型案例,其按照项目建筑物占地面积、建筑半间距范围及必要的环境用地进行点状规划、点状报批、点状供地,克服了原先遭遇的因项目总占地面积大造成的供地难问题。浙江省德清县“裸心谷”项目同样受利于点状供地的适用,该项目总用地达 380 亩,而其中建设用地仅 30.45 亩,建设用地全部为点状供地方式供应,其余水面、茶园、竹林等采用租赁方式进行保障。实践可见,点状供地模式极大地减少了土地占用指标,一定程度上解决了项目获地难问题,同时减轻了房地产企业的资金压力。

(二)点状供地的风险及防范

点状供地同样存在弊端,其主要问题在于生态保留用地租赁期限与建设用地出让年限不匹配。具体而言,项目业主方及/或运营方租赁耕地、林地等生态保留用地的期限根据《合同法》对租赁期限的要求不得超出 20 年,但经出让方式获得的建设用地上所建房屋的产权期限往往为 40 年及以上。两者期限不匹配意味着

---

〔7〕 浙江省国土资源局厅等 9 个部门联合发布《关于开展“坡地村镇”建设用地试点工作的通知》(浙土资发〔2015〕13 号)。

〔8〕 国家旅游局发布《关于印发〈全域旅游示范区创建工作导则〉的通知》(旅发〔2017〕79 号):探索实行重点旅游项目点状供地等用地改革,优化旅游项目用地政策。

〔9〕 浙江省人民政府办公厅发布《关于做好低丘缓坡开发利用推进生态“坡地村镇”建设的若干意见》(浙政办发〔2018〕64 号):建设用地原则上按建筑落地面积进行开发。对未纳入建设用地开发的,可作为生态保留用地。……对结合异地搬迁、新农村建设等工作,通过规划引导纳入村庄建设的区块,可以实行点状或带状布局多个地块组合开发。对充分依托山林自然风景资源,进行生态(农业)旅游、休闲度假等项目开发的区块,可以实行点状布局多个地块组合开发。

项目的整体功能无法得到长期稳定的保障。此外，在项目业主方及/或运营方与农户的关系方面，基于较多农户仍处于对新生事物接受能力低、契约意识薄弱和缺乏市场经营经验的现状，农户往往更为关注短期利益，导致其不愿长租、易违约的情况，在履约过程中容易与项目业主方及/或运营方产生冲突。对此，房地产企业作为项目业主方及/或运营方在签署生态保留用地的相关使用权流转合同时，同样建议选择闲置的土地并将集体经济组织加入合同签署方。同时，在制定合同文本过程中，房地产企业除考虑初期利益外，更应关注后期利益的动态调整和持续保障，尽可能预判合同履行过程中可能发生的不利情形并逐一设置处理或退出机制，并提前准备无法继续使用生态保留用地情形下的土地利用备选方案。

六、结语

乡村旅游项目中，项目用地获取及利用方式的选择需根据项目的具体业态、土地权属、土地用途等综合确定。在投资者是集体经济组织以外的单位和个人的情形下，若拟投资项目需占用集体所有的农用地、未利用地，且项目类型为农业主导型，则可以依法通过土地经营权流转的方式进行，即在不改变土地用途的情形下，直接根据土地原有属性对土地予以开发利用。若项目涉及非农业建设，投资者应当严格遵守国家关于集体土地利用的监管政策，根据项目特点采用如下几种方案：方案一是在该集体土地被国家征收为国有土地后，直接通过招拍挂方式取得国有建设用地的使用权。同时，考虑到项目容积率要求及土地获取成本，投资者可事先对供地模式进行考察，与当地政府协商确认是否适用点状供地模式获取土地。方案二是在符合土地利用总体规划及乡镇规划的前提下，由农村集体经济组织将建设用地使用权以作价入股、联营等方式，与投资者合作开发使用。方案三则是在新《土地管理法》于 2020 年 1 月 1 日正式生效后，投资者可通过市场招拍挂或协议租赁方式取得集体建设用地使用权。

鉴于《土地管理法》已完成修订，相关配套细则正在制定过程中，可以预见在改革试点经验的基础上，集体经营性建设用地入市区域限制、集体土地使用权抵押融资难等房地产投资者关注问题或在不久后完全破解法律障碍。但无论如何，投资者在投资乡村旅游项目前，都应对项目用地的土地权属、规划要求及地方特殊政策等进行全面调查，根据调查结果综合研判项目范围内各种业态的用地成本、效益以及用地风险，合理平衡整体利益，并根据现实需要、难易程度来选择具体的土地利用方式。

工业用地土地使用权期限届满后处置模式的法律探讨

杨　晓[*]　沈　琦[**]

无论是历史形成的土地使用权期限问题,还是今后精细化利用土地资源的需求,政府及土地权利人将面对越来越多的土地使用权期限届满处置事宜。由于现行法律法规中缺乏针对土地使用权期限届满后明确的处置方式,各地政府在实践操作中存在评判标准不统一、所涉地上建筑物经济补偿以及土地续期转让定价标准不明确、行政决策耗时长等情况。政府将如何明确指导方向,又将如何立法规范,都需要大量的论证和对先行试点项目的充分考察。

一、工业用地土地使用权分割转让状况

根据《城镇国有土地使用权出让和转让暂行条例》等相关规定,我国城镇国有土地的使用权人以出让、转让方式取得土地使用权,需依据土地性质区分最高土地使用年限。其中,居住用地为70年、工业用地为50年,商业旅游娱乐用地为40年,综合或其他用地为50年。

就工业用地而言,20世纪90年代初正式启动土地年限制度起,由于彼时各地政府普遍面临招商引资、城区开发等迫切需求,而购地企业出于对未来较长时间内市场环境及产业情况的无法预判,对一次性购买50年土地使用权存在顾虑。[1]

---

* 杨晓,上海市锦天城律师事务所上海办公室高级合伙人,华东政法大学法学学士,英国Warwick大学法学硕士;擅长领域为房地产开发、并购重组、资本市场以及争议解决。

** 沈琦,上海市锦天城律师所上海办公室律师,华东政法大学法学学士,复旦大学法律硕士;擅长领域为资本市场、房地产开发、争议解决以及企业合规管理。

〔1〕 王守智:《对国有土地使用权期限与期限届满续期问题的思考与建议》,载《新经济》2017年第6期。

基于此,部分地方政府曾采取出让短于最高年限之土地使用权的操作。针对产业园区土地成片开发项目,区域开发商亦参照政府模式,在其名下土地使用年限内分割转让部分使用年限,引进企业进行厂房建设、产业经营,从而达到税收落地、产业集群的目的。时至今日,通过历史分割转让方式取得的土地使用权期限已陆续届满,用地企业及土地所在地政府均面临如何进行土地年限届满后的处置安排。

再者,由于土地资源日益紧张,地方政府尤其是一线、二线城市对集约节约利用土地资源,提高土地使用绩效的需求越来越高,在招商引资时精细控制工业土地使用权转让年限逐渐成为今后城市建设的现实需求,届时也将面临更多的类似问题。

二、工业用地土地使用权期限届满后存在的法律问题

就土地使用权届满后如何处置的问题,现行法律法规并不明确,实践操作中主要存在的法律问题集中在三个方面:

(一)届满后的续期问题

《物权法》规定,住宅土地使用权届满后自动续期,本次送审的《民法典》草案亦重申此原则,但对其他用地土地使用权届满后如何处理并无明确规定。

《城市房地产管理法》规定,土地使用权出让合同约定的使用年限届满,土地使用者需要继续使用土地的,应当至迟于期限届满前一年申请续期,除根据社会公共利益需要收回该幅土地的,应当予以批准。但在城市土地资源极其宝贵的今天,该种情况并不利于用地效率管控。如产业用地者长期绩效低下,土地难以得到充分利用,到期后继续按此无条件批准,无疑是占用并浪费宝贵的土地资源,“腾笼换鸟”无从谈起。现实中如成都市[2]、合肥市[3]等多地已从实际情况出发,突破该法限制,出台了诸多续期审批条件。

---

〔2〕《成都市国土资源局关于国有建设用地使用权期间届满相关问题处理的答复意见》(成国土资发〔2008〕100号)第2条规定:非住宅建设用地使用权期间届满,使用权人未申请续期,除因社会公共利益需要收回该宗土地的,土地登记机关应通过发布公告等方式通知使用权人在规定期限内补办续期手续。

〔3〕《合肥市工业用地租让结合暂行规定》第11条:通过评估的,市国土资源局办理剩余年期(14、24、34、44年)续出让手续,剩余土地出让金为该宗地出让金总额扣除6年出让金后的余额。首期出让年限届满后,若受让人未提出续期申请,市国土资源局按照合同约定依法收回国有建设用地使用权。

此外，该规定仅适用于土地使用权出让合同届满的情况，并未考虑二级市场存在的土地使用权转让合同届满后的情形。《城镇国有土地使用权出让和转让暂行条例》规定，土地受让者如转让土地使用权的，转让年限为其受让年限减去已使用年限后的剩余年限，但现实中尤其是产业园区成片开发时，园区管理者将其持有的土地使用权剩余年限内的部分年限弹性分割转让给入驻企业的情况比比皆是，甚至部分地区出台规定只能进行弹性分段转让。对此类分割转让的土地使用权届满后是否必须续期、能否不予续期、续期有否条件，《城市房地产管理法》及相关法律、行政法规均无任何明确规定，实践中尚处于参照摸索阶段。

（二）续期缴费标准问题

《物权法》规定了住宅土地使用权届满后自动续期，但回避了是否需缴纳土地出让金的问题。

《城市房地产管理法》规定，土地使用权出让合同届满后，经批准准予续期的，应当重新签订土地使用权出让合同，依照规定支付土地使用权出让金。但对依照何种规定，按照何种标准并未明确。以浙江省温州市为例，温州市部分10年期限的工业用地分别已按照原出让合同给予办理续期，土地出让金按原土地出让合同的约定标准收取。[4] 但鉴于目前尚无法律法规对办理续期的程序、条件及土地出让金计取标准予以指导，故各省市在实践中就该问题尚无统一规定。

对于二级市场存在的分割年限土地使用权届满后，续期应产生的相应土地转让金标准，相关法律法规亦无规定，实践中已屡屡产生争议。

（三）不续期的补偿问题

《城镇国有土地使用权出让和转让暂行条例》规定，土地使用权期满，土地使用权及其地上建筑物、其他附着物所有权由国家无偿取得，土地使用者应当交还土地使用证，并依照规定办理注销登记。

即便有此规定，从物权保护及公平角度出发，在实际操作中越来越倾向于对地上建筑物、附着物进行补偿。2008年出台的《国有建设用地使用权出让合同示范文本》（以下简称《示范文本》）约定，国家收回时应当对地上不动产的残值予以

---

〔4〕 张传新、郑巧凤：《建设用地使用权续期情况探析——基于浙江省温州市的实践》，载《地政研究》2017年第7期。

补偿。虽《示范文本》为出让土地双方之间的合同约定,未上升到国家法律法规层面,但考虑到《示范文本》系国土资源部和工商总局联合制定,其条款约定体现出行政部门对物权私有化的保护倾向。

而对于二级市场的土地使用权年限内的分割转让,因转让年限届满后,剩余年限仍应归属于土地转让方,土地不可能直接由国家收回。此种情形下,土地使用权剩余年限的权利人是否应就地上建筑物、附着物给予用地企业补偿,如何补偿,法律法规均缺乏明确规定,相关争议也随之而生。

三、上海市相关规定及实践操作

(一)上海市现行相关规定

自 2014 年起,上海市政府及相关部门结合城市规划和发展需要,针对工业用地土地使用权届满后的处置问题出台了一系列法规政策,包括《关于进一步提高本市土地节约集约利用水平的若干意见》(沪府发〔2014〕14 号)、《浦东新区工业用地全生命周期管理实施细则》(浦府〔2014〕204 号)、《关于本市盘活存量工业用地的实施办法》(沪府办〔2016〕22 号)、《关于加强本市工业用地出让管理的若干规定》(沪府办〔2016〕23 号)、《上海市经营性用地和工业用地全生命周期管理土壤环境保护管理办法》(沪环保防〔2016〕226 号)等。该等法规政策以提高土地利用质量和效益为目的,对工业用地的规划管理、产业准入、土地供应方式、土地出让价格、土地出让年限、合同到期及续期、土地利用绩效评估制度等多方面进行指导与规范,主要包括:

1. 明确了工业用地弹性年期出让制度

根据前述规定,上海市新增工业用地产业项目类用地出让年限不超过 20 年,出让价格按照基准地价对应的最高年限进行年期修正。国家和本市重大产业项目、战略性新兴产业项目,按照本市相关规定和程序进行认定后,以认定的出让年期出让,最高不超过 50 年。工业用地标准厂房类、研发总部产业项目类、研发总部通用类用地的最高年限为 50 年。

2. 就续期资格问题,设置了续期前置评审制度

根据前述规定,工业用地使用权到期前,受让人应向出让人提出续期使用申请,在符合土地利用总体规划、城乡规划和产业发展规划,满足节能和环境保护要求,经综合考评达标的,方可协议取得续期工业用地使用权。受让人未提出续期申请,或提出续期申请但经评估不符合要求的,工业用地使用权到期后,合同自然

终止,工业用地使用权依法收回。

3. 就续期价格问题,设置了价格评估指导原则

根据前述规定,续期时的土地出让价款,经区县政府集体决策,可按照原出让价款,或者结合原出让价款和续期时工业用地基准地价等,综合评估确定续期价格。浦东新区政府进一步分项设定细则,规定出让年期20年内的项目,续期时的土地出让价款,可参照原出让合同约定的出让价格,结合续期时土地所在区域工业用地基准地价等综合评估确定;对出让年期超过20年的项目,出让价款按续期时工业用地市场价格确定。

4. 就退出及补偿问题,以合同为平台进行设置

根据前述规定,项目在用地期限内的利用状况应实施全过程动态评估和监管,将项目建设投入、产出、节能、环保、本地就业等经济、社会、环境各要素纳入合同管理,提高土地利用质量和效益,实现土地利用管理系统化、精细化、动态化。具体包括:

(1)通过合同设置主动退出机制

在工业项目约定的开工日期之前或达产之后,因企业自身原因无法开发建设或运营的,受让人可申请解除土地出让合同,经出让人同意,按照约定终止合同,收回工业用地使用权,按约定返还剩余年期土地出让价款。

(2)通过合同设置强制退出机制

在达产阶段(达产评估)、达产后每3~5年(过程评估)、出让年期到期前1年(到期评估)等阶段进行工业用地项目土地利用绩效评估,由区县政府相关部门或园区管理机构依据有关法律法规规定和土地出让合同要求组织实施。经区县政府相关部门或园区管理机构评估认定不符合要求,或在使用过程中造成严重环境污染,经环境保护部门认定的,均可约定出让人无偿收回工业用地使用权,实现对绩效不达标者的强制退出。

(3)通过合同设置退出补偿标准

无论何种机制的退出,均涉及对土地使用权人的地上建筑物补偿。按指导意见,在今后的土地出让合同中应事先约定采取残值补偿、无偿收回、由受让人恢复原状等方式处置,届时按此实施。

(二)土地到期处置之操作实例

20世纪90年代初政府大力开发浦东时,金桥开发区的园区开发平台(以下简

称园区开发公司)通过政府土地作价入股方式取得园区工业用地的50年土地使用权。[5] 其后,园区开发公司在成片开发过程中,作为土地转让方将所持的工业用地50年土地使用权中的部分年限转让给相关企业(以下简称用地企业)进行招商引资,双方签署《土地使用权转让协议》,用地企业在土地上建造厂房用以产业经营。至今,已有诸多用地企业的土地使用权分割转让期限届满。笔者结合实际经办的多起金桥开发区工业用地使用权转让期限届满后处置项目,就实践中遇到的问题及解决途径介绍如下:

1. 对不符合续期条件的用地企业,不再办理续期并收回土地使用权

经园区开发公司核查,部分用地企业存在地上建筑物未办理有效权属凭证、违法搭建、工业产业停滞、长期无产出效率、存在环境污染、与整体区域产业规划不符等无法达到土地综合考评标准的情况。基于用地企业及厂房状态无法达到土地使用年限届满后续期转让之基本要求,权属登记无法充分发挥有效的土地资源市场配置作用。故园区开发公司选择收回土地,不再续期转让,要求用地企业限期搬离并返还土地。实践操作中,涉及的相应争议及解决模式如下:

(1)关于剩余年限土地使用权的权属争议及处置

部分用地企业不认可园区开发公司对剩余年限土地的使用权,认为剩余年限土地使用权亦应归用地企业享有。该等企业认为,《城镇国有土地使用权出让和转让暂行条例》规定,"土地使用者通过转让方式取得的土地使用权,其使用年限为土地使用权出让合同规定的使用年限减去原土地使用者已使用年限后的剩余年限",故园区开发公司作为转让方,应将其持有的土地使用权全部剩余年限一并转让,《土地使用权转让协议》的分割转让约定无效,用地企业作为受让方应直接享有全部剩余年限的土地使用权。

笔者在经办案件时认为,尽管《土地使用权转让协议》与《城镇国有土地使用权出让和转让暂行条例》中关于土地年限分割方式的规定相冲突,但该规定并非《合同法》及司法解释关于合同效力问题所指的禁止性效力条款,不影响合同的有效性。双方确认土地使用权年限分割转让,系基于招商引资之特殊历史背景下的真实意思表示,且《土地使用权转让协议》已履行完毕,用地企业缴纳的转让金与其受让的土地使用权分割年限对应,办理的各类批文及《房地产权证》中所记载的也是其受让的土地使用权分割年限,故此土地使用权分割转让应有效,分割转让

[5] 李佳:《土地使用权到期问题研究》,载《土地市场》2017年第30期。

年限届满后的剩余土地使用权年限应回归原权利人即园区开发公司享有。法院在审判实践中支持了笔者观点。

(2)关于剩余年限土地使用权是否必须续期的争议及处置

部分用地企业认为,在无公共利益因素等情况下,园区开发公司作为转让方无权收回工业用地,在受让方有需求时应继续向其续期转让。

对此,笔者在经办案件时认为,国家立法层面仅规定住宅用地使用权届满后自动续期,没有规定工业用地使用期限届满后自动续期,园区开发平台无法定义务继续向用地企业续期转让。上海市区两级政府相关文件已明确提出土地续期应通过政府综合评估之各项条件,续期既需政府审批,当然没有法定续期义务。《土地使用权转让协议》通常设置"期满还地,可提前申请续期,双方另行协商"等字样。故园区开发公司拥有处置土地的固有权利,园区开发公司可综合自身利益等多因素决定是否同意续期。法院在实践审理中支持了笔者观点。

(3)关于土地使用权收回后的补偿争议及处置

由于地上建筑物归属于用地企业所有,土地无偿收回后,地上建筑物将如何处理,当时的上海市区两级相关法规及政策均未就此予以明确。基于对物权的保护,并结合《示范文本》中"国家收回出让土地时,应当对地上不动产的残值予以补偿"之约定,法院在实践审理中认为,园区开发公司在转让期满不再续期的,应就地上建筑物向用地企业予以补偿。由于园区开发公司系法人主体,非因征收征用等原因收回土地,故不适用动拆迁评估及补偿标准。考虑到用地企业已不再持有土地,司法评估机构均采用"房屋重置价格结合成新"方式确定建筑物价格,法院亦对该评估方式所得结果予以认可。

(4)关于土地使用权收回时之税务处理及权属登记

园区开发公司通过补偿建筑物方式收回土地使用权后,需办理房地合一的权属登记。就上海地区税务部门而言,采用二手房(在建工程)交易模式开展房屋补偿核税工作。由于土地系无偿收回,交易对价仅涉及地上建筑物,故土地收回模式中不涉及土地增值税清缴。在取得土地所在区县规土部门的书面文件,明确后续土地年限的起始及终止时间节点后,园区开发公司可向房地产交易中心提交土地权属变更申请文件,并最终取得载明地上建筑物以及土地剩余使用年限的不动产权证书。

2. 对符合续期条件的用地企业,经审批通过后办理续期

笔者经办的金桥开发区内工业用地续期转让项目已有多起,目前园区开发公

司与用地企业在联合申报过程中。实践操作中，工业用地续期转让所涉的条件及流程主要如下：

（1）工业用地续期转让之期限及对价

根据上海市现行规定，用地企业续期受让工业用地的最大土地年限为20年。受让对价通常以工业用地当前市场评估价格予以约定。

（2）工业用地续期转让之行政综合评估

根据上海市及浦东新区相关文件规定，用地企业需通过各行政主管部门的全方位评定，证明其符合土地利用总体规划、城乡规划和产业发展规划，满足节能和环境保护要求。相关管理职责和工作分配主要落实到区县各委办局。实践中，该等行政综合评估所涉的审批部门包括：

①地所在地管委会或镇政府，作为土地续期综合评估的责任部门，负责就续期所涉的产业、规划、环境评估进行初步审核；

②环保市容局负责工业用地项目环评审核，审批用地企业委托第三方专家出具的土壤（含地下水）环境调查评估结果；

③经信委牵头相关部门，负责对工业用地项目的产业类型、投资强度、产出效率和节能、环保、本地就业等内容开展审核，并对用地企业续期受让土地后的投入强度和产出效率制定最低标准；

④规土部门负责审批用地企业之用地规划、土地利用情况以及续期转让之合同文本。

（3）工业用地续期转让需接受全生命周期管理

为实现土地利用管理系统化、精细化、动态化，上海出台对工业用地进行全生命周期管理之要求。土地续期转让项目亦遵循相关规定，用地企业自续期受让土地后需从多方面接受行政监管。

根据规土部门的要求，用地企业、园区开发公司及土地所在地管委会或镇政府就续期转让土地签署《土地全生命周期监管协议》或类似文件，明确土地利用绩效评估事宜和相关数据。管委会或镇政府通常以五年为一个评估周期，对用地企业的固定资产总投资、投资强度、销售收入、税收总额、税收产出强度、项目能耗水耗、安全环保、本地就业等各项内容进行评估考核，并有权就未达标情况要求用地企业承担违约责任。行政部门通过加强对企业产业项目的运营监管，确保土地节约集约被利用。

(4)工业用地续期转让之纳税及过户

完成前述全部行政审批及相关文件签署后,用地企业及园区开发公司需相互配合办理延长土地年限的权属登记。由于交易围绕土地使用权转让展开,故土地续期转让依旧需缴纳土地增值税,占纳税金额比重较大,系核税关键。由于土地增值税计税过程中涉及土地成本等各项抵扣内容,园区开发公司可通过提供原始土地开发成本凭证,或参照基准地价确定税款金额。房地产交易中心就相关内容取得规土部门确认后,即可办理延长工业土地使用年限的权属登记凭证。

四、结语

与纯私权性质的住宅土地使用权不同,提高工业用地的利用质量和综合效益,是资源环境约束下的城市发展和有机更新的客观要求,具有一定的公权力管控需求。故此,在上海市的规定及实践中,政府对工业用地出让及园区开发中的转让环节进行了较大幅度的介入和管理。在上位法律和行政法规缺位,地方性规定效力有限的情况下,以合同为管理平台,依靠合同法赋予的契约约束力实现工业用地管理机制,以之作为当前阶段的灵活过渡方式。

土地为国家根本,亦为企业生产经营之必备,无论如何,在上层立法上回避土地续期之相关具体问题终非长久之计。尽快完善相关法律法规之空白领域,出台国家层面统一指导意见,确保各地区产业发展环境的稳定,相信是各级政府及用地企业的共同愿望。

参考文献

1. 王守智:《对国有土地使用权期限与期限届满续期问题的思考与建议》,载《新经济》2017年第6期。
2. 刘国臻、刘芮:《论非住宅建设用地使用权届期制度之完善》,载《学术研究》2018年第7期。
3. 叶剑平、成立:《对土地使用权续期问题的思考》,载《中国土地》2016年第5期。
4. 张传新、郑巧凤:《建设用地使用权续期情况探析——基于浙江省温州市的实践》,载《地政研究》2017年第7期。
5. 陈勰:《非住宅建设用地使用权续期规则的思考》,载《中国土地科学》2018年第6期。
6. 齐锡晶、汪英佶、崔鑫:《基于市场价值的城市国有土地使用权续期研究》,载《中国房地产》2018年第2期。
7. 刘蓓蓓、周舟:《浅析土地使用权到期后续期的相关问题》,载《中国土地》2017年第11期。
8. 李佳:《土地使用权到期问题研究》,载《中国房地产》2017年第10期。

PPP 采购“两标并一标”的相关法律实务问题之刍议

李　云[*]　包智渊[**]　张　文[***]

一、PPP 采购“两标并一标”概述

（一）PPP 采购“两标并一标”的含义

一个 PPP 项目通常需经历项目的“识别”、“准备”、“采购”、“执行”和“移交”五个环节。狭义的 PPP 采购，仅涉及“项目采购”环节，是指政府在“项目采购”环节依法选择社会资本方的采购活动；而广义的 PPP 采购还包括“项目执行”环节中项目公司为履行 PPP 项目合同而选择工程承包商、原料设备供应商、运营服务商的行为。

本文所谈 PPP 采购的“两标”，实质是指在广义的 PPP 采购中将“项目采购”环节的政府选择社会资本方的采购行为视为“第一标”，同时将“项目执行”环节中的项目公司选择工程承包商、原料设备供应商、运营服务商的采购行为视为“第二标”。而“两标并一标”，则是指将上述“第一标”与“第二标”予以合并。

---

* 李云，上海市锦天城律师事务所上海办公室高级合伙人，吉林大学工学学士，上海大学法学学士，中欧国际工商学院工商管理硕士；擅长领域为房地产项目开发、工程建设、公司并购、房地产金融、工程总承包及 PPP 项目等方面法律业务及相应的商业诉讼和仲裁服务。

** 包智渊，上海市锦天城律师事务所上海办公室合伙人，复旦大学法学学士、中国人民大学法学硕士；擅长领域为房地产及建筑工程、公司并购、公司股改、新三板挂牌及股票发行等相关领域的法律服务。

*** 张文，上海市锦天城律师事务所上海办公室律师助理，复旦大学法律硕士；擅长领域为工程建设、房地产并购等相关领域的法律服务。

（二）PPP 采购“两标并一标”的类型

在讨论相关问题之前，我们将 PPP 采购的“两标并一标”划分为两种类型：一种类型为“一体化招标的两标并一标”；另一种类型为“法定的两标并一标”。

“一体化招标的两标并一标”，即大家熟知的实际操作中“投资建设一体化招标”，也就是某个 PPP 项目在“项目采购”环节即已经通过相关文件和行为在事实上明确了该项目招标工作采用“投资建设一体化招标”方式，将“第二标”的招标工作融入、合并到“第一标”的招标工作中。据此，在“项目执行”环节，“第二标”无须另行单独开展，因为工程承包商、原料设备供应商等已经通过“第一标”一并选定。

“法定的两标并一标”，是指虽未进行“投资建设一体化招标”，即在“项目采购”环节事实上不涉及“第二标”的问题，但项目公司在“项目执行”阶段，依法免于履行“第二标”采购程序，直接自行确定工程承包商、原料设备供应商、运营服务商。

二、PPP 采购“两标并一标”相关法律实务问题

如前所述，“一体化招标的两标并一标”实质是在具体操作时在“第一标”中融入、合并“第二标”的招标工作内容，实践中相关争议和困惑较少，本文不做赘述。本文主要讨论“法定的两标并一标”在实务中的相关问题。

与 PPP 采购“法定的两标并一标”相关的规定，主要见于《财政部关于在公共服务领域深入推进政府和社会资本合作工作的通知》[1]（以下简称财金〔2016〕90 号文）。

但鉴于上述规定及其引用条款均为原则性的规定，实务中已产生相关困惑和争议。

---

〔1〕《财政部关于在公共服务领域深入推进政府和社会资本合作工作的通知》（财金〔2016〕90 号）第 9 条规定，对于涉及工程建设、设备采购或服务外包的 PPP 项目，已经依据政府采购法选定社会资本合作方的，合作方依法能够自行建设、生产或者提供服务的，按照《招标投标法实施条例》第 9 条规定，合作方可以不再进行招标。

(一)“法定的两标并一标”的适用范围是否只限定于以招标方式选出社会资本方的“特许经营类 PPP 项目”

1. 什么是“特许经营类 PPP 项目”

(1)特许经营与 PPP 的关系

对于“特许经营”项目的规定,主要见于 2004 年 3 月建设部颁布的《市政公用事业特许经营管理办法》[2]和 2015 年 4 月国家发改委、财政部等六部委共同制定的《基础设施和公用事业特许经营管理办法》[3]。

根据上述办法中的相关规定,特许经营一般是指政府将公共产品、公共服务的投资经营权出让给其他法人或其他组织,由该等被许可主体投资、经营公共产品、公共服务并获得收益。

在我国的相关实践中,就运作方式以及授权对象的角度而言,PPP 和特许经营既有交集又各有特点:

首先,特许经营是 PPP 操作模式的一种选择。根据《国家发展改革委关于开展政府和社会资本合作的指导意见》(以下简称发改投资〔2014〕2724 号文)第 1 条的规定,PPP 的方式有“特许经营、购买服务、股权合作等方式”[4]。同时,根据该指导意见第 3 条第 2 项规定,PPP 的操作模式又具体表现为“经营性”“准经营

---

〔2〕《市政公用事业特许经营管理办法》第 2 条规定,本办法所称市政公用事业特许经营,是指政府按照有关法律、法规规定,通过市场竞争机制选择市政公用事业投资者或者经营者,明确其在一定期限和范围内经营某项市政公用事业产品或者提供某项服务的制度。

〔3〕《基础设施和公用事业特许经营管理办法》第 3 条规定,基础设施和公用事业特许经营,是指政府采用竞争方式依法授权中华人民共和国境内外的法人或者其他组织,通过协议明确权利义务和风险分担,约定其在一定期限和范围内投资建设运营基础设施和公用事业并获得收益,提供公共产品或者公共服务。

〔4〕《国家发展和改革委员会关于开展政府和社会资本合作的指导意见》规定,一、充分认识政府和社会资本合作的重要意义政府和社会资本合作(PPP)模式是指政府为增强公共产品和服务供给能力、提高供给效率,通过特许经营、购买服务、股权合作等方式,与社会资本建立的利益共享、风险分担及长期合作关系。开展政府和社会资本合作,有利于创新投融资机制,拓宽社会资本投资渠道,增强经济增长内生动力;有利于推动各类资本相互融合、优势互补,促进投资主体多元化,发展混合所有制经济;有利于理顺政府与市场关系,加快政府职能转变,充分发挥市场配置资源的决定性作用。

性”“非经营性”三种[5]，而前两种方式的推进均以政府授予特许经营权为前提。因此，特许经营是 PPP 项目实现的重要方式。

其次，特许经营的授权对象除了法人还包括其他类型的组织，而根据财金〔2014〕113 号文[6]的规定，PPP 的社会资本方必须是“已建立现代企业制度的境内外企业法人”[7]。因此，特许经营的授权对象的范围比 PPP 的社会资本合作方的范围更为宽泛。

（2）“特许经营类 PPP 项目”的定义

通过前文的对比，我们进而得出特许经营类项目和 PPP 项目所交叉的部分即为“特许经营类 PPP 项目”。即根据发改投资〔2014〕2724 号文第 3 条第 2 项规定，对于那些存在一定使用者付费基础（“经营性”和“准经营性”项目）并由政府授予社会资本方相关公共产品及服务的特许经营权，准许社会资本方依靠经营收费取得回报的 PPP 项目，可以定性为“特许经营类 PPP 项目”。而对于那些通过政府购买服务（社会资本方取得回报的方式主要为政府付费），则可以归为“非特许经营类 PPP 项目”。

2. 采用招标方式选出社会资本方的 PPP 项目的定义

根据《政府和社会资本合作项目政府采购管理办法》（以下简称财库〔2014〕215 号文）第 4 条的规定，PPP 的项目采购方式包含“公开招标、邀请招标、竞争性

---

〔5〕《国家发展和改革委员会关于开展政府和社会资本合作的指导意见》第 3 条第 2 项规定，操作模式选择。1. 经营性项目。对于具有明确的收费基础，并且经营收费能够完全覆盖投资成本的项目，可通过政府授予特许经营权，采用建设—运营—移交（BOT）、建设—拥有—运营—移交（BOOT）等模式推进。要依法放开相关项目的建设、运营市场，积极推动自然垄断行业逐步实行特许经营。2. 准经营性项目。对于经营收费不足以覆盖投资成本、需政府补贴部分资金或资源的项目，可通过政府授予特许经营权附加部分补贴或直接投资参股等措施，采用建设—运营—移交（BOT）、建设—拥有—运营（BOO）等模式推进。要建立投资、补贴与价格的协同机制，为投资者获得合理回报积极创造条件。3. 非经营性项目。对于缺乏“使用者付费”基础、主要依靠“政府付费”回收投资成本的项目，可通过政府购买服务，采用建设—拥有—运营（BOO）、委托运营等市场化模式推进。要合理确定购买内容，把有限的资金用在刀刃上，切实提高资金使用效益。

〔6〕根据《政府和社会资本模式操作指南（试行）》（财金〔2014〕113 号）第 36 条的规定，该号文件已经失效。但为更加全面地学习 PPP，本文需要保留对该号文件中条文的研究和引用。

〔7〕《政府和社会资本合作模式操作指南（试行）》第 2 条规定，本指南所称社会资本是指已建立现代企业制度的境内外企业法人，但不包括本级政府所属融资平台公司及其他控股国有企业。

谈判、竞争性磋商和单一来源采购”[8]五种方式,而依据《政府采购法》第 26 条的规定,上述五种方式也在政府的采购方式之列。与此同时,我们需要注意的是,这五种方式根据其具体的操作过程又可以分为两类,即“招标方式”和“非招标方式”,前两种方式属于“招标方式”,后三种属于“非招标方式”。

综上所述,以“公开或邀请招标”的方式选出社会资本方的 PPP 项目,即为采用招标方式选出社会资本方的 PPP 项目。

3.“法定的两标并一标”是否只适用于采用招标方式选出社会资本方的“特许经营类 PPP 项目”

有观点认为,上述问题的回答是肯定的。其认为,财金〔2016〕90 号文第 9 条明确了“法定的两标并一标”的范围限定于“社会合作方依法能够自行建设、生产或者提供服务的项目”[9],而根据《招标投标法实施条例》第 9 条第 1 款第 3 项对于“可以不再进行招标”的情况也作了类似规定。[10]

在上述规定的理解和适用方面,一般认为财金〔2016〕90 号文中既然规定了“按照《招标投标法实施条例》第九条”,就在一定程度上承认该文中“两标并一标”的情况也必然受制于招标投标法及其实施条例,进而该文中的“两标并一标”就是《招标投标法实施条例》第 9 条第 1 款第 3 项所规定的情形。即在特许经营类 PPP 项目中,若在“项目采购”环节已通过招标方式选出社会资本方,且该方依法能够自行建设、生产或者提供,则在后续的“项目执行”环节,无须再开展“第二标”的招标工作,项目公司可与该方直接签署相应的承包、供应或服务合同。

---

[8] 《政府和社会资本合作项目政府采购管理办法》(财库〔2014〕215 号)第 4 条规定,PPP 项目采购方式包括公开招标、邀请招标、竞争性谈判、竞争性磋商和单一来源采购。项目实施机构应当根据 PPP 项目的采购需求特点,依法选择适当的采购方式。公开招标主要适用于采购需求中核心边界条件和技术经济参数明确、完整、符合国家法律法规及政府采购政策,且采购过程中不作更改的项目。

[9] 《关于在公共服务领域深入推进政府和社会资本合作工作的通知》(财金〔2016〕90 号)第 9 条规定,简政放权释放市场主体潜力。各级财政部门要联合有关部门,加强项目前期立项程序与 PPP 模式操作流程的优化与衔接,进一步减少行政审批环节。对于涉及工程建设、设备采购或服务外包的 PPP 项目,已经依据政府采购法选定社会资本合作方的,合作方依法能够自行建设、生产或者提供服务的,按照《招标投标法实施条例》第 9 条规定,合作方可以不再进行招标。

[10] 《招标投标法实施条例》第 9 条规定:“除招标投标法第六十六条规定的可以不进行招标的特殊情况外,有下列情形之一的,可以不进行招标:(一)需要采用不可替代的专利或者专有技术;(二)采购人依法能够自行建设、生产或者提供;(三)已通过招标方式选定的特许经营项目投资人依法能够自行建设、生产或者提供;(四)需要向原中标人采购工程、货物或者服务,否则将影响施工或者功能配套要求;(五)国家规定的其他特殊情形。招标人为适用前款规定弄虚作假的,属于招标投标法第四条规定的规避招标。”

按照《招标投标法》第 3 条第 2 款、第 3 款所体现的原则，有关招标的具体范围需要由法律规定或者由国务院在权限范围内批准或规定。财金〔2016〕90 号文属于部门工作文件，若据此对《招标投标法实施条例》第 9 条进行扩张性解释，与招标投标法的上述原则不符。就这一角度而言，从目前的规则体系来看，笔者同意上述观点，即上述“两标并一标”的操作方式只适用于以招标方式选出社会资本方的“特许经营类 PPP 项目”。

同时，笔者认为，将“采用招标方式选定社会资本方”作为“法定的两标并一标”适用条件之一符合《招标投标法》的原则且具有一定的合理性。但是，将“特许经营类 PPP 项目”也作为条件，进而完全排除“非特许经营类 PPP 项目”适用“法定的两标并一标”的做法未免过于武断。因为，就现状来看，我们不能排除立法滞后性这一法律本身固有的特点对《招标投标法实施条例》第 9 条可能产生的某种程度的影响，进而我们也应该认识到“法定的两标并一标”的适用范围限制在“特许经营类 PPP 项目”这一层面是否略显狭隘。因此，笔者建议国务院为适应我国 PPP 发展的实际需要，可尽快对《招标投标法实施条例》第 9 条第 1 款第 3 项进行适当修改。

另有一些不同的观点，比如：有研究者认为，财金〔2016〕90 号文中“两标并一标”的规定“与《招标投标法实施条例》第九条第一款第（二）项中‘采购人依法能够自行建设、生产或者提供服务’的规定相吻合”[11]。因为，在项目的后续履行过程中，社会资本合作方在某种意义上来说属于“采购人”，因此，“法定的两标并一标”适用的是社会资本方（采购人）能够自行建设、生产或者提供服务的情形。

笔者认为，若一个 PPP 项目不需要设立项目公司，社会资本方既是“项目采购”环节政府采购的对象，同时其又是“项目执行”环节的采购方，则上述观点可以成立。但就目前情况来看，PPP 项目基本上都是通过设立项目公司操作的，而此时项目公司与社会资本方是互相独立的法人，因此上述观点的理解颇显勉强。

（二）“非招标方式”选定社会资本方的 PPP 项目，是否可以免予履行“第二标”采购程序

《国务院办公厅转发财政部发展改革委人民银行关于在公共服务领域推广政府和社会资本合作模式指导意见的通知》（以下简称国办发〔2015〕42 号文）明确

〔11〕 李彩凤：《PPP 项目施工是否必须二次招标》，载《建筑时报》2018 年 6 月 18 日，第 3 版。

了社会资本由政府通过竞争性方式择优选择。[12] 因此,财库〔2014〕215 号文的五种采购方式都应属于国办发〔2015〕42 号文规定的竞争性采购方式。有观点认为,"同为竞争性采购方式,招标方式选定的有资质的投资人可以自行承接工程施工等业务,其他竞争性采购方式下选定的有资质的投资人亦应有相应的承接资格。从《招标投标法实施条例》第 9 条的立法本意看,这样也是为了提高投资人的积极性和项目管理的效率,所以 PPP 项目非招标采购方式下,由有资质的投资人自行施工等并未违背立法本意"[13]。

笔者认为,该观点虽具有一定的合理性,但由于"必须招标投标"的情形属于法律强制性规定,因此相关理解不宜做扩大性的解释。

换句话说,对于"非招标方式"选出社会资本方的 PPP 项目,还是应当依法履行"第二标"的招标程序,不能免予履行"第二标"采购程序。

(三)已通过招标方式选定社会资本方的特许经营类 PPP 项目,社会资本方的子公司(或关联方)能够自行建设、生产或者提供服务的,是否可以免予履行"第二标"招采程序,由项目公司直接与子公司(或关联方)签署相关合同

1. 如何理解财金〔2016〕90 号文及《招标投标实施条例》第 9 条第 1 款第 3 项中规定的"自行"

关于"法定的两标并一标",财金〔2016〕90 号文以及《招标投标实施条例》第 9 条第 1 款第 3 项要求社会资本合作方(特许经营投资人)能够"自行"建设、生产或提供。因此,有关社会资本合作方(特许经营投资人)的子公司(或关联方)具有建设、生产或者提供能力时,是否可以免于履行"第二标"招采程序,直接由该子公司(或关联方)承包或提供的问题,其实质是对于"自行"二字的理解。

有业内人士提出,"自行"的情况至少包括三种,"一是非联合体投标的,中标的社会资本具有相应的能力;二是两个以上企业法人组成的联合体参与投标的,联合体成员之一或全部成员拥有相应的能力;三是中标的社会资本的分公司或分

〔12〕《国务院办公厅转发财政部发展改革委人民银行关于在公共服务领域推广政府和社会资本合作模式指导意见的通知》(国办发〔2015〕42 号)规定:"政府和社会资本合作模式是公共服务供给机制的重大创新,即政府采取竞争性方式择优选择具有投资、运营管理能力的社会资本,双方按照平等协商原则订立合同,明确责权利关系,由社会资本提供公共服务,政府依据公共服务绩效评价结果向社会资本支付相应对价,保证社会资本获得合理收益……"

〔13〕周兰萍:《PPP 项目非招标采购合并招选承包商为何必要且可行》,载《建筑》2015 年第 17 期。

支机构具有相应的能力”[14]。

笔者认为,上述观点从公司法人独立的角度出发对“自行”的规定直接进行文义理解,符合法律规定。但从 PPP 的初衷及其蓬勃发展的实践来看,如果相关的法律法规能够明确在特定项目中社会资本方的子公司(或关联方)具有建设或供应能力时,PPP 项目公司可免予“第二标”招采程序直接与社会资本方的子公司(或关联方)签署相关履约合同,则应当是更有益于 PPP 项目本身及其未来发展的。

2. 前述问题的实务指导意义

基于上述分析,“自行”应被理解为“社会资本方”本身具有自行建设或提供的能力,与社会资本方的子公司(或关联方)无关。若社会资本方有意让其子公司(或关联方)担任承包商或供应商,则其子公司(或关联方)需参与“第二标”招采程序,其结果具有不唯一性。并且,社会资本方的子公司(或关联方)很可能被认为与项目公司存在一定的利害关系,而根据《招标投标实施条例》第 34 条的规定[15],其投标就有可能对招标公正性产生影响,那么子公司(或关联方)甚至连参与“第二标”招采程序的机会都没有,更无从谈及承接相关业务,这显然与社会资本方参与 PPP 项目的初衷相背。

因此,面对具体“特许经营类 PPP 项目”时,若社会资本方在投标时就有委托其关联方在“项目执行”环节担任承包商或供应商的计划,较为可执行的方案是由社会资本方及其子公司(或关联方)组成联合体一起参与 PPP 项目的投标。

3. 相关立法建议

在 PPP“项目采购”中,由融资能力、综合实力强的集团公司参与社会资本方的投标更有利于未来项目的实施,但从项目管理、风险隔离、结构优化等角度而言,社会资本方作为项目公司的投资人、PPP 项目的融资方(或融资担保方),由其子公司(或集团体系内的关联方)作为“项目执行”环节的工程承包方、货物或服务供应方,也是许多社会资本方的现实需求。虽然这一需求可以通过组成联合体、上文提到的“一体化招标的两标并一标”等方式达成,但若立法能够将这一问题进一步明确(如将“社会资本方能够自行建设或提供服务”修订为“社会资本方或其控股子公司能够自行建设或提供服务”),则可让 PPP 参与各方更加顺利地推

---

〔14〕 曹珊:《政府和社会资本合作项目(PPP)法律实务》,法律出版社 2016 年版,第 165 页。

〔15〕 《招标投标法实施条例》第 34 条第 1 款规定,与招标人存在利害关系可能影响招标公正性的法人、其他组织或者个人,不得参加投标。

进项目实施,进一步提高社会资本方的积极性。

三、总结

综上所述,我们不难看出,在现行规则体系下,PPP采购“两标并一标”相关法律实务问题之结论如下:

1.“法定的两标并一标”仅能适用于采用招标方式选出社会资本方的“特许经营类PPP项目”,而对于采用招标方式选出社会资本方的非特许经营类PPP项目仍需遵循“第二标”采购程序,我们建议相关法律法规对此能够尽快予以突破。

2.“非招标方式”选定社会资本方的PPP项目,无论是否属于特许经营经营类PPP,在相关规定修改之前,不能免于履行“第二标”采购程序。

3.已通过招标方式选定社会资本方的特许经营类PPP项目,即使社会资本方的子公司(或关联公司)能够自行建设、生产或者提供服务的,也必须履行“第二标”的采购程序,社会资本方出资设立的PPP项目公司不能与前述社会资本方的子公司(或关联公司)签署履约类合同,以该等子公司(或关联公司)与社会资本方作为联合体参与PPP项目投标是目前切实可行的一种方案。

总之,综观我国PPP政策现状,缺乏高位阶专门法律指引,政府文件繁多复杂,各部门权力交叉,地方规定不一,加之PPP本身涉及的主体类型各异,合同体系庞大,这就使大家认识和解决与PPP项目实践相关的法律问题更加困难。因此,作为法律从业者,对于PPP采购“两标并一标”问题的认识与适用,目前除了对具体项目具体分析,还应立足实际、兼顾全局,同时也需要积极参与和推动相关法律制度的完善,以使PPP能够真正在转变政府职能、激发市场活力、打造经济新增长点的广阔世界里发挥应有的作用。

小议非法定招标项目在《招标投标法》下的"生存尺度"*

鲍方舟** 丁 汀***

中国是成文法国家，判断法律适用问题应首先从法律本身着手。有些人认为明确"生存尺度"并不复杂，从《招标投标法》具体条款字面进行把握即可。他们发现，在《招标投标法》关于招投标操作的条款中，有小部分是明确针对法定招标项目的，如《招标投标法》第24条规定："招标人应当确定投标人编制投标文件所需要的合理时间；但是，依法必须进行招标的项目，自招标文件开始发出之日起至投标人提交投标文件截止之日止，最短不得少于二十日"，而大部分未明确指向法定招标项目或非法定招标项目，如《招标投标法》第23条规定："招标人对已发出的招标文件进行必要的澄清或者修改的，应当在招标文件要求提交投标文件截止时间至少十五日前，以书面形式通知所有招标文件收受人。该澄清或者修改的内容为招标文件的组成部分。"故他们认为，但凡未明示适用方向的条款，均应同时适用于法定招标项目及非法定招标项目。

这种字面解读的方式不无道理，单纯从条款文义来看确具有合理性，但是，在实践中，这种解读方式却无法受客户欢迎。即使不了解《招标投标法》，一个稍具经验的法务也会问如下问题："这个项目一定要招标吗？""并非一定要招标为何还要严格按照《招标投标法》执行？""这么麻烦的话可以选择不招标或改为比选

---

* 本文讨论的为平等民事主体组织参与的招投标活动，而不包括政府采购或国有土地出让等涉及行政主体的招投标活动。

** 鲍方舟，上海市锦天城律师事务所上海办公室高级合伙人，华东政法大学国际经济法专业学士，上海社会科学院法学硕士；擅长领域为证券、并购、基金、房地产与基础设施。

*** 丁汀，上海市锦天城律师事务所上海办公室律师，华东政法大学国际经济法专业学士，华东政法大学法理学硕士；擅长领域为房地产、建设工程与争议解决。

吗?"在这种情况下,仅仅告诉客户未明示适用方向的条款均应同时适用于法定招标项目及非法定招标项目是不具有说服力的,这也是字面解读的问题之一,这种方式过于偏重文义,而忽略了《招标投标法》立法逻辑及适用实践,导致"只见树木不见森林",虽能紧贴条款给出意见,但却无法很好回答大局的逻辑问题。

字面解读的另一个问题在于对《招标投标法》的立法完善程度过于理想化,其假定《招标投标法》为完美立法,认为其中每一条款的表达均精准完善。但是,如上文所述,《招标投标法》出于某种立法原因并未清晰地划定非法定招标项目开展招投标的操作尺度,该等情况下机械地按照字面解读,易导致对相关条款的理解偏差。以之前提及的《招标投标法》第 23 条、第 24 条为例,若按前述字面解读方式,非法定招标项目需要遵守第 23 条规定的最少 15 日的澄清修改提前期,但在第 24 条中,非法定招标项目的投标文件准备期没有最短时间限制,而仅要求"合理时间"即可。鉴于投标文件准备期为基础,而招标文件的澄清修改提前期包含在投标文件准备期之内,在规制非法定招标项目次要期间的同时却对主要期间没有明确要求,逻辑上非常奇怪,而这种"顾点不顾面"的要求也在实践中缺乏可操作性,大量的非法定招标项目的招标程序因为项目规模小、时间要求紧,招标总周期往往都达不到 15 日的时长,澄清修改提前期更多仅是在投标截止日期前 3 日内。

因此,正确而恰当地把握非法定招标项目在《招标投标法》项下的"生存尺度",不仅仅是解读条款文义即可,而应综合理解招投标制度服务的核心对象及《招标投标法》保护的特殊法益与一般法益。

一、关于招投标制度服务的核心对象

招投标制度诞生于 19 世纪初的资本主义国家,并逐渐发展为一种国际惯例。招投标制度是商品经济高度发展的产物,是一种择优成交的方式,且自诞生起即主要服务于建设工程项目。

就在中国的发展而言,招投标制度系随资本主义列强入侵传入,并依然立足于服务建设工程,成为工程实施的主要方式。在新中国成立后的计划经济体制下,企业经营活动由主管部门安排,招投标制度一度被中止。后随着十一届三中全会胜利召开,中心工作开始转移到经济建设上来,改革开放、科教兴国战略开始实施,招投标制度又开始恢复并逐步完善。1983 年 6 月,城乡建设环境保护部颁布了《建筑安装工程招标投标试行办法》;1984 年 11 月,国家计委和城乡建设环境保护部联合制定了《建设工程招标投标暂行规范》;1992 年 12 月 30 日,建设部发布了《工程建设施工招标投标管理办法》;1997 年,国家计划委员会制定发布了《国家基本建设大中型项目实行招标投标的暂行规定》;1999 年,全国人大常委会颁发《招标投标法》,其中第 3 条关于法定招标项目的规定为:“在中华人民共和国境内进行下列工程建设项目包括项目的勘察、设计、施工、监理以及与工程建设有关的重要设备、材料等的采购,必须进行招标:(一)大型基础设施、公用事业等关系社会公共利益、公众安全的项目;(二)全部或者部分使用国有资金投资或者国家融资的项目;(三)使用国际组织或者外国政府贷款、援助资金的项目。前款所列项目的具体范围和规模标准,由国务院发展计划部门会同国务院有关部门制订,报国务院批准。法律或者国务院对必须进行招标的其他项目的范围有规定的,依照其规定。”

由招投标制度发展的历史进程可以看出,尽管招投标制度已泛化为应用于各种交易领域的择优成交惯例,但自产生至今,招投标制度服务的核心对象却一直是建设工程项目。这与建设工程的社会特性密切相关,作为一种高投资、高风险、高收益的大规模经济活动的成果,建设工程可以是人群栖身的居所,可以是固定生产资料开展生产运作的工厂,也可以是装配特种设备的公共设施,但无论是哪种形态,建设工程都因其构成区域生存、生产、供给的基础,并根本改变区域面貌,而成为行政管理的核心,管理内容包括安全、质量、秩序等多个方面,管理切入点包括实施主体、实施方式、实施内容、实施成果等多个角度。招投标制度即是在筛选实施主体层面发挥作用。

如果说建设工程因关乎国计民生而天然带有公共利益及行政管理的属性,那么招投标制度也可以被视为管理措施之一,只是这种管理措施并不直接通过公权力作用于建设工程本身,而是通过改变建设工程实施主体选择的“游戏规则”实现,以期利用众多适格主体的逐利需求,根据项目需求挑选出最优者。

二、关于《招标投标法》保护的特殊法益

既然招投标制度的核心服务对象为建设工程项目,那么《招标投标法》保护的法益应当以公共利益为先。事实也是如此,《招标投标法》第 1 条规定:“为了规范招标投标活动,保护国家利益、社会公共利益和招标投标活动当事人的合法权益,提高经济效益,保证项目质量,制定本法。”其关注的重点在国家利益及社会公共利益,法益的逻辑系以国家及社会公共利益为主导兼顾对个体的保护。但这样也

带来一个问题,即《招标投标法》是否因为公共利益而否定了《合同法》项下的“意思自治”原则。

《合同法》第1条规定:“为了保护合同当事人的合法权益,维护社会经济秩序,促进社会主义现代化建设,制定本法。”其关注的重点在于合同当事人的合法权益,法益的逻辑系通过对个体的保护实现对整体经济秩序的保护,而其中最核心的即为对“意思自治”原则的肯定,这也是纷繁复杂的经济活动的基础及信心所在。就《招标投标法》而言,虽然招投标约束了选择交易对象的自由度,但实际并未否定“意思自治”。就规制的行为而言,《合同法》规范广泛的合同行为,包括合同的订立、效力、履行、变更、终止等,并设分则对各种类型的合同进行特殊的规范,而《招标投标法》调整的是达成合同的一种方式,具体而言,《招标投标法》讨论的招标、投标与中标为《合同法》中抽象的要约邀请、要约与承诺的一种形式,是对《合同法》项下合同订立行为的细化,从这一点看,《合同法》是《招标投标法》的基础,《招标投标法》规定的招投标制度并未否定“意思自治”,而是“意思自治”的一种特殊形态。《招标投标法》对公共利益的保护也因此构成《招标投标法》关注的特殊法益。

三、关于《招标投标法》保护的一般法益

特殊法益对应的公共利益是《招标投标法》的特色,但这一特色具有局限性,其本质上来自建设工程项目尤其是法定招标项目自带的公共利益属性,而非招投标行为本身。若撇开法定招标项目及其本身的公共利益属性,仅探讨不带有公共利益标签的非法定招标项目的招投标行为,那么《招标投标法》所保护的法益是什么?

对比《合同法》与《招标投标法》可发现,鉴于招投标行为本质是《合同法》项下合同订立行为的细化,故两者关于基本原则的规定高度契合,且该等原则构成《招标投标法》保护的一般法益。

《合同法》第3条至第6条强调了合同行为的基本原则。《合同法》第3条规定:“合同当事人的法律地位平等,一方不得将自己的意志强加给另一方。”第4条规定:“当事人依法享有自愿订立合同的权利,任何单位和个人不得非法干预。”第5条规定:“当事人应当遵循公平原则确定各方的权利和义务。”第6条规定:“当事人行使权利、履行义务应当遵循诚实信用原则。”总结这些原则,分别是:平等、自愿、公平、诚实信用。

在《招标投标法》中,不仅开篇总则部分有关于招投标原则的阐述,主文中也

散见强调各项原则的条款，并且该等原则确与《合同法》所述原则相契合。如《招标投标法》第 5 条规定：“招标投标活动应当遵循公开、公平、公正和诚实信用的原则。”契合《合同法》项下公平和诚实信用原则；第 6 条规定：“依法必须进行招标的项目，其招标投标活动不受地区或者部门的限制。任何单位和个人不得违法限制或者排斥本地区、本系统以外的法人或者其他组织参加投标，不得以任何方式非法干涉招标投标活动。”契合《合同法》项下平等、自愿原则；第 18 条第 2 款规定：“招标人不得以不合理的条件限制或者排斥潜在投标人，不得对潜在投标人实行歧视待遇”，契合《合同法》项下平等原则；第 32 条规定：“投标人不得相互串通投标报价，不得排挤其他投标人的公平竞争，损害招标人或者其他投标人的合法权益。投标人不得与招标人串通投标，损害国家利益、社会公共利益或者他人的合法权益。禁止投标人以向招标人或者评标委员会成员行贿的手段谋取中标。”契合《合同法》项下公平原则；第 33 条规定：“投标人不得以低于成本的报价竞标，也不得以他人名义投标或者以其他方式弄虚作假，骗取中标”，契合《合同法》项下公平原则；第 38 条第 2 款规定：“任何单位和个人不得非法干预、影响评标的过程和结果。”契合《合同法》项下公平原则。

四、非法定招标项目“生存尺度”的把握

《招标投标法》保护的一般法益是把握非法定招标项目在《招标投标法》项下的“生存尺度”的钥匙，在去除了项目本身的利益特征后，留下的是《合同法》强调的平等、自愿、公平、诚实信用这些基本原则。以此为立足点，对于《招标投标法》中未明确适用方向的条款，若该等条款只涉及具体的操作流程，则可理解为仅适用于法定招标项目，而非法定招标项目无须严格遵照履行，如《招标投标法》第 23 条规定：“招标人对已发出的招标文件进行必要的澄清或者修改的，应当在招标文件要求提交投标文件截止时间至少十五日前，以书面形式通知所有招标文件收受人。该澄清或者修改的内容为招标文件的组成部分”中，关于澄清修改提前期最少 15 日的要求，非法定招标项目即可不予遵守而根据项目需要合理设定即可；若该等条款涉及对平等、自愿、公平、诚实信用原则，如《招标投标法》第 32 条规定：“投标人不得相互串通投标报价，不得排挤其他投标人的公平竞争，损害招标人或者其他投标人的合法权益。投标人不得与招标人串通投标，损害国家利益、社会公共利益或者他人的合法权益。禁止投标人以向招标人或者评标委员会成员行贿的手段谋取中标”，则非法定招标项目仍应严格遵守。

PPP 模式特色小镇建设的法律问题研究

孙　森[*]　白雪莹[**]

作为当今世界的主要趋势，城市化水平是衡量一个国家经济社会发展水平和发展阶段的重要指标。2014 年 3 月，《中共中央、国务院关于国家新型城镇化规划（2014—2020 年）》〔1〕提出优化城镇化格局，增强小城镇的人口集聚能力。"十三五"规划纲要中提出要"因地制宜，发展特色鲜明、产城融合、充满魅力的小城镇"这一战略任务，小城镇发展则因此成为在新时期的全新课题。〔2〕

一、特色小镇建设概述

（一）什么是特色小镇

2016 年 10 月 8 日，国家发展改革委发布《关于加快美丽特色小（城）镇建设的指导意见》〔3〕，明确提出了特色小镇、小城镇两种形态。"特色小镇主要指聚焦特色产业和新兴产业，集聚发展要素，不同于行政建制镇和产业园区的创新创业平台。特色小城镇是指以传统行政区划为单元，特色产业鲜明、具有一定人口和经济规模的建制镇。"

---

* 孙森，上海市锦天城律师事务所合肥办公室高级合伙人，北京大学法学学士，中国科学技术大学高级工商管理硕士；擅长领域为建筑与房地产、政府法律服务、项目投资与融资、公司破产清算。

** 白雪莹，上海市锦天城律师事务所合肥办公室专职律师，华东政法大学管理学硕士；擅长领域为建筑与房地产、项目投资与融资，证券与资本市场、公司法律事务。

〔1〕《中共中央、国务院国家新型城镇化规划（2014—2020 年）》，2014 年 3 月 12 日发布。

〔2〕林峰：《特色小镇孵化器：特色小镇全产业链全程服务解决方案》，中国旅游出版社 2017 年版，第 5 页。

〔3〕《国家发展改革委关于加快美丽特色小（城）镇建设的指导意见》（发改规划〔2016〕2125 号），2016 年 10 月 8 日发布。

(二)特色小镇建设的法律和政策背景

2016 年 7 月 1 日,住房和城乡建设部等部门联合发布了《关于开展特色小镇培育工作的通知》(建村〔2016〕147 号)[4],提出“到 2020 年,培育 1000 个左右各具特色、富有活力的休闲旅游、商贸物流、现代制造、教育科技、传统文化、美丽宜居等特色小镇,引领带动全国小城镇建设,不断提高建设水平和发展质量。”2016 年 10 月底,国家发展改革委发布了《关于加快美丽特色小(城)镇建设的指导意见》(发改规划〔2016〕2125 号),为建设完善特色小镇提供了更新更全面的指导意见。

(三)特色小镇建设在全国范围内的进展情况

继 2016 年 10 月住建部等认定北京市房山区长沟镇等 127 个镇为第一批中国特色小镇后,2017 年 8 月,住建部等又将北京市怀柔区雁栖镇等 276 个镇认定为第二批全国特色小镇。在特色小镇建设政策推动之下,国内一大批特色小镇如文旅小镇、科技小镇、商业小镇、基金小镇、金融小镇等纷纷涌现蓬勃发展,在此过程中,如何识别其建设过程中存在的法律问题并予以妥善解决,使这些特色小镇真正做到具有特色鲜明的产业形态、和谐宜居的美丽环境、彰显特色的传统文化、便捷完善的设施服务、充满活力的体制机制,是当前亟须解决的现实问题。

二、PPP 模式是特色小镇建设的最佳选择

(一)缓解政府财政压力,实现投资主体多元化

当前,全国各地的特色小镇建设正如火如荼地开展,特色小镇的城市基础设施建设、产业投资等均需以强大的资本投入作为支撑;与此同时,在我国经济发展进入新常态的背景下,地方政府面临巨大的财政压力。[5] PPP 模式的投资回报机制较具市场化,不仅能够充分发挥政府资金的“杠杆”作用,更能够以较少的财政资金带动庞大的社会资金,满足特色小镇建设的资金需求,进而为特色小镇建设提供强有力的资金支撑。

---

〔4〕《住房城乡建设部、国家发展改革委、财政部关于开展特色小镇培育工作的通知》(建村〔2016〕147 号),2016 年 7 月 1 日发布。

〔5〕陈青松、任兵、王政:《特色小镇与 PPP》,中国市场出版社 2017 年版,第 138 页。

(二)扩大社会资本投资领域,为其提供更多发展空间

2017 年 1 月,国家发展改革委、国家开发银行联合发布了《关于开发性金融支持特色小(城)镇建设促进脱贫攻坚的意见》(发改规划〔2017〕102 号)[6],明确提出加大金融支持力度,特别是通过探索多种类型的 PPP 模式,引入大型企业参与投资,引导社会资本广泛参与,为特色小(城)镇提供多元化金融支持。以 PPP 模式建设特色小镇,通过招商引资和市场化运作,有效地发展特色产业、形成产业集群,为社会资本提供较为稳定的投资渠道和收益来源。同时,通过特许经营等方式,社会资本能够在基础设施建设、公共事业开发等领域实现市场准入,极大地拓宽社会资本的投资领域和发展空间。[7]

(三)降低和分散特色小镇建设风险,提升风险控制能力

首先,以 PPP 模式建设特色小镇,可以通过特许经营协议、PPP 项目协议、项目公司章程等一系列法律文件明确政府和社会资本各方的权责,在风险收益对等原则的基础上,充分考虑各项目的回报机制和运营模式,兼顾政府和市场的风险控制能力,在政府和社会资本间实现项目风险的合理分配。[8] 同时,在 PPP 项目中通过招投标方式确认合作共建特色小镇的企业,引入优质的社会资本,利用其先进的技术、优质的管理经验实现风险识别及控制,推动长期互利目标的形成及良性合作机制的构建。

三、PPP 模式建设特色小镇面临的现实困境

自 2016 年 10 月住建部正式公布 127 个第一批中国特色小镇以来,全国各地的特色小镇建设和培育工作逐步开展,形成一股多层次的特色小镇建设的热潮。然而,各地在以 PPP 模式建设特色小镇的过程中,不可避免地会出现一些问题,在 PPP 模式的构建、利用存量土地、集体建设用地流转、产业定位、创新机制建设等诸多方面存在不足。

---

〔6〕《国家发展改革委、国家开发银行关于开发性金融支持特色小(城)镇建设促进脱贫攻坚的意见》(发改规划〔2017〕102 号),2017 年 1 月 13 日发布。

〔7〕章临婧:《PPP 模式在特色小镇建设中的应用研究》,载《成都行政学院学报》2018 年第 1 期。

〔8〕魏蓉蓉、邹晓勇:《特色小镇发展的 PPP 创新支持模式研究》,载《技术经济与管理研究》2017 年第 10 期。

（一）权责明确、利益分享和风险共担的 PPP 模式亟待完善

PPP 模式的典型特征在于政府部门或地方政府通过政府采购形式与中标单位组成的 SPV 公司签订特许经营合同，由 SPV 公司负责筹资、建设及经营。其实质在于政府将长期的特许经营权和收益权给予私营公司，共同实现基础设施的加快建设及有效运营。

在全国各地以 PPP 模式建设特色小镇的过程之中，存在一定的社会资本收益与公共利益未得到平衡与兼顾的情况。一方面，在当前市场经济体制的大背景下，受追求盈利的行为动机的驱使，市场经济主体以追求经济利益最大化为目标，而易采取一切可能的行为与方式；另一方面，社会公共基本利益的保障势必将在一定程度上削弱市场经济主体和社会资本对于经济利益最大化的追求。政府在 PPP 项目运作过程中，往往也存在自身定位不明确、行使职能缺位和越位的问题。因此，在以 PPP 模式建设特色小镇的过程中，如何兼顾政府代表的公共基本利益与社会资本的经济效益，实现社会效益与经济效益的平衡，构建权责明确、利益分享和风险共担的 PPP 模式，是其亟须解决的首要问题。[9]

（二）存量建设用地再开发过程中存在种种困难

一方面，在规划层面，包括土地利用的总体规划、城乡建设规划在内的城市规划都是存量土地再利用不可避免的问题。但是，因为我国并未真正实现多规统一，且在实际操作过程中存在行政层面的条块分割管理的问题，而存量建设用地的再开发不仅需要土地部门的同意，更需要上位规划或城乡规划的调整，较难实现。[10]

另一方面，在低效工业用地的退出层面，不仅存在在历史上实际占用多年但并无明确合法的用地审批手续的情况，也存在土地使用权分散在多个人手中、涉及众多用地主体的情况，这些都加大了存量土地再利用的难度。同时，低效工业用地的退出往往涉及企业安置补偿和配套公共设施的建设，所面临的资金压力巨大。

（三）集体建设用地的流传面临诸多问题

在我国，虽然目前对集体建设用地流转的限制正在逐步放宽，其流转正逐渐

---

〔9〕 马光德、王腾辉、郑生钦：《PPP 模式在特色小镇项目的应用研究》，载《建筑经济》2017 年第 8 期。
〔10〕 金梦薇：《特色小镇土地政策研究》，浙江大学 2018 年硕士学位论文。

从无序化向规范化转变。然而,当前在这一过程中依然不可避免地存在诸多问题,对特色小镇的建设造成了阻碍。

一方面,目前国家并未出台集体建设用地流转的相关法律法规和规范性文件,这使在以 PPP 模式建设特色小镇的过程中,涉及集体建设用地的流转尚缺乏明确的依据,面临着潜在的流转风险和纠纷;另一方面,集体建设用地的流转并无合理规范的价格标准,在实际操作过程中的定价也缺乏依据,地价评估机构的缺失更进一步导致了集体建设用地流转难以操作。

(四)产业定位不明确,支撑能力和运营能力较弱

产业是小镇的生命力,而特色又是产业的核心竞争力。[11] 正如《江苏省人民政府关于培育创建江苏特色小镇的指导意见》(苏政发〔2016〕176 号)[12]所述,特色小镇的建设应"防止照搬照抄、一哄而上""防止千镇一面"。

然而,在建设特色小镇的浪潮之中,部分特色小镇未完全发掘自身的历史、文化渊源和特色,往往容易形成"照搬照抄、一哄而上"的局面,在一定程度上部分地方政府是为了建设而建设,难以实现特色化。在此基础上,特色小镇在建设过程中往往难以对核心产业内容进行明确定位,未能将原有园区和支撑产业升级改造成为特色产业,而是根据小城镇规划设计的一般要求,简单地设计几个功能区和产业园并叠加,这样一来,不仅耗费了大量的人力、物力、财力,使财政资金和社会资本无法获得应有的经济回报,更违背了特色小镇的产业和文化所具有的连续性特征,导致了特色小镇建设的文化保护和文化资源利用的矛盾与困境。

(五)缺乏与特色小镇配套的创新机制

作为项目管理中的一种全新理念,建设特色小镇的 PPP 模式能够实现政府机构力量与社会资本力量的有效结合,实现私营部门追求经济效益与政府部门行使公共管理职能的平衡。因此,在构建"政府主导、企业运作、合作共赢"的 PPP 市场化运作模式的同时,也应同步改进相应的医疗制度、养老制度、教育制度、金融制度等配套机制,同时根据特色小镇产业发展的不同阶段选择创新性的金融支持方

---

〔11〕 河北金融学院课题组、杨兆廷:《特色小镇建设中的典型问题、模式借鉴及金融支持路径——以河北省为例》,载《河北金融》2018 年第 1 期。

〔12〕 江苏省人民政府:《关于培育创建江苏特色小镇的指导意见》(苏政发〔2016〕176 号),2016 年 12 月 30 日发布。

式。然而,事实上,对于部分尚处于建设过程中的特色小镇来说,旧的机制和制度已不符合特色小镇建设的需求,创新机制的缺失和产业发展的金融支持不足已成为制约特色小镇发展的症结所在。

四、完善 PPP 模式建设特色小镇的对策建议

从整体性视角而言,目前我国各城镇在以 PPP 模式建设特色小镇的过程中,既取得了一定的成就,更面临着困境与挑战。针对以上现状和问题,可采取如下对策,完善特色小镇 PPP 项目的运作。

(一)明确各方职能,实现利益共享、风险共担

一方面,应明确政府和社会资本各方的职能,合理区分政企权责的边界。以 PPP 模式建设特色小镇,需要以特许经营协议、PPP 项目协议、合资经营协议、项目公司章程等全套项目协议作为依据,明确"哪些归政府,哪些归市场",在社会公共利益最大化和保护投资者利益之间寻找一个最佳平衡点,以确保项目既能够最大限度地满足公众需求,也能够保障社会资本的经济利益回报,激发各方的积极性;同时,虽然项目运营过程中的风险责任在 PPP 项目的系列合同各条款中均作出了有效分配,但是,政府仍是特色小镇的最终拥有者和风险的最终承担方,同时,归根结底,政府部门也是 SPV 公司的股东,政府和其代表的公共基本利益也直接受到项目的实施和运营状况的影响。因此,应增强各方的风险识别能力,全面分析项目生命周期内的多维度风险,在此基础上合理划定项目风险并设计相应的防范措施,共同协调、化解风险。

另一方面,应建立相对灵活的机制,激活特色小镇的整体运作和管理。在特色小镇 PPP 项目中,政府不应简单地行使其管理职能,而是应该将角色转变为监督者和合作者,而各主体应在严格遵循 PPP 项目合同各条款的基础上,建立相对灵活的机制,激活其整体的运作和管理。具体而言,一是制定完善的绩效考评体系,使绩效考核能够深入特色小镇 PPP 项目建设的全过程之中;二是引入第三方监督机构,对特色小镇建设的全过程进行实时监督和管理;三是引入专业机构提供政策咨询、技术支持、能力建设等服务。

例如,河北省固安县在特色小镇建设过程中采用的 PPP 模式,是将基础设施和公益性设施建设项目以及产业招商等服务项目整体外包给社会资本"华夏幸福",即由固安县政府与"华夏幸福"签订排他性的特许经营协议,共同设立 SPV

公司,并由SPV公司全面负责该工业园区的设计、投资、建设、运营和维护,实现一体化的市场运作。[13] 这一模式不仅构建了共赢的利益共享机制,也有效解决了传统融资方式中的政府负债问题,受到国务院办公厅的通报表扬(国办发〔2015〕54号)。

(二)加强对特色小镇利用存量土地政策和法规的支持

针对目前以PPP模式建设特色小镇利用存量建设用地再开发过程中面临的种种困难,应细化存量土地的利用政策并加大对特色小镇项目利用存量建设用地的支持,在此方面,诸暨大唐袜艺小镇的建设经验值得借鉴。

作为浙江省的首批特色小镇之一,诸暨大唐袜艺小镇是该省块状经济转型升级的范本。转型前,大唐袜艺小镇主要以家庭手工作坊和集市化的零散贸易为主,产品附加值较低,随着低价竞争出现的则是产品质量的不断下滑。面对这一现状,大唐袜艺小镇坚持"政府引导,企业为主"的模式,积极开展产业的升级改造,搭建产业创新平台,通过该平台的全方位运营突破传统产业的"瓶颈",全面提升特色小镇的产业格局。

同时,大唐袜艺小镇在土地保障层面的经验也值得借鉴。在原有产业基础上,大唐袜艺小镇鼓励条件相对成熟的企业进行"零土地技改",即通过对厂房加层或改造来扩大生产用房的面积、提升生产规模和土地利用效率。[14] 另外,小镇也通过对原有旧厂房的分类改造实现了集约发展,根据厂房的不同方位、面积等特征赋予其不同的用途,如将部分较有特色的旧厂房改造为个性化的袜子定制工厂,将地理位置较为优越的厂房改造成旅客接待和宣传中心,以此实现对存量建设用地的有效利用。同时,也鼓励企业进行"退二进三",即由简单的低端制造环节向智能制造、方案设计、品牌营销等环节延展,推动产业升级,实现产业化、链条化的发展。

(三)鼓励特色小镇通过集体建设用地流转突破"瓶颈"

PPP模式建设特色小镇的核心理念之一,就是突破土地资源利用的"瓶颈",为特色小镇的建设提供有力的基础性支撑。一方面,对于符合规划要求和条件的

〔13〕 项怡之:《PPP模式在特色小镇建设运营中的应用——基于固安城市运营的经验》,载《住宅与房地产》2017年第26期。

〔14〕 盘喜丽:《城市存量土地利用中的问题与对策研究》,载《绿色科技》2017年第14期。

集体建设用地，建议鼓励其通过作价出资、出让、出租等多样化的方式参与到特色小镇的建设过程中；另一方面，应结合特色小镇规划区域范围的具体情况，积极探索集体经营性建设用地入市和宅基地流转的方案，从行政管理和法规层面为特色小镇建设主体利用集体建设用地提供保障。玉皇山南基金小镇的构建过程为这一模式提供了正面的借鉴。

位于杭州市上城区的玉皇山南基金小镇是浙江省首批命名的省级特色小镇之一，其特色和重点培育的产业是私募基金产业，是同类特色小镇中的翘楚。其土地利用的最大经验在于利用集体建设用地拓展发展空间。该小镇原是城中村，主要产业多为手工艺术品的交易，其建筑群原多为旧仓库和厂房以及农民居所，土地性质均为村集体建设用地。地方政府在一定期间范围内向村集体租赁了该等旧仓库和厂房的土地，以此获取了集体建设用地的使用权，并将其交由具有相关资质的设计机构对其进行改造，然后再出租给入驻的企业，并按照约定支付租金给村集体以保障农民的合法权益。[15] 这一模式的流转核心在于“两种产权，统一市场”，即仅将集体建设用地的使用权进行流转，不改变集体建设用地的所有权，使集体经济组织获得相应的流转收益。同时，政府作为这一模式的流转主体之一，在村集体与企业之间充当中间人的角色，也有利于避免各方利益主体的纠纷和矛盾，降低土地开发的风险，为特色小镇的产业化、规模化、系统化发展提供支持。

（四）加强产业培育和“产镇融合”

在以 PPP 模式建设特色小镇的过程中，“产镇融合”的核心价值在于要求产业与城镇功能融合、空间整合，“以产促城，以城兴产，产城融合”，以实现产业、城市、居民之间有活力、持续向上的发展模式。

首先，应在规划建设层面落实“产镇融合”。在项目前期，应在政府的统一规划下，结合该特色小镇的发展脉络及历史文化内涵确定主导产业，以吸引该产业链上具有优势的社会资本和民营资本共同参与特色小镇的研发、孵化和运营，努力推进特色小镇建设由“政府资源依赖型”向“产业资源驱动型”转变。同时，应注重打造创新平台，将不同收益项目综合打包开发，实现资本链和产业链的深度融合，这样既可以避免营利性较强的项目被社会资本过度追逐，也能避免纯公益

〔15〕 唐曲：《城镇化背景下的农村集体建设用地流转问题研究》，湖南农业大学 2015 年硕士学位论文。

项目无人问津的情况。如河北省固安县的特色小镇建设,通过“华夏幸福”引入了专业的高端咨询机构“罗兰贝格”,共同开展产业定位和产业规划工作,最终形成了“转移—整合—孵化”的产业发展转型之路。

其次,应注重良好生态环境的构建。《关于开展特色小镇培育工作的通知》(建村〔2016〕147号)提出,特色小镇的建设应以“和谐宜居的美丽环境”为培育要求,坚持“空间布局与周边自然环境相协调,整体格局和风貌具有典型特征,路网合理,建设高度和密度适宜”。在以PPP模式建设特色小镇的过程中,生态环境是不可或缺的因素,应以绿色、开发、协调等发展理念为指引,注重特色小镇的整体风格、空间布局等与周边自然环境的协调,打造环境友好型的现代化特色小镇。

最后,在进行产业化的同时,应高度重视传统文化内涵的作用。就特色小镇的发展脉络而言,浓厚的传统文化特色是特色小镇能够保持旺盛生命力的内核所在。因此,在以PPP模式建设特色小镇的过程中,除应充分保护和传承小镇传统文化及历史遗产以外,更为重要的是,应深入挖掘特色小镇的文化内涵,形成典型而独特的文化标识,实现产业融合发展,使特色小镇能够区别于普通的产业园区,体现其真正的“特色”。

(五)创新产业发展金融支持模式

特色小镇若想真正建设起来并实现可持续发展,其产业运营的金融支持不可或缺。以PPP模式建设特色小镇的过程中,可以根据产业发展的不同阶段及其融资要求,创新性地选择不同的融资和金融支持方式。

在产业发展的前期,可以采用银行信贷或政策性金融的融资方式。正如国家发展改革委与国家开发银行《关于开发性金融支持特色小(城)镇建设促进脱贫攻坚的意见》(发改规划〔2017〕102号)所述,应发挥资本市场在脱贫攻坚中的积极作用,盘活贫困地区特色资产资源,为特色小(城)镇建设提供多元化金融支持。

在产业发展的中后期,可以选择资产证券化方式作为特色小镇特色产业发展的金融支持模式,与项目收益债等互为补充,共同满足PPP的融资需求,增强项目现金流流动性。例如,河北省固安县特色小镇的建设亦采用了成立资产支持专项计划的方式进行融资。华夏幸福固安工业园区新型城镇化PPP项目供热收费收益权资产支持专项计划以“原始权益人在交割日转让给专项计划的、在PPP项目项下基于基础资产文件享有的,在特定期间内因在固安工业园区内提供供热服务产生的向供热用户收取热费的供热收费收益权”为基础资产,并已于2017年3月

10 日取得上海证券交易所出具的无异议函。

五、结语

在当前经济新常态的形势下，建设特色小镇不仅是有效推动经济结构转化、促进供给侧结构性改革的重要平台，也是深入推进新型城镇化的重要抓手，而通过社会资本与政府财政资金之间的统筹、实现政府与社会主体“利益共享、风险共担、全程合作”的 PPP 模式建设特色小镇，能够推动形成长期互利、构建良性合作机制，是特色小镇建设的最佳选择。目前，各地在以 PPP 模式建设特色小镇的过程中，不可避免地会出现一些问题，应明确政府和社会资本各方的职能、激活特色小镇的整体运作和管理，并加强对特色小镇利用存量土地的支持，鼓励特色小镇通过集体建设用地的流转突破瓶颈，同时加强产业培育和“产镇融合”，创新性地选择不同的融资和金融支持方式，以进一步完善特色小镇 PPP 项目的运作。

商业地产租赁合同纠纷数据分析和风险防范

郭重清[*]　杨诗雨[**]

近年来,随着房地产的高速发展、电商的大量兴起和国内消费需求的下降,商业地产出现了局部区域供应过剩、租赁回报率下降等现象,但是相关的租赁合同纠纷却呈现逐年上升的态势。在这些租赁合同纠纷中,商业地产租赁纠纷具有涉案金额大、案情复杂、争议焦点多等特点,值得重点关注。在商业地产经营过程中,房地产开发企业作为商业地产的产权人,往往将商业地产整体出租给专业的商业地产租赁经营管理公司,双方签订一份长期的租赁合同,由经营管理公司代为出租和经营。经营管理公司通过对租赁物进行品牌定位和业态定位之后,统一对外进行招商并将租赁物分租给各个承租商户。在这一系列商业活动中,商业地产租赁经营管理公司不仅需要面对产权人,而且还需要面对众多的承租商户,所以对于专业的法律服务的需求更为迫切。

一、商业地产的概念

商业地产广义上通常指用于各种零售、批发、餐饮、娱乐、健身、休闲等经营用途的房地产形式,从经营模式、功能和用途上区别于普通住宅、厂房等房地产形式,通常是指具有服务性、经营性、公众性的物业,主要包括商贸物业、办公物业、公寓物业、酒店物业等类型,由于长租公寓的经营模式近两年刚刚兴起,相关案例

---

* 郭重清,上海市锦天城律师事务所上海办公室高级合伙人,华东政法大学法学学士、复旦大学经济学硕士,现任华东政法学院法律硕士(法学)兼职导师;擅长领域为房地产、公司法、期货和大宗商品以及争议解决法律服务。

** 杨诗雨,上海市锦天城律师事务所上海办公室律师助理,东南大学建筑学学士;擅长领域为争议解决等。

不多，所以本文将侧重探讨商贸物业、办公物业和酒店物业的案例。

二、商业地产租赁争议案例大数据分析

商业地产租赁中常见的争议焦点包括合同效力争议、租金争议、合同解除争议等，笔者于2018年8月25日在Alpha[1]法律案例库中，以“房屋租赁合同纠纷”为案由，检索得到商业地产租赁经营管理公司作为当事人的判决书共19 360份。在该19 360份判决书中，涉及合同效力的争议案例有3218个，占比约17%；涉及租金争议的案例有6007个，占比约31%；涉及合同解除的争议案例有10 135个，占比约52%。由此可见，涉及合同解除的争议案例最多，超过半数，其次是涉及租金的争议案例，占比约为1/3。

三、商业地产租赁中的法律风险及防范措施

（一）商业地产租赁合同效力争议

1.违法建筑租赁合同无效，经营管理公司或将承担主要责任

案例1

2016年8月19日，被上诉人旭芳鑫物业（甲方）与上诉人瑞家宾馆（乙方）签订《房屋租赁协议书》，约定被上诉人将北京市东城区胡家园小区西北侧1~17号房出租给上诉人用于经营旅馆。租赁期自2016年7月1日至2019年6月30日。租金标准为每年30万元，半年一付，每年1月、7月支付当年当期租金。该合同签订后，双方依约履行了合同。上诉人瑞家宾馆租金已交至2017年12月31日。2017年7月15日，上诉人收到被上诉人旭芳鑫物业发送的《解除租赁合同通知书》，被上诉人旭芳鑫物业以政府拟将租赁物所在用地改造为社区居民综合服务用房及地下车库为理由，通知上诉人解除双方租赁合同，并要求上诉人于30日内将房屋腾空。2017年7月19日，上诉人向二被上诉人发送了《关于〈解除租赁合同通知书〉的复函》，否认上诉人上述函件产生解除合同的法律效力，认为在双方并未就合同解除及补偿事宜达成一致的情况下，双方合同继续有效。双方争执不下因此成讼。二审法院认为，

[1] Alpha是一套集律所管理、法律大数据和专业服务为一体的智能办案系统。

出租人就未取得建设工程规划许可证或者未按照建设工程规划许可证的规定建设的房屋,与承租人订立的租赁合同无效。本案中,瑞家宾馆与旭芳鑫物业公司签订的《房屋租赁协议书》所约定的租赁标的即锅炉房西北侧1~17号房屋至今未取得建设工程规划许可证,故双方所签订的《房屋租赁合同》无效。合同无效后,因该合同取得的财产,应当予以返还;不能返还或者没有必要返还的,应当折价补偿。有过错的一方应当赔偿对方因此所受到的损失,双方都有过错的,应当各自承担相应的责任。旭芳鑫物业中心要求瑞家宾馆腾退房屋,于法有据,应予支持。关于合同无效的责任,出租方旭芳鑫物业公司明知租赁房屋未取得建设工程规划许可证而对外出租,对合同无效负有主要责任;承租方瑞家宾馆未严格审查租赁房屋的合法手续,对合同无效负有次要责任。

案例来源:北京市第二中级人民法院(2018)京02民终430号

[**风险防范**]

违法建筑是指在城市规划区内,未取得建设工程规划许可证或者违反建设工程规划许可证的规定建设,严重影响城市规划的建筑。建设工程规划许可证,是有关建设工程符合城市规划要求的法律凭证,是建设活动中接受监督检查时的法定依据,根据《最高人民法院关于审理城镇房屋租赁合同纠纷案件具体应用法律若干问题的解释》[2](以下简称《若干问题的解释》)第2条的规定,"出租人就未取得建设工程规划许可证或者未按照建设工程规划许可证的规定建设的房屋,与承租人订立的租赁合同无效……"没有取得建设工程规划许可证或者违反建设工程规划许可证的规定建设的房屋本身存在瑕疵,直接导致租赁合同无效。但是法律上采取了相对宽容的态度,给予出租人瑕疵补正的机会,《若干问题的解释》第2条规定:"……在一审法庭辩论终结前取得建设工程规划许可证或者经主管部门批准建设的,人民法院应当认定有效",由此可见在一审法庭辩论终结前经主管部门批准建设的,租赁合同有效。

综上所述,经营管理公司将未取得建设工程规划许可证的违法建筑出租给他人的,租赁合同无效,由此造成的损失往往需要经营管理公司承担更大的责任。为避免合同无效的风险,经营管理公司在对外出租租赁物之前,应当确保租赁物

〔2〕《最高人民法院关于审理城镇房屋租赁合同纠纷案件具体应用法律若干问题的解释》(法释〔2009〕11号),2009年9月1日生效。

四证齐全，即获得了土地主管部门核发的土地使用权证、规划主管部门核发的建设用地规划许可证和建设工程规划许可证以及建设主管部门核发的建设工程施工许可证。即使签订合同时未取得建设工程规划许可证，也应当在一审法庭辩论终结前争取获得该证，以避免不必要的损失。

2. 售后包租协议有效，但若处置不当，则经营管理公司会面临行政处罚甚至刑事风险

案例2

同嬴公司成立于2010年1月14日，经营范围包括商业运营管理、商业策划、商业招商、商业招商代理、广告发布、物业管理等。2012年8月14日，同嬴公司（甲方）与鼎帝公司（乙方）在德意·沂蒙国际财富中心签订了《租赁合同》，合同约定，乙方租赁经营场所位于山东省临沂市沂水县德意·沂蒙国际财富中心22幢141～155号、22幢101～117号、23幢125～134号铺位，共42间商铺，经营面积共计4908平方米。合同签订后，因鼎帝公司欠交第二年度租金，同嬴公司在催缴未果后，于2014年1月20日向鼎帝公司发出书面合同解除通知书。此后同嬴公司诉至法院，请求法院依法判令鼎帝公司支付物业管理费、欠交水费、第二年度租金等款项共计1 230 466元并赔偿损失。二审庭审中鼎帝公司辩称，根据《商品房销售管理办法》[3]，出租人就未取得建设工程规划许可证或者未按照建设工程规划许可证的规定建设的房屋，与承租人订立的租赁合同无效。但在一审法庭辩论终结前取得建设工程规划许可证或者经主管部门批准建设的，人民法院应当认定有效。第二章第11条规定，“房地产开发企业不得采取返本销售或者变相返本销售的方式销售商品房。房地产开发企业不得采取售后包租或者变相售后包租的方式销售未竣工商品房”。《山东省商品房销售条例》[4]第20条规定，“房地产开发企业和商品房承销机构不得采取返本销售或者变相返本销售的方式销售商品房，不得采取售后包租或者变相售后包租的方式销售未建成的商品房”。同嬴公司作为房产开发商向系争房屋的所有权人之间采取售后包租的销售方式，此销售合同应属无效，其与鼎帝公司签订的租赁合同也应属于无效合同。二审法院认为，

---

〔3〕 原建设部《商品房销售管理办法》（建设部令〔第88号〕），2001年6月1日生效。

〔4〕 《山东省商品房销售条例》，山东省人大常委会公告第52号，2005年7月1日生效。

德意·沂蒙国际财富中心商铺系山东德意房地产有限公司承建,山东德意房地产有限公司与同赢公司是不同的民事主体,山东德意房地产有限公司与鼎帝公司不存在租赁合同关系,同赢公司出租给鼎帝公司的商铺已经竣工,不存在鼎帝公司所称的违反“商品房销售管理办法”第11条及“山东省商品房销售条例”第20条规定的情形,且“商品房销售管理办法”及“山东省商品房销售条例”不属于行政法规,应当认定“租赁合同”为有效合同。

案例来源:山东省临沂市中级人民法院(2015)临商终字第763号

[**风险防范**]

售后包租又称售后回租,是开发商为了促进销售,在商品房出售时与买受人约定,在出售后的一定期限内由该开发商以代理出租的方式进行出租,以包租期间的租金冲抵部分销售价款或偿付一定租金回报的行为。经营管理公司作为房地产开发公司的合作方参与其中,负责代为出租并支付买受人(出租人)租金。《商品房销售管理办法》第11条规定,“房地产开发企业不得采取售后包租或者变相售后包租的方式销售未竣工商品房”。但是该条款属于管理性规定,且该办法并不是法律或行政法规,因此不影响售后包租的效力。

虽然售后包租行为有效,但是如果经营管理公司在参与售后包租活动中存在虚假宣传、夸大投资回报等情节,经营管理公司将面临巨额罚款,情节严重的甚至有刑事风险。根据国家工商行政管理局发布实施的《房地产广告发布规定》[5]第4条的规定,“房地产广告,房源信息应当真实,面积应当表明为建筑面积或者套内建筑面积,并不得含有下列内容:(一)升值或者投资回报的承诺……”,第16条规定,“房地产广告中不得出现融资或者变相融资的内容”,由此可知,经营管理公司在参与房地产公司售后包租广告宣传的时候不得在广告中许诺升值或投资回报等,否则将会受到处罚。另外根据最高人民法院公布的《关于审理非法集资刑事案件具体应用法律若干问题的解释》[6]第2条规定:“实施下列行为之一,符合本解释第一条第一款规定的条件的,应当依照刑法第一百七十六条的规定,以非法吸收公众存款罪定罪处罚:(一)不具有房产销售的真实内容或者不以房产销售

〔5〕 国家工商行政管理总局《房地产广告发布规定》,国家工商行政管理总局令第80号,2016年2月1日生效。

〔6〕《最高人民法院关于审理非法集资刑事案件具体应用法律若干问题的解释》(法释〔2010〕18号),2011年1月4日生效。

为主要目的,以返本销售、售后包租、约定回购、销售房产份额等方式非法吸收资金的……”由此可见,如果售后包租行为不具有房产销售的真实内容或者不以房产销售为主要目的,经营管理公司有触犯非法吸收公众存款罪的风险。因此建议经营管理公司在参与售后包租业务的时候:(1)不可在广告及宣传材料中发布有关售后包租的介绍或承诺,不可通过媒体、推介会、传单、手机短信等途径向社会公开宣传,以免被作为处罚的证据。(2)参与售后包租前需要详细了解租赁物的项目情况,最好在工程竣工后再参与其中,以避免触犯刑法的风险。

(二)商业地产租赁合同租金争议

1.合同提前终止的,经营管理公司或将无法主张免租期租金损失

案例3

2009年4月8日,金沙公司与红府超市签订《房屋租赁合同》,合同约定,金沙公司将富荣大厦负一层、建筑面积为1740平方米的商铺出租给红府超市经营使用,租赁期限为10年(2009年10月1日至2019年9月30日)。免租期(装修期)为2009年4月1日至9月30日。红府超市逾期未能缴足租金、管理费及其他应缴费用,金沙公司有权停止水电供应,损失由红府超市承担。租赁合同签订后,红府超市将租赁房屋用于经营红府超市双岗店。因红府超市未及时支付2012年1~3月、8~9月的电费,金沙公司2012年4月、10月两次对超市停电,后因超市支付了相应电费,遂恢复供电。2012年11月12日,红府超市张贴公告,称超市搬迁至阜阳路桥店。次日,红府超市向金沙公司发出《解除合同通知函》,称金沙公司多次在超市正常营业期间,切断超市经营用电,导致超市经营秩序混乱,设备及商品大量毁损,且房屋存在重大权利瑕疵,导致超市无法履行合同,故超市告知解除双方签订的房屋租赁合同。同年11月23日,金沙公司向红府超市发出《复函》一份,称该公司从未对超市停电,且租赁房屋无产权纠纷,要求红府超市继续履行合同。后金沙公司诉至法院,请求红府超市赔偿因其违约造成的包括免租期租金在内的全部损失。二审法院认为,关于免租期的赔偿问题,双方当事人对免租期(装修期)的期限进行了约定,但并未有关于合同提前终止后对免租期的赔偿问题进行约定。故金沙公司现主张根据民法基本原则对该两项费用进行赔偿,没有法律依据,法院不予

支持。

案例来源:安徽省合肥市中级人民法院(2014)合民一终字第00330号

[**风险防范**]

在大型商业地产租赁中,承租人基于装修的需要,或者是基于对市场培育期的一个预估,通常会要求出租人给予一定的装修免租期,而出租人基于行业惯例,抑或是基于未来租金收益的预期,往往也会同意。但实务中,如果经营管理公司疏于对装修免租期加以管理,则容易产生经济风险。因承租人原因导致租赁合同解除时,出租人是否有权要求承租人支付免租期的租金或赔偿租金利益损失?在实务中,如果租赁合同约定免租期并且以租赁合同按期限完全履行为其前提条件,则法院通常会支持出租人要求全部或按比例赔偿免租期租金的主张。但如果双方对免租期未明确约定限制性条件,法院则未必会支持赔偿的主张。为避免免租期租金赔偿损失,经营管理公司作为出租人,可以在合同中明确合同提前终止后的损失赔偿条款(包括免租期租金损失赔偿、履约保证金的返还、管理费损失赔偿条款等),比如约定"如因承租人原因,或者因不可抗力,或因不可归咎于双方当事人之事由,导致租赁合同提前解除或终止的,出租人不予返还承租人缴纳的租赁保证金,并要求承租人按照计租期租金和管理费标准赔偿免租期的租金及管理费损失",通过实现约定的方式保障自身的租金收益。

2. 仅约定提成租金,经营管理公司租金收益难以得到保障

案例4

2009年8月19日,新达利公司与家得利公司签订《预租合同(含附件一至七)》,合同约定,新达利公司将系争上海市黄浦区河南南路的商铺(租赁面积为3118.12平方米)出租给家得利公司开设连锁精品超市,租期8年。其中交付之日起2个月为筹备期,该期间届满之日起2个月为免租装修期。前3年不设固定租金,采取提成租金形式,第4年租金以提成租金和固定租金的较高者为准,其中固定租金为每月每平方米人民币90元(含租金35元,商场管理费55元)。新达利公司应在起租日开始起一年内办理出租赁场地的产权证书。合同签订后,新达利公司缴纳了840 000余元首期租金,2011年1月27日,新达利公司获得系争房屋的房地产权证,并于次日将其复印件交付给家得

利公司。2011 年 7 月 28 日,上海家得利超市有限公司河南南路一店获得营业执照。2011 年 8 月 25 日,家得利公司仍未开业,且发函称税务登记已于 8 月 22 日办妥,但是因新达利公司提供的门牌号重叠,家得利公司在办理烟草证时受阻。2011 年 9 月 9 日,因为家得利公司迟迟不开业,新达利公司认为其构成违约,向家得利公司发出《解除合同通知书》。家得利公司于同月 14 日收到该通知,并回函称因新达利公司未提供独立的门牌号码,导致家得利公司不能办理出烟草专卖零售许可证,故家得利公司不能营业,相应责任应由新达利公司承担。双方争执不下由此成讼。庭审中,新达利公司主张参照首期租金标准而非提成租金标准计取租金。法院认为,新达利公司签约时,理应预见提成租金(含商场管理费)可能发生的风险。现新达利公司要求租金和物业管理费参照首期租金标准而非提成租金标准计取的主张,缺乏合同依据和法律规定,对此不予采纳。现家得利公司于 2010 年 4 月至 2011 年 5 月对外经营,故新达利公司可以依照该营业额收取相应提成租金。至于新达利公司所称部分营业收入未经过双方约定的收款机流通,因新达利公司提供的证据不足以证明其主张及此类营业额的具体金额,故对新达利公司的上述意见难以采纳。现在新达利公司缴纳的 840 000 余元首期租金,应属预付租金,该款应在扣除应付提成租金后退还家得利公司。

案例来源:上海市第二中级人民法院(2013)沪二中民二(民)终字第 14 号

[**风险防范**]

为了快速招商和培养商业气氛,经营管理公司有时与承租人约定提成租金,即经营管理公司以承租人的营业额为基数,按照一定的百分比收取租金。但是因为经营管理公司难以准确了解承租人营业额的真实情况,所以对于提成租金金额的计算经常发生争议,在法庭上如果经营管理公司无法提供证据证明所主张的营业额的具体金额,法院一般难以支持其租金请求。为了防范风险,建议经营管理公司可以采取以下措施:(1)要求承租人定期提供财务报表,以便于经营管理公司进行查账和审计,并在租赁合同中,约定承租人的营业额告知义务以及相应的违约责任,从而降低承租人违约的可能性;(2)要求承租人转移收银权,由经营管理公司负责商铺的统一收银,并且经营管理公司与承租人定期对营业额情况进行结算;(3)同时约定提成租金和固定租金,二者取较高者,以保证最低的租金收益。

（三）商业地产租赁合同解除争议

1. 无效解除后收房不当，经营管理公司有违约风险

案例5

绿茵阁公司与阳光嘉年华公司于2010年9月30日签订《房屋租赁合同》，合同约定，阳光嘉年华公司将"嘉年华花园商业广场"A幢2层201号、202号房屋出租给绿茵阁公司使用。房屋套内使用面积为833平方米。绿茵阁公司租赁该物业仅用于餐饮使用，经营品牌为绿茵阁西餐厅。阳光嘉年华公司于2011年3月1日将该房屋以现状形式交付绿茵阁公司。装修免租期自阳光嘉年华公司交付之日起至2010年12月31日止。租赁期限自2011年1月1日起至2019年12月31日止，共计9年。乙方未足额支付履约保证金的，甲方有权解除本合同。合同签订后，双方就计租面积、租金、管理费、履约保证金和广告位使用费产生争议，2013年11月5日，阳光嘉年华公司向绿茵阁公司发出《解除合同的通知》，认为绿茵阁公司未足额支付履约保证金，阳光嘉年华公司即日起解除双方所签订的《租赁合同书》。2013年11月8日绿茵阁公司工作人员发现公司里的桌椅等设备、公司经营证照等物品被人搬走，大门被人更换了门锁。派出所经调查认为阳光嘉年华公司向绿茵阁公司催收管理费用无效后单方解除合同，收回店铺并将店铺内物品搬走代为保管。2013年11月11日，绿茵阁公司回函表示不同意解除合同，要求阳光嘉年华公司停止侵权行为并采取补救措施。此后绿茵阁公司以阳光嘉年华公司违约为由诉至法院。法院认为，双方在合同中约定租赁面积以竣工后的实际面积为准，且双方仅约定绿茵阁公司可免费使用广告位3个月，未约定免费使用期限届满后广告位使用费应如何计算，在此情况下，房屋的租赁面积及广告位使用费的计算方式都应经双方当事人协商一致进行确认。绿茵阁公司于2013年10月31日就上述问题要求双方对此进行协商，该行为并不违反上述合同的约定，阳光嘉年华公司主张绿茵阁公司违约的理由不成立。在绿茵阁公司未违约的前提下，阳光嘉年华公司强行收房的行为构成违约，且其采取暴力行为收回房屋的行为给绿茵阁公司造成了损失，阳光嘉年华公司对此应当予以赔偿。损失包括装修工程修复费、灭失的设施设备资产现值、厅面、厨房物料资产现值

和可得利益损失,经鉴定,法院确认阳光嘉年华公司应赔偿绿茵阁公司损失3 178 853.03元,扣除阳光嘉年华公司已经支付的补偿款50万元,其还应支付2 678 853.03元。

案例来源:云南省昆明市中级人民法院(2014)昆民一初字第39号

[**风险防范**]

无论是因合同无效或被撤销,还是租赁合同解除、租赁期届满,当租赁关系终止后,承租人都应将租赁商铺返还经营管理公司。但是实务中,经营管理公司往往会遇到承租人拒绝解约或拒绝腾退租赁物的情形,此时出租人常常因为在强制收房的过程中操作不当反而被承租人诉至法院。为避免风险,建议:(1)在租赁合同中约定,无论基于何种原因导致合同提前解除或终止,承租人均需在合同解除或终止后一定期限内自行清理商铺内所有物品,并将商铺恢复原状交还经营管理公司,逾期处理的视为承租人放弃商铺内物品及装饰装修的所有权及处分权,届时经营管理公司有权自行处理,且就商铺内物品及装饰装修的处理不需向承租人支付任何赔偿或补偿;(2)在实际收房过程中,经营管理公司应当向承租人发送撤场催告函,并给予承租人合理的撤场时间,方可强制收房;(3)收房时如果承租人不在场,建议对收房全程进行录像并就所有物品进行清点并制作物品清单,以防止承租人以租赁物内物品丢失或损坏为由,要求经营管理公司赔偿;(4)建议邀请公证人员到场,对收房的整个过程进行公证,或者聘请律师作为见证,还可以由其他无利害关系人做见证;(5)经营管理公司应当将商户的遗留物品妥善保管,并书面通知商户留存物品的地点和清单,要求其限期领取并承担相应的保管费用。

2. 承诺的开业率不达标,经营管理公司有违约风险

案例6

江苏乐天玛特(乙方)与亚尚公司(甲方)于2012年8月31日签订《房屋预租合同》,合同约定:甲方将位于上海市松江区新桥镇莘松路的亚繁生活时尚广场的地下一层全部、地上一层部分和地下二层部分出租给乙方,房屋用途为商业。房屋租赁期限为自计租日起20年。甲方保证,乙方超市正式开业当日,该物业的地上一层、二层的入驻商铺开业率达70%,否则计算乙方租金起始时间(2014年3月31日)作相应顺延,直至达到本条所约定的70%开业率

之日起算租金。乙方应于甲方交房前3个月即2013年6月30日前提交卖场平面布置图,以便于甲方协助乙方办理相关审批手续。2014年9月1日,双方签订补充协议,将乙方的开业日调整为2015年4月1日,乙方提供图纸时间调整为2014年9月30日前。2014年9月3日,亚尚公司将该房屋按房屋现状标准交付给江苏乐天玛特进场装修。2014年10月8日和2014年11月10日亚尚公司两次向江苏乐天玛特发函催讨施工图纸,但直至2014年12月10日,亚尚公司仍未收到有效图纸。于是2015年8月31日,亚尚公司向江苏乐天玛特发出解除函。二审法院认为,双方签订的《房屋预租合同》约定,亚尚公司应"保证超市正式开业当日,该物业的地上一层、二层的入驻商铺开业率达70%,否则计算江苏乐天玛特租金起始时间作相应顺延,直至达到本条所约定的70%开业率之日起算租金",双方在补充协议中将乙方的开业日调整为2015年4月1日。而根据上海市卢湾公证处于2015年6月18日拍摄的租赁现场照片显示,商场无店铺开业,2015年11月11日拍摄的照片显示,商场第一层和第二层仍处于装修状态,无商铺经营。且亚尚公司亦未提供证据证明,其在发出解约函之前,商场地上一层、二层的入驻商铺开业率已达70%,故亚尚公司的上述行为构成违约。但江苏乐天玛特开设的大型商业超市,作为大型商场中一种重要的商业形态,对于积聚人气、提升商铺入驻开业率起到非常重要的作用。而江苏乐天玛特不按时进场装修并开业的行为,势必对商场内其他商铺业主的心理产生影响,导致其采取观望态度,从而给亚尚公司的招商工作带来不利影响。故江苏乐天玛特未按时提交图纸并进场装修、未按时开业的行为亦构成违约。关于合同解除的后果处理,江苏乐天玛特违约在先,给亚尚公司的招商工作带来不利影响,亦给双方之后的履行造成很大障碍,过错较大。而亚尚公司未在合同约定的期限内达到商场地上一层、二层的入驻商铺开业率70%的要求,亦构成违约,存在一定过错。

案例来源:上海市高级人民法院(2016)沪民终460号

[**风险防范**]

为了培育商业氛围和促进招商,经营管理公司常常对商场整体开业日和开业率进行承诺,并以此作为承租人租金起计日和承租人开业的条件,但因为种种原因,商场的开业率往往难以达到承诺的比例,此时经营管理公司不仅无法获得租金而且可能因此承担违约责任。为了避免风险,建议经营管理公司采取以下措施:(1)经营管理公司在租赁合同中灵活设置商场整体开业日或开业率,如将开业率局限于特定区域内或排除无法按时开业的商铺等;(2)避免将“开业率”设置为承租人开业的前提条件,而是约定如果开业率未达到约定比例,经营管理公司给予承租商户一定的免租宽限期,宽限期满之日起计算租金。

3. 未约定转租通知条款,经营管理公司将承担商户擅自转租的后果

案例7

上海扑克牌有限公司委托绿地灯饰公司经营管理系争的上海市柳营路的房屋。2009年3月3日,绿地灯饰公司与农工商超市签订《房产租赁合同》,合同约定,绿地灯饰公司将系争房屋底层、二层共计使用面积约2965平方米的房屋出租给农工商超市使用,农工商超市可将承租的房产用于开设超市等商业使用。租赁期限为15年,自2009年3月15日起至2024年3月14日止,年租金为127万元。农工商超市在不违反本合同规定的用途条件下,可根据营业需要,采用引进转柜、售后结算、转租等形式开展经营活动。绿地灯饰公司向农工商超市交付房屋后,2011年9月,农工商超市和虹口支行签订《房屋租赁合同》,约定:农工商超市将系争房屋底层建筑面积为30.6平方米的场地出租给虹口支行经营自助银行业务。2011年10月,虹口支行进场装修。2011年12月15日,绿地灯饰公司通知农工商超市,要求其终止转租合同、停止施工。2011年12月21日,绿地灯饰公司复函农工商超市,告知农工商超市转租并改变玻璃幕墙房屋结构,属于擅自改变出租房用途的违约行为。因绿地灯饰公司不同意农工商超市转租,虹口支行的装修于2011年12月下旬被迫停止。2013年2月,绿地灯饰公司以农工商超市擅自转租,改变租赁用途,敲碎玻璃幕墙危害房屋安全为由,诉请解除合同,并要求农工商超市将玻璃幕墙恢复原状。二审法院认为,《房产租赁合同》约定,只要不违反合同规定的用途条件,农工商超市可根据营业需要以转租等形式开展经营活动。农工商超市将部分租赁场地转租给虹口支行用于开设自助银行业务,系从为顾客提供一站式便利服务,满足顾客需求出发,且银行业务亦属商业范围,农工商超市的转租行为并未违反合同约定的商业用途的认定。同时,合同未约定农工商超市在行使转租权时必须征得绿地灯饰公司的同意,故对绿地灯饰公司主张农工商超市未经其同意即进行转租,且转租行为违反合同约定的租赁用途的辩称

意见,法院不予支持。农工商超市将系争部分场地转租给虹口支行,未违反《房产租赁合同》的相关约定,反而由于绿地灯饰公司的阻挠,导致虹口支行最终并未实际入场经营,故绿地灯饰公司应就农工商超市的该项租金收益损失承担赔偿责任。

案例来源:上海市第二中级人民法院(2014)沪二中民二(民)终字第366号

[**风险防范**]

转租,是指承租人在不退出租赁合同关系的前提下,将租赁物全部或部分出租给次承租人,承租人与次承租人形成新的租赁关系。转租分为以下两种情况:(1)事前授权,出租人在合同中约定同意转租的,转租合同有效;(2)事后追认,承租人未经出租人同意,对外转租的,转租合同效力待定。事后追认又分为三种情形:①出租人知道承租人对外转租,6个月内提出异议的,出租人有权请求解除主合同或者确认转租合同无效;②出租人知道承租人对外转租,事后追认同意转租的;③出租人知道承租人对外转租,6个月内未异议的,视为同意转租。本案属于第1种情形,但由于未约定转租通知条款,导致经营管理公司处于极为被动的地位。

在商业地产经营过程中,如果承租商户擅自转租,而次承租人的履约能力、经营状况不能满足商场要求,势必对商业地产的整体经营造成一定的风险,而且经营管理公司往往需要承担次承租人改变商业用途、擅自装修改扩建的不利后果。为保障商业业态和租金收入的稳定,防止承租人擅自转租,经营管理公司应当在租赁合同中约定转租通知条款,如"如果承租人转租的,应当及时通知出租人,未经出租人同意不得擅自转租",如果承租人仍然擅自转租的,经营管理公司应当在知道或者应当知道承租人转租之日起6个月内及时向承租人提出异议,以确保获得随时解除合同并要求次承租人腾房的主动权。

四、总结

在商业地产租赁中,法律风控逻辑与商业经营思维往往会发生碰撞,甚至冲突,商业地产的租赁经营管理公司只有把握其中的风险并采取必要的防范措施,才能提炼出一套行之有效的制度和运作模式,在法律的刚性和商业的弹性中找到平衡点,最终实现既定的商业目的。

参考文献

1. 王欣亮、向春兰:《商业地产租赁常见法律问题解析》,载《法治论坛》2014 年第 1 期。
2. 吴柯彤、赵风伟:《论房屋租赁合同中的风险防范》,载《法制与社会》2014 年第 19 期。
3. 时振风、魏延伟、王正伟:《浅谈房屋租赁纠纷处理》,载《现代企业教育》2011 年第 12 期。
4. 江苏省高级人民法院民一庭课题组:《商业地产租赁案件审判疑难问题研究》,载《法律适用》2017 年第 5 期。
5. 王林清、郭燕枝、杨心忠:《房屋租赁合同纠纷裁判思路与裁判规则》,法律出版社 2016 年版。
6. 刘继承:《商业地产租赁典型案例评析及操作指引》,中国法制出版社 2014 年版。

商品房买卖合同定金纠纷类型梳理及法律风险防范

姚杰崔[*] 满 兴[**]

自我国实行住房制度改革以来，随着城市化进程的加快，从大趋势看，房价一直处于持续攀升的状态中，虽然这个大趋势中也有因市场规律及国家调控而形成的暂时回落和下跌。城市化及房价的上涨造成商品房交易量的不断放大，与此同时，与商品房交易的有关的纠纷案件也迅速增长，且争议问题覆盖缔约及履约各个环节，从定金纠纷到交付、入住时的迟延交付、逾期办证，房屋质量问题等不一而足，类型极其多样化。

一、商品房交易中定金合同及定金的法律性质

（一）商品房交易中定金合同的本质应属预约合同

从合同分类来看，预约系针对本约而言，具体到商品房交易中的定金合同，则预约合同的标的不应被理解为商品房，而应当是指以将来订立本约（商品房买卖合同）作为双方义务。故笔者认为，目前商品房交易过程中买卖双方签订的定金合同，从法律本质上讲称其为商品房买卖预约合同更能符合双方的缔约目的，也更能体现交易双方的真实意思表示，只不过从交易惯例和有名合同的角度出发，大多数时候其被称为定金合同（或认购书、认购协议等）。因为该定金合同签订的目的无他，仅系为保证合同当事人双方在将来依约订立买卖特定商品房的正式

---

* 姚杰，上海市锦天城律师事务所杭州办公室高级合伙人律师，杭州大学汉语言文学学士；擅长领域为住宅开发、商业地产、养老地产、留用地项目开发法律服务及常规公司业务。

** 崔满兴，上海市锦天城律师事务所杭州办公室律师；擅长领域为房地产类业务。

合约。

2003 年 6 月 1 日起实施的《最高人民法院关于审理商品房买卖合同纠纷案件适用法律若干问题的解释》(法释〔2003〕7 号,以下简称《商品房买卖合同纠纷司法解释》)第 4 条规定:出卖人通过认购、订购、预订等方式向买受人收受定金作为订立商品房买卖合同担保的,如果因为当事人一方原因未能订立商品房买卖合同,应当按照法律关于定金的规定处理;因不可归责于当事人双方的事由,导致商品房买卖合同未能订立的,出卖人应当将定金返还买受人。该条约定以司法解释的形式确认了商品房交易领域中预约合同的存在及其法律效力。该条款同时明确了本约未能缔结的情形下关于定金处理的三种法律后果:(1)出卖人没收定金;(2)出卖人双倍返还定金;(3)出卖人返还定金。

《商品房买卖合同司法解释》第 5 条规定:商品房的认购、订购、预订等协议是具备《商品房销售管理办法》第 16 条规定的商品房买卖合同的主要内容,并且出卖人已经按照约定收受购房款的,该协议应当认定为商品房买卖合同,该条规定对预约(商品房交易过程中的认购书、认购协议、定金合同)被认定为本约(商品房买卖合同)的条件做出了相应的规范。但笔者认为,大多数城市商品房买卖合同的正式成立除双方当事人达成合意外,相关合同还需依据政府网签平台经备案登记后方可产生实际效力,且实践中预约合同内容能满足司法解释第 5 条规定的“具备第十六条规定的商品房买卖合同的主要内容”这一条件的也少之又少或不可能,故该第 5 条规定未免有脱离实际无法操作之嫌。

笔者近三年来处理的几十起商品房买卖合同定金纠纷案例中,无一例援引适用该条款进行裁判,且实践中也未有任何一方当事人以此条款为由提出相应的诉求。

(二)商品房交易中定金合同的定金之法律属性

从学理上解释,定金分为五种:一是立约定金,指为保证正式签订合同而交付的定金;二是证约定金,指为证明合同的成立而支付的定金;三是成约定金,指以定金的支付作为合同成立或者生效的条件;四是解约定金,指作为保留解除权的定金;五是违约定金,指作为履行合同担保的定金。上述五种定金的功能各不相同,分别起到了立约、证约、成约、解约、违约的证明和担保作用,[1]照此解释,结

[1] 最高人民法院民事审判第一庭:《最高人民法院关于审理商品房买卖合同纠纷案件司法解释的理解与适用》,人民法院出版社 2015 年版,第 61～62 页。

合商品房交易中定金合同所约定之定金的实质,其法律属性当属立约定金无疑。

立约定金成立生效以后,即交付后,若在双方约定的签订合同的期限内一方未按照约定履行签订合同的义务,即拒绝签订契约,此时便可适用定金罚则。立约定金给合同双方当事人设定了签约的自由和义务,至于何方拥有拒绝订约的权利,在理论上有不同的说法。通说认为:在立约定金的情形下,无论是交付定金的一方还是接受一方,都享有拒绝签订合同的权利。给付定金一方可以放弃定金为对价拒签,接受定金一方可双倍返还而为对等之行为。[2]

关于立约定金罚则的适用及其与损害赔偿的关系,有学界观点认为,合同一方当事人拒绝签订合同以后,无论对另一方是否有损害或是损害高于或低于定金数额,均以此定金数额为损害赔偿额。[3] 司法实践中也有观点认为应按如下规则进行适用:(1)若定金高于实际损失额,如无特别约定,则直接适用定金,此定金应折算为损害赔偿金。(2)若定金小于实际损失,当事人除没收定金或双倍收取定金外,仍得请求赔偿损失。(3)若当事人明确约定定金为损失之预设(违约定金),则定金与损害赔偿不得并用。比如《广东省高级人民法院关于审理房屋买卖合同纠纷案件的指引》(粤高法〔2017〕191 号,以下简称《指引》)第 5 条就明确规定:当事人一方无正当理由不履行预约约定的签约义务,守约方请求人民法院判决强制签订房屋买卖合同的,不予支持。预约合同约定的定金等违约责任明显不足以弥补守约方的信赖利益损失,守约方请求增加赔偿的,可予支持。笔者认同上述第一种观点,理由如下:其一,预约合同是独立于拟签订本约的合同,在本约未能签订的情况下,以本约履行之后可能产生的各方当事人的利益或损害等作为平衡权利义务的标准有失公允;其二,如前所述,最高人民法院《商品房买卖合同纠纷司法解释》第 4 条规定并未明确规定除出卖人没收定金、出卖人双倍返还定金以及出卖人返还定金以外的任何其他情形。至于第二种观点及广东省高级人民法院《指引》,笔者以为有失偏颇,虽然《指引》第 5 条第一句关于守约方请求判决强制签约的不予支持这一观点正确也符合预约合同系独立于本约的合同这一特性,但其后关于约定定金明显不足以弥补守约方的信赖利益损失,则守约方有权请求增加赔偿的观点未免画蛇添足。因为预约合同作为一份独立合同,守约方的信赖利益应以定金罚则的适用为限,或没收或得双倍返还,不存在除此以外的

〔2〕 王利明:《违约责任论》,中国政法大学出版社 2000 年版,第 595 页。
〔3〕 陈光华:《定金罚则的适用分析》,中国社会科学院 2014 年版。

任何信赖利益,《指引》似有将预约合同当事人的信赖利益与正式商品房买卖合同得签订并完全履行后当事人的履行利益沦为一谈之嫌。

二、定金纠纷的特点及原因分析

(一)商品房交易定金纠纷的特点

1. 标的不大争议极大

商品房买卖合同定金纠纷的标的额通常不会很大,大部分在 20 万元人民币以内,也有少数高价商品房的定金金额会在 20 万 ~ 100 万元人民币,极少数豪宅定金金额会高于 100 万元人民币,但一旦形成纠纷,原被告之间的争议会很大,在返还定金或双倍返还定金及没收定金之间几乎没有中间地带,双方观点往往也是针尖对麦芒不留余地。

2. 可调余地不大判决结案居多

司法实践中,已然成诉的商品房买卖合同定金纠纷案件在法院能顺利调解结案的似乎不多,原因在于定金纠纷案件通常起诉原告为买受人一方,而买受人在起诉之前必定与出卖方进行多次协商沟通,往往是在协商未果的情形下才会通过司法途径寻求救济,也正因如此,从开发商层面来讲,若可调解则在诉前双方即可达成合意妥善处理定金纠纷事宜,一旦成诉往往是针锋相对互不相让,故判决结案甚至二审判决结案居多。

3. 纠纷案件数量多少随着市场的变化而变化

商品房买卖合同定金纠纷案件数量与房地产市场价格的上行或下调有着密不可分的直接关联。一般而言,房地产市场价格下调时该类案件往往会集中大量爆发,呈普通态势。相反,若房地产价格上扬则是此类案件极少,除非是买受人个人的家庭和资信状况在定金合同签订后到本约签订前这一较短期间发生了较大的难以预料的剧变,才有可能导致发生买受人不愿签订本约又想返还定金而成诉的情形。

(二)定金纠纷的原因分析

一般而言,定金纠纷成诉原因在买受人处居多,即买受人签订预约合同支付定金后因各种原因不愿履行签订本约义务同时又不愿承担定金被罚没的法律后果。也有少数案件因出卖人(开发商)履约不当应返还定金而不愿返还造成,此外,尚有少数案件系不可归责于买受人和出卖人的原因应当发生返还定金的法律后果,但双方当事人对此持不同观点而成诉,具体而言有如下几个原因。

1. 买受人原因形成的定金纠纷

虽然此前较长一段时间来看,我国房地产价格始终处于上扬趋势,但过程中亦有几个受宏观调控及经济形势影响而显著下行或停滞的波段,也正因如此,国内不少房地产交易的真实目的在买受人而言,并非单纯为自住使用,更多的具有投资和炒作属性,这样的交易目的在特定阶段房地产价格下滑波段时,买受人预期签订及履行本约会给其带来经济上的不利益时,会主动选择放弃签订本约以防御市场下行风险及避免自身经济利益损失,当其又不愿承担已交定金被罚没的法律后果时,就会找出种种理由要求返还定金遂成诉,对此本文将在第三部分予以具体阐述。

2. 出卖人原因形成的定金纠纷

实践中,因出卖人原因形成商品房买卖合同定金纠纷的情形较少,但仍难完全排除。举例说,笔者曾经办过因出卖人各工作端口衔接不畅(主要是营销部分与财务部分未有效对接),导致营销将已经设定抵押权的商品房作为标的物与客户签订了定金协议,其后在定金协议约定签订本约的期限届满前,开发商又无法及时办理抵押权的解除和撤销,导致双方无法正式签订商品房买卖合同遂成诉的情况。

3. 因不可归责于当事人双方原因形成的定金纠纷

此类商品房买卖合同定金纠纷的成因多与国家及各地实施的房地产调控政策有关,其出现及其所带来的影响往往超出了当事人双方的能力范围。无论是限购、限贷还是限价政策,该类政策的出台及实施若出现在双方签订商品房买卖定金合同之后且在约定的本约签订期限届满之前,则双方交易必会因此而受到影响,原因是原本有资格购房的买受人可能因为新政被限购了,或者原本约定按揭贷款的客户不符合房贷条件了,抑或原本可以签订本约却因为控制房价上涨限价进而导致交易由于政府签约平台的原因无法网签了。发生类似情形时,对定金应按司法解释第 4 条规定做返还处理。值得注意的是,在限购、限贷情形下,笔者以为,若相关政策在定金合同签订之前已然公布并实施或者系在约定的本约签订届满期限之后方才推出,则买受人一方无权援引司法解释第 4 条之规定以不可归责于当事人双方原因为由抗辩请求出卖人返还定金,因为作为买受人,其自身较出卖人更为清楚是否被限购限贷政策所影响和制约,其明知限购、限贷而仍签订定金合同会发生定金被罚没的法律后果。而限价情形则例外,因为限价往往并非各地政府明示公开之行为且买受人无能力了解知悉具体实施状况。故限价情形下，出卖人应当返还买受人定金，但无须承担双倍返还之法律后果。

三、实务中定金纠纷的类型梳理及法律风险防范

如前所述，商品房买卖合同定金纠纷成因往往是因买受人不愿承担相应的法律后果（定金被依约罚没）所产生，故本节将以开发商为视角，重点梳理因买受人原因形成的定金纠纷及不可归责于当事人双方的定金纠纷类型，并从约定和操作角度对如何防范纠纷或者说确保胜诉、掌握主动角度作相应研究和探讨。

（一）客户以本约有关条款协商不成未能签约为由要求返还定金

买受人以本约有关条款协商不成未能签约为由要求返还定金或者双倍返还的纠纷比例在定金合同纠纷中占比最大，理由五花八门，有称对违约责任约定不满意的；有称对补充协议条款认为显失公平的；也有称补充协议中有关格式条款系无效的等。实践中确实也存在不少因合同条款协商不成法院判决退定的情形，关键在于协商不成原因是什么？若为已决条款，则不应构成退定理由，若确为未决条款，则属于不可归责于双方事由的情形，一般司法解释中会判决退定。因此，开发商应尽量减少拟签本约中的未决条款以增加确定性，有效控制风险，通常有效做法是在定金合同中的鉴于条款开宗明义约定清楚双方已就拟签合同及有关的系列法规、文件达成一致。

良好规范的示例为：鉴于乙方（买受人）对甲方（出卖人）在销售案场公示的《商品房销售管理办法》、《前期物业管理服务协议》及《业主临时管理规定》文件已充分了解并认可。

同时，开发商内部应注意规范销售流程，提醒并引导客户查阅案场的公示文本，若客户在正式签订本约时提出要求协商合同条款并以协商不成要求退定时，销售人员应强调相应文本于定金合同签订前公示，客户对此已明知、理解且无异议，以防客户录音引发不必要的风险。

（二）客户以本约付款方式约定不明为由未能签约要求返还定金

实践中，商品房买卖合同本约买方的付款义务履行存在多种方式，如一次性付款、分期付款、商业银行贷款、公积金贷款、组合贷款（部分商业银行贷款与部分公积金贷款），但由于在本约签订之前，买方看到的仅仅是开发商在预售现场公示

的签约模板(其中不会对付款方式做出选择确定)。故在定金合同中有必要直接明确具体的付款方式,以避免买受人以双方未就付款方式达成合意为由要求返还定金(司法实践中,多数法院倾向因付款方式双方协商不成而未能签订本约的,属不可归责于双方的事由)。

良好规范示例为:双方约定采取以下付款方式支付该商品房价款:□一次性付款、□分期付款、□商业银行贷款、□公积金贷款、□组合贷款(部分商业银行贷款与部分公积金贷款)。选项打"√",非选项打"×"。同时应视情况对各种付款方式之要求予以明确具化以免歧义。

(三)客户不愿在本约签订前支付部分房屋价款导致本约未能签订引发的定金纠纷

实践操作中开发商为加速回款,在房地产价格上扬市场偏好的形势下,往往会要求客户在签订本约前提前支付部分房款或首付款,并以此作为销售方案和策略要求置业顾问执行,而大多数买受人在看好房市的前提下一般也会乐意接受该等付款安排。但事实上的接受不代表内心真正的认可,且支付除定金外的其余房款本质上属于本约签订之后才能产生的买方义务,若在本约签订前强行以公司规定为由要求客户必须交纳部分购房款,而客户对此又不认可不接受时,笔者认为,开发商仍应从其观点在不收取房款的情形下与其签订本约方为上策。

若客户方固定了未签订本约的原因系买受人对出卖人要先行收取部分房款不满而造成的,而且该类证据也被法院查明了,则法院最终判决出卖人承担双倍返还定金的法律后果则几乎成为定局。笔者就曾经办过因此类事由引发的定金合同纠纷,但在因此成诉且律师提示以返还定金为上策后公司仍执意没收定金,最终一审、二审判决均确认开发商承担双倍返还定金的后果。

如前所述,实践中还会产生一个新的问题,即客户原因导致未签订本约,开发商没收定金后对已收取的部分房屋价款应如何处理?笔者的观点是应尽快及时办理已收款项的退款手续以避免产生风险,因为即使是开发商在买卖合同有关条款约定了类似"若买受人已预付部分房款的,买受人同意出卖人办理房款退还手续并同意出卖人在办妥手续后1个月内无息返还,买受人对此理解并无异议"的内容,司法实践中一般仍会判决开发商承担正当合理的利息损失。

(四)不归责于当事人双方原因产生的定金纠纷

此类定金纠纷既已定性为不可归责于当事人双方原因,则基本与超出双方能力范围的调控政策及具体实施细则有关，往往因城因时而异，难以一概论述，此处仅就因政府限价原因致双方未能签订本约的情况略作分析。

此类纠纷的特点在于双方虽通过定金合同对房屋价格达成合意，但因该价格高于政府限定的最高价而无法网签成功，对合同签订及履行造成实质上的障碍。实践中政府就某一行政区域住宅的限价往往是内部掌握且随时可能变动，并非向全社会公众（包括房地产企业及不动产买受人）公示，其目的在于通过控制签约有效调控某一时期某一区域的住宅销售均价。由于限价的不透明及变动性，买卖双方往往难以及时准确掌握此等信息。就笔者经办案例而言，超过限价的房源在网签时会在平台上跳出“住宅均价显示异常”的字样，从而导致无法签订本约。此时开发商应注意通过公证证据保全的方式将该信息固定，以此达到证明本约未能签订非属出卖人层面的原因，此外，亦可在诉讼过程中申请法院向有关住建部门调查收集政府限价的具体情况，虽然住建部门往往不会向法院出具书面材料，但其客观陈述仍会对法官自由心证产生较大影响，笔者经办的两起类似案例买受人方均诉请双倍返还定金，最终法院一审判决返还定金本金且双方均服判息诉。

为防范此类风险，建议对可能存在政府限价的项目，定金合同约定的签约期限改为不定期，以开发商了解准确信息再向买受人发出通知后几日内作为签约时间方为上策。

四、总结

定金合同纠纷属于预约合同纠纷，处理该种纠纷关键在于探究未签署正式《商品房买卖合同》的原因。

站在开发商角度，应尤其注意因主合同条款协商不成、付款方式约定不明以及预收购房者部分购房款等原因导致无法或未按照定金合同约定签署《商品房买卖合同》的情形。前两种情形下开发商应主要从完善定金合同内容入手，拟定完备的定金合同条款，防止购房者恶意违反定金合同约定要求返还定金的情况，最后一种情况则应妥善处理纠纷，若购房者不同意提前支付部分购房款，开发商应按照定金合同约定与购房者签署《商品房买卖合同》为妥。

另外，开发商应注意妥善保存过程中通知购房者签约或因购房者违反定金合同而没收定金（挞定）的书面通知材料以及邮寄面单。

制定、适用“限购、限售房屋”规范应遵循法治原则
——以王某诉某市住建局行政确认购房资格案为例

李东华*

一、引例——王某诉某住建局行政确认购房资格纠纷一案

2016年1月，包某（卖方）、王某（买方）与良居房产中介签订《房屋买卖合同》，合同约定：包某取得房屋不动产权证之日起一个月内办理过户手续等内容。王某、包某分别依约履行了支付首付款、交付房屋义务；2016年5月，王某装修后实际入住房屋；2016年11月，包某取得房屋不动产权证；2016年12月，王某向某住建局申请确认购房资格，某住建局回复：王某不具有购房资格。王某认为某市住建局适用法律错误，应适用该市限购令除外条款确认王某具备购房资格，王某遂即提起行政诉讼。

2016年10月4日，某市房地产市场调控政府规章（以下简称限购令）公布实施，限购令规定：非本市户籍居民家庭申请购买第1套住房时，应提供自购房之日起前2年在某市区累计缴纳1年及以上个人所得税缴纳证明或社会保险缴纳证明；否则，房地产交易和不动产登记部门不予办理相关手续。政策执行时间，购买新建商品住房、二手住房以及申请个人住房按揭贷款统一以网签合同时间为准（以下简称限购条款）。10月4日前已签订认购协议且已支付部分房款的预售房源除外（以下简称除外条款）。

* 李东华，上海市锦天城律师事务所苏州办公室律师，华东政法大学法学学士、苏州大学宪法与行政法学硕士；擅长领域为房地产、物业管理、公司法律风险管理。

对王某的购房资格问题，某住建局认为：王某情形不适用除外条款，王某尚不具备购房资格；王某则坚持认为：其情形属于除外条款描述情形，某住建局应当确认王某即时具备购房资格。

二、除外条款中的“预售房源”范围

（一）现有官方解释的预售房源情形

预售房源不是一个正式法律概念。以“预售房源”作为全文关键词，笔者于2018年11月6日登录威科先行法律信息库法规栏目查询，结果显示有13条信息，其中部委规章1部，地方法规12部。仅以部委规章为例，该部委规章题为——《关于开展商品房销售明码标价专项检查的通知》（发改办价检〔2011〕1050号文，国家发展和改革委员会于2011年5月11日发布，以下简称《国家发改委通知》），“预售房源”一词仅出现一次，用的语境是，“各级价格主管部门组织开展商品房销售明码标价执行情况专项检查，要重点查处房地产开发企业下列行为：（四）未一次性公开全部预售房源”。另12个“地方性法规”（部分应当是政府规章或部门规范性法律文件）中的预售房源语境多与《国家发改委通知》类似。以上规范文件中也未对“预售房源”进行界定，从行文背景看，“预售房源”应该是预售商品房，含期房和现房。

引例案中，某住建局解释称：限购令中的“预售房源”，包括新建商品房和二手住房（存量房）。新建商品房是指取得预售许可证或销售许可证，由开发商作为卖方进行销售的商品房；二手住房是指已经取得房屋产权证书，再次入市的住宅用途房屋，但是，涉案房屋不属于以上任一情形。

（二）可能存在的其他预售房源情形

除上述官方解释的预售房源外，至少还有两种情形：一是开发商已经销售但尚未交付的商品房，但买受人已予以再行转让的商品房；二是开发商已经销售已竣工验收并已交付买受人，尚未取得房屋产权证书，但买受人已予以再行转让的商品房。

《城市房地产管理法》第46条规定：商品房预售的，商品房预购人将购买的未竣工的预售商品房再行转让的问题，由国务院规定。在此后，笔者未见国务院据此出台过行政法规。但是，在2005年5月9日发布的《国务院办公厅转发建设部等部门关于做好稳定住房价格工作意见的通知》(国办发〔2005〕26 号,以下简称国办发 2005 年 26 号文)中,却涉及了该种情形。该文第七"切实整顿和规范市场秩序,严肃查处违法违规销售行为"部分指出:根据《中华人民共和国城市房地产管理法》有关规定,国务院决定:禁止商品房预购人将购买的未竣工的预售商品房再行转让。

可见,国务院已经明确商品房预购人不得将其购买的未竣工预售商品房再行转让。但对于另一种情形的商品房,国办发 2005 年 26 号文没有特别明确可否再行转让,只是在后续内容中提到此种情形转让的商品房,开发商已经销售、已竣工验收并交付的商品房,房地产主管部门不得为其办理转让等手续。

(三)其他情形下的预售房源应被认定为除外条款中的"预售房源"

1. 其他情形下的预售房源已通过政府行政审查认定——满足入市条件

政府对预售房源的管理主要有三个法律文件:一是《城市房地产管理法》第四章;二是《城市商品房预售管理办法》;三是《商品房销售管理办法》。通过该三个法律文件,政府通过行政许可制度对预售房源进行行政审查,满足条件的,成为预售房源;未满足条件的,不被允许纳入预售房源范围。

依据《城市商品房预售管理办法》第 5 条、《商品房销售管理办法》第 7 条的规定,政府行政审查商品房入市主要看两个方面:一是房源的建设是否具备合法性,即是否有土地使用权证、建设规划许可证、施工许可证,该等证件的取得是否合法;二是房屋质量预计能够或已满足安全使用要求,即是否已通过竣工验收、已具备交付使用条件、已经落实物业管理方案等;若满足以上两方面条件,政府将核发预售许可证或销售许可证,自此该房屋即可以进入市场。可见,经过政府审查已准入市场的房源就可以被称为预售房源或可销售房源。

2. 针对其他情形下预售房源的再次流转,政府未另设也不应另设审查条件或环节

《城市房地产管理法》第 46 条虽授权国务院对预售商品房再行转让行为进行规定,但迄今为止未见国务院层面的具体规定。虽然国办发 2005 年 26 号文明确"国务院决定,禁止商品房预购人将购买的未竣工的预售商品房再行转让",但该表述本身不具有合法性。首先,该文件不属于国务院制定的行政法规。依据《立法法》第 70 条,行政法规由总理签署国务院令公布。国办发 2005 年 26 号文是国务院办公厅发的文件,未由总理签署,文号也非国务院令。其次,该文件并未否定

再行转让预售商品房的预售房源属性,它只是禁止商品房预购人的再行转让行为。因此,政府客观上未另设其他情形下预售房源再次流转的审查条件或环节。

参照知识产权法领域的首次销售原则理论,政府应无权控制此前已核准入市商品房的再次流转。首次销售原则,又称"权利穷竭原则"或"发行权一次用尽原则",是传统版权法中一条限制版权人专有权利的重要原则,它是指:虽然版权人享有将作品原件或复制件投放市场的"发行权",但合法制作的作品复制件经版权人许可首次向公众销售或以其他方式转移所有权后,版权人就无权控制该特定复制件的再次流转了。[1] 政府作为房地产市场的管理部门,依据预售许可证制度、销售许可证制度已对商品房入市条件进行了审查,若再次流转时仍需再次审查,将否定商品房的市场流通属性,不利于商品房市场的健康有序发展。

(四)司法实践认可其他情形预售房源交易合同的合法有效性

广东省高级人民法院于2001年10月30日发布实施的《关于〈合同法〉施行后认定房地产开发经营合同效力问题的指导意见》第20条明确:商品房预购人将购买的未竣工的预售商品房再行转让,如无其他违法行为,可认定转让合同有效。引例案中,涉案房屋为已竣工交付的商品房,《城市房地产管理法》第38条非效力性强制规定,原购买人出让涉案房屋的房屋买卖合同违反该条款不得视为违反《合同法》第52条情形,引例中的房屋买卖合同合法有效,应当受到法律保护。

三、如何审查除外条款可适用性的内容

限购令在除外条款前明确:本意见自2016年10月4日起实施。政策执行时间,购买新建商品住房、二手住房以及申请个人住房按揭贷款统一以网签合同时间为准。它有两点意思:(1)政府实施限购令的起始日期为2016年10月4日;(2)政府审查新建商品住房、二手住房以及申请个人住房按揭贷款交易条件的审查时间节点为:办理网签合同时交易主体、交易房屋的实际法律状态;如交易主体、交易房屋在办理网签合同时符合限购令明确条件,政府主管部门确认该项交

[1] 王迁:《论网络环境中的"首次销售原则"》,载《法学杂志》2006年第2期,转自 http://blog.sina.com.cn/s/blog_46a2d1f5010004f5.html。

易可继续走以下交易流程(含办理网签合同、签订资金托管协议、办理银行贷款、申请办理转移登记手续、取得不动产权转移登记证书等,下同);如交易主体、交易房屋在办理网签合同时不符合限购令明确条件,政府主管部门则确认该项目交易暂不可继续,需待满足限购令明确条件后才能继续走以下交易流程。可见,适用行政规范进行形式审查的是交易主体、交易房屋在办理网签合同时的实际法律状态,而非在签订房屋买卖合同时的实际法律状态。

笔者认为,除外条款所含内容是一种民事法律关系状态,应当仅适用民事法律规范进行形式审查,通过该形式审查确认它符合该内容显示的民事法律关系状态即可适用除外条款。理由如下:

(一)"已签订认购协议"且"已支付部分房款"属于民事法律行为,应适用民事法律规范进行形式审查

签订认购协议属于订立合同的民事法律行为,已支付部分房款属于履行合同时发生的支付款项民事法律行为,是否为认购协议,是否已经签订,是否已支付,支付的是否为部分房款,签订的时间、支付的时间是否在2016年10月4日之前等问题,均应当适用民事法律规范进行判断。归纳而言,政府主管部门在适用除外条款时主要审查三个问题:

1. 是否为房屋认购协议?
2. 签订房屋认购协议的时间是不是在2016年10月4日之前?
3. 是否已支付部分房价款,支付部分房价款的日期是不是在2016年10月4日之前?

审查问题1时,应适用《合同法》第10~12条,以及《最高人民法院关于审理买卖合同纠纷案件适用法律问题的解释》第1~4条、《最高人民法院关于审理商品房买卖合同纠纷案件适用法律若干问题的解释》第5条等条款进行形式审查。审查问题2、3时,主要是做事实判断,其中支付的是否为部分房价款,审查时主要看相应付款凭证及付款凭证形成的时间点。因此,从被审查行为性质看,应适用民事法律规范进行形式审查。

(二)若适用行政法律规范形式审查除外条款内容,不符合行政法基本原则

审查交易主体、交易房屋是否满足购房条件属于行政审查行为,它应符合行政法基本原则。杨建顺教授将行政法基本原则概括为:合法性原则、合理性原则

和公开性原则，[2]笔者认为，适用民事法律规范对适用除外条款问题进行行政审查，才符合上述行政法基本原则。

1. 未见审查除外条款内容可适用性的行政法律规范依据

限购令未直接明确该如何审查除外条款的内容。在此情形下，行政机关只能对此作一般意义上的民事规范形式审查。

限购令的性质是行政规范性法律文件，它审查的只能是网签合同时房屋交易标的及其主体的实际法律状态。限购令实施时间明确——“政策执行时间……统一以网签合同时间为准”，已经清晰地表明了行政机关适用行政规范审查的对象，只是办理网签合同手续时的房屋交易当事人和交易房屋，而非限购令实施当日的交易主体和交易房屋的实际法律状态。

行政合法性原则要求行政权力的存在、运用必须依据法规范、符合法规范，不得与法规范相抵触。[3] 首先，现有法律规范及限购令未对除外条款内容明确行政审查规范。除外条款内容审查重点在于该房屋交易时的民事法律关系状态，即该房屋交易当时是否已经签订有认购协议，是否已支付了部分房价款，签订认购协议、支付部分房价款时间点是否在2016年10月4日前。从上述内容看，该等事务均系民事法律关系，综观限购令及其他相应法律规范，笔者未见对该等事务进行审查的行政法律规范。从民事法律规范的私法性质来说，政府也不宜将之纳入行政规范体系。其次，某住建局依据《城市房地产管理法》第38条进行审查引例案的除外条款内容，适用法律错误。《城市房地产管理法》第38条是对房屋转移登记条件的行政审查规范，只有交易房屋已取得房屋权属证书的情况下，才能准予房屋转移登记。该阶段属于房屋交易全流程中的后续阶段，即仅是对能够以行政确认形式确认房屋产权转移的结果，即行政确认登记行为。政府只需审查行政确认登记阶段时交易主体、交易标的是否具备法律规定的形式要件，符合条件的给予登记，不符合的不给予登记。因此，某住建局以《城市房地产管理法》第38条判断除外条款内容，系适用法律错误，错误地用审查房屋交易产权转移登记规范审查了房屋交易订约阶段的合规性。

2. 适用行政法律规范审查除外条款内容，违背行政公开原则

限购令作为一项影响行政相对人权益的行政政令，其立法的过程应当坚持行

---

〔2〕 杨建顺：《行政规制与权利保障》，中国人民大学出版社2007年版，第114页。
〔3〕 杨建顺：《行政规制与权利保障》，中国人民大学出版社2007年版，第115页。

政公开原则。限购令在2016年10月4日发布前,未见公开发布的征求意见告示、未组织立法听证等民主立法程序,行政相对人未能以任何形式参与限购令立法的酝酿、起草、审议等任一过程,显然缺乏公开性。除外条款的设置目的,本是借此尽可能减少限购令的影响面以及降低限购令带来的不利影响,若适用行政法律规范审查除外条款内容,将会违背立法者设置除外条款的目的,扩大这种损害。

国务院于2004年印发实施的《全面推进依法行政实施纲要》指出:"行政机关实施行政管理,应当遵循公平、公正的原则……行使自由裁量权应当符合法律目的……行政机关实施行政管理可以采用多种方式实现行政目的的,应当避免采用损害当事人权益的方式。"从德国行政法理论与实践中的帝王原则——比例原则来说,行政执法应当符合妥当性、必要性、相对性要求。[4] 具体到除外条款内容的行政审查而言,仅适用民事法律规范审查其是否为"房屋认购协议"、是否为"已支付部分房价款"的"预售房源"交易,更加符合依法行政实施纲要所明确的行政执法精神,更符合行政法理论的"比例原则"。

3. 适用民事法律规范审查除外条款的内容,更符合行政合理性原则

仅从行政合理性原则要求来看,也应适用民事法律规范审查除外条款的内容。在引例中,某市住建局决定适用《城市房地产管理法》第38条否定王某的购房人资格,不符合行政合理性原则。王某于2016年1月签订房屋买卖合同、于2016年5月实际取得房屋,客观上已然是一个购房人,适用《城市房地产管理法》第38条将极大推迟王某取得房屋权属证书日期,无法使其在房屋买卖合同约定的预期内取得证书,该交易的稳定、安全性遭受威胁,也不符合一个普通人的理性。相反,若适用民事法律规范审查,将能顺利推进涉案房屋交易按照合同约定内容继续履行,保护交易秩序,维护当事人对法律的预期利益,避免给予出卖方要挟加价的机会。可见,适用民事法律规范审查除外条款的内容,更符合行政合理性原则。

四、制定、适用"限购、限售房屋"规范应遵循法治原则

限购令作为政府加强房地产市场调控的法律手段,应当在立法、执法上具备合法性,遵循法治原则。

---

〔4〕 曾哲、雷雨薇:《比例原则的法律适用评析与重塑》,载《湖南社会科学》2018年第2期。

(一)制定"限购、限售房屋"规范,应遵循法律保留原则

法律保留原则,是指凡属宪法、法律规定只能由法律规定的事项,或者只能由法律规定,或者必须在法律明确授权的情况下,行政机关才有权在其所制定的行政规范中作出规定。[5] 该原则体现在《立法法》第 8 条,该条款明确:民事基本制度只能制定法律。出售房屋、购买房屋属于民事主体对其财产进行处分的民事法律行为,这应当属于民事基本法律制度内容,应属于只能由法律规定的事项。该条款所指的"法律"仅指全国人民代表大会及其常务委员会制定的法律,不包括国务院、国务院组成部门、地方人大、地方政府制定的其他规范形式。

而目前各地实施的"限购令""限售令"均系各地政府制定的规范,非"法律"形式,违反法律保留原则。

(二)制定、适用"限购、限售房屋规范",应遵循"法不溯及既往原则"

"法不溯及既往原则"是人类优秀的法律文化传统,在古罗马时期,就有"法律仅仅适用于将来"的法律格言,著名法学家西塞罗早在公元前 74 年就提到,民法不得有溯及既往的规定。[6] 我国《立法法》第 93 条规定"法律、行政法规、地方性法规、自治条例和单行条例、规章不溯及既往,但为了更好地保护公民、法人和其他组织的权利和利益而作的特别规定除外",其已将法不溯及既往原则纳入立法原则之中。

具体到引例案中而言,适用行政法律规范审查除外条款的内容也违背了法不溯及既往原则。从实践看,房屋交易环节分为四个阶段:(1)房屋入市条件的行政审批阶段;(2)房屋交易合同的订立阶段;(3)房屋交易合同的行政审查阶段;(4)房屋交易合同成果的行政确认阶段。立法部门对房屋交易四阶段有充分的认识,房屋交易合同订立的时间在房屋交易合同进入行政审查时间点之前,而且两者间隔的时间可能较长。当事人在订立房屋交易合同时只能适用当时已经存在的房屋交易合同审查法律规范来判断能否得到,以及何时能够得到政府主管部门审核通过,若以订立合同之后公布实施的法律规范来规制,将严重损害当事人的法律信赖利益。

显然,引例中所指的限购令在制定时已考虑到法不溯及既往原则,并以设置

---

〔5〕 中国大百科全书编辑部:《中国大百科全书》,中国大百科全书出版社 2006 年版,第 589 页。

〔6〕 张书豪:《论"法不溯及既往"作为立法原则的法哲学基础》,载《西南农业大学学报》(社会科学版)2012 年第 2 期。

"除外条款"形式来遵循。

(三)制定、适用"限购、限售房屋规范"具有一定的正当性,应当且可以遵循法治原则,依法行政

调控房地产市场属于政府管理经济、城乡建设事业等职权内容。《宪法》第89条授权国务院有领导、管理经济工作和城乡建设职权,《宪法》第107条授权县级以上地方人民政府依照法规的权限,管理本行政区域内的经济、城乡建设事业等行政工作。因此,从宪法层面看,国务院或县级以上地方人民政府有权调控房地产市场。另依据《城市房地产管理法》第7条:国务院、县级以上地方人民政府应依职权管理房地产工作。因此,国务院或县级以上地方人民政府有权在房地产交易网签阶段的审核、房地产产权转移登记的审核阶段作出具体行政规范。

购买、出售房屋属于民事基本法律范围,依据《立法法》属于法律保留事项,国务院或县级以上地方人民政府均无权制定规范加以限制。但是从各地限购令政策及司法实践看,所谓的限购令,实际上是对房地产交易主管部门和不动产登记部门对某种情形下房屋交易产权转移登记的限制。

依据《物权法》第10条的规定,国家对不动产实行统一登记制度。统一登记的范围、登记机构和登记办法,由法律、行政法规规定。国务院已制定《不动产登记暂行条例》,该条例第20条规定:不动产登记机构应当自受理登记申请之日起30个工作日内办结不动产登记手续,法律另有规定的除外。

可见,国务院、县级以上地方人民政府实施"限购、限售令"等房地产市场调控规范,有合法依据。但是,目前阶段"限购、限售令"的制定、适用,存在一定程度上的恣意,破坏了法治原则、破坏了信赖利益,而被公众质疑其"合法性"。在引例案中,一审法院驳回了王某的诉请,二审法院则力劝王某撤回起诉。王某后来同意了撤诉,但同意的背景是——包某另案起诉了王某解除房屋买卖合同案件已调解结案。调解方案是:王某另行支付给包某10万元,包某同意在王某满足现行购房条件后及时配合办理产权转移登记。该引例案的撤诉结案结果,避免了二审法院回答该引例案问题的尴尬。

2019年5月11日,该市颁布了"限售令",该限令一定程度上防止了楼市的进一步扩张,但其中的合法治化问题仍然需要探讨。在中央大力倡导依法治国、建立法治政府的大背景下,建议政府有关部门积极引入法律专家、律师提供专业法律服务,引入立法民主程序,以最大限度地实现"限购、限售房屋规范"的合法治化。

商品房预购人权利保护研究

王　雷*

近年来房地产市场空前繁荣,商品房预售大量发生,商品房预售已成为越来越普遍的房屋买卖形式,越来越多的消费者开始通过这一交易方式购买住房,但随之而来的却是商品房预售纠纷的激增。我国现行法律中的买卖合同制度尚不足以充分保护预购人的利益,尤其是不能解决预购人与其他第三人之间的权利对抗问题。本文对赋予预购人权利物权效力问题进行了粗浅的研究,希望抛砖引玉,引起学界的重视,进而对我国《物权法》预告登记制度的实施和完善有所帮助。

一、预购人权利保护的必要性分析

(一)商品房预售交易方式的特殊性

所谓商品房预售,就是指房地产开发商将正在建设而尚未竣工或已竣工而尚未办理房产证的房屋预先出售给预购人,预购人支付全部或部分购房款,并在未来确定的日期将预售房交付并过户给预购人的销售方式。在目前我国房地产交易实务中,以预售方式转让的并不仅限于未竣工的房产。事实上,有大量的已竣工但未领取产权证书的房产(实务多将之称为现房)通过预售方式进行交易。上海市房屋土地管理局《关于加强商品房预售管理若干问题的通知》[沪房地开(1997)第935号文]第2条就明确规定,房地产开发企业在商品房未经初始登记领取房地产权证前,销售商品房的行为均系商品房预售行为。

依据这一界定,商品房预售具有如下特点:

---

* 王雷,上海市锦天城律师事务所郑州办公室执业律师,郑州大学法律硕士;擅长领域为企业破产重整、银行不良资产清收、建设工程合同纠纷、企业投融资法律风险防范等。

1. 预购人的权利对象为远期交付的房产

商品房预售合同属于远期交货合同。所谓远期交货合同,是合同双方当事人在合同中约定在将来的一定期间内交货的合同。这类买卖合同仅是在交货期限方面与一般买卖合同有所区别,而在合同的订立、货物价格的确定、履行地点等方面与一般买卖合同没有任何差别。当事人必须在合同规定的期限内交货,否则即应承担违约责任。可见,从交付的期限角度看,商品房预售合同是一种远期交货合同。商品房预售所交易的房产为正在建造之中或已建成但未办理初始登记的房产。由于商品房从开发到竣工验收,再到落实产权登记手续,往往要经历较长的时间,预购人在预售合同签订之日后的一年到两年,甚至更长的时间才能受领所购房产,并获得完整意义的产权。在如此之长的期间内,自然会使预售合同的履行可能受到各种不确定因素的干扰,从而使预购人可能面临预购房交付不能的风险。

2. 预购人在控制权利对象前向卖方支付购房款

商品房预售制度大大加快了楼宇的销售速度,加快了资金的回笼过程,使开发商较快获得急需的建设资金,减轻借贷压力。即通过预购人先期向开发商支付一定比例的购房款,从而令其在所售房屋尚未建成之时从预购人处先获得一定的建设资金。这样一来,一方面预购人只有在将来约定的时间才能获得所购房产,另一方面预购人还得先期向开发商支付部分甚至全部购房款,这就使其在开发商违约或其他因素干扰导致预购房交付不能的情形下还可能面临其预付的购房款无法收回的风险。

3. 交易期间可能涉及多种法律关系

综观现今商品房预售市场存在的诸多问题,主要可归纳为以下几种:

(1)房地产开发企业重复预售商品房,或者将已抵押的商品房预售、将已预售的商品房抵押,使一部分购房者的权益无法得到实现,给购房者造成巨大损失;

(2)房地产开发企业将已贷款抵押的商品房预售套取资金,而后席卷预售款项或逃或匿,给购房者留下一幢“烂尾楼”;

(3)房地产开发企业预售商品房后,未能将预售款项用于在建工程,而是挪作他用,导致所建项目未能如期竣工交付使用甚至停工,进而引发资金链断裂,企业破产;

(4)房地产开发企业交付的商品房面积缩水或者偷工减料使工程质量不合格,甚至出现豆腐渣工程,给房屋安全问题埋下巨大隐患;

(5)房地产开发企业在预售房屋时做虚假广告，与实际建设情况不符，欺骗购房者，引发诉讼纠纷；

(6)房地产开发企业未按期将完工的商品房交付有关部门验收，导致商品房交付时未取得验收合格证书或造成购房者未能如期发挥商品房的使用功能。

以上问题中会涉及预购人与较多第三人的关系：涉及开发商与建筑工程承包商的关系，开发商与抵押银行的关系，开发商与其他预购人关系，开发商与众多破产债权人的关系等。在如此错综复杂的关系中，必然会产生预购人与在建工程建筑商、在建工程抵押权人、其他预购人及破产债权人之间的权利对抗问题。

4. 其交易能否顺利完成直接关系社会的稳定

由于商品房预售的买方即预购人多为消费者，其所购预售房多为其赖以安居的住房。倘若开发商因各种原因不能按期交付预购房或预购人因其权利对抗无法获得预购房，则可令预购人陷入无家可归的悲惨境地，这一不幸后果极可能酿发社会不稳定因素。商品房作为一项商品，其价值也是预购人一生中最大的购买标的之一，如此重大的商品购买如果权利得不到相应的保障，无疑是法律的缺陷，更会造成预购人的购买信心不足问题，最终势必影响商品房预售制度的实现，抑制房地产行业的发展。

在商品房预售中，由于交易标的有许多不确定因素，因此预购人所面临的风险要比现房买卖大得多。基于对弱势群体的特别保护和社会秩序的维护，我国在预售制度发展之初就十分注意，出台了一系列较为完善的措施来约束开发商的行为，保护预购人的利益。例如，(1)规定房地产开发公司的成立条件、资质等级；(2)制定严格的房屋预售条件；(3)对预售合同实行备案登记制度；(4)加强房屋质量监督管理；(5)加强对房屋预售广告、宣传的管理；(6)加强对预售资金的管理。[1] 但是以上制度的设立多是以行政控制的手段来解决问题的思路，没有在民事法律上赋予预购人权利的对抗效力。

(二)法律赋予预购人权利物权效力的必要性

鉴于商品房预购的上述交易特点，商品房预购人在交易中可能面临较大的法律风险，在遭遇与其他第三人权利对抗时，而其权利的实现与否又直接影响千家万户的安居乐业，影响社会的稳定，故法律有必要对商品房预购人给予特别保护，

---

〔1〕 廖国彬:《论购买预售商品房应注意的一些法律问题》，载中国住宅产业网。

赋予其权利以适当的物权效力。“现代民法建立在市场经济的基础之上,市场经济的其中一个重要原则是公平公正。要实现这个原则,必须对社会成员中处于劣势的人和特殊利益进行特殊的照顾和保护。”[2]这一立法必要性目前已为国内学理界的多数学者所认同。[3]

房地产开发经营是一种资金密集型经营,加之房地产开发经营企业在与预购人关系中的优势地位,在商品房预售实践中,作为消费者的预购人往往在取得权属证书之前甚至房屋竣工之前已经支付了绝大部分乃至全部房价款。但是,预购人的权利有时却因法律规定上的不足,受到严重侵害后却难以得到切实有效的保障和救济。比如,为了筹集资金,房地产开发经营企业在向金融机构借款时,往往以土地使用权或者在建工程作为抵押物。已经设定土地使用权抵押的土地上开发的商品房或者设定在建工程抵押的未完工商品房是否可以预售?如果可以,如何解决抵押权人和预购人之间的权利冲突?

关于在建工程,《城市房地产抵押管理办法》规定在建工程可以用作抵押物,其第3条第5款规定,“在建工程抵押,是指抵押人为取得在建工程继续建造资金的贷款,以其合法方式取得的土地使用权连同在建工程的投入资产,以不转移占有的方式抵押给贷款银行作为偿还贷款履行担保的行为”。针对预售,并没有关于禁止房地产开发经营企业对已经办理在建工程抵押手续的在建工程申请办理商品房预售许可证的规定。在实践中,房地产管理部门在这种情况下也都为房地产开发经营企业办理了商品房预售许可证。在预购人与房地产开发经营企业签订预售商品房买卖合同并支付了绝大部分乃至全部房价款之后,但取得房屋所有权证和土地使用权证之前,如果因房地产开发经营企业没有及时履行借款合同中的还款义务,债权人行使抵押权,则预购人享有的取得预售商品房所有权和土地使用权的期待权,也就不复存在。如果房地产开发经营企业的经营状况已经发展到这种地步,预购人要收回已经支付的房价款,实际上已基本没有可能。为了防止因商品房预售后交房时间过长、不确定因素多而大量发生的预购人风险大、权利受侵害情况多的问题出现,保障预购人的消费者权益,有些省市已经将房地产

---

〔2〕 蔡福华:《民事优先权研究》,人民法院出版社2000年版,第211页。

〔3〕 王利明:《物权法专题研究》,中国人民大学出版社2002年版,第214页;符启林主编:《商品房预售法律制度研究》,中国政法大学出版社2002年版,第88页;梁慧星主编:《中国物权法草案建议稿》,社会科学文献出版社2000年版,第169页。

开发经营企业申请办理商品房预售许可证的条件提高。[4] 但是,这并不能有效或者根本地解决问题。综上所述,必须由法律赋予预购人物权效力,从而达到在权利冲突中保护预购人的权利的目的。

(三)建立预告登记制度以加强预购人的权利保护

为保障预购人利益,我国法律应建立商品房预售合同的预告登记制度,凡商品房预售合同一旦登记公示,就存在对抗一切与预购人请求权相矛盾之权利的效力。也就是说,在预告登记下,预购人请求权可以对抗预售商品房上存在的一般债权人之债权、建筑承包商的工程款优先权、顺序在后的国有土地使用权抵押权及顺序在后的在建工程抵押权等。

二、预购人与第三人权利冲突的法律问题

(一)预购人权利与一般债权的效力对抗关系

办理了预告登记的预购人权利应具有物权效力,依据物权效力优先于债权之原则,此时预购人权利应优先于一般债权人,即预购人可以优先于开发商的一般债权人优先获得预购房。在开发商破产清算时,已经预售的房屋应该排除在破产财产之外。

(二)预购人权利与在建工程承包商优先受偿权之间的效力对抗关系

在预售商品房工程建设过程中,如果房地产开发经营企业违反其与建设工程承包人之间的合同,没有按约定支付工程价款,这就会产生预购人的权利与承包人优先受偿权之间的冲突问题。在关于这两种权利冲突问题的解决上,有两种观点。

第一种观点认为,承包人的优先受偿权的效力优先于发包人的其他债权人(包括预售商品房预购人在内)的权利,即使该债权人是基于担保物权而产生的优先受偿权。"承包人所享有的工程价款债权的优先权,在所有的基于该建设工程

---

〔4〕 如从1996年1月1日起,上海市和广东省将申请商品房预售许可的工程进度标准规定为:七层以下(含七层)商品房项目,应完成基础工程并施工至主体结构封顶;八层以上(含八层)商品房项目,应完成基础工程并施工至主体结构2/3以上(不得少于七层);这就意味着,房地产开发经营企业必须在完成总投资额的约50%后,才能进行商品房预售。

而产生的担保物权中,居于最为优先的地位"[5]。另有学者也赞同这一种观点,认为承包人工程价款的受偿权利应当得到优先的保护,预购人的权利不能对抗承包人的优先受偿权,具体理由如下:

1. 从产生的顺序上对两者之间的关系上进行分析。房地产开发经营企业进行商品房预售,其前提和基础都是基于承包人的施工行为而已经建设到一定程度的部分或者全部完工工程。也就是说,没有因承包人的施工行为而已经建设到一定程度的部分或者全部完工工程,商品房预售行为就不可能合法地实施。同样有学者认为,应根据"时间在先,权利在先"的原则,以在建工程承包商优先受偿权、预购人权利成立的先后顺序来确定其间的效力顺序关系。[6]

2. 从权利得以实现的保障上对两者之间的关系进行探讨。承包人的施工行为将使工程项目最终竣工,而竣工的工程项目才具有最大的经济价值。因此,承包人的施工行为是预售商品房预购人权利能够实现的有力保障。如果不赋予建设工程承包人优先受偿权更为优先的位序地位,在发包人没有按照约定支付工程价款的情况下,就会起到鼓励承包人在建设工程竣工之前终止合同并行使优先受偿权的作用,从而出现"半拉子工程""烂尾楼",造成社会财富的闲置和浪费,预售商品房预购人的权利更得不到保障。

3. 从比较法律所保护利益的轻重,进而对冲突的权利进行价值的比较衡量。《合同法》之所以赋予建设工程承包人的优先受偿权,除了为保障承包人工程价款这一债权的实现外,更重要的是为了保护建筑工人的工资收入。因为建设工程中凝结着工人的劳动价值,工程价款中包含着工人的劳动力价格,它的取得是承包人能够支付工人工资的先决条件,故而应对工人的工资、雇工的报酬加以特殊保护。相对而言,预购人权利所体现的债权为一般性质的债权,其重要性要小于工资债权。

4. 从法律的性质上进行考察。承包人优先受偿权是法定的优先受偿权,预售商品房预购人的权利是基于其与房地产开发经营企业之间的约定而产生。依法定优先受偿权更优先于约定优先权的原则,承包人优先受偿权具有优于预购人优先权的位序。

5. 承包人也是善意人,大量建筑工人在得不到劳动报酬时也会发生影响社会

---

〔5〕 崔建远:《新合同法原理与案例评析》,吉林大学出版社1999年版,第1220页

〔6〕 符启林主编:《商品房预售法律制度研究》,中国政法大学出版社2002年版,第287页。

安定的事件。

总之,在承包人将竣工的建设工程交付给发包人之前,承包人优先受偿权应处于优先位序;如承包人已经将竣工的建设工程交付给发包人,则构成承包人对其优先受偿权的放弃。[7]

第二种观点则认为,预购人的权利应当优先,“在以后的立法或司法解释中有必要明确:只要发包人(房地产开发经营企业)预售或实际出售房屋符合法律规定,手续齐全,承包人对已卖出的房屋不能再行使优先受偿权”。该学者的主要理由是,“商品住宅楼,往往涉及许多购买者的利益,如果不对承包人的优先受偿权加以限制,势必侵害大量善意购买者的利益,影响社会的安定”。[8]

笔者赞同第二种观点,理由为:

1. 赋予预购人权利优先于在建工程承包商优先受偿权的效力符合预购人权利物权效力制度的目的。前文已经指出,预购人多为个人消费者,预购房的交付与否对其个人或家庭的安定与否影响重大,赋予预购人权利以物权效力就是要保护其弱势地位。

2. 相对于预购人来说,在建工程承包商具有较强的抗风险能力。与预购人不同,在建工程承包商均为具有一定实力的公司,其抗风险能力显然会大于预购人个人。若预购人个人就预购房不能优先获取,可能会使其个人或家庭居无定所,流落街头。故此有必要赋予预购人权利优先于在建工程承包商优先受偿权的效力,以利于维护社会的稳定。对于工人工资的支付风险不能转嫁到预购人的权利之上。

3. 在建工程承包商可通过预告登记查询以及对应付购房款主张优先受偿等途径适当防范其优先受偿权对抗不能的风险。预购人权利只有经预告登记后才具有物权效力。故预购人权利优先于在建工程承包商的优先受偿权是以预告登记的办理为前提的。鉴于预售合同已办理登记,在建工程承包商可通过查询及时获知在建工程的售卖情况,掌握购房款的支付状况,从而考虑通过适当途径对在建工程预售房产的已支付部分转让价款及时主张权利,以防范其工程款不能收回的风险。若在建工程承包商行使其优先受偿权时,预购人尚未支付完毕购房款,在建工程承包商可在保障预购人优先获得预购房实物的前提下,就预购人应付购

---

[7] 文玲:《商品房预售合同转让的法律问题研究》,载《广州大学学报》2003 年第 8 期。

[8] 宋金林:《略论建设工程承包人的优先受偿权》,载《人民法院报》2001 年 1 月 10 日,第 4 版。

房款主张优先受偿权。

4. 以权利成立的先后来确定在建工程承包商优先权与预购人权利之间的效力顺序,目前在法律上尚难以操作。我国《合同法》第286条规定了在建工程承包商的优先受偿权,但未规定其登记制度。故在建工程承包商的优先受偿权成立时间应以何时开始计算,法理上存在争议。[9] 既然在建工程承包商优先受偿权的成立时间不好确定,依时间先后来确定其与预购人权利之间的效力顺序也就无法操作。

5. 如果确认在建工程承包商优先受偿权优于预购人权利,可能对商品房预售制度产生消极影响。因在建工程承包商为争揽工程,多存在垫资承建的现象。这就必然令预购人可能面临其权利对抗不能的风险,使预购人对在建工程预售望而却步,影响在建工程的预售前景,进而影响商品房预售这种对买卖双方两便的交易制度优势功能的发挥。

(三)预购人权利与在建工程抵押权之间的效力对抗关系

本处所指的在建工程抵押权,是指开发商与银行或其他债权人约定就在建工程设立的抵押权。[10] 笔者认为,在预购人权利物权效力以预告登记的办理为生效要件的前提下,预购人权利不可绝对优先于在建工程抵押权,其间的效力对抗关系应因预告登记与抵押登记办理时间的先后顺序不同而不同。

1. 抵押登记在前,预告登记在后

抵押登记在前,开发商将在建工程中的房产预售并办理预告登记的,属于抵押期间抵押人转让抵押物的情形。我国《物权法》第191条规定:"抵押期间,抵押人经抵押权人同意转让抵押财产的,应当将转让所得的价款向抵押权人提前清偿债务或者提存。转让的价款超过债权数额的部分归抵押人所有,不足部分由债务人清偿。抵押期间,抵押人未经抵押权人同意,不得转让抵押财产,但受让人代为清偿债务消灭抵押权的除外。"但国内学者对上述规定多有批评,认为这一规定完全否定了抵押权的追及力,有悖于抵押的基本理论。[11] 从民法的传统理论来看,

---

〔9〕 符启林主编:《商品房预售法律制度研究》,中国政法大学出版社2002年版,第278~279页。

〔10〕 建设部《城市房地产抵押管理办法》(2001年8月15日发布)第3条第5款,《最高人民法院关于适用〈中华人民共和国担保法〉若干问题的解释》(法释〔2000〕44号)第47条。

〔11〕 陈本寒主编:《担保法通论》,武汉大学出版社1998年版,第172页;王利明:《物权法研究》,中国人民大学出版社2005年版,第553~558页。

抵押权为支配抵押标的物担保价值(交换价值)的权利,对于不妨碍标的物价值的处分及用益行为,没有干涉的必要,从而抵押权设定后,不妨碍再设定次序在后的抵押权或新创标的物的用益关系,甚或将标的物出卖于第三人。[12] 故抵押人的处分行为不应影响抵押权的效力。但是此时如果承认抵押权的追及力,就会出现抵押权与预购人的物权效力的冲突。

笔者认为,我国现有制度虽然未承认抵押物的追及力,但是现有制度并未完全限制抵押人对抵押物的处分权,并且转让款提前清偿或提存的处理制度解决了抵押权人的风险问题。因此在现有立法下,预购人不会和抵押权人产生权利冲突。但是,该制度在被规避的情况下就会发生抵押权与预购人物权效力的冲突。譬如抵押人将已经抵押给银行的在建工程,未经抵押权人同意的情况下,私自预售给权利人,而并未将预购人交付的房款提前清偿抵押权人的债权或提存,此时就会出现同一标的物上的抵押权与预告登记人权利的对抗问题。我国物权法坚持物权登记生效原则,抵押权必须登记才能产生物权效力。如果改进预告登记备案制度,建立统一的可查询的登记制度,那么预告登记与抵押登记的对抗就是时间顺位问题。如果已经有抵押权登记,预告登记在后的权利人的房款支付足以消灭抵押权,然而在预购人未查询登记情况下,预售人向预购人隐瞒抵押事实,向抵押权人隐瞒出售事实,则会导致预购人与抵押权人的权利对抗问题。此问题的出现过错在于预售人,预购了已经设立了抵押权的房产,此不利后果应由预购人承担还是由故意隐瞒抵押事实且不履行通知抵押权人义务的预售人承担?

2. 预告登记在前,抵押登记在后

《物权法》第20条规定:“当事人签订买卖房屋或者其他不动产物权的协议,为保障将来实现物权,按照约定可以向登记机构申请预告登记。预告登记后,未经预告登记的权利人同意,处分该不动产的,不发生物权效力。预告登记后,债权消灭或者自能够进行不动产登记之日起三个月内未申请登记的,预告登记失效。”如果预购人即预告登记权利人同意了开发商的抵押行为这一处分行为,就会产生预购人与抵押权人的权利冲突,在此种情形下,预购人权利应当优先于在建工程抵押权。理由有:

(1)因预告登记设定在前,一方面,抵押权可以通过查询获知对其抵押物已存在预售的事实,从而估量其接受这一抵押可能遭遇的风险;另一方面,若抵押权人

[12] 史尚宽:《物权法论》,中国政法大学出版社2002年版,第218页。

实现抵押权时,预购人尚未支付完毕购房款,抵押权人可以在保障预购人优先获得预购房的前提下,就该未支付部分购房款主张优先受偿。

(2)预购人权利与在建工程承包商优先受偿权、在建工程抵押权之间效力顺序的一致性。前文已指出,办理了预告登记的预购人权利在效力上优先于在建工程承包商的优先权。而依国外立法惯例及法理上的一般原则,在建工程承包商的优先受偿权是优先于在建工程抵押权的。在预告登记先于抵押登记的前提下,将预购人权利优先效力列于在建工程抵押权之前,显然与上述顺序安排保持了逻辑上的一致性。

有的学者主张在预告登记在先的情形下,开发商对所售房屋所作的任何处分行为都是无效的,[13] 显然,这里的处分行为应当包括开发商就在建工程设定抵押的行为。《物权法》草案二审稿中规定,“债权人为了限制债务人处分期房等不动产,保障其将来取得物权,符合预告登记条件的,有权向登记机构申请预告登记。预告登记后,债务人违背预告登记对该不动产作出的处分,不发生物权效力”。《物权法》草案三审稿相对二审稿修改了一切处分行为无效的规定,这是有理论支持的,并且最终通过实施的《物权法》认可了三审稿中给予预告权利人审查的权利。笔者认为,限制一切处分行为这种处理固然可以保障预购人优先于在建工程抵押权人获得预购房,但因此而否定抵押权效力似无必要。事实上,在确认抵押权有效,但预购人权利优先于抵押权的前提下,抵押权人仍可能在行使抵押权时就预购人应付购房款主张优先受偿。倘若因预告登记在先而认定抵押无效,抵押权人就无法优先受偿了。鉴此,笔者认为,在预告登记在先的情形下,仍确认抵押权有效但赋予预购人权利优先于抵押权的效力,这样一方面可保障预购人优先获得预购房,另一方面还可以相对保护抵押权的利益,符合法律以“权利保护”为本旨的原则。

(四)预购人与建设用地使用权抵押拍卖的购买人的权利对抗关系

根据《物权法》第200条的规定:“建设用地使用权抵押后,该土地上新增的建筑物不属于抵押财产。该建设用地使用权实现抵押权时,应当将该土地上新增的建筑物与建设用地使用权一并处分,但新增建筑物所得的价款,抵押权人无权优先受偿。”因此即使预购人没有进行预告登记,其购买的房屋也不属于抵押财产,

---

〔13〕 梁慧星主编:《中国物权法草案建议稿》,社会科学文献出版社2000年版,第168页。

固预购人的权利无论登记与否都优先于建设用地使用权抵押权人。但此新增建筑物应随建设用地使用权一并处分,因此此时如果建设用地使用权抵押拍卖的购买人继续进行开发,自然没有和预购人的冲突。

(五)预购人之间的权利对抗关系

在重复销售时会出现预购人之间的权利对抗。所谓重复预售,是指出卖人在与前买受人订立商品房预售合同后,又就同一商品房与后买受人订立商品房预售合同的行为。

预购人之间的权利对抗关系具体可分为以下三种类型:

1. 两次预售均未办理预告登记

因未办理预告登记,前、后买受人享有的均是一般合同债权。因债权不具有排他性,就同一标的物而设立的多个债权,其效力是平等的,不能以合同订立的时间先后而使债权具有不同效力,[14]故前、后买受人均有权请求出卖人履行合同。在前、后买受人均请求出卖人履行合同的情形下,应保障出卖人选择合同相对人的自由,赋予其自主选择房屋所有权归属的权利,以利于加速财产流转和提高其使用价值。[15]

2. 其中一次预售已办理预告登记

已办理预告登记的预购人权利与未办理预告登记的预购人权利的效力对抗关系。前文已经指出,预告登记的办理为预购人权利物权效力的生效要件,因办理预告登记,买受人的期待权即获得物权的排他性效力,同时该预售合同也取得较未办理预告登记的预售合同优先的效力。此时应根据"登记者受保护"的原则来决定支持买受人履行合同的请求、确认产权登记的效力。已办理预告登记的买受人可请求出卖人履行合同,能获得产权登记,亦可请求宣告未办理预告登记的买受人取得产权登记的行为无效。故未办理预告登记的预购人权利不具有物权效力,不能对抗已办理预告登记的预购人权利。

3. 两次预售均已办理预告登记

因预售合同已办理预告登记,预购人权利均已获得物权效力,此时应以预告登记时间先后来确定预购房所有权的优先获得方,即预告登记在前的预购人有权

---

〔14〕 王利明:《物权法论》,中国政法大学出版社1998年版,第16页。
〔15〕 徐洁:《一房二卖现象的法律防范》,载《法学》2003年第1期。

优先获得预购房的所有权,预告登记在后的预购人仅能向开发商主张违约赔偿责任。买受人的期待权因办理预告登记而具有物权化特征,故应按"登记在先者受保护的原则来决定支持买受人履行合同的请求、确认产权登记的效力。前买受人办理预告登记在先,其不但可以请求出卖人履行合同,获得产权登记,宣告后办理预告登记的买受人取得产权登记的行为无效,而且可以直接请求登记机关注销后买受人的预告登记。[16] 实践中亦有后买受人办理预告登记在先的情况,此时保护后买受人登记在先的期待权,必须同时具备其为预购行为需为善意的要件,并由其对此负举证责任,否则承担举证不能的法律后果。这一处理一方面符合法律通过预告登记赋予预购人权利优先效力,保护预购人权利不受侵害的目的;另一方面也体现了法律公平原则,因预告登记在后的预购人完全可以通过查询获知其拟购买的预购房已存在预售的事实,从而预知其可能面对的法律风险。

三、预购人权利物权效力的内容

国内学者大多倾向肯定预购人权利的物权效力,但关于其物权效力的内容讨论却很少。《最高人民法院关于建设工程价款优先受偿权问题的批复》第 2 条规定:"消费者支付了购买商品房的全部或大部分款项后,承包人就该商品房享有的工程价款优先受偿权不得对抗买受人。"依其第 1 条规定:"人民法院在审理房地产纠纷案件和办理执行案件中,应当依照《中华人民共和国合同法》第二百八十六条的规定,认定建筑工程的承包人的优先受偿权优于抵押权和其他债权。"由此似乎可以得出预购人权利亦优先于在建工程抵押权及一般债权的结论。依据这一司法解释,商品房预购人权利的物权效力内容就是表现为预购人权利优先于在建工程承包商优先受偿权、在建工程抵押权及一般债权的效力关系。这显然将预购人权利的物权效力内容简单化了。通过上文研究,笔者认为,所谓预购人权利物权效力就是指预售合同履行期间预购人权利与其他第三人权利之间的效力对抗关系,这里的第三人不仅包括在建工程承包商、在建工程抵押权人、一般债权人,而且应包括在建工程已完工房产的承租人及其他预购人等。研究预购人权利的物权效力就是弄清这些主体之间权利对抗关系。故笔者认为,预购人权利的物权效力至少应包括如下内容:

1. 办理了预告登记的预购人权利优先于一般债权人和破产债权人。

---

〔16〕 王利明:《试论我国不动产登记制度的完善》(下),载《求索》2001 年第 6 期。

2. 办理了预告登记的预购人权利可以对抗在建工程承包商的优先受偿权。

3. 若预购人权利预告登记在前,预购房所涉及在建工程抵押权登记在后,则预购人权利可以对抗在建工程抵押,预购人可以优先于在建工程抵押权人获得预购房产;若在建工程抵押登记在前,预告登记在后,则预购人应将预购房屋的价款支付给抵押权人或其指定的提存代管人。

4. 均为办理预告登记的预购人以时间顺序确定对抗关系;已办理预告登记的预购人优先于未办理预告登记的预购人;若同一房产被两次预售并办理登记,则预告登记在先的预购人权利优先于预告登记在后的预购人权利。

四、制度模式及立法建议

笔者认为,以上法律冲突均可因循预告登记制度的设立而解决。开发商的一般债权人的债权、承包人建设工程款优先受偿的法定优先权等均是债权。而预告登记制度规定,一旦预购人经过登记备案,预购人的期待权就成为具有物权效力的债权,即债权的物权化。根据物权优于债权这一原则,这种物权化的债权效力优于上述权利,从而达到了加强对登记权利人保护的目的。

建立我国的预告登记制度不仅是势在必行而且是迫在眉睫的。从商品房预售合同成立、生效到商品房预售合同履行完毕即预购人占有并取得房屋所有权,有一个较长的时间段,由于市场风险变幻莫测,这一时间段对预购人利益的实现存在极大的风险,如何保障预购人利益应该是保护弱小者立法趋势下我国预售商品房立法的核心所在,这不仅是一个立法问题,也是一个社会政策问题。虽然我国司法实践中赋予了预购人以登记备案方式对抗第三人的效力,但由于商品房预售合同中预购人享有的这种请求权在本质上是一种债权,不具有物权的对世力,其实现与否全取决于预售人的履行与否,故仅依这种合同上的债权是难以保障预购人的这一需求的。所以,法律有必要对这种债权予以特别保护,但是物权的排他性效力是以物权公示为前提的。结合二者,为保障预购人利益,我国法律应建立商品房预售合同的预告登记制度,凡商品房预售合同一旦登记公示,就存在对抗一切与预购人请求权相矛盾之权利的效力。也就是说,在预告登记下,预购人请求权可以对抗预售商品房上存在的任何权利。故此,从维护广大百姓生存,维护弱小购房人的根本利益着眼,应当通过系统的立法明定:商品房预售合同一经登记备案,预购人之预售商品房请求权得对抗一般债权人之债权、建筑承包商的工程款优先权、顺序在后的国有土地使用权抵押权及顺序在后的在建工程抵押权等。

二手房买卖法律问题及风险防范初探

李　丹[*]

2014—2016 年，全国房产价格普涨，房产交易量增加，房产纠纷逐年递增。2017 年，由于全国多个省市出台了调控力度空前的限购政策，房产交易量锐减，房产纠纷也呈现明显下降的趋势。广州市房产纠纷案件数量走势与其他城市略有不同，于 2015 年开始呈现逐年递减趋势，至 2017 年 8 月，二手房诉讼类纠纷案件数量同比下降明显。一方面，由于广州市从 2015 年下半年开始，全城房价暴涨，买卖双方均希望以最小代价和最快速度解决争议，进而能够促进新房产交易的完成，减少机会成本。另一方面，由于广州市于 2017 年 3 月 17 日和 3 月 30 日先后出台限购政策，房价的相对稳定和交易量的锐减客观上也会导致房产纠纷数量的减少。虽说房产纠纷数量因受到政策、市场等因素影响有所波动，但二手房交易纠纷一直是老生常谈的话题，也困扰着众多交易当事人。

一、二手房买卖法律纠纷的诱因

房产交易涉及的主体，除基本买卖合同法律关系的双方当事人外，可能还包括中介公司、银行等金融机构。房产交易的进行，除受制于交易双方的法律行为外，还会受到其他主体及市场、政策环境的影响。因此，二手房买卖纠纷的产生不是必然。结合交易习惯和实际案例，常见的二手房买卖法律纠纷的诱发因素主要有以下四个方面：

---

* 李丹，上海市锦天城律师事务所广州办公室合伙人，中国人民大学法学硕士，擅长领域为房地产、建设工程、民商事诉讼/仲裁和企业法律顾问等综合法律服务。

（一）交易双方于签约前的信息获取工作不到位

个别中介为了尽快促成交易，不会完全做到如实、尽责、专业地提示交易风险，告知买卖双方应当完成的交易流程，甚至在交易条件并不符合政策要求或违背双方真实意愿的情况下，仍然促成买卖双方进行房产交易。由于某些交易当事人对中介公司及工作人员盲目信赖，其自身不会主动详尽地了解相关购房、贷款政策及交易流程，导致签约前没有进行很好的法律风险防范，给后续交易埋下隐患。

（二）交易双方签约时未明确约定事实条款及履约条件

实务中存在这样的案例，由于买受人暂没有购房资格，双方商谈过程中，出卖人同意在办理过户手续时，将涉案房屋直接过户至买受人指定亲友名下，但最终双方签订合同时仅简单约定，“买受人可以将此房屋过户给亲戚朋友”。该条款的表达不够清晰明确，未能完全体现双方当事人对于该项约定内容的真实意思表示。之后，由于房价上涨过快，出卖人以买受人没有购房资格且该特别条款约定不明确为由拒绝履约并引发纠纷。显然，协议约定内容的明晰与否将会直接影响双方权利的行使与义务的履行。

（三）履约过程中相关政策的出台致使买卖条件发生变化

上述政策主要包括买受人购房资格、家庭购房名额、贷款资格、贷款比例与额度、贷款利率优惠、出卖人限售期限等。政策的出台会对买卖双方能否继续履约产生实质影响，若交易双方在签订买卖合同时未对可能出现的变化作出特别约定，极易引发争议和纠纷。

（四）市场价格波动幅度过大

有关数据显示，广州市某小区 2016 年 9 月的市场平均单价为 6.3 万元，到 2017 年 8 月已经涨至将近 10 万元，涨幅接近 50%。房产价格由于受到政策、价格规律等影响，具有较大不确定性。买卖合同约定的违约金一般为房价总额的 10% 或 20%，远低于市场波动价格。而司法实务中并不轻易支持房屋涨跌差价的全额损失，导致违约方的违约成本低于其违约行为带来的获益，客观上容易产生更多的违约行为并引发纠纷。

二、二手房买卖法律纠纷类型及实务分析

下面主要对二手房买卖常见的法律纠纷类型进行梳理,并结合部分法院的裁判观点进行实务分析,主要包括以下四个方面:

(一)买卖合同未经出卖人配偶同意

买卖合同的法律效力、合同能否继续履行以及未能继续履行时出卖人违约责任如何确定是此种情形下需要进行探讨的法律问题。实务中一般认定此种情形下的买卖合同为有效合同,且法律规定也比较明晰。对于合同能否继续履行,以及未能继续履行时出卖人的违约责任问题,北京、广东、南京三地的法律规定和司法实务各有差异:(1)根据《北京市高级人民法院关于审理房屋买卖合同纠纷案件若干疑难问题的会议纪要》(2014 年)第 6 条、第 7 条以及《广东省高级人民法院关于审理房屋买卖合同纠纷案件的指引》(2017 年)(以下简称《广东高院案件指引》)第 19 条的规定可知,程序上可以或者应当追加出卖人配偶作为案件的共同被告或第三人。(2)实体上,未经配偶同意的,出卖人无权处分构成法律上的履行不能,买受人可主张合同解除并要求违约赔偿,北京高级人民法院同时还明确规定该赔偿可以包括房屋价差在内的损失。若买受人有证据证明出卖人配偶同意、出卖人配偶未在合理期限内提出异议或买受人有理由相信该交易为夫妻双方共同意思表示的,人民法院可认定合同继续履行。(3)结合南京市鼓楼区人民法院相关判例,法院并未查明和评价未经配偶同意的买卖合同是否应当履行以及能否履行,而是直接依据《合同法》规定的继续履行原则,判决合同继续履行。不过应当注意的是,个案判决不能代表法院的统一裁判尺度。

(二)出卖人不配合办理过户登记手续

根据《合同法》第 107 条规定及合同法精神,违约方承担违约责任的首要方式是继续履行合同义务。但具体到二手房交易中,由于买卖双方的合同义务有些属于非金钱债务,涉及提前还贷、涂销抵押、银行审批同贷、网签等履行行为以及需要第三方配合的履约环节。因此,当出卖人不配合办理过户登记手续,买受人主张继续履行合同时,需要结合《合同法》第 110 条规定考察合同是否有继续履行的可能及继续履行的必要。在司法实务方面,就该问题的审理,北京市、广东省高级人民法院亦出台了相关指引。一般而言,买受人具备以下条件的可以支持合同继

续履行:(1)买受人不存在根本违约;(2)争议房屋不存在另案查封;(3)争议房屋存在的现有抵押贷款金额,能够被买受人应支付的首付款或全款金额覆盖,且买受人同意并有能力代为清偿债务;(4)买受人已取得银行有效的同贷(同意贷款)书或具备一次性付全款的能力,或者已支付全部房款。

(三)出卖人违约责任的承担

出卖人违约时,买受人主张解除合同并要求出卖人承担违约责任。此时,买受人除要求出卖人承担合同约定的违约责任外,双方主要争议在于能否要求出卖人赔偿房屋价差损失、如何确定房价涨跌差价的时间节点以及实际赔偿金额。一般而言,合同约定违约金为房价的 10% 或 20% 。在房价涨幅过快的情形下,若约定的违约金不足以弥补买受人损失,出卖人可能需要赔偿相应的房屋价差损失。实务中,关于房价涨跌差价时间节点的确定,既是难点亦容易引起争议,法官自由裁量的空间较大。通常认定涨跌差价时间节点以守约方的请求为基础,结合合同约定的履行期限届满之日、违约方的违约行为确定之日、双方是否及时采取措施防止损失扩大、涉案房屋的具体涨跌情况等合理确定。而关于出卖人实际赔偿的金额,则需要结合买卖合同的履行情况、出卖人对房屋涨跌情形的预见能力、出卖人的违约过错及房产评估价格等因素综合判定。

(四)政策实施导致合同无法继续履行的责任承担

签订合同时未对该事项进行特别约定的情况下,买卖双方能否免责解约? 实务中一般参照《最高人民法院关于审理商品房买卖合同纠纷案件适用法律若干问题的解释》第 23 条的规定,将限购政策的调控视为不可归责于当事人双方的事由,《广东高院案件指引》第 29 条亦进一步确认该原则的适用。

三、二手房买卖法律风险探究

基于上述法律纠纷类型及实务分析,下文将根据房产交易的基本流程即合同签订前、双方签约时、合同签订后三个方面对二手房买卖法律风险进行分析与探讨,并结合律师相关实务经验给出风险防范建议。

(一)合同签订前

合同签订前的法律风险主要涉及相关信息的获取。信息获取不仅包括对双方交易条件的了解与熟悉,同时还应充分知悉相关国家政策与法律规定对二手房产交易的影响。信息获取的不充分,很有可能导致后续交易无法进行,甚至损害己方利益。因此,合同签订前的风险防范十分必要。对于交易当事人而言,签订正式买卖合同之前应当注意以下四个方面的法律风险:

1. 核实自身购房条件与卖房资格

由于房地产市场调控政策的不定时调整,买受人的购房条件与出卖人的卖房资格规定都具有不确定性。买受人应在签订合同前通过各种渠道核实自身购房条件,包括可购买数量、首付比例、贷款比例及相关税费负担等。出卖人应当注意区分普通商品房与特殊房屋的不同交易要求。例如,北京市要求登记在公司名下的商品房住房需满3年才能再次交易。而厦门和广州则要求,新购买住房的,无论房产权属归公司或个人,都需要在取得产权证后满2年方可再次出售。对于经济适用房、房改房、解困房、公有住房、回迁房、军产房等特殊房屋交易也可能存在特殊条件和要求。因此,出卖人在签订合同前应当通过房产管理局、中介机构等渠道,核实清楚当地的相关限售政策,避免因违背政策规定,导致后续交易无法进行。除此之外,出卖人还应注意,房产共有人公证委托产权人之一或者第三方的,境外公证委托书在本区域贷款银行和房产管理局的适用效力,防止出现因境外公证委托书未被贷款银行认可致使买受人无法贷款的情形。

2. 了解交易相对方的基本信息

出卖人的基本信息主要包括出卖人主体资格及交易目的。出卖人为自然人时,买受人应当确定其年龄及婚姻状况。实务中主要为夫妻一方进行交易时易产生法律纠纷,因此,无论交易房产权属是否登记为夫妻共同财产,签订合同时都应要求夫妻双方签字或出具同意出售声明。若出卖人为未成年人,还应取得其监护人的同意。出卖人为法人时,则需要了解是否已完成交易前应进行的法定程序,如经过公司股东会决议、进行招拍挂程序等,对于法定程序的忽略可能直接影响交易时间和买卖合同的效力。出卖人为代理人时,应要求代理人出具授权委托书,并确认其委托公证手续与委托期限的真实性及合法性。出卖人的真实交易目的,有时会因出卖人及中介机构的刻意隐瞒使买受人无法准确获知。但买受人仍应在交易前通过其他途径尽可能了解,防止出卖人潜在或现实的债务危机对合同履行产生影响。出卖人了解买受人的基本信息亦十分重要。目前许多一线、二线城市都在实施不同程度的限购政策,应当核实清楚买受人是否存在购房资格,以保障交易最终能够顺利完成。而买受人是否被司法机关列为失信人,是否为被执行人以及被执行债务金额是否巨大、是否涉及既有诉讼等情况，也会一定程度上反映买受人的履约诚信，影响买受人的履约能力和履约意愿。一般而言，买受人购买自用房屋的交易模式比较常见。投资买受人为了规避限购政策和多次过户的税费负担，往往采取两种模式完成交易，一是在买卖合同中约定由出卖人直接将房屋过户给买受人指定的第三方（也不排除“先卖后买腾名额”的改善型买房），二是要求出卖人进行全委公证，买受人凭公证书可将房屋通过非过户方式再次出售给后续买家。自用买受人与投资买受人对整个房产交易的付款、过户等时间节点以及出卖人合同义务的要求差别较大，直接影响整个交易期限和出卖人的收款时间。出卖人可根据买受人提出的交易条件大致判断出买受人类型，若交易相对方以投资为主要目的，应结合自身对购房名额和收款时间的需求与买受人协商确定合适的交易条件。

3. 确定交易房屋的基本情况

房屋的基本情况，包括房屋性质、权属状况、使用现状以及是否存在他项权利等。这些重要因素很有可能会影响房产能否进行交易以及交易时间的长短、税费及地价等费用的缴纳，甚至会直接影响房产所有权能否转移以及交易目的能否最终实现。对交易标的的充分了解，是确保合同履行的重要环节之一。若买受人未充分知悉交易房屋情况，仅凭出卖人与中介人员的简单介绍或网站获取的信息便匆忙交易，后续的谈判与协商中很可能会丧失交易主动权，甚至损害自身的合法权益。中介机构及人员一般会在签约前提供最新的房产查册表，房屋性质、房产权属、抵押和查封情况、房产证期限以及是否为房改房等情况，买受人可通过查册表核实，但房屋是否存在租赁、学位是否被占用、房屋是否为唯一住房等情况，出卖人应如实向中介和买受人说明情况。

4. 了解中介机构及人员基本情况，明确交易条件

中介人员起到的是一个沟通桥梁的作用，中介公司及其工作人员是否有相应的房产经纪资质以及其在业内口碑的好坏，都会影响买卖双方交易的顺畅。出卖人在与中介机构签署委托书时，应向中介明确相关费用的缴纳及代理权限，并在此基础上确定买受人付款条件、销售底价、收益分成及代理期限等问题。

（二）双方签约时

书面合同的正式签署，将交易双方的所有权利义务内容予以固定，直接成为合同履行、各方权利义务行使、后续纠纷解决及责任划分的主要依据。因此，双方

签约时的法律风险防范至关重要,主要包括以下六个方面:

1. 房屋贷款问题

主要包括提前还贷及按揭贷款相关内容的约定。

(1)关于提前还贷。对于有抵押贷款的房屋,出卖人若无法提前还贷进行涂销抵押,往往会要求买受人提供首付款为其还贷。从买受人垫付首付款到房产过户至买受人名下,一般需要 15 ~ 30 天的时间。在此期间,若出卖人将首付款挪用、另行出售房屋,或房屋被出卖人的债权人查封,买受人可能面临房钱两空的风险。因此,双方确定签约时,买受人应当慎重选择为出卖人提前还贷。出卖人若无力偿还贷款,可以考虑向担保公司或其他机构申请提供短期的过桥资金代为还贷,过桥资金的费用可由买卖双方协商确定。但需要注意的是,资金提供方往往会提出较苛刻的条件,并要求出卖人做全权委托公证,出卖人在与资金提供方签署协议时应仔细留意协议内容。

(2)关于按揭贷款。买受人要求以按揭贷款方式支付房款的,买卖合同中应明确贷款方式、批贷放贷节点以及贷款不足额或不获批准时的解决方案。贷款方式主要有公积金贷款、商业贷款以及公积金与商业组合贷,三种贷款方式所需贷款机构批准的时间及放贷时间差异较大。除特殊限购时期外,目前商业贷款一般一个月内能够审批。贷款方式的不同极大地影响了整个交易时间和出卖人的收款时间。由于每家银行对房产的价格评估、贷款利率、放贷条件、批贷与放贷时间都可能不同,较多买受人基于贷款利率及房产评估价格的考量,可能会在对比和选择贷款银行上花费大量时间,以获得更多贷款,导致整个批贷期限拉长。出卖人可以在合同中明确约定买受人申请批贷的时间节点。按照按揭公司和银行的常规做法,按揭公司会在新房产证及他项权利证件办理完毕后,将相关证件提供给银行以办理放贷手续。以广东省为例,银行一般会在 7 ~ 15 天内发放贷款,但不排除因交易过程中发生纠纷,致使买受人或中介人员阻碍按揭公司递交证件或银行发放贷款的情形。因此,出卖人可以在合同中约定银行逾期放贷的救济措施,以督促买受人、按揭公司及中介人员及时履行约定事项。

买受人贷款能否获得银行批准以及批准的额度受限于银行贷款政策、买家资信(信用卡有不良还款纪录、被诉讼或被执行纪录、收入证明等)、交易房屋评估价等,买受人在签约时应当充分考虑上述因素。一旦贷款不足额或不获批,解决方案可以是限期一次性付款或与出卖人免责解除合同,终止交易。无论双方协商以何种方式解决,都应在签订买卖合同时明确约定。

2. 首付款支付时间

首付款的支付节点一般包括网签后、买受人获得同贷书后、办理过户登记申请手续当日、银行托管至产权转移到买受人名下当日等，具体为哪一时间节点，取决于买卖双方的议价能力和协商情况。除北京市以外，全国大部分城市并未要求强制银行托管。广州市二手房产交易最常见的首付款支付节点为办理过户登记申请手续当日。就买受人而言，法律风险最小的选择是将首付款办理银行托管，并将银行付款条件约定为产权转移至买受人名下。但由于银行托管的首付款仍在买受人银行账户内，托管期间，若出现该托管资金被买受人的债权人申请法院查封的情形，则出卖人可能会面临无法收到首付款的风险。出卖人基于上述风险的考虑，可能不接受将首付款交于银行托管，此时买受人可以选择在办理过户登记申请手续后再行支付款项。由于办理过户登记申请手续至买受人实际获得房产证之间仍有时间差，在此期间，交易房产仍然存在被出卖人的债权人申请法院查封的法律风险。

3. 确定买受人丧失购房资格的解决方案

市场调控政策的不确定性有时会直接影响交易的进行，因此交易双方在签订合同时应当将政策因素纳入协商范围。交易过程中可能会出现行政部门出台房产调控新政策或其他原因导致买受人丧失购房资格致使合同无法继续履行的情形。买卖合同中应明确约定出现上述情形时的解决方案。例如，双方可约定免责解约、附条件解约或将房屋过户给具有购房资格的第三方等。

4. 合同解除条件

由于受到市场和政策的影响，房屋价格的波动有时并不在买卖双方的可控范围内。无论交易的哪一方，若在合同签订后因房价的上涨或下跌拒绝继续履行合同，都有可能承担支付高额违约金的风险。就出卖人而言，有可能还会面临交付房屋的同时支付违约金，或无须继续履行但要支付高额违约金甚至房价价差损失的风险。因此，双方在签约时，可以通过约定一定的违约金或赔偿金数额，以获得单方解除权，将违约和赔偿责任限定在自己可以接受的范围。

5. 合同解除后的中介费负担

二手房买卖通常由中介公司提供合同格式文本，并在合同中约定，无论因何种原因解除合同，买卖双方均应支付中介费用。但合同解除的原因除了买卖双方的违约行为外，还会受到调控政策或贷款政策等影响，“一刀切”式的约定过于绝对。交易各方可以在签约时，将具体解约原因予以区分，进而商定不同解约情形下中介费的承担对象及支付标准。二手房买卖当中出卖人可以与中介公司约定代理权限,根据交易习惯,不同的代理权限中介费的收取标准也有所差异。因此,交易双方在签约时对该事项的明确约定是十分必要的。

6. 协商内容的充分落实

交易的初衷是通过各方友好协商以实现己方利益。交易的顺利进行,使买受人成功购置房屋,出卖人通过出售房产获取价款,而中介机构因此收获销售业绩与利润。当各方通过交易、协商未完全获得自己所期待的利益或未完全实现自己的目的时,合同的价值才真正凸显。实际发生纠纷时,争议解决机构只能通过各方已明确落实的合同条款及有关证据内容进行裁决。因此,交易各方应当将已经协商好的所有事实条款与交易条件,以及自己所能预知的所有交易风险与解决方案全面落实于合同条款当中,以便在未来真正发生法律纠纷时,可以将自己应承担的损失尽可能降到最低。

(三)合同签订后

严格按照约定履行合同义务自然是合同签订后交易双方降低法律风险的最好办法。作为买受人,其主要合同义务在于及时提交办理按揭贷款资料、支付定金和首付款、提供过户资料办理过户等。作为出卖人,应当督促买受人积极交易,包括积极申请贷款、支付房款、办理过户、督促银行放贷等,同时在买受人履行相应义务后交付房屋并配合办理房屋过户登记等手续。双方一般会在合同中明确约定不同事项的具体时间节点。按照约定履行合同,不仅指交易双方不能恶意违约,不能因疏忽大意或不重视合同条款而不及时履约,更要求其应有履行合同义务的主观能动性及行为表现。若双方未按合同约定履行己方义务,所带来的后果不仅是让对方有权追究自己的违约责任致使利益受损,还可能使对方借此为自己的恶意违约行为抗辩开脱。因此,交易各方当事人在合同签订后的履行阶段亦应注意法律风险防范,以降低交易成本,促进交易的完成。

四、结语

交易前的信息获取、政府调控政策的变化、房地产市场的波动、中介机构的经营行为以及买卖双方之间的博弈,都有可能对二手房交易产生实质影响。实务当中的二手房买卖纠纷类型主要包括买卖合同未经出卖人配偶同意、出卖人不配合办理过户登记手续、出卖人违约以及政策变化导致合同无法继续履行时的责任承担。交易各方应当在合同签订前、双方签约时及合同签订后的每个交易阶段充分发挥主观能动性，熟悉交易流程及相关政策，了解各方基本信息，落实符合切身利益的协商条款，并严格按约定履行己方义务，才能尽可能地将交易风险降到最低，促进交易的完成，真正实现自己的合同目的。

从一起房地产纠纷看房地产收购应当注意的几个问题

李　云*

房地产收购,从项目实践的角度看,包括股权收购、资产收购及合作开发等多种方式,是一项较为复杂的工程。尤其对于收购方而言,在收购过程中时而如“雾里看花”,时而又如“天上坐船”,既要有效防范风险,又要及时准确地实现商业目的。本文拟以一起合作开发房地产纠纷为例,对房地产收购应当着重注意的几个问题做一探讨。

一、银华公司与振兴公司房地产纠纷案简介

(一)双方主要约定情况

2008 年 7 月 20 日,银华公司取得 195 亩工业用地土地使用权;振兴公司欲与之进行合作。2010 年 11 月 27 日,双方签订《联合开发协议》,主要约定如下:

1. 振兴公司与银华公司合作联合开发该项目,项目总投资额人民币 4.72 亿元;

2. 振兴公司以 4000 万元受让其中的 100 亩土地,该部分变更土地使用性质及过户所发生的税费由振兴公司承担;剩余 95 亩土地由双方合作开发,银华公司以每亩 40 万元作价与振兴公司合作,变更土地使用性质所发生税费由银华公司承担,银华公司获 26% 的竣工成品房,剩余 74% 由振兴公司自行支配;

---

* 李云,上海市锦天城律师事务所上海办公室高级合伙人,吉林大学工学学士,上海大学法学学士,中欧国际工商学院工商管理硕士;擅长领域为房地产项目开发、工程建设、公司并购、房地产金融、工程总承包及 PPP 项目等方面法律业务及相应的商业诉讼和仲裁服务。

3. 银华公司确保合作资产无抵押及相关债权关系，如银华公司抵押行为导致项目相关手续不能正常进行，则视为违约；

4. 以银华公司为主，振兴公司协助共同向政府规划部门报批，“地产证”办到振兴公司名下；

5. 无论是振兴公司购买范围还是银华公司参与合作的项目用地，均不单独分隔或另行办理转让手续，全部保留以银华公司名义运行，但项目报批材料均侧重振兴公司条件下的双方名义申报，最终确保《建设用地规划许可证》《建设工程规划许可证》《建设工程施工许可证》《商品房预售许可证》办到振兴公司名下，有利于振兴公司进行销售、纳税；

6. 一方违约，承担总投资5%的违约金及已发生资金额15%的年息；

7. 其他。

（二）双方主要履行情况

振兴公司于2010年11月26日、29日分6笔向银华公司支付了受让100亩土地的4000万元；2011年8月2日，银华公司委托亨利通公司协助办理土地用途由工业变更为商住的相关手续，但一直没有结果；双方合作开发未取得实质进展。另外，银华公司在双方签约前已于2010年3月9日将土地抵押，向银行借款1000万元，后于2013年9月17日归还银行借款后撤销土地抵押；但银华公司又于2013年12月30日抵押土地向银行借款2000万元，尚未归还。

（三）双方诉讼及法院审理情况

1. 振兴公司一审起诉

2014年3月11日，振兴公司起诉要求解除《联合开发协议》，银华公司返还已付4000万元，并支付违约金4300万元。

振兴公司主要以银华公司隐瞒土地抵押事实，导致其名下土地使用权需在消除抵押权之后才能流转，进而导致合同目的不能实现，主张解除《联合开发协议》，要求银华公司承担违约责任。

2. 银华公司一审答辩

银华公司答辩称，振兴公司的主张缺乏事实依据，《联合开发协议》无效，银华公司仅应返还4000万元本金。

3. 一审法院判决

一审法院认为,双方之间的纠纷属于带有部分转让建设用地使用权的合作合资开发房地产合同纠纷;双方约定的工业用地转换为商住用地,是否获政府主管部门批准,并不影响《联合开发协议》的效力。银华公司签约前已将土地抵押,即签约时就已首先违约,后又怠于履行合同,导致项目开发不能进行,最终导致纠纷产生。银华公司主观过错明显,构成根本违约,应当承担违约责任;振兴公司在签订协议,履行支付土地转让款中,对土地是否涉及抵押问题未尽到合理的审查注意义务,应承担部分责任。一审法院在综合考虑各种因素后,判决解除双方签订的《联合开发协议》,限银华公司于判决生效之日起 15 日内将 4000 万元土地转让款偿还给振兴公司,并要求银华公司向振兴公司支付违约金 32 107 067 元(自 2010 年 11 月 27 日起至 2014 年 2 月 20 日止按人民银行同期贷款利率的 4 倍计算)。

4. 银华公司二审上诉

银华公司不服一审判决,上诉请求撤销一审判决,驳回振兴公司的诉讼请求。银华公司上诉的主要理由为《联合开发协议》约定的开发土地系法律禁止进行商住房开发的工业用地,应认定无效。双方因约定违反法律规定不能履行,合同目的不能实现。签约前土地抵押系公开登记,且已告知,没有证据表明因土地抵押导致项目不能进行。一审判决按银行四倍利率承担违约金,有失公正,没有依据。银华公司二审补充理由称,合同无法继续履行的根本原因是某市国土资源部门错划土地,导致合作开发土地四至出现争议。

5. 振兴公司二审答辩

振兴公司在二审中的主要答辩意见为《联合开发协议》仅约定"申请变更",并非"擅自改变建设用地性质",协议有效。银华公司未完成土地用途的变更,应由银华承担责任。《联合开发协议》签订时,银华公司隐瞒土地抵押情况,后又二次将土地抵押,导致合同目的无法实现,构成严重违约。一审判决适用"四倍利息"的处理方式,系采纳银华公司的意见,并无不当。银华公司二审补充的证据证明合同目的无法实现,应予解除。

6. 二审法院判决

二审法院在审理过程中,补充查明银华公司 195 亩工业用地中的 10 亩被某县消防队占用,其中 70 亩土地使用权被某市国土局在 2001 年 8 月出让给其他公司。银华公司实际用地 115 亩,差 80 亩。银华公司早在 2012 年已经知道讼争土地地界存在争议,但其并未举证证明及时告知振兴公司。

二审法院认为,《联合开发协议》约定的主要内容为先实现工业用地变性为商住开发用地,再办妥开发手续,最终实现开发目的,符合合作开发房地产合同特征,一审认定双方属于带有部分转让建设用地使用权的合作合资开发房地产合同纠纷,定性不准,予以纠正。协议约定内容能否全面实际履行,是考量解除或终止的因素,不能因此认定无效。导致合同无法继续履行的原因是多方面的,包括合同当事人一方违约,双方怠于履行合同义务、未尽到信赖与协助义务,合同约定不明,政府出让土地四至存在争议等综合因素。即一审判决认定合同目的不能实现的原因不够全面,应予修正。二审法院维持了一审解除双方签订的《联合开发协议》的判决,判决银华公司于判决生效之日起15日内返还振兴公司4000万元,并按人民银行同期贷款利率的2倍支付利息,自2010年11月27日至判决确定的给付之日止。

二、银华公司与振兴公司房地产纠纷案对房地产收购的启示

从上述纠纷不难看出,对于银华公司和振兴公司来说,这个一开始双方都十分看好、合作意愿较强的联合开发项目,最后变成了一个几乎是完全失败的房地产收购项目,给各方都造成了相应的损失。如果从头再来,站在收购方振兴公司的角度,的确有许多需要借鉴和总结的地方。其中,最主要的应该有以下几点尤其值得注意。

(一)架构设计阶段,收购方式的适当选择

任何一个房地产收购项目,首当其冲需要考虑的就是选择什么样的收购方式。这个问题难以一概而论,有时候边做尽调边设计收购方式,有时候先确定收购方式再开展相关工作,有时候尽调完成以后双方还在为收购方式的选择而左右权衡。总体来说,决定一个项目应选择哪种收购方式来进行操作,需要综合各种因素,以更好地实现收购的商业目的为判断标准。有的侧重于掌握项目的主动权,有的侧重于项目推进速度,有的侧重于项目风险的控制等。

1. 合作开发房地产

以前述银华公司与振兴公司合作的这个项目为例,银华公司一方面希望将所持有的土地转让一部分给振兴公司以收回部分资金利于自身的流动性,同时保留部分土地与振兴公司展开合作,以便于分享项目开发后的部分收益;振兴公司则

另一方面希望减少实际支出的收购成本，同时利用银华公司在项目所在地相对较为熟悉的地缘优势，从而愿意直接收购一部分土地，再以合作开发的形式运作另一部分土地开发。因此，收购方选择合作开发的方式进行收购，被收购方亦欣然接受，双方一拍即合。二审法院将一审认定的属于“带有部分转让建设用地使用权的合作合资开发房地产合同纠纷”修正为“合作开发房地产合同纠纷”。也就是说，从二审法院的角度，振兴公司支付银华公司的4000万元在实质意义上可以理解为是双方合作开发的条件之一，而不是法律意义上的土地转让款。

如果振兴公司不选择合作开发的方式，通常还可以选择采用收购股权或者收购资产的方式来进行操作。

2. 股权收购

振兴公司如果以收购股权的方式与银华公司进行交易，按照双方的实质需求进行架构设计，主要含两个层面：一是银华公司的股东将其持有的大部分银华公司的股权转让给振兴公司；二是振兴公司就后续向银华公司提供开发资金一事与银华公司及银华公司的原股东达成协议。双方交易的实质仍然是银华公司原股东方将所持有的土地转让一部分给振兴公司以收回部分资金，同时保留部分土地与振兴公司展开合作，以分享项目开发后的部分收益。但股权收购与合作开发房地产相比较，两者在交易主体、权利义务、交易流程等方面均有明显的不同。

如果银华公司名下除了该195亩工业用地之外，还有其他一些资产，那么采用股权收购方式时，银华公司一般需要把该等除目标地块以外的其他资产进行剥离；如果银华公司名下还有一些难以剥离的资产，那么股权收购方式就很可能作出调整，改为资产收购的方式。

3. 资产收购

在银华公司与振兴公司的纠纷中，尽管二审法院修正了一审法院对双方协议的定性，但不难看出，银华公司确有将部分土地转让给振兴公司的意图。如果双方综合各种因素，一开始就决定采用资产收购的方式，由银华公司把名下的土地使用权转让给振兴公司，可以考虑的路径主要是两个。一是直接转让，双方签订土地使用权转让合同，二是双方可以对后续银华公司在开发项目中所保留的份额及相关权利义务进行约定。直接以资产转让的方式转让土地使用权，实践中可能会涉及是否因违反《城市房地产管理法》第39条的规定而导致相关的转让协议无效的问题。如果投资没有达到25%，相关的转让协议是否有效，在司法实践中存在一定的争议。主要争议在于该条的规定是否属于《最高人民法院关于适用〈中华人民共和国合同法〉若干问题的解释(二)》第14条所规定的“效力性强制性规定”。从最高人民法院的有关司法判例来看,目前主流的观点认为该条不属于“效力性强制性规定”,即相关协议不因投资总额未到法定的要求而无效。《第八次全国法院民事商事审判工作会议(民事部分)纪要》也对此作出了相应的规定。

在直接转让土地使用权的方式中,如果投资总额未到法定要求,除了涉及合同的效力问题外,还会涉及有关主管部门是否会审批通过,从而顺利办理过户手续。这就自然让我们考虑到资产收购方式的第二个路径,即将银华公司名下拟转让给振兴公司的土地使用权作价设立新的公司,继而银华公司再将所持新公司的股权转让给振兴公司。这又是一个与股权转让相联系的收购方式,同样涉及股权转让的一些问题,以及当地有关政府主管部门的审批、税务等事宜。

概言之,在房地产收购中,交易架构设计需要具体问题具体分析,结合项目当地的情况及收购方与被收购方的商业目的,综合平衡各方利益,从而设计出高效务实的收购方式。

(二)尽职调查阶段,政府部门有关信息完整收集

房地产收购过程中,尽职调查是一项十分重要的工作,在很大程度上决定了收购各方交易能否达成、履约是否顺利、最终能否获得成功。从银华公司与振兴公司的二审判决来看,双方之所以不能实现合同目的,根本上是收购过程中的尽职调查工作存在较大的问题,突出体现在收购方对土地已设定抵押、土地本身的四至范围存在争议等没有调查清楚。当然,尽职调查涉及的范围相当广泛,本文结合银华公司与振兴公司的纠纷仅就尽职调查中完整调查收集政府部门的相关信息作一阐述。

1. 企业内档信息查询

到目标公司所在地的市场监督管理局查询公司的工商内档,是每一个房地产收购项目尽职调查的规定动作。需要特别注意的是以下两个方面的事宜:一是在查询目标公司股权质押信息时,要耐心、细致,除了结合通过网络查询到的信息外,在查询现场需要有足够的耐心,甚至有时候需要与工作人员“斗智斗勇”,特别是查询条件相对较弱的单位或者是遇到前来查询档案的人员较多的时候,以及需要查询的内档资料较多的时候,更是要查询到确定的信息,而不是大致、大概、差不多的信息。二是查询工商档案中的有关限制股权流转的书面函件等资料时,务必谨慎仔细;实践中目标公司的股权可能没有被质押,却存在股权流转的限制。

有的是协议限制,有的是司法机关或其他单位以书面函件的形式告知登记机关不得办理股权过户手续等限制。尽管这类书面函件在法律效力方面或有争议,但若存在类似情况,对收购方来说就不得不谨慎评估相应风险。

2. 不动产查封、抵押登记信息

到不动产登记机构查询有关土地、房屋的登记信息,尤其是抵押登记或司法查封信息,需要特别注意的是完整性。一些工作人员可能会因为工作繁忙而拒绝提供大量的登记信息,也可能由于其他原因怠于提供详尽的登记信息。遇到类似情况,前往现场查询的人员需要足够的心理准备,谦逊、平和、委婉、坚持是解决实际问题的良好选择。

在前述银华公司与振兴公司的纠纷案中,振兴公司在系争土地存在抵押的情况下就与银华公司达成合作协议却没有采取相应措施令人不解。同样,对银华公司来说,一方面在协议中承诺土地不存在抵押,另一方面土地本身处于抵押状态,可谓一签约就已构成违约,也令人难以释怀。

3. 土地档案信息

如果说在市场监督管理局和不动产登记机构进行相关调查时,可能不一定一帆风顺,需要谨慎注意调取资料及信息的完整性和准确性,那么到国土档案部门查询调取土地的完整档案信息可能就更需要费一番功夫。有的工作人员基于各种原因,可能会要求明确需要查询的各种文件资料的名称,比如土地使用权出让合同、成交确认书等。但对于尽调来说,非常关注的是相关资料的完整性。比如前述案例中,银华公司在二审期间补充提交的有关土地四至范围存在纠纷的证据,正是需要到国土档案部门才能调查到的重要资料。显然,振兴公司在收购前的尽职调查中没有关注到这份影响双方合作的关键性资料,二审中这份资料也成为改变一审判决有关责任认定的关键证据。

实践操作中,除了对国土档案部门需要查询的常规资料十分熟悉外,还应当坚持查阅全部资料,以免功亏一篑。通常由目标公司指派专人携带相关委托手续一同前往查询相较于律师自己前往查询,会更加顺利一些。

4. 项目规划信息

对于收购方来说,站在实现商业目的的角度,整个尽调工作最重要的任务大概就是查清楚拟收购项目的规划情况。因为这直接关系到未来可以开发建设多少面积的房屋进行销售或自持,以及除了直接支付土地使用权的费用外,还有哪些对价是将来需要支付的,比如,配套建造公园、幼儿园、道路等附属的义务。规划指标是计算项目投入产出的关键性要素。在土地使用权出让合同的附件中一般都会有该地块的规划条件,但收购方律师仍然有必要前往相关规划部门进行核实确认,并了解相关的规划是否有调整,包括项目所在地四至周边的规划、所处大区域的规划等情况。

在银华公司与振兴公司的纠纷案中,正是系争地块前后规划的调整或者说前后规划的错误,导致土地四至范围的争议、土地权属的不清,根本性地影响了双方联合开发协议的实际履行。

5. 其他信息的调查收集

事实上,在不同的房地产收购项目中,除了根据项目本身的特点在做好常规尽调工作外,还应针对每个项目不同的特点,给予相应的关注,并前往其他相关政府机构、司法机关进行调查了解。

例如,有的项目在通过网络进行检索查询的阶段,发现目标公司及股东方存在较多的诉讼案件,而且有相当一部分案件都由目标公司所在地法院管辖,那么前往目标公司所在地法院进行调查了解就显得十分必要。尽管在理论上,前往相关法院进行调查了解无法穷尽目标公司的诉讼情况,但结合网络查询了解的信息及目标公司自己披露的相关信息,各方信息汇总且相互印证之后,还是会更有利于全面掌握目标公司及股东方的涉诉情况。还有的项目,涉及一些城建档案信息,需要前往城建档案馆进行调查了解。

(三)收购交易阶段,协议核心条款约定明确

随着商业交易节奏的不断加快,房地产收购项目很多时候并不是十分明确的把架构设计阶段、尽职调查阶段及交易阶段划分开来,而是根据商业交易的需要,各个阶段经常相互交叉、同步推进,以控制好机会成本,实现整个项目的快速运转。交易协议的达成也往往会经历“山重水复疑无路,柳暗花明又一村”的曲折过程。这期间,应着重关注协议的以下核心条款。

1. 交易标的与对价支付

交易标的,在股权收购中,表面上看就是拟转让的目标公司的股权,由于房地产收购的实质目的是通过股权收购获得目标公司名下的土地使用权,因此,在对股权收购交易标的进行约定时,应当十分明确该等股权及其所控制目标公司名下的土地状况,包括该等土地的四至范围、规划情况、清晰之权属等进行详尽、明确的约定。在资产收购中,交易标的主要表现为土地使用权或在建工程,同样需要

注意从法律权属的角度和实物完整的角度进行明确约定,尽量清晰完整。在房地产合资、合作开发协议中,双方的交易标的主要也是拟进行联合开发的土地使用权或在建工程,如前所述,双方需要进行明确约定。除此之外,双方在联合开发过程中各自的定位和相应角色,某种意义上说也是交易标的的一部分,应当清晰鉴定,以免履行中发生歧义。

在银华公司与振兴公司的纠纷案中,一审、二审法院均认定双方约定矛盾,是合同目的不能实现的原因之一,各自均要承担相应责任,可以资为鉴。

交易对价,从收购方的角度来看,主要体现为支付价款或者提供开发资金,该等款项在总额确定的情况下,具体什么时间支付、支付的前提条件是否约定明确也十分重要。

2. 交易流程与增信措施

如果说房地产收购项目的一方是为了土地,另一方是为了资金,那么如何将双方达成的这一约定真正落地,就需要事先设定好严谨的交易流程,才能避免约定落空,引起纠纷。仍以银华公司与振兴公司的纠纷为例,假设双方事前约定了严谨的交易流程,比如将振兴公司所支付的4000万元款项分期支付,约定银华公司收到第一笔1000万元时即办理撤销抵押登记事宜,在该等抵押登记撤销后振兴公司再支付剩余款项,则土地抵押一事就不再成为影响双方合同目的实现的因素了。

在一些房地产收购项目中,直接签约的双方往往资信相对有限,为了促进双方交易协议的切实履行,双方各自具有良好资信的关联方为其提供担保或者采取其他措施以增强彼此的信用,也就成为协议内容的当然之选。

3. 违约责任与争议解决

交易协议中的救济措施,也就是违约一方所应承担的违约责任,不仅能维护守约方的合法权益,也可以对潜在违约方起到相应的警示和威慑作用,目的主要是促进双方切实履行已经达成的约定。违约责任条款除了进行笼统的概括性约定之外,应当将双方违反其主要义务的相应责任逐一列明、具体明确、表述清晰,有利于执行。

关于争议解决条款,由于这类房地产收购产生的纠纷不属于专属管辖范畴,双方可视情况依法约定管辖法院,也可以约定仲裁机构。其中,房地产合资合作开发合同纠纷在《最高人民法院关于适用〈中华人民共和国民事诉讼法〉的解释》颁布实施之前,人民法院曾作为专属管辖受理。自2015年2月4日该民事诉讼法司法解释施行之后，房地产合资合作开发合同纠纷依法不再属于不动产所在地法院专属管辖，双方可以依法自行约定。

4. 其他条款

在房地产收购交易协议中，除上述核心条款外，还有一些视项目具体情况进行约定的十分重要的其他条款，也应引起足够重视。譬如，在收购部分股权的交易中，由于新、老股东同时持有项目公司的股权，双方对于项目公司的人、财、物及产、供、销的安排，及公司重大事项的决策等有关公司经营管理的条款，就尤为重要，应尽可能详尽约定，清晰明确。

（四）双方履约阶段，坚持信赖协同

古人云，行百里者半九十。一个房地产收购项目，在完成签约之时，某种意义上也就是刚完成了一半的工作，交易协议能否得到切实履行，关系到项目收购最终是否取得成功。履约阶段需要关注的事项较多，这里提出下列两点。

1. 严格按交易流程履约

在交易协议的履行过程中，收购方尤其应注意按照双方约定的交易流程履行合同义务，切忌因为签约成功而疏忽大意。比如，支付每一笔款项，均应严格审核相应的前提条件是否满足，对方按约定应完成的事项是否完成。

同时，如果由于外界的因素导致条件发生了变化，双方也应及时沟通交流，以合作方应有的信赖，保持协同性，共同推进交易协议的完全履行。以办理股权变更登记手续为例，房地产股权收购的交易协议中通常约定了特定的时间之前完成，但实践中，如果确实是工商登记部门的原因致使完成股权变更登记手续的时间有所延误，则双方应及时达成新的一致，以免影响后续的履约行为。当然，为了避免这种情形的发生，就要求我们在履约过程中应尽可能审慎，保持一种全力以赴的状态去对待任何一个履约行为。

2. 及时履行附随义务

在履约的过程中，总是会遇到一些细节没有明确约定的情况，根据《合同法》第 60 条的规定，属于交易各方附随义务的理应全面履行，该等义务包括但不限于根据合同的性质、目的和交易习惯履行通知、协助、保密等。

在银华公司与振兴公司的合作开发房地产纠纷案中，二审法院认为，银华公司早在 2012 年已经知道讼争土地地界存在争议，但其并未举证证明及时告知振兴公司，对双方合同目的不能实现导致纠纷负有一定的责任。

总之,在房地产收购过程中,除了应当注意前述案例带给我们的种种启示之外,很好地把握住商业逻辑与法律思维的有机结合会有助于各项工作的开展。同时,在更宽广的视角里学会换位思考,或将大有裨益。正如东坡先生所言,“横看成岭侧成峰,远近高低各不同。不识庐山真面目,只缘身在此山中”。若能具备如此之眼界,房地产收购之功成自在情理之中。

房地产资产证券化模式探析

李斌辉*

一、类 REITs 法律问题初探

(一)类 REITs 概述

Real Estate Investment Trust(REITs),国内学者一般将其称为“房地产信托投资基金”,是最早起源于美国的采用公司、信托或者协会的一种组织形式。[1] REITs 可有效将不动产物业及金融投资工具相结合,由投资者将资金投向不动产领域并以此获得专门机构发行的受益凭证,再由专业的管理机构对投资者所投资的不动产物业进行开发与经营管理,最终由投资者从投资项目中获得较高比例的投资回报。[2] 从不同角度划分,REITs 又可分为权益型、抵押型和混合型 REITs;公司型、契约型和合伙型 REITs;公募和私募 REITs。[3]

国内目前尚未推出真正意义上的 REITs 产品,而主要是作为一种资产证券化创新产品存在,界内通常将其称为“类 REITs”。中国的类 REITs 的常见架构一般是:专项计划管理人发起设立资产支持专项计划,向投资者募集资金;基金管理公司发起设立私募股权投资基金,向持有项目物业的项目公司进行股权投资;资产支持专项计划以其募集的资金认购私募股权投资基金的基金份额。

虽然国内尚未建立起 REITs 的统一法律制度,尤其是配套的税收法律制度,

---

* 李斌辉,上海市锦天城律师事务所上海办公室高级合伙人,美国哥伦比亚大学法学硕士、中国人民大学法学硕士;擅长领域为房地产、兼并收购、私募风投以及跨境投资等。

[1] The term “real estate investment trust” means a corporation, trust, or association. See US 1960 Internal Revenue Code(I. R. C), Sec. 856a).

[2] 高旭华、修逸群:《REITs 颠覆传统地产的金融模式》,中信出版社 2016 年版,第 5 页。

[3] 林华:《中国 REITs 操作手册》,中信出版社 2008 年版,第 2 ~ 8 页。

但是国内对 REITs 业务的探索及实践已经逐步迈入了“快车道”。例如,为鼓励发行住房租赁资产证券化产品,中国证监会和住房城乡建设部在 2018 年 4 月 24 日发布了《关于推进住房租赁资产证券化相关工作的通知》,提到重点支持住房租赁企业发行以其持有不动产物业作为底层资产的权益类资产证券化产品,积极推动多类型具有债权性质的资产证券化产品,试点发行房地产投资信托基金(REITs)。

(二)类 REITS 项目法律尽职调查要点

在类 REITs 项目中,为了解基础资产的相关信息、发现项目的潜在风险并判定项目是否符合资产证券化的条件,需要首先对基础资产开展法律尽职调查。

结合类 REITs 项目中基础资产的特殊性并根据现行有效的《证券公司及基金管理公司子公司资产证券化业务尽职调查工作指引》相关规定,对基础资产的尽调应当至少包括以下三个方面:

1. 基础资产的合法性

包括但不限于以下内容:基础资产形成和存续的真实性和合法性;基础资产权属、涉诉、权利限制和负担等情况;基础资产可特定化情况;基础资产的完整性等。主要尽调内容一般包括:(1)基础资产开发建设所需的由主管政府部门颁发的前期立项审批文件;(2)基础资产开发建设本身需要取得的,如建设用地批准证书、建设用地规划许可证、建筑工程规划许可证、建筑工程施工许可证、不动产权证等许可、证照;(3)与基础资产相关的重大合同,如国有土地使用权出让合同、总承包合同、拆迁补偿协议等;(4)基础资产的竣工验收文件;(5)基础资产的权属、权利负担以及涉诉情况的政府调查等。

2. 基础资产转让的合法性

包括但不限于以下内容:基础资产是否存在法定或约定禁止或者不得转让的情形;基础资产(包括附属权益)转让需履行的批准、登记、通知等程序及相关法律效果;基础资产转让的完整性等。主要尽调内容一般包括:基础资产相关合同及法律法规是否存在有关限制转让的内容,或是否存在因基础资产上存在权利负担而需先行解除权利限制或需获得第三人事先同意方可转让的情形。

3. 基础资产现金流状况

包括但不限于以下内容:基础资产质量状况;基础资产现金流的稳定性和历史记录;基础资产未来现金流的合理预测和分析。该部分的尽调一般可由审计、评估、评级等中介机构完成。

(三)交易所类 REITs 产品案例分析

于 2014 年 5 月 21 日在深交所综合交易平台挂牌交易的“中信启航专项资产管理计划”是国内发行的首单权益型类 REITs 产品。该产品拉开了中国发展 REITs 的序幕。

该权益型类 REITs 产品中的目标资产为中信证券股份有限公司(以下简称中信证券)的两家全资子公司天津深证物业服务有限公司(以下简称天津深证)和天津京证物业服务有限公司(以下简称天津京证,与天津深证合称项目公司)分别在深圳和北京所持有的项目物业。中信证券既是中信启航专项资产管理计划的资产原持有人(持有拥有目标资产的项目公司 100% 股权),也是该专项资产管理计划的计划管理人。

“中信启航专项资产管理计划”的交易结构〔4〕如下:

1. 先由中信证券作为计划管理人设立专项计划,并与投资人签订协议认购专项计划的份额,将投资款项以专项资产管理的方式由中信证券进行管理。投资人在认购协议项下成为受益凭证(分为优先级和次级两种)的持有人。

2. 中信证券为投资人的利益,向中信金石基金管理有限公司(以下简称中信金石)作为基金管理人非公开募集资金设立的非公募基金出资,认购该非公开募集基金的全部基金份额。

3. 目标资产原始权益人中信证券将其持有的项目公司全部股权出售给上述非公开募集基金,以实现由中信证券代表投资人的利益间接持有目标资产的目的。

尽管中信启航专项资产管理计划作为首单权益型类 REITs 具有一定参考意义,但其实际上与境外市场上已经发展较为成熟的 REITs 产品相比仍存在较大差距。特别是在国内现行的税收相关法律制度的框架内,类 REITs 产品无法享受真正的 REITs 项目可享有的税收减免优惠政策。〔5〕 此外,目前国内类 REITs 产品投资门槛较高、流动性不强、现有单项法律政策衔接无力及专门法律政策缺位等问题使类 REITs 的发展面临诸多阻力,亟待立法及有关监管机关能够结合我国当前实际,在借鉴国外 REITs 制度精髓的基础上,打破现有法律政策的多重限制,使

---

〔4〕 摘自《中信启航专项资产管理计划受益凭证募集说明书》。

〔5〕 邹菁:《从案例解读房地产私募基金的投资与运作》,法律出版社 2015 年版,第 84 页。

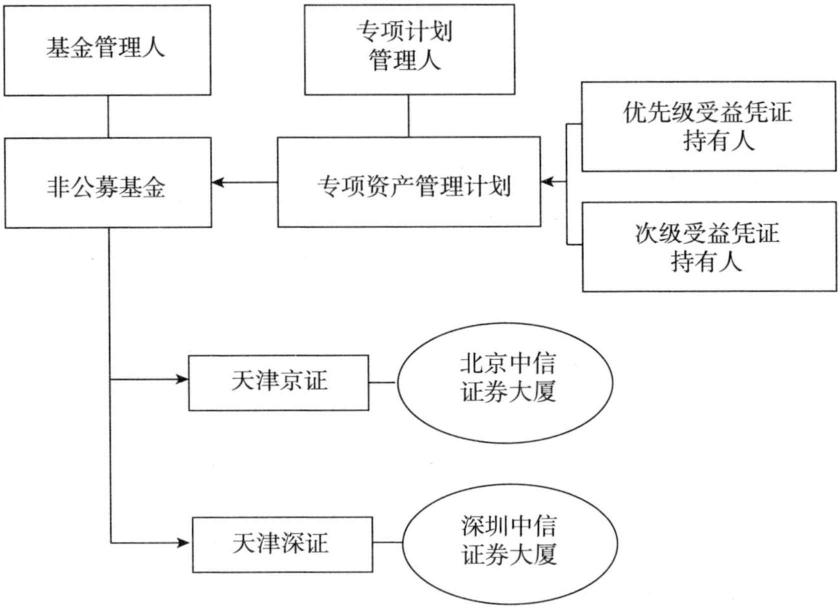

图1　中信启航专项资产管理计划交易结构

市场主体呼吁的标准化 REITs 产品能在国内成功落地,以进一步增加投资者的投资积极性及市场活力,推动房地产市场的良性发展。

二、CMBS 法律问题探析

(一)CMBS 概述

商业地产抵押贷款支持证券(Commercial Mortgage - backed Securities, CMBS)是一种以商业地产为抵押,未来以租金、物业管理费等为主要还本付息来源的资产支持证券产品。

与基本的物业抵押贷款比较,CMBS 的优点在于其发行价格较低,在释放物业地产价值的同时又保有强劲的未来发展力。而 CMBS 相比类 REITs,其只要求物业办理抵押登记、并不需要办理产权过户或者项目公司的股权转让,这对于一部分物业所有者来说是较好的选择。

CMBS 的融资规模一般而言较大,而投资人主要是机构投资者。一般此种资产证券化的信用增级措施包括应收账款质押和物业抵押等。同时,物业持有人发行 CMBS 大多是为了置换标的物业上存在的物业贷款并进行融资。

（二）CMBS交易结构及流程

CMBS一般为双SPV的结构且主要呈现为三种类型，分别是“委托贷款加资产支持专项计划”模式、“资金信托计划加资产支持专项计划”模式以及“财产信托加资产支持专项计划”模式。由于《商业银行委托贷款管理办法》[6]的出台，对与通道业务有关的委托贷款业务进行了非常具有针对性的规定，银行的授信资金来源受限，所以目前从市场发行情况来看，国内融资者大多采用“资产支持专项计划加信托计划”的模式，即以信托受益权为基础资产，通过物业抵押、应收账款质押等信用增级方式，令融资人还本付息。

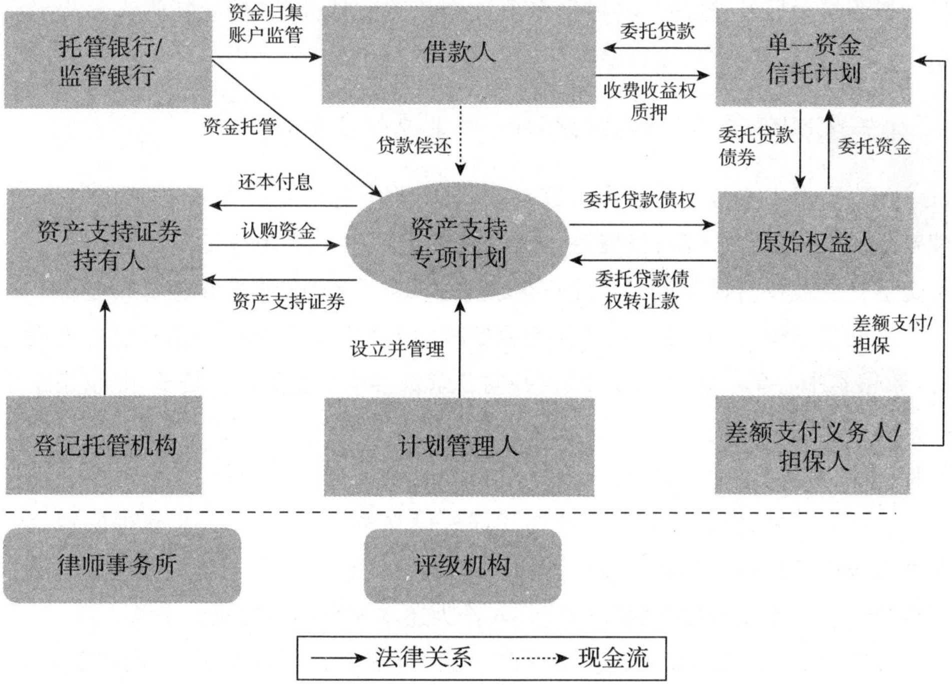

图2　CMBS交易结构

在该结构中，第一步应先搭建信托计划层面的交易结构。首先，原始权益人将作为委托人，设立单一资金信托并成为唯一的受益人，享有信托受益权。其次，单一资金信托向项目公司（融资人）发放信托贷款，信托受托人享有对项目公司

〔6〕《中国银监会关于印发商业银行委托贷款管理办法的通知》（银监发〔2018〕2号），2018年1月5日生效。

(融资人)的债权。然后信托受托人与项目公司(融资人)分别签署《抵押合同》和《应收账款质押合同》,公司将其持有的物业作为抵押物,将物业运营收入作为质物为信托贷款提供担保。

第二步是构建专项计划层面的结构,由管理人设立资产支持专项计划向原始权益人受让全部信托受益权,并以此为基础资产发行资产支持证券。管理人以募集资金作为交易价款向原始权益人购买信托受益权,经受让后,管理人将成为唯一受益人。在还款和利益分配层面,物业的运营收入将成为贷款还本付息的主要来源,信托受托人向管理人(信托受益人)定期分配信托利益。管理人为专项计划在托管银行设立专用账户,用于接收认购资金、支付基础资产对价款和支付专项计划费用等。另外,管理人将根据专项计划相关文件的约定,向托管人发出分配指令,托管人根据指令,进行专项计划费用的提取和划付。

(三)CMBS 交易结构案例分析——北京银泰中心

北京银泰中心位于北京国贸核心区域,物业中包含多种业态,地理位置优越,建筑品质高,租金收入高,发展潜力大。北京银泰中心 CMBS 的基础资产为单一资金信托受益权,目标资产为“北京银泰中心”的写字楼和商业裙楼等物业。

本交易结构[7]由北京银泰作为原始权益人与昆仑信托作为信托受托人设立“北京银泰中心单一资金信托计划”并向北京银泰中心发放信托贷款,北京银泰中心以其持有的相应物业提供抵押担保,中国银泰和北京国俊为信托贷款提供保证担保,并将其各自持有的所有北京银泰中心股权进行质押担保,北京银泰获得信托受益权。其后,恒泰证券作为计划管理人设立专项计划,以募集获得的资金购买北京银泰所持有的信托收益权,以此享有对北京银泰中心的贷款债权及其所有担保权益。北京银泰以其物业运营收入作为还本付息的主要资金来源。

北京银泰中心的基础物业资产租金收入稳定,且本产品得到了投资人的高度认可。

(四)CMBS 标的资产主要关注点

CMBS 作为一个基于底层基础资产的融资工具,其竞争核心在于物业资产的品质好坏。因此,CMBS 对物业资产的要求非常高,其基本要求是要已趋于成熟的物业、且有稳定的租金收入和良好的运营记录。另外,在物业地理位置、物业所

---

〔7〕 摘自《北京银泰中心资产支持专项计划说明书》。

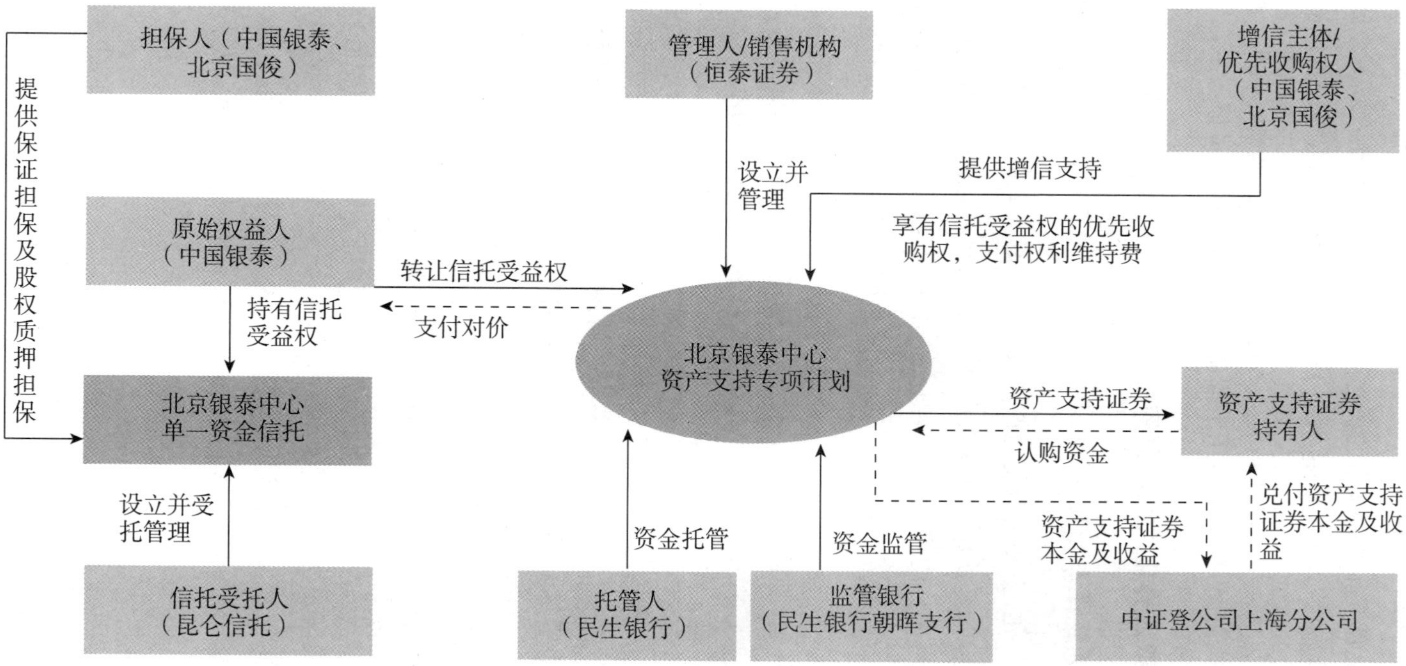

图3 北京银泰中心交易结构

有权、出租情况等方面均有具体要求。主要集中在优质写字楼、购物中心、酒店和公寓等；资产所在城市首选大城市的核心商业地段，因为大城市经济发展良好，物业租金收入较为稳定。一般 CMBS 在发行之前其基础资产本身有存量债务，其中大部分涉及银行经营性物业贷或其他信托贷款，存在权利负担。因此一般会安排解除权利限制的措施，将募集资金用于偿还目标物业上的存量债务。

三、购房尾款证券化法律问题探析

（一）购房尾款证券化概述

购房尾款证券化，主要是指房地产开发企业以其成立的项目公司向购房人销售房屋而形成的应收账款作为基础资产，将其证券化，以达到预售资金提前回流，缓解资金压力等目的。购房尾款与房地产企业主营业务紧密契合的特性，使其成为房地产企业强力的融资手段，相应地，也使其成为房地产企业进行资产证券化最重要的基础资产之一。

2016 年 10 月起，监管部门开始更严格地把控房地产企业的融资行为，此后房地产融资的相关业务基本都被搁置，其中就包括购房尾款证券化。分析这一举措的主要原因，大概是由于监管层面要求理财资金严禁流入房地产领域，但购房尾款 ABS 等创新型金融产品，使资金可以最终流入房地产领域，这与前述政策导向相悖，因此受到严控。[8] 2017 年下半年开始，购房尾款 ABS 又逐渐开始复苏。观其原因，一是购房尾款 ABS 可发行规模的潜力还很大，不宜一概而论，二是可能考虑到房地产销售的特殊性，一般会要求购房人支付 20% 甚至更高的首付款，在这种情形下，购房者违约的成本很高，因此违约的可能性也相对要小，从另一个角度看，购房尾款的回款稳定性也相对较高，可归于较为优质的基础资产。

据统计，截至 2018 年 6 月 9 日，市场共计发行 36 只直接以购房尾款为基础资产的 ABS，发行规模合计 558.77 亿元；同时，有 11 只购房尾款 ABS 正处在发行期，规模总计 173.77 亿元。[9] 2019 年上半年，万科企业股份有限公司、佳兆业集团、光明房地产集团股份有限公司等亦先后发行了购房尾款 ABS，发行规模合计超过 44 亿元。

---

[8] 庞静涛：《房企融资渠道继续被封堵：多项创新金融工具暂停发行》，载 https://www.thepaper.cn/newsDetail_forward_1604150，最后访问日期：2019 年 3 月 20 日。

[9] 《碧桂园购房尾款 ABS 项目是如何炼成的?》，载 https://mp.weixin.qq.com/s/Xfh9fXitVX9aglvLzWb2qg，最后访问日期：2019 年 3 月 20 日。

（二）购房尾款证券化的交易结构

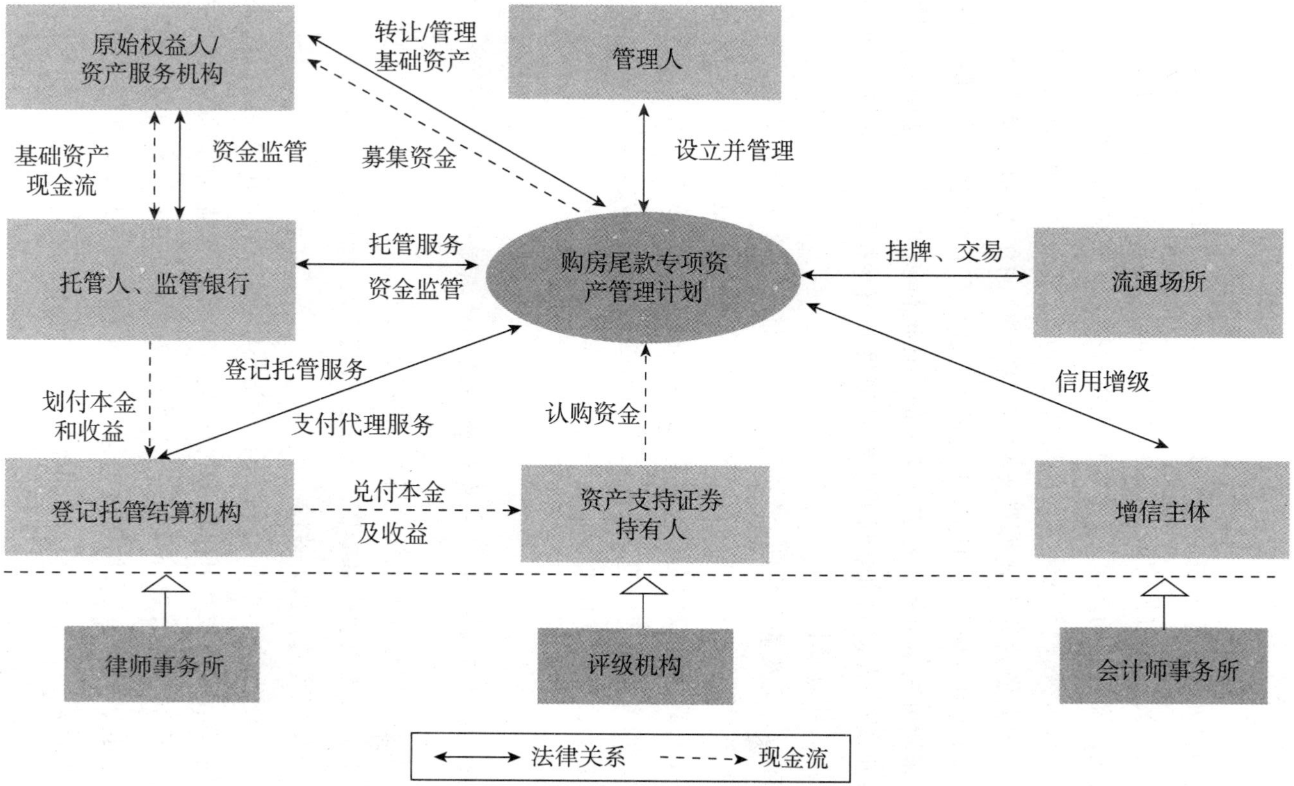

图 4　购房尾款证券化的交易结构

(三)购房尾款的界定

在购买人与房地产开发企业设立的项目公司签订购房合同后,购房人应支付购房合同所约定的房款价格,在购房人支付时,可以选择一次性付清全款,或者与项目公司协商后分期多次支付,购房人可根据与项目公司协商的结果,先支付一笔约定的首付款,剩余尚未支付的房款可以通过自筹资金、申请银行贷款,或者申请住房公积金贷款等方式筹措支付。这里讨论的作为ABS基础资产的购房尾款,其本质是项目公司对前述尚未支付的房款所享有的应收账款债权。虽然房款的实际来源可能是负有受托支付义务的商业银行或住房公积金中心,但根据合同的相对性,购房人在购房合同下仍然对项目公司承担付款义务,项目公司对其直接享有应收账款债权。

《证券公司及基金管理公司子公司资产证券化业务管理规定》第3条规定:“基础资产可以是企业应收款、租赁债权、信贷资产、信托受益权等财产权利”[10],给予了应收账款可以作为资产证券化基础资产的直接依据。因此,因购房人选择分期付款而产生的应收账款,可由原始权益人选择作为ABS入池的基础资产。本处主要讨论的多是因购房人选择申请商业银行或住房公积金贷款而形成的基础资产。

(四)法律实务要点——基础资产的合法有效

考虑到购房尾款形成的特殊性,在尽职调查、产品设计以及交易文件拟定过程中主要需要重点关注基础资产形成的合法性及有效性,主要有以下几个方面:

1. 基础资产的合法有效性

(1)一般而言,就购房合同而言,需适用中国法律,并在中国法下合法有效,购房合同中应收账款权利可以依法转让,转让给原始权益人后,原始权益人可以根据该转让合同合法有效,向购房人主张应收账款的相关权利。截至ABS成立基准日,项目公司与购房人均遵守合同约定,履行合同义务,未出现违约行为,项目无完工风险。

---

〔10〕 中国证券监督管理委员会:《证监会公告2014年第49号——关于公布〈证券公司及基金管理公司子公司资产证券化业务管理规定〉及配套〈证券公司及基金管理公司子公司资产证券化业务信息披露指引〉、〈证券公司及基金管理公司子公司资产证券化业务尽职调查工作指引〉的公告》(证监会公告2014年第49号),2014年11月19日生效。

需要注意的是,应政策要求,各省市大多出台了规范性文件,要求商品房买卖合同根据规定进行网上签约("网签")及备案。网签具有合同生效的法律效力,备案则具有公示效力。因此,在尽调过程中除合同本身的生效条件外,应注意购房合同是否已根据当地的相关规定完成网签手续合法成立并生效。此外,尽管备案不是购房合同的生效要件,但从尽调角度应要求完成备案手续,也可以对一房二卖的情形起到一定的遏制作用。

(2)就基础资产而言,需满足一般 ABS 对基础资产的要求,即原始权益人合法拥有基础资产,可以完整的、不受限制的转让,其上未设定抵押等担保权利,不涉及诉讼、仲裁、执行或破产程序等争议。

对于基础资产是否可以转让,应就购房合同及应收账款转让合同中对该基础资产转让是否存在限制、是否需要事先取得同意或批准及必须做出的通知等予以核查。原始权益人及项目公司的公司章程等内部文件及适当授权均需予以关注。[11]

2. 基础资产本身特性引发的风险要点

(1)应收账款转让合同

房地产开发企业设立项目公司,目的是隔离风险,即便日后因为经营不善导致项目公司破产清算,对房地产开发企业的影响也较小。因此实践中,可能存在多个项目公司,其存续周期也可能较短,这就需要各个项目公司分别与同一原始权益人签订应收账款转让合同,再由原始权益人转让给资产专项计划,以此便于资产专项计划的管理。需要注意的是,应收账款转让合同应仅转让项目公司应收账款的权利,针对项目公司对购房人负有的交房义务,仍应由原项目公司承担。

(2)循环购买

由于实践中购房人的贷款审批时限远短于专项计划的存续期限,因此通常会在产品结构中设计循环购买条款,从而构建动态资金池,从而提高资金利用效率。

2017 年 12 月 15 日,证监会主管下的上海证券交易所、深圳证券交易所和机构间报价系统三大资产支持证券挂牌交易场所同步发布了《企业应收账款资产支

[11] 刘晓明、杨坤:《购房尾款资产证券化中的法律服务要点 Mortgage balance securitization》,载 https://mp.weixin.qq.com/s/CasPJub9PYhWBJy2zEbK6w,最后访问日期:2019 年 3 月 21 日。

持证券挂牌条件确认指南》《企业应收账款资产支持证券信息披露指南》,[12]对循环购买的账户、操作流程、管理等均明确了相关要求,并要求管理人、律师等中介机构应当对循环购买的资产进行充分的尽职调查并确认其符合入池标准,但在实操中,当循环购买过于频繁时,如何完成尽职调查,尚待进一步明确。

此外,由于循环购买而新增的基础资产,在设置对基础资产的担保时,可以考虑在为基础资产提供担保的相关担保协议中明确约定,"担保人在此不可撤销地承诺,在管理人向担保人送达关于新增基础资产的任何通知后,即视为担保人同意将新增基础资产纳入原担保范围"[13]。

除此之外,如上文所述,由于房地产领域受国家政策的强烈导向性,在整个尽职调查、产品设计以及交易文件拟定期间,对于全国以及基础资产所在地、交易所所在地实施的,将影响专项计划运行的规范性文件、窗口指导以及指南等需要时刻保持关注,以便及时调整尽职调查审核标准并更新交易文件的相关细节。

(3)开发贷及预售资金监管

房地产企业通常为了筹集大量的开发资金用以拍地及前期开发,通常会向银行申请以房地产项目建设为目的的开发贷款,在银行同意向房地产企业发放贷款的前置文件中,通常会要求将未来该房地产项目的收入纳入银行监管账户,因此,在此类开发贷银行监管严格的情况下,专项计划的现金流可能存在被截流的风险。

此外,为符合住建部于2010年发布的《住房和城乡建设部关于进一步加强房地产市场监管完善商品住房预售制度有关问题的通知》第(9)项要求[14],我国各省市地区均已建立或正在建立商品房预售资金监督管理办法。根据各地主管部

---

〔12〕 具体参见上海证券交易所:《上海证券交易所企业应收账款资产支持证券挂牌条件确认指南》,2017年12月15日生效;上海证券交易所:《上海证券交易所企业应收账款资产支持证券信息披露指南》,2017年12月15日生效;深圳证券交易所:《关于发布〈深圳证券交易所企业应收账款资产支持证券挂牌条件确认指南〉和〈深圳证券交易所企业应收账款资产支持证券信息披露指南〉的通知》,2017年12月15日生效。

〔13〕 胡喆、陈府申主编:《图解资产证券化:法律实务操作要点与难点》,法律出版社2017年版,第221页。

〔14〕 《住房和城乡建设部关于进一步加强房地产市场监管完善商品住房预售制度有关问题的通知》(建房〔2010〕53号),2010年4月13日生效,"(九)完善预售资金监管机制。各地要加快完善商品住房预售资金监管制度。尚未建立监管制度的地方,要加快制定本地区商品住房预售资金监管办法。商品住房预售资金要全部纳入监管账户,由监管机构负责监管,确保预售资金用于商品住房项目工程建设;预售资金可按建设进度进行核拨,但必须留有足够的资金保证建设工程竣工交付"。

门的规定,预售资金的使用可能会受到一定程度的限制,同样导致专项计划的现金流存在被截留的风险。

针对上述现金流截留风险,实操中,需要由原始权益人或关联方出具承诺函,以担保在出现现金流截留的情况,专项计划仍能足额按时兑付。

除上述风险外,还可能存在因购房人首付贷资金来源的高杠杆性,从而影响购房合同的正常履行,以及专项计划现金流的稳定。

四、结语

对房地产企业而言,相比其他融资手段,通过资产证券化进行融资具有较为突出的优势:作为发起人,房地产企业将自身持有的基础资产"真实出售"给 SPV,从而实现风险隔离;与发行公司债券相比,资产证券化不受《证券法》第 16 条规定的累计债券余额不超过公司净资产 40% 的限制,容易满足中小企业主体的需求;此外,通过信用增级,ABS 产品可以吸引更多的投资者,同时也能降低发行成本。本文介绍了"类 REITs"、CMBS(商业房地产抵押贷款支持证券)和购房尾款 ABS 这三种操作模式在我国发展的概况和交易结构,并对三种模式在法律实践中的常见问题进行了分析。笔者希望本文能够帮助企业选择适合自身情况的房地产资产证券化融资模式,并能够对业界同人的实务操作有所帮助。

浅议日本不动产证券化中的法律问题及其启示

顾　晓[*]　李惠来[**]　朱　阳[***]　林正蔚[****]　邱　鹏[*****]

一、日本不动产证券化的发展背景

日本的泡沫经济在1996—1997年彻底破灭，金融机构的不良债权问题出现集中爆发、土地资产价格也大幅下滑的背景下，1998年日本政府制定了《关于通过特定目的的公司来进行特定资产流动化法律》[1]，即SPC（Special Purpose Company）法，其目的是通过资产证券化的方法来处置抵押资产或担保债券，帮助企业盘活资产，增强其流动性。2000年日本政府对SPC法进行了修订，将名称变更为《关于资产流动化的法律》，此次法律修订简化了审批程序并减少了信息披露要求，并增加了特定目的信托的架构。自此使用SPC架构的不动产证券化案例迅速增长。

虽然SPC法可以定位为日本不动产证券化市场的开篇之法，但是SPC法架构的特点是首先要选定目标资产，属于"资产导向型"证券化。因此，同年日本政府也对《关于投资信托及投资法人的法律》（以下简称《投信法》）进行了修订，开

---

* 顾晓，上海市锦天城律师事务所上海办公室高级合伙人，硕士；专业领域为收购兼并、反垄断、金融、外汇、合规、外资基金、房地产等领域。

** 李惠来，上海市锦天城律师事务所上海办公室律师，日本大阪大学法法学硕士；专业领域为企业法务、劳动人事、纠纷解决、诉讼、不动产等。

*** 朱阳，上海市锦天城律师事务所上海办公室律师，日本大阪大学法学硕士；专业领域为企业法务、知识产权、纠纷解决、诉讼等。

**** 林正蔚，上海市锦天城律师事务所上海办公室实习律师，国际关系学院本科；专业领域为外国企业的投资、公司法务、纷争解决、刑事案件等。

***** 邱鹏，上海市锦天城律师事务所上海办公室律师助理，早稻田大学法学硕士；专业领域为外国企业的投资、企业法务、基金证券相关以及知识产权业务。

〔1〕 日本「特定目的会社による特定資産の流動化に関する法律」。

拓了包括个人投资者在内更广泛的合格投资者范围，为个人资金通过信托的形式进入不动产投资市场创设了新的法律依据，开辟了全新的"资金导向型"证券化市场 J－REITs（JAPAN REAL ESTATE INVESTMENT TRUST）。修正前的投信法，仅局限于股票以及债券等投资对象，无法通过投资信托形式进行不动产投资。本次修正的主要目的，是为了创设促进不动产流动化的发展，刺激不动产市场，着眼于吸引巨额个人存款进入不动产投资市场的新制度。《投信法》的修正将不动产投资也列入了允许投资的对象，从而催生了 J－REITs。在 2000 年 11 月开始施行《投信法》之后，东京证券交易所也积极准备 J－REITs 的上市工作。随后，在 2001 年 9 月，NIPPON BUILDING FUND 和 JAPAN REAL ESTATE 两支 J－REITs 股票率先上市。

从不动产证券化的交易金额来看，根据 2012 年的单年度统计数据，通过 SPC 或者 J－REITs 架构取得的不动产总资产值达到近 3.3 万亿日元，同时，大约有 4 万亿日元的证券化不动产被出售。从不动产证券化中 J－REITs 和私募基金各自持有的资产金额来看，J－REITs 持有的资产总值在 2013 年 4 月突破 10 万亿日元。私募基金持有的资产规模，根据一般社团法人不动产证券化协会的调查统计，截至 2012 年 12 月末达到 10.5 万亿日元，两者合计资产总值超过 20 万亿日元。但是日本的公司等法人持有的不动产总值超过 400 万亿日元，其中投资性不动产（含证券化的不动产）约为 100 万亿日元，可见不动产证券化市场的发展空间还很大。

二、日本不动产证券化的基本形式

日本不动产证券化主要包括以私募和公开发行两种形式。其中私募形式一般通过设立合同公司（GK）、特定目的公司（TMK），而公开发行形式一般采用投资法人作为 SPC。一般实务中会根据实际情况选择不同形式的 SPC，现将几种比较重要的 SPC 形式给予简单介绍。

（一）私募形式

1．"合同公司＋匿名组合"（GK＋TK）

合同公司是在日本公司法体系下的一种公司形态。其具有以下特点：（1）比较容易设立。（2）相对于普通的股份有限公司，其维护成本比较低。（3）架构比较简单、灵活。因而作为一个常见的 SPC 形态被广泛应用在证券化项目中。

当SPC采用合同公司(GK)的形态时,以匿名组合(TK)作为搭配进行出资形式的居多。所以这种架构也以GODO KAISHA + TOKUMEI KUMIAI的简称GK - TK命名。

GK - TK方式既可以规避双重征税,又可以实现基础资产的收益几乎全分配。匿名组合是基于商法设立的组织形态,匿名组合成员为投资者,对经营者(合同公司GK)进行投资,经营者有义务将经营事业所得的收益根据匿名组合投资契约所规定的条款进行分配。

但是需要注意的是,“合同公司 + 匿名组合”方式,其投资对象只能是不动产信托受益权。这是因为,如果投资对象是实物不动产是需要资质的,适用《不动产特定共同事业法》,其手续的烦琐性以及成本都将大大增加。

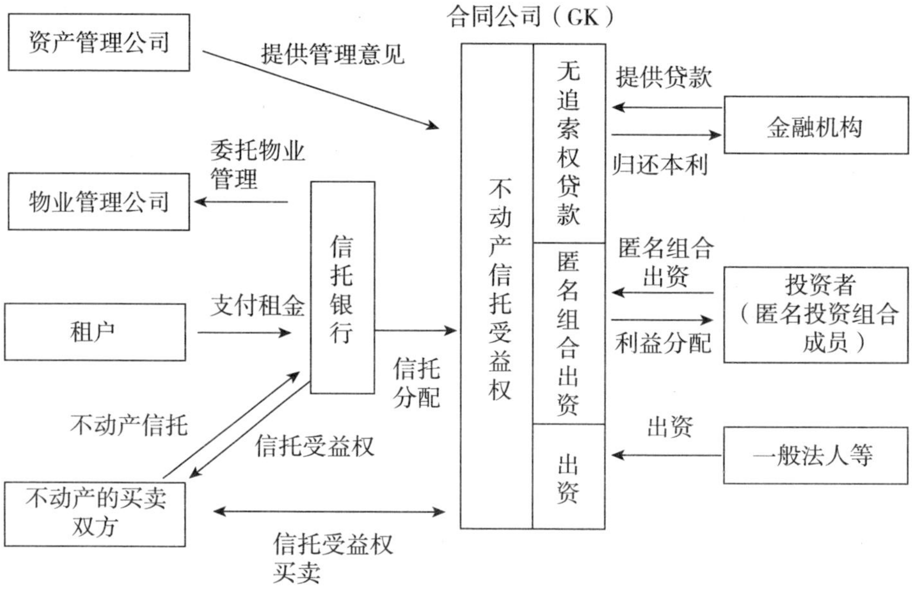

图1　合同公司(GK)

2. 特定目的公司(TMK)

特定目的公司是基于《关于资产流动化的法律》的投资载体。为了和SPC(特殊目的公司)进行区分,以TOKUTEI MOKUTEKI KAISHA的简称TMK进行命名。

在TMK结构形式下,只要满足一定的条件,股东分红就可以在税法上进行税前抵扣,以达到回避双重征税的目的。但采用TMK结构,在资产流动化计划书的编制和备案的过程中,需要花费较多的精力,同时对入池资产不能随意进行置换,结构上缺乏相应的灵活性。

由于存在上述结构上的不利因素,实际上采用TMK结构的情况相对于GK－TK结构要少很多。但是,TMK结构具有很多GK－TK结构所没有的优势,比如可以发行公司债,可以不通过信托形式而直接投资实物不动产等。通常,因为各种原因而无法设定信托受益权的不动产投资等,会较多的采用TMK结构。

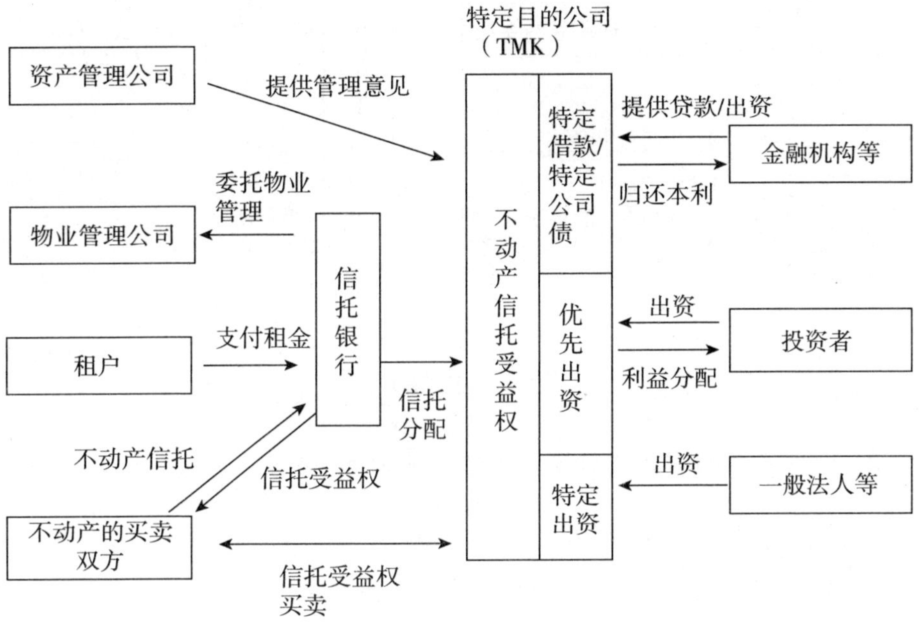

图2　特定目的公司(TMK)

(二)公开发行形式

根据《投信法》之规定,以运用从投资者处募集而来的资金为目的而设立的法人组织称为投资法人。投资法人比较类似于国内的公募基金的形式,但又有所不同。这体现在国内的公募基金是证券投资基金,投资对象为有价证券。而日本的投资法人的投资对象除了有价证券以外还包括了不动产。投资法人(J－REITs)采用的是投资法人的方式,(以公开上市发行“投资口”相当于公司股票)、发行公司债的方式筹集资金,投资法人结构在满足一定的条件下,也可实现股东分红的税前抵扣而回避双重征税。

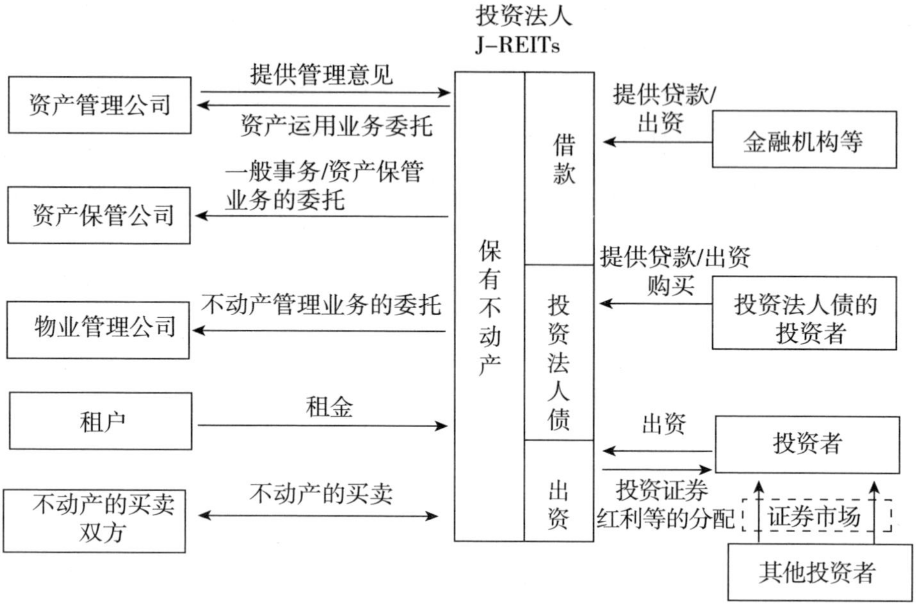

图3　投资法人

三、证券化产品的资金募集与金融商品交易法

(一)金融商品交易业务

《金融商品交易法》(以下简称《金商法》)将金融商品交易业务分为四种类型:第一种金融商品交易业务;第二种金融商品交易业务;第三种投资咨询代理业务;第四种投资运用业务;且对于不同类型的业务设定了不同的准入机制。

第一种金融商品交易业务包括买卖或承销国债、股票、公司债券等流通性较高的第一项有价证券等高级别的业务内容,准入注册条件相对严格。

第二种金融商品交易业务包括:匿名组合出资等集团投资架构份额的募集/私募(自行募集),以及信托受益权等第二项有价证券的买卖、销售中介或代理,募集/私募代销等。

第三种投资咨询代理业务是指主营如下业务:金融商品交易从业者与客户签订《投资顾问合同》,依照合同内容提供咨询的行为,或者是签订《投资顾问合同》或《全权委托投资合同》提供代理、中介服务。投资咨询代理业务由客户自己进行投资决策。

第四种投资运用业务是指主营以下业务:投资法人的资产运用行为、全权委托投资运用行为、投资信托运营行为或基金运营管理行为等业务。投资运用业务由金融商品交易从业者进行投资决策，其注册准入的严格程度仅次于第一种金融商品交易业务。

(二)证券化架构和金商法的关系

1. GK－TK 架构

GK－TK 架构中，由 SPC(合同公司 GK)自行向投资者募集匿名组合出资份额，该行为属于“第二项有价证券”的“私募”，因此 SPC 需要进行第二种金融商品交易业务的注册。同时，SPC 以匿名组合出资份额等进行融资后，对“第二项有价证券”的信托受益权进行投资，属于投资运用业务(《金商法》第 2 条第 8 款第 15 项)。由于 SPC 注册金融商品交易业务和投资运用业务所需注册资金要求较高，《金商法》中规定了可以免除注册的方法(《金商法》第 2 条第 8 项括号内规定)：

第一种方法是，SPC 不自行募集资金，而是将匿名组合出资份额的销售推荐以及投资运用权限，全部委托给第三方(安排人或资产管理公司，信托受益权买卖中介等)。

第二种方法是，SPC 仅对合格机构投资者〔2〕等作为对象募集和仅对合格机构投资者的出资进行投资运营的，不注册也可开展金融商品交易业务。

2. TMK 架构

TMK 架构是依据《资产流动化法》设立的。TMK 架构既可以通过发行特定公司债券，优先级证券等第一项有价证券募集资金，并且还可以将实物不动产作为资产证券化的对象进行投资。TMK 以优先级出资证券等的第一项有价证券的形式自行募集资金的，不属于金融商品交易行为，无须注册金融商品交易业务。TMK 与 GK－TK 架构不同，不会像 GK－TK 一样对投资人的资金进行资产运营，因此不属于《金商法》规定的投资运用业务，无须注册投资运用业务。

2011 年 5 月 17 日，《为强化资本市场及金融业对金融商品交易法等进行部分修订的法律》获得通过，作为 TMK 架构依据的《资产流动化法》也与《金融商品交易法》等同时被修改，并从 2011 年 11 月 24 日起正式实施。这是自 2000 年以来的又一次大幅修改，放宽了资产流动化计划变更的相关规定，免除一部分资产流动

---

〔2〕“合格机构投资者等”是指，“1 名以上合格机构投资者和 49 名以下其他投资者”(《金商法》第 63 条第 1 项第 1 号，施行令 17 条之 12)。

化计划变更备案义务,使 TMK 架构的使用更为便利。

3. J－REITs

J－REITs 除借款外,通过“投资法人债券”或“投资证券”这类第一项有价证券募集资金,并投资于实物不动产或不动产信托受益权。

(1)投资法人

投资法人根据《关于投资信托及投资法人的法律》(以下简称《投信法》),通过内阁总理大臣的注册后,可以从事有价证券的买卖、有价证券的借贷、不动产的购买与出售、不动产的借贷、不动产的委托管理等政令规定的交易(《投信法》第187 条、第 193 条)。因此不需要金融商品交易业务注册。

(2)不动产信托受益权的私募与买卖中介等

如果投资法人的投资对象是不动产信托受益权,中介方需要进行第二种金融商品交易业务的注册。另外,如果投资对象是实物不动产,需要宅地建筑物交易业务的许可(《宅建业法》第 3 条第 1 项)。

(3)资产运用公司(AM 公司)

注册投资法人必须把资产运用的相关业务委托给资产运用公司(《投信法》第198 条)。再者,《金商法》把基于与投资法人签订的资产运用委托合同的资产运用定义为资产运用业务(《金商法》第 2 条第 8 项第 12 号),所以资产运用公司需要进行投资运用业务的注册。此外,如果投资对象包括实物不动产,需要取得宅地建筑物交易业务的许可以及交易全权代理的认可。

4. 法律关系的梳理

综上所述,日本不动产证券化和《金商法》《资产流动化法》《投信法》的法律关系如下:

(1)以《金融商品交易法》为主轴,通过对“有价证券”给予了定义,将信托受益权、匿名组合出资份额等视为“有价证券”,为以信托受益权为基础资产的不动产证券化提供了法律基础。无论是传统意义上公司发行的股权权证,还是根据契约组成的主体发行的受益权证都被包括在了“有价证券”的范围。

(2)通过《金融商品交易法》,对于从事金融商品交易行业的准入条件进行分类,分门别类地规定开展业务所需相应资质,与此同时为 SPC 在资金募集与运营管理时,全部委托第三方机构募集或是仅面向合格机构投资者进行募集时可以不进行注册进行了特殊的规定。

(3)进行《资产流动化法》的修改,简化了 SPC 设立的手续,相对于一般的私募基金而言，专为不动产而设立的私募型 SPC 设立门槛更低，为不动产证券化扫清障碍。配套《税收特别法》[3]，规定 SPC 虽然需要与一般公司进行同等纳税，但满足法律规定的一定条件下，SPC 的应纳税所得中 90% 以上以股息或红利的方式进行分配，则这些分配的股息或红利可以视为费用进行税前扣除，借此避免了双重征税的负担。

(4)通过《投信法》的修改，扩大了投资者的范围，使投资法人 SPC 能够公开发行证券，使个人投资者也能借助投资法人进行不动产的投资，J－REITs 应运而生。

四、不动产证券化的各相关方

(一)安排人

安排人，是指在证券化商品的组成过程中承担整体协调、组织任务的参与者，一般由信托银行或商业银行等金融机构、证券公司、不动产公司、咨询公司等来承担此角色，只要实施以下工作：

1. 设计满足原始权益人需求（如募集资金的需求，标的不动产的出表需求等）的证券化整体架构。

2. 将证券化不动产所产生的现金流进行有效加工、分割，设计出适合各层次投资者需求的证券化产品（如权益投资、夹层债、优先债等），同时还要考虑规避双重课税问题。

3. 编制证券化过程中所需的文件资料，安排相关专业公司设立 SPC 之后，将证券化标的不动产转让给 SPC。

4. 根据需求对债权类产品进行分级，同时负责募集债权类和权益类投资者。

5. 通过公司债、贷款、权益投资等金融产品，募集到所需的资金，完成证券化过程所需的相关业务。

安排人在整个证券化过程中，起到协调各个层面的参与者、促进交易顺利进行的重要作用，同时，又在资金需求端和投资者之间起到促进良好沟通的金融中介作用。在证券化过程中，参与的机构有物业管理机构（PM）、资产管理机构（AM）、评级机构、尽职调查机构，审计机构、税务机构、律师事务所等多方面的参与者，可以说，安排人是游走于这些机构当中起到润滑剂作用的最核心成员。

---

〔3〕 日本「租税特別措置法」67 条 1 項。

(二)资产管理公司(AM)

在整个不动产证券化的程序中,承担不动产运营管理的核心成员是资产管理公司(以下简称 AM)和物业管理公司(以下简称 PM)。AM 承担不动产证券化的经营者职能,对个别不动产做出合理的投资判断,从而使整体的不动产投资组合实现投资利益最大化。

AM 的业务范围十分广泛,涉及在证券化前期阶段对基金运营方针的战略立案、投资对象的分析判断、PM 公司的选择等,有时候还要负责吸引投资者。在证券化完成后,负责利息的返还以及收益分配等不动产投资收益的财务管理,持有物业的中途转让、投资组合的置换、新物业的购置、物业的改造升级以及对整体投资组合的综合管理等。AM 还需要编制相关资料,并及时向投资者汇报说明运营管理状况。

除了 J – REITs 之外,所有的投资都需要通过物业的出售转让来实现退出。AM 公司需要充分考虑合理的出售时机和出售方法,并按照当初制定的投资策略承担从物业取得到退出的全过程运营和管理工作。在 J – REITs 中,AM 公司为符合《投信法》设立条件而成立的投资信托委托方。

(三)物业管理公司(PM)

PM 是根据 AM 或者物业所有者的指示,以达到不动产收益最大化的目的,承担物业的日常运营管理、资产价值保全以及租赁管理等业务。租赁管理业务,除了吸引优良客户入住以确保稳定的租金收益之外,如何能够不断提升客户满意度而防止客户流失也是非常关键的。同时,根据 AM 公司制定的业务方针,PM 需要负责寻找合适的租户,实现低空置率以及维持租金水平的增长。

建筑物的日常运营管理,包含建筑物的安全保卫、保洁等业务,通常外包给专业公司。而资产保全业务则是指为延长建筑物的寿命,制定合理的维修或改造计划,并委托给施工单位的管理业务。PM 公司由于直接从事不动产的一线管理工作,在实现所管理的不动产收益最大化方面也起重要作用。为实现投资组合的收益最大化,需要制定大规模修缮计划、合理的工程计划和预算管理,同时需要在投资组合的物业里合理考虑租户入住的先后顺序等,这些重要事项的决策,对 AM 公司的整体判断极其重要。

五、税收政策

(一)不动产流转税

在原始权益人将持有不动产转让时,相对于直接出售实物不动产,转让信托受益权的情况下能够减轻很多税负,具体的情况如下表所示[4]。

表1　A(卖方)向B(买方)转让

	实物不动产转让由A转给B的情况		先将实物不动产转化为信托受益权再将信托受益权由A转让给B	
价格	10亿日元		10亿日元	
纳税基准	土地	建筑物	土地	建筑物
	6亿日元	4亿日元	6亿日元	4亿日元
注册许可税(信托)	无	无	6亿日元×0.2% =120万日元	4亿日元×0.4% = 160万日元
注册许可税(买卖)	6亿日元×1% = 600万日元	4亿日元×2% = 800万日元	1000日元×1件 =1000日元	1000日元×1件 = 1000日元
不动产取得税	6亿日元×1/2×3% =900万日元	4亿日元×3% = 1200万日元	无	无
印花税	20万日元×2 =40万日元		200日元×2 =400日元	
合计	35,400,000日元		2,802,400日元	

表2　B(SPC)向C(买方)转让的情况

	将实物不动产B转让给C	信托受益权由B转让给C
合计	35,400,000日元(具体如上表)	2400日元(仅收取上表中的注册许可税和印花税)

由以上两张表可以清楚地看出,原始权益人转让不动产获得信托受益权的,

〔4〕《不動産ファンド　よ~くわかる本》(《不动产基金详解》)　脇本　和也　　出版社 秀和システム2006版,133页。

印花税和注册税上能够享受更低的税率,并且免征不动产取得税。虽然需要支付将实物不动产转化为信托受益权的注册许可税,但是仍然比直接交易实物不动产税收更优惠。另外,在 SPC 将物业出售的情况下,与出售实物不动产相比,转让信托受益权又可以节省一次不动产取得税,这些税收政策可以很大程度上节省不动产相关交易中的税负。

(二)收益二重征税方面

私募基金方面,以 TMK 模式为例,依据《资产流动化法》之规定,SPC 满足其将 90% 以上的收益分配给投资者的条件下时,分配给投资者的金额可以作为法人税法上的损失进行会计处理。从而有效降低 SPC 法人层面的应纳税所得额,而仅在利益分配给投资人时征收所得税,避免了双重征税的问题。

在 J - REITs 下,依据《投信法》规定,与上述 TMK 类似,投资法人在满足将 90% 以上的收益分配给投资者等条件下,分配金额可以进行法人税的应纳税所得额税前扣除,同样可以避免二重征税问题。

六、结语

我国目前还没有为不动产证券化建立配套的法律制度,法律层面上存在滞后性,导致实务操作中存在基础资产难以定性、权证法律地位缺失、SPC 模式下双重征税、资金来源渠道较少等诸多问题。我们可以参照同为大陆法系国家的日本制度,将以”信托受益权“等为基础资产的不动产证券化予以明确定义,并强化其法律地位为投资人带来保障。同时在《公司法》《合伙企业法》之下为 SPC 提供一些豁免条件,降低其准入门槛,并配套规定在 SPC 征税时在特定条件下可以豁免抵扣等的例外情况,避免进行双重征税,提高不动产原始权利人的积极性,最终实现能够像标准 J - REITs 公开发行股票交易的模式。由于 J - REITs 的特殊法律地位,其发展离不开顶层设计、监管机构的大力推动以及金融机构等投资者的参与。本文简单介绍了日本不动产证券化的概况,希望能为读者起到抛砖引玉之用,为中国不动产证券化事业的发展尽微薄之力。

保险资金投资地产基金的趋势和监管要求

陆学忠* 黄启兴**

目前,越来越多的私募投资基金管理人具备了募集保险资金的条件,希望与保险资金开展合作。保险资金,即险资,具有投资期限长、投资金额较大且出资能力持续稳定等特点,这与私募投资基金(尤其是地产类)具有较高的契合度。因此,险资已成为私募投资基金和地产投融资市场上的重要参与主体。本文拟对险资投资地产基金的趋势和监管要求进行简要梳理,以期与各位读者进行分享和讨论。

一、险资投地产基金的趋势

(一)何为险资?

根据规定,可以用于展开投资的险资系指保险集团(控股)公司、保险公司以本外币计价的资本金、公积金、未分配利润、各项准备金及其他资金。[1] 值得注意的是,根据保监会(本文中"保监会"为原合并前保监会以及合并后新成立的银保监会之统称)2010 年的 79 号发文《保险资金投资股权暂行办法》中的规定:除保监会对发债另有规定的情况下,人寿保险公司在满足产品特性和投资方案的要求时,可以运用万能、分红和投资连结保险产品的资金用于投资,财产保险公司则可以将非寿险非预定收益投资型保险产品的资金用于投资,但不得运用借贷、发

---

* 陆学忠,上海市锦天城律师事务所上海办公室合伙人,华东政法大学法学学士、硕士,美国哥伦比亚大学法学硕士;擅长领域为外商投资、基金、兼并与收购、房地产等。

** 黄启兴,上海市锦天城律师事务所律师,上海大学法学学士,美国埃默里大学法学硕士、博士,擅长领域为外商投资,公司法律等。

〔1〕 详见《保险资金运用管理办法》(保监发〔2018〕1 号)。

债、回购、拆借等方式筹措的资金投资企业股权[2]。

(二)险资已大举投资地产行业,且已获得良好收益

近年来,险资投资的净利出现了下降,究其原因,是国内资本市场的持续低迷和投资收益的不断下降。因而,对比之下本身价值相对稳定、且投资收益相对较高的地产资源,就成为了险资投资人所瞄准的重要方向。

根据《金融界》提供的信息,截至2017年,中国平安、新华保险、中国人寿投资性房地产的账面余额合计为550亿元,较上一年度三家分别增长11.2%、39.6%、157.3%。其中,2017年年报显示,平安所有的房屋及建筑物等投资性房地产之公允价值高达675.32亿元。同时,其通过子公司持有5家上市房企742.58亿元的市值,故“平安系”持有的房地产资产价值高达1417.9亿元,仅次于万科。从而使“平安系”成为A股市值第二大的“房企”。2017年,按照其458.34亿元的持有成本来估算,仅投资性房地产就为平安集团带来了年化收益高达6%、总量高达27.57亿元的租金收入。从投资性房地产的体量和价值的角度来看,国内部分保险企业早已成为房地产行业的巨头。

(三)险资投地产基金系其投资地产体系中的重要一环

私募股权基金具有投资周期长的特点,这一特点与险资投资具有高度契合性。也正因如此,中小投资者很难满足其资金需求。故吸纳更多养老金、捐赠基金、私募股权母基金、银行、主权基金和保险公司等机构投资者成了私募股权基金的主要资金依靠。从单个股权投资项目来看,私募股权基金从投资到退出的整个流程一般需耗费三年至七年,若考虑整体清盘,则时间会再加长五年左右,七年至十二年。私募股权以其投资的长周期性,恰恰契合了保险资金(以寿险资金为甚)的同一特征,也在一定程度上降低了保险公司资产负债无法匹配以及所谓“长钱短用”之风险。

(四)地产基金的投资收益率契合险资投资的需求

私募股权地产投资基金作为一种投资基金,其风险性小于股票、期货、外汇等投资工具,收益性又大于银行储蓄,能较好地满足追求高收益、低风险的投资需

[2] 详见《保险资金投资股权暂行办法》(保监发[2010]79号)。

求。随着中国保险市场的发展，社会资金急剧集中到保险业中。比较而言，房地产是一项高投资、高收益的行业，如果保险资金能涉足于这一投资领域，这对于扩大企业经营规模、增加投资收益有着重要作用。

（五）险资与地产基金可实现专业互补

一方面，传统地产企业希望通过地产基金方式实现轻资产转型，对长周期财务资金具有天然渴望。私募股权基金一般采取有限合伙制，普通合伙人/管理人/GP 负责执行合伙事务，对基金有掌控力。传统地产企业通过发起设立地产基金引入险资等出资份额较大的 LP，既可以实现轻资产化转型，又可保持对项目的控制权。

另一方面，险资同时也可信赖基金管理人在地产领域的专业经验，确保投资安全以及保值增值。总体而言，对于在商业和办公地产行业已经成熟的第三方资产管理与运营服务商，险资大可直接投资。但在物流仓储、养老、长租公寓等非高度成熟的地产行业中，险资需要仰赖基金管理人的专业经验。

二、险资允许投资地产基金的法律规定演变

在 2010 年前，出于审慎考虑，险资能投资的方向非常有限，一般仅限于银行存款、政府发行的或金融机构发行的债券等信用评级高、收益率低、投资风险趋近于零的金融产品和投资项目。

（一）新出台的政策允许险资投向不动产和私募股权投资基金

自 2010 年起，保监会开始允许险资投向不动产（包括通过股权方式）。[3] 其所投的不动产需满足一定条件，包括：(1)已经取得国有土地使用权证和建设用地规划许可证的项目；(2)已经取得国有土地使用权证、建设用地规划许可证、建设工程规划许可证、施工许可证的在建项目；(3)取得国有土地使用权证、建设用地规划许可证、建设工程规划许可证、施工许可证及预售许可证或者销售许可证的可转让项目；(4)取得产权证或者他项权证的项目。

---

〔3〕 详见《保险资金投资不动产暂行办法》（保监发〔2010〕80 号）。

(二)投资私募股权投资基金将被认作"间接投资股权"

根据规定,险资可以间接投资股权,[4]这一方式即是保险公司以投资股权管理机构——投资机构的方式,参与到发起设立股权投资基金等相关金融产品中来。此外,上述投资仅限于投向中国境内基金。此处管理险资所投的进行投资基金的投资机构,特指在中国境内依法注册登记,有资质从事股权投资管理的相关金融机构,这样的流程下,其所发起设立的股权投资基金一般为境内基金。鉴于此,险资一般所投向的也就是中国境内基金,包括成长基金、并购基金、新兴战略产业基金和以上述股权投资基金为投资标的的母基金。[5] 而新兴战略产业基金的投资标的,可以包括各个类别和各种行业的不同股权,如金融服务企业股权、养老企业股权、医疗企业股权、现代农业企业股权以及投资建设和管理运营公共租赁住房或者廉租住房的企业股权。母基金的交易结构应当简单明晰,不得包括其他母基金。

并购基金的投资标的最初仅限于非上市公司股权,但后期放宽限制,也可以投资公开上市交易的股票。但这一部分股票仍然受到一定的限制,根据相关规定,仅包括采取非交易过户方式,比如战略投资、定向增发、大宗交易等,同时,投资规模不得高于该基金资产余额的20%。

自2014年起,保监会进一步允许了险资投资私募创业投资基金,[6]以支持中小微企业发展。该等创业投资基金的主阵地为创业企业普通股、依法可转换为普通股的优先股及可转换债券等。另外,监管规定要求险资投资的创业投资基金募集规模则不应超过5亿元人民币,而对于私募股权投资基金,相关监管规定对募集规模的要求则恰恰相反——不低于5亿元人民币。保监会对保险资金投资创业投资基金的基金管理机构同时提出的其他条件,在此不再详述。

(三)许可险资自行发起设立私募基金

自2015年起,保监会出台相关规定,允许保险资金自行设立私募基金。[7] 这使险资的基金设立范围进一步变大,除了上述所提及的投资第三方以发起设立并

---

[4] 详见《保险资金投资不动产暂行办法》(保监发〔2010〕80号)。
[5] 详见《关于保险资金投资股权和不动产有关问题的通知》(保监发〔2012〕59号)。
[6] 详见《关于保险资金投资创业投资基金有关事项的通知》(保监发〔2014〕101号)。
[7] 详见《关于设立保险私募基金有关事项的通知》(保监发〔2015〕89号)。

管理的私募投资基金外，险资还拥有了发起设立私募基金的自主权。

（四）险资投资私募基金的形式被进一步确认

2018年1月，保监会整合了原有保险资金运用的监管规定，[8]正式将“投资股权”列为了保险资金运用的一种形式，并进一步明确了险资可以投资的私募基金包括创业投资基金。

自2018年5月起，保监会进一步允许险资通过地产基金等方式投资长租公寓。[9]再次明确了保险公司可以直接进行投资。保险资产管理机构可以通过发起设立债权投资计划、股权投资计划、资产支持计划、保险私募基金参与长租市场，所投资的长期租赁住房项目应当满足以下条件：(1)具有良好的经济和社会效益，具备稳定的当期或预期现金流；(2)处于北京、上海、雄安新区以及人口净流入的大中试点城市。土地性质为集体建设用地的，应处于集体建设用地建设租赁住房试点城市；(3)产权清晰，无权属争议及受限情形；(4)土地出让合同或土地使用权证载明土地及地上建筑物仅用于租赁住房，不得转让；(5)履行了立项、规划、建设、竣工验收及运营管理等阶段所必需的审批程序，或者履行了项目建设阶段所必需的审批程序。

三、对于险资地产基金的法律规制要求

基于保险资金的投资特性，私募投资基金管理人在与保险资金合作时应特别注意如下相关的法律规制要求问题：

（一）对险资投资主体的要求

保监会对于险资投资主体作出了一定要求，比如，上一会计年度净资产不低于1亿元人民币；上季度末偿付能力充足率不低于120%；具有完善的公司治理、管理制度、决策流程和内控机制；建立资产托管机制，资产运作规范透明；最近三年未发现重大违法违规行为；资产管理部门还应当配备不少于2名具有3年以上股权投资和相关经验的专业人员。[10]

根据保监会2010年发布的规定，保险公司间接投资股权的，对比上述条件，

---

〔8〕 详见《保险资金运用管理办法》（保监发〔2018〕1号）。

〔9〕 详见《关于保险资金参与长租市场有关事项的通知》（银保监发〔2018〕26号）。

〔10〕 详见《关于保险资金投资股权和不动产有关问题的通知》（保监发〔2012〕59号）。

提高了上一会计年度末偿付能力充足率要求——不低于150%，且投资时上季度末偿付能力充足率不低于150%，以及投资主体需符合中国保监会规定的其他审慎性条件。[11]

2012年，保监会基于2010年的规定作出了进一步修订：保险公司投资股权或者不动产，不再执行上一会计年度盈利的规定；上一会计年度净资产的基本要求，均调整为1亿元人民币；偿付能力充足率的基本要求，调整为上季度末偿付能力充足率不低于120%；开展投资后，偿付能力充足率低于120%的，应当及时调整投资策略，采取有效措施，控制相关风险。[12] 从法规的字面上而言，相关法律和监管规定未明确要求保险私募基金投资第三方私募投资基金时，仍然适用保监会2010年发布的《保险资金投资股权暂行办法》及后续更新的相关规定。

鉴于上述要求，建议基金管理人在接受保险资金的投资时，应首先确认其投资主体情况及相关适用规定的要求以进一步明确相应需符合的监管要求。

（二）对基金管理人的注册资本要求

根据保监会的要求，非保险类金融机构及其子公司不得实际控制该基金的管理运营，或者不得持有该基金的普通合伙权益。即基金管理人不得由非保险类金融机构控制。[13]

同时，保监会还规定：保险公司投资股权投资基金，发起设立并管理该基金的投资机构，其注册资本应不低于1亿元人民币，且已建立风险准备金制度。除此之外，根据中国基金业协议会的要求，基金管理人的注册资本的实缴比例应不低于25%。值得注意的是，保险资金所投资的创业投资基金管理人未有此强制要求。[14]

因此，鉴于险资的相关监管规定要求，如若基金管理人的注册资本不低于1亿元人民币，则实缴25%就至少需要缴纳2500万元人民币。当然，不排除后续基金业协会可能出台相关规定或条例对基金管理人的实缴出资提出更高的要求。

（三）对管理人的资质要求

根据保监会的规定，目前保监会对管理人资质作出了一定要求：比如已完成

---

〔11〕 详见《保险资金投资股权暂行办法》（保监发〔2010〕79号）。
〔12〕 详见《关于保险资金投资股权和不动产有关问题的通知》（保监发〔2012〕59号）。
〔13〕 详见《关于保险资金投资股权和不动产有关问题的通知》（保监发〔2012〕59号）。
〔14〕 详见《保险资金投资股权暂行办法》（保监发〔2010〕79号）。

并退出的项目需要不少于3个,同时,管理资产余额需不低于人民币30亿元;管理人需拥有不少于10名具有股权投资和相关经验的专业人员,其中具有5年以上相关经验的不少于2名,具有3年以上相关经验的不少于3名,且高级管理人员中,具有8年以上相关经验的不少于1名;最近3年投资机构及主要人员不存在重大违法违规行为。[15] 此外,针对地产基金,险资可能会提出更高要求,比如要求拥有不少于15名具有不动产投资和相关经验的专业人员,其中具有5年以上相关经验的不少于3名,具有3年以上相关经验的不少于4名等。

(四)对基金的要求

根据保监会的规定,险资投资基金的基本资质条件要求包括:(1)投资机构符合规定要求;(2)投资方向或者投资标的符合规定要求;(3)具有确定的投资目标、投资方案、投资策略、投资标准、投资流程、后续管理、收益分配和基金清算安排;(4)交易结构清晰,风险提示充分,信息披露真实完整;(5)已经实行投资基金托管机制,募集或者认缴资金规模不低于5亿元人民币,具有预期可行的退出安排和健全有效的风控措施,且在监管机构规定的市场交易;(6)中国保监会规定的其他审慎性条件。[16]

值得注意的是,监管规定要求险资投资的创业投资基金募集规模则不应超过5亿元人民币。换言之,其从募集规模的角度将股权投资基金及创业投资基金明确区分开来。除了募集规模上的要求外,险资所投资的创业投资基金普通合伙人(或基金管理机构)及其关联方、基金主要管理人员投资或认缴基金的余额合计不得低于该创业投资基金募集规模的3%。

(五)对投资持有基金份额的限制

根据保监会规定,保险公司投资同一股权投资基金的账面余额,不应高于该基金发行规模的20%;保险集团(控股)公司及其保险子公司投资同一股权投资基金的账面余额,合计不得高于该基金发行规模的60%,保险公司及其投资控股的保险机构比照执行。[17]

---

〔15〕 详见《保险资金投资股权暂行办法》(保监发〔2010〕79号)。
〔16〕 详见《保险资金投资股权暂行办法》(保监发〔2010〕79号)。
〔17〕 详见《关于保险资金投资股权和不动产有关问题的通知》(保监发〔2012〕59号)。

(六)对基金文件的要求

基金文件多种多样,一般有基金、管理、托管等相关协议以及募集说明书、论证或尽职调查报告等。依据相关规定,企业进行间接投资股权时,还应当要求投资机构提供投资基金募集说明书等文件,或者依据协议约定,提供有关论证报告、尽职调查报告。

根据保监会的规定和实际需要,基金协议的要素通常包括:投资方式、管理费率、业绩报酬、管理团队关键人员变动、投资机构撤换、利益冲突处理、异常情况处置、投资顾问委员会(在特殊情况下可能与有限合伙人不参与合伙事务执行的原则和要求冲突)、陈述与保证(通常要求遵守险资监管的要求)、年度评估、退出机制(上市、回购、协议转让、买卖或者清算)等。[18]

投资基金采取公司型的,应按相关要求建立独立的董事制度以完善其治理结构;投资基金采取契约型的,则应按相关要求建立受益人大会;除此之外,投资基金采取合伙型的,应建立投资顾问委员会。如采用间接投资股权的方式,可以要求投资机构按照协议中明确载明的约定比例跟进投资。

险资投资第三方私募投资基金通常会要求基金管理人/投资机构就其自身及基金持续符合保险资金相关监管规定作出概括性的陈述保证。比如截至险资进入时,执行事务合伙人、基金管理人和/或基金不得存在任何待决或未决之诉讼、仲裁或重大违法违规;在签订本协议之时及之后,执行事务合伙人/基金管理人符合适用法律所要求的资质,否则应变更;应确保基金及其运营符合适用法律的要求等。

(七)对投资标的关联性禁止要求

根据保监会的相关规定[19],险资直接或者间接投资股权,该股权所指向的标的企业,应当符合下列条件:与保险公司、投资机构和专业机构任何一方不存在关联关系,除监管规定允许且事先报告和披露的(实际上,笔者于此并未找到有任何监管规定明确允许保险资金间接投资有关联关系的股权相关记录)。

---

〔18〕 详见《关于保险资金投资股权和不动产有关问题的通知》(保监发〔2012〕59号)。
〔19〕 详见《保险资金投资股权暂行办法》(保监发〔2010〕79号)。

（八）对投资基金所投股权的基本要求

险资直接或者间接投资股权，该股权所指向的企业，应当符合下列条件：[20]（1）依法登记设立，具有法人资格；（2）符合国家产业政策，具备国家有关部门规定的资质条件；（3）股东及高级管理人员诚信记录和商业信誉良好；（4）产业处于成长期、成熟期或者是战略新型产业，或者具有明确的上市意向及较高的并购价值；（5）具有市场、技术、资源、竞争优势和价值提升空间，预期能够产生良好的现金回报，并有确定的分红制度；（6）管理团队的专业知识、行业经验和管理能力与其履行的职责相适应；（7）未涉及重大法律纠纷，资产产权完整清晰，股权或者所有权不存在法律瑕疵；（8）与保险公司、投资机构和专业机构不存在关联关系，监管规定允许且事先报告和披露的除外；（9）中国保监会规定的其他审慎性条件。

根据相关规定，保险资金只能投资符合国家产业政策、且具有稳定现金流回报预期或者资产增值价值的企业股权，排除其他一些高污染、高耗能、未达到国家节能和环保标准、技术附加值较低等的企业股权。除了产业限制外，还不得投资创业、风险投资基金。不得投资设立或者参股投资机构。

（九）针对地产基金可能有更多关于项目地产的要求

如上所述，险资通过投资股权方式投资不动产的，应当符合下列情形之一[21]：（1）已经取得国有土地使用权证和建设用地规划许可证的项目；（2）已经取得国有土地使用权证、建设用地规划许可证、建设工程规划许可证、施工许可证的在建项目；（3）取得国有土地使用权证、建设用地规划许可证、建设工程规划许可证、施工许可证及预售许可证或者销售许可证的可转让项目；（4）取得产权证或者他项权证的项目。

险资所投资的不动产应属于商业不动产、办公不动产或与保险业务相关的养老、医疗、汽车服务等不动产。

（十）信息披露要求

根据现有规定及保监会于2018年年初下发至各保险公司的新监管口径，[22]

---

〔20〕 详见《保险资金投资股权暂行办法》（保监发〔2010〕79号）。

〔21〕 详见《保险资金投资不动产暂行办法》（保监发〔2010〕80号）。

〔22〕 详见《保险资金股权投资信息报告监管口径》。

倘若险资意欲开展股权投资，发起设立股权投资计划、保险私募基金，则保险机构、投资机构、托管机构及专业机构等信息报告义务人，应在协议签署、运营管理及投资退出时，将相关信息报送至股权投资信息报告系统（以下简称报告系统）。

1. 投资报告

保监会要求，在签署投资协议后5个工作日内，保险公司应向中国保监会报告，应当提交以下材料：[23] (1)董事会或者其授权机构的投资决议；(2)投资可行性报告、合规报告、关联交易说明、后续管理方案、法律意见书及投资协议或者认购协议；(3)对投资机构及投资基金的评估报告；(4)专业机构提供的财务顾问报告、尽职调查报告和法律意见书；(5)投资团队及其管理经验说明；(6)中国保监会规定的其他审慎性内容。保险公司应将相关信息报送到报告系统。保险公司可能会以向保监会报告签署后的交易文件并在特定时间内未受到保监会的禁令或整改意见为交割条件。

中国保监会发现投资行为违反法律法规或者相关办法规定的，有权责令保险公司予以改正。据笔者了解，在实践中，保监会可能会提出改正意见（甚至要求终止交易），反馈时间可能会在一个月甚至更长，但也有可能完全不会给予反馈（视为默认许可）。这为险资投资的确定性带来了风险。因此笔者认为，基金协议中需要对此作出相关安排。

2. 季度和年度运营报告

根据保监会规定，保险公司投资企业股权的，应当于每季度结束后15个工作日内和每年3月31日前，分别向中国保监会提交季度报告和年度报告，并附上以下书面材料：(1)投资情况；(2)资本金运用；(3)资产管理及运作；(4)资产估值；(5)资产质量及主要风险；(6)重大突发事件及处置；(7)中国保监会规定的其他审慎性内容。除上述内容外，年度报告还应当说明投资收益及分配、资产认可及偿付能力、投资能力变化等情况，并附经专业机构审计的相关报告。

此外，除了规定保险公司的义务外，保监会还对投资机构（基金管理公司）提交年度报告的具体时间做出了规定。托管机构应当于每季度结束后15个工作日内和每年3月31日前，就保险资金投资企业股权和投资基金情况，分别向中国保监会提交季度报告和年度报告，并附以下材料：(1)保险资金投资情况；(2)投资合法合规情况；(3)异常交易及需提请关注事项；(4)资产估值情况；(5)主要风险

[23] 详见《保险资金投资股权暂行办法》（保监发〔2010〕79号）。

状况;(6)涉及的关联交易情况;(7)中国保监会规定的其他审慎性内容。这部分材料基本与保险公司所应提交的材料相同,但相较之下增加了关联交易的审查内容。

值得注意的是,以上规定自2012年起在时间上作出了调整,保险公司和托管机构仍然保持一致,但向中国保监会提交相关季度报告的时间调整为每季度结束后30个工作日内,延长了15个工作日;而提交年度报告的时间,调整为每年4月30日前,延长了1个月的时间。[24]

3. 重大事项及临时报告

依据2018年保监会发布的监管口径[25]的规定:保险机构开展股权投资业务,发生重大突发事项或要素变更事项,应当自重大突发事项发生或要素变更完成后3个工作日内向中国保监会提交涉及相关变更事项的报告,明确其相关变更内容,并在报告系统提交相关的变更报告。针对该报告,保监会要求,机构所提交的要素变更报告应为保险机构正式发文,说明拟变更的要素及变更原因、可能产生的影响,以及已履行的必要法律程序相关情况、该机构已与相关利益主体充分沟通并达成一致意见的承诺性陈述等,并附加要素变更后的报告文件、必要的法律程序文件、专业机构文件等材料。要素变更事项属重大股权投资,需要中国保监会核准的,在核准通过后3个工作日内将核准文件、要素变更报告报送至报告系统。

保监会同时还出台了相关规定[26]:保险公司投资股权投资基金,发起设立并管理该基金的投资机构,应当接受中国保监会涉及该项目投资的相关质询,并如实报告有关情况。这一规定是以配合保监会的工作为目的,要求保险公司进行相应的配合。

4. 投资清算报告

根据保监会的监管口径[27]:保险机构应当于股权投资业务清算结束后5个工作日内分别向中国保监会和报告系统提交清算报告,说明股权投资基本情况、运营管理、收益分配、清算终止等相关信息,并附经审计的财务报告。股权投资计划、保险私募基金清算后,由管理人或投资机构向中国保监会和报告系统提交清算报告。

---

〔24〕 详见《关于保险资金投资股权和不动产有关问题的通知》(保监发〔2012〕59号)。

〔25〕 详见《保险资金股权投资信息报告监管口径》。

〔26〕 详见《保险资金投资股权暂行办法》(保监发〔2010〕79号)。

〔27〕 详见《保险资金股权投资信息报告监管口径》。

从案例分析角度浅析房地产项目融资中的法律风险

周　菡[*]　奚　彬[**]

一、背景

自2016年10月房地产调控新政以来，房地产开发企业的融资渠道被全面收紧，无论是作为传统融资渠道的银行贷款、公司债，还是信托贷款、资管计划、资产证券化产品、私募投资基金等新兴渠道，均受到各监管机构的严格管控。受此影响，房地产开发企业再次感受到寒冬凛冽，尤其是本身就自有资金有限、融资能力偏弱的中小房地产开发企业更是如履薄冰，资金链严重吃紧甚至发生断裂。

某房地产开发企业（以下简称X公司）通过受让Z市某地块后进行房地产项目开发，在一期项目竣工后资金链出现问题，无力偿还小贷公司的委托贷款，亦无力进行二期项目的开发。为摆脱困境，X公司拟寻求向A公司融资归还小贷公司贷款并合作开发二期项目。本文旨在通过复盘我们参与的该房地产融资案例，还原项目推进中的各项关键节点的法律风险管控。

二、尽职调查

经过X公司与A公司的初步洽谈，A公司派驻项目组对X公司的财务、法律情况进行尽职调查，以评估融资项目的可行性，并据此设计适当的交易结构框架。尽职调查的核心关注点包括：标的地块的取得与现状、立项报建手续、项目进度及现状、项目公司的运营管理以及债权债务、权利限制等。

---

* 周菡，上海市锦天城律师事务所苏州办公室高级合伙人，华东政法大学法学学士，苏州大学法律硕士；擅长领域为民商事诉讼、证券与资本市场、公司投融资、重组并购及银行法律服务。

** 奚彬，上海市锦天城律师事务所苏州办公室律师，南京大学法学学士，中国人民大学金融学学士；擅长领域为证券与资本市场、公司股权治理、私募基金业务。

根据A公司项目组的尽职调查，发现X公司存在如下主要的法律风险：

(一)诉讼执行的风险

因X公司未能如期归还小贷公司的委托贷款，小贷公司向法院起诉并申请执行，目前X公司用于开发项目的地块已被法院查封，且X公司、X公司的股东Y公司及Y公司的法定代表人相关的账户均已被冻结。

(二)逾期支付工程款的风险

根据X公司的审计报告，X公司尚有6000多万元的一期项目工程应付款尚未支付。部分合同约定竣工验收后付清款项，部分合同约定协商支付，并在延期支付后第15天起计算利息，部分合同约定逾期1天支付0.2%违约金等其他情况。考虑到合同执行情况及标准各不相同，后续可能存在支付违约金的风险及工程款集中支付的风险。

(三)一期项目延期交房的风险

因一期项目竣工验收还未完成，已超过房屋销售合同约定的交房时间，X公司已产生延期交房违约金。

(四)以房抵款的风险

为归还小贷公司的部分贷款，X公司向单某借款1.5亿元(未取得相关的借款合同或以房抵借款的具体约定协议)，作为担保，X公司与单某签订了房屋买卖合同(已办理网签)，将一期项目中的42套别墅销售给单某，同时委托第三方销售公司进行二次销售，目前房屋已延期交付。

(五)自然人借款延期归还的风险

X公司向数名自然人借款合计2700多万元，目前借款期限已届满，但X公司尚未能归还借款。

(六)补缴税款的风险

经测算，X公司可能需补缴税款700多万元。

(七)行政处罚的风险

X 公司在一期项目开发中存在延期缴纳土地出让金、土地闲置、在未竣工验收情况下交付房屋钥匙等情形,可能被监管机构课以行政处罚。

三、攻防

针对尽职调查发现的主要法律风险,并考虑项目或有的法律风险,A 公司项目组提出对应的风险处置措施:一部分风险处置措施的成就作为融资合同生效的前提条件,另一部分风险处置措施的成就作为项目推进、分期付款时间点的设计。就合同生效条件、款项支付条件及时间点、融资成本等各项内容,X 公司项目组与 A 公司项目组展开了数轮攻防,攻防过程大致可分为三个阶段。

(一)第一阶段,初步拟定交易结构,初步确定合同主要内容

A 公司项目组起草《二期项目合作方案》,约定 A 公司旗下子公司 B 公司:(1)向 X 公司提供全流程项目管理,负责二期项目顾问服务,负责保管 X 公司的所有印章、支付工具及其审核权限,负责全流程参与工程、成本招采及销售各环节,顾问费为 1400 万元;(2)以 4400 万元从 Y 公司处受让 51% 的 X 公司股权,控股 X 公司,修订章程制度并变更管理架构以形成对 X 公司的实际控制;(3)在完成股权变更后向 X 公司提供 8600 万元的股东借款,限定股东借款的用途,未约定具体的出借时间、出借期限及本息归还安排;(4)约定 Y 公司需在特定时间前以不低于 5400 万元的价格回购 B 公司持有的 51% 的 X 公司股权。增信安排上,主要由目标地块抵押、X 公司股权质押以及 X 公司的实际控制人提供个人信用担保组成。风险处置上,约定了风险处置的时间点和责任承担,预提部分借款作为风险保证金。

该《二期项目合作方案》约定的内容比较粗糙,无论对投资方还是融资方均存在较大的法律风险。对 X 公司来说,首先,B 公司的注册资本才 1000 万元,相对于 1.3 亿元的合同交易标的,B 公司可能无法履约且无法承担足够的违约责任,不是一个适当的独立签约主体;其次,各流程间缺乏时间点的联系,特别是 X 公司最关心的股东借款出借条件及时间未明确约定,存在隐患;再次,部分风险处置要求不尽合理,难以在规定时间内达成,且全额计提风险保证金的行为将导致 X 公司无法获得足够的融资开发二期项目,导致合同目的落空;最后,X 公司主要的目

的在于以尽可能低的代价获得融资，所以A公司在此基础上收取的项目顾问费1400万元及股权回购溢价款1000万元均要计入融资成本，综合计算融资成本过高。对于A公司来说，固定的股权回购安排很可能被认定为明股实债，且由B公司直接向X公司发放企业间借贷可能存在合同无效的风险。[1] 此外，未约定清楚股东借款的条件及时间可能导致争议，且因X公司地块已被法院查封，作为主要增信措施的地块抵押可能不具备可操作性。

虽然存在一定的法律风险，但《二期项目合作方案》确定了"股+债"基本交易结构框架，即A公司向X公司提供贷款的同时，受让X公司的部分股权，并约定原股东Y公司在一定条件下回购股权，同时通过项目管理、章程修订、印章保管等措施确保取得对项目公司的实际控制权。

（二）第二阶段，拆分合同内容，失败的尝试

因《二期项目合作方案》约定的交易内容有些混乱，A公司项目组将《二期项目合作方案》中股权收购及回购、项目管理控制、提供借款拆分为三份独立的协议——《股权收购协议》、《项目管理协议》和《借款协议》。三份协议对《二期项目合作方案》中的部分内容做了修订，比如将股权收购比例调高至95%，将项目管理费调整为500万元，将借款的出借方改为与A公司无明显关联关系的第三方主体C公司（实际上为关联公司），同时明确约定了股权转让款及借款分期付款的付款条件。

然而事实证明，拆分协议的做法是失败的尝试，特别是对X公司来说，存在《股权收购协议》和《借款协议》未生效而《项目管理协议》已生效的可能，而这是X公司最不希望看到的。此外，C公司作为一个皮包公司，其履约能力比B公司还要差，且同样无法规避合同无效的风险。

---

〔1〕《最高人民法院关于审理民间借贷案件适用法律若干问题的规定》第12条规定，法人或者其他组织在本单位内部通过借款形式向职工筹集资金，用于本单位生产、经营，且不存在《合同法》第五十二条、本规定第十四条规定的情形，当事人主张民间借贷合同有效的，人民法院应予支持。

第14条规定，具有下列情形之一，人民法院应当认定民间借贷合同无效：

（一）套取金融机构信贷资金又高利转贷给借款人，且借款人事先知道或者应当知道的；

（二）以向其他企业借贷或者向本单位职工集资取得的资金又转贷给借款人牟利，且借款人事先知道或者应当知道的；

（三）出借人事先知道或者应当知道借款人借款用于违法犯罪活动仍然提供借款的；

（四）违背社会公序良俗的；

（五）其他违反法律、行政法规效力性强制性规定的。

(三)第三阶段,回归总分模式,步步为营设计交易流程

经过前两个回合的谈判,A 公司项目组回归“框架协议 + 子协议”的模式构建合同框架,并深入分析交易流程各步骤中的风险点,根据风险的大小、可控程度采取步步为营,层层推进,由简入繁,完成一项,推进一项的思路来拟定合同的具体内容。为确保地块抵押权的落实,除原定交易结构外,A 公司拟增加债权收购的交易步骤,从小贷公司处直接收购对 X 公司的债权后申请变更执行申请人,申请解封地块的同时将地块抵押至 A 公司名下。为应对民间借贷的合法性问题,A 公司拟引入银行或信托公司作为通道发放委托贷款解决。整个《合作框架协议》拟定交易内容根据时间线的顺序分解为:

1. 交易前的准备:共管及先决条件的成就

X 公司需在合同签订后将其公司的所有印鉴、印章(包括但不限于公章、合同章、财务印鉴、法人章)、营业执照(正本和副本)、所有银行账户及相关的密钥、目标地块的《国有土地使用证》以及投资方要求的目标项目的其他文件完成与 A 公司的共管。

X 公司需在指定日期前完成以下风险项目的处置,达成先决条件:

(1)取得目标项目一期的竣工验收合格证明文件;

(2)取得续期后的《房地产企业开发资质证书》;

(3)就 6000 多万元的工程应付款,与一期项目的工程承包方签署投资方认可的工程应付款展期协议或付款确认函;

(4)就金额 2000 多万元的自然人借款,签署投资方认可的借款展期协议;

(5)取得单某出具的放弃因延期交付而享有解除《商品房买卖合同》的权利的书面文件;

(6)就一期项目延期交房事宜,与小业主(包括单某在内)签署投资方认可的书面和解文件;

(7)就信托贷款事宜,信托公司已取得所有必要的内部核准或审批;

(8)附件列示的各项交易文件已得到各方有效签署并保存于 A 公司驻目标项目办公室由 A 公司、X 公司共管。

2. 股权收购

先决条件满足且共管完成之日起 5 个工作日内签署工商局就办理股权收购的变更登记、备案手续要求的其他文件,递交变更申请,当日签署《项目管理协

议》。股权收购完成之日起5个工作日内完成X公司财务印鉴、法人章以及所有银行账户及相关的密钥的交割。完成交割之日起5个工作日内支付股权转让款。

3. 债权收购

股权收购完成后且A公司与小贷公司就债权转让事宜协商一致后5个工作日内,签署《债权转让协议》,开立监管账户。监管账户设立之日起5个工作日内,A公司向监管账户支付债权收购款,并向法院提交变更执行申请人的正式申请。自A公司支付债权收购款之日起5个工作日内,向工商局递交将Y公司持有的X公司25%的股权质押给A公司的股权质押登记。自法院出具变更执行申请人的《裁定书》之日起5个工作日内,A公司从监管账户向小贷公司支付债权收购款,并提交解除X公司、Y公司及其法定代表人相关账户冻结的正式申请。自《股权出质设立登记通知书》、变更申请执行人《裁定书》出具且得到当地主管部门出具的同意目标地块第二顺序抵押事宜的书面文件之日起5个工作日内,A公司向法院提交解除目标地块查封的正式申请。

4. 信托贷款

原计划为通过银行办理委托贷款,因银行内部审批流程烦琐及信贷政策问题,调整为通过信托公司发放信托贷款。尽管如此,信托贷款依然受到很多政策限制,比如只能向符合"四三二"条件〔2〕的房地产企业放贷、禁止发放流动资金贷款等。值得指出的是,房地产通道融资业务受政策影响变化非常大,随着2019年5月8日银保监发〔2019〕23号文的下发,通过银行、信托等通道进行房地产融资的操作难度将越发困难。

自A公司向法院提交解除目标地块查封的正式申请当日或次日,信托公司、X公司及Y公司应出具授权A公司单独办理目标地块第二顺位抵押手续的书面授权文件。自出具授权文件且法院已正式解除目标地块当日或次日,办理目标地块第二顺位抵押登记。自信托公司取得第二顺位抵押登记《不动产登记证明》之日起5个工作日内,A公司指示信托公司发放第一笔信托贷款。自信托公司取得第二顺位抵押登记《不动产登记证明》且X公司取得二期项目施工许可证之日起5个工作日内,A公司指示信托公司发放第二笔信托贷款。

---

〔2〕 指国有土地使用证、建设用地规划许可证、建设工程规划许可证、建筑工程施工许可证四证齐全,项目资金本比例不低于25%,且具有二级开发资质。

5. 股权回购

自信托公司取得第二顺位抵押登记《不动产登记证明》且 X 公司取得二期项目施工许可证之日起 5 个工作日内,Y 公司以指定价格回购 C 公司持有的 X 公司 75% 的股权。自 Y 公司获得股权回购的《营业执照》之日起 5 个工作日内,Y 公司应将其持有 X 公司 75% 的股权质押给 A 公司。

6. 还款安排

还款资金主要源于二期项目的销售收入,按照一定比例返还借款本息,故 X 公司能否按时取得二期项目的施工许可证和预售许可证将决定 X 公司能否具备足够的还款能力,A 公司需在此两个时间点设置合同提前终止的触发条件:X 公司应在指定日期前获得二期项目的施工许可证,否则 A 公司有权要求 Y 公司回购股权、中止或暂缓发放信托贷款、宣布债权提前到期、要求 X 公司承担违约责任,且 X 公司应在指定日期前获得二期项目的首张预售许可证,否则 A 公司有权宣布债权提前到期、要求 X 公司承担违约责任。

7. 增信措施

X 公司目标地块抵押、股权质押、Y 公司及其实际控制人担保,X 公司对税务风险、行政处罚风险及或有负债等尽调过程中难以发现的隐形风险进行"兜底性"的保证与承诺。

四、启示

通过参与并复盘该房地产融资项目,我们从中得到的主要启示如下:

(一)选择适当的签约主体

商业交易目的的实现除了巧妙的合同设计,首先必须是由能够恰当履行合同义务的签约主体签订,否则再精妙的合同都可能无法履行,且难以追究违约方的违约责任。签约之前,要审查签约方的财务状况、资信能力,特别是投资方的履约能力,判断其是否为合格的签约主体。此外,签约主体应尽量穷尽不遗漏。当交易涉及多方交易主体时,需要协调沟通各方的交易进度,并将沟通结果作为合同交易流程的触发条件之一。

（二）尽可能选择分期付款，根据投资方的风险偏好设置恰当、充分的付款触发条件及时间点

投资方的付款必须设定付款条件，只有在融资方达到投资方认可的风险可控状态后，方可发放贷款，且最好是分期发放。如果有条件，可以预留一部分资金作为融资方对或有负债的担保。

（三）尽可能缩短交易流程之间的时间间隔，时间点的链接要环环相扣

如果合同签订后至落地时间过长，则容易产生新的风险点，从而导致原合同设计的风险管控安排无法覆盖新的风险点。所以，在合同签订后至交易实际操作的各交易流程的时间点应尽量紧凑，最好能做到环环相扣。

（四）及时跟进项目进展，针对签约时未能完全考虑进去的意外提出应急解决方案，必要时签订补充协议

合同的签订只是交易的开始，在交易实际履行过程中可能因第三方的不配合甚或阻挠，导致交易未能按照预设的时间点和节奏开展，引发交易主体的违约风险。就本案而言，在债权收购完成后因第三方小贷公司财务人员不配合及时交还X公司的财务印章（尽职调查时未发现X公司财务印章掌握在小贷公司处），导致项目周期延长，A公司拟投资金闲置，X公司无法按期取得二期项目施工许可证。所以，安排得再精妙的合同，实际履行过程中仍可能发生很多意外，需要我们不断跟进，及时处置，持续地进行风险管控。

刍议不动产最高抵押登记规则的理解和适用

付颖哲*

一、问题的引入

（一）《物权法》第 204 条“但书”规定留出的制度空间

根据《物权法》第 203 条之规定，最高额抵押是指“为担保债务的履行，债务人或者第三人对一定期间内将要连续发生的债权提供担保财产的，债务人不履行到期债务或者发生当事人约定的实现抵押权的情形，抵押权人有权在最高债权额限度内就该担保财产优先受偿”的担保类型。从上述法定定义来看，最高额抵押担保有以下特征：(1)抵押权担保的是未来发生的债权；(2)抵押权设立时，其所担保的债权数额不确定，担保的具体债权额需待最高额抵押期间届满或出现当事人约定的情形时予以确定；(3)抵押人在抵押物和最高债权额两个口径之下承担有限的担保责任。由于对实践中可能出现的有关最高额抵押的交易形态预计不足，1995 年《担保法》第 61 条规定，“最高额抵押的主合同债权不得转让”，该规定严重束缚了市场中围绕最高额抵押担保的债权进行的各种交易，2000 年《最高人民法院关于适用〈中华人民共和国担保法〉若干问题的解释》（以下简称《担保法司法解释》）也未曾作出修订，未改变这一现状。直到 2007 年《物权法》在第 204 条规定，“最高额抵押担保的债权确定前，部分债权转让的，最高额抵押权不得转让，但当事人另有约定的除外”，以“但书”规定为实务中开展有关最高额抵押担保债权的各种交易留下了制度空间。

---

* 付颖哲，上海市锦天城律师事务所西安办公室兼职律师，西北政法大学民商法学院副教授、硕士生导师，西北政法大学法学学士、德国特里尔大学法学硕士（LL. M）、中国社会科学院法学博士、中国政法大学法学博士后；擅长领域为房地产、公司、担保、合同等民商事法律领域。

（二）最高额抵押担保债权在实务中可能出现的交易类型和问题

《物权法》第204条“但书”条款在实务中应当怎么理解，但书中的例外情况应当具备什么条件，该法并没有回答。实务中，最高额抵押权在随主债权转让时可能出现以下情形：（1）债权人（最高额抵押权人）将主债权合同、最高额抵押合同中的权益在债权确定前概括性地转让给第三人；（2）在最高额抵押担保的债权确定前，债权人将已经发生的债权全部或部分转让于第三人，债权人依然作为最高额抵押权的权利人；（3）最高额抵押担保的债权因担保期限届满或出现当事人约定的事由而被确定，债权人将已经发生的全部债权转让于第三人。

在实务中，最高额抵押权关系中可能存在的情形并非仅仅局限于上述由主债权转让而引发的问题，还可能存在的情形是：（1）当事人通过约定将最高额抵押权设立前已经存在的债权，根据《物权法》第203条转入最高额抵押担保的债权范围之内，也即不改变债的主体，仅仅改变最高额抵押权担保的债权范围；（2）抵押权人与抵押人根据《物权法》第205条之规定在最高额抵押担保的债权确定前，协议变更债权确定的期限、债权范围以及最高债权额等与最高额抵押权有关的事项，其最终可能会导致抵押权担保的债权数额发生变动；（3）最高额抵押权人与其他抵押权人或在债权数额确定前，或在债权数额确定后，通过协议变更彼此在抵押物登记簿上的抵押担保顺位。

一般情况下，上述围绕最高额抵押权开展的转让、变更、顺位交易会使抵押权人主体或权利内容发生变化，鉴于抵押权自身物权性的排他和优先效力，主体或内容变化可能会直接或间接影响第三人合法的民事权益，尤其是在抵押物为不动产的情形下。根据《物权法》第14条、第16条、第17条之规定，上述交易如果不进行登记，在结果上要么交易未完成，抵押权视为未变更，要么变更后的抵押权不具有对抗第三人的效力。所以，在上述交易形态下，如何进行抵押登记就成为立法和司法亟待解决的首要问题。对此，《不动产登记暂行条例实施细则》在最高额抵押登记问题上规定了一整套详细的登记规则。

二、《不动产登记暂行条例》和《不动产登记暂行条例实施细则》中的登记规则

《不动产登记暂行条例》第3条首先明确了不动产登记的类型，即将不动产登记分为：首次登记、变更登记、转移登记、注销登记、更正登记、异议登记、预告登

记、查封登记等。其中,首次登记、变更登记、转移登记、预告登记均与上述最高额抵押担保债权的交易有关。国土资源部颁布,并于 2016 年 1 月 1 日施行的《不动产登记暂行条例实施细则》(以下简称《细则》)第 71 ~ 74 条规定了最高额抵押权的首次登记、变更登记、确定登记和转移登记,具体而言:

1. 首次登记

首次登记规定在《细则》第 71 条,即在设立最高额抵押登记时,持不动产权属证书、最高额抵押合同以及与一定期间内将要连续发生的债权的合同或者其他登记原因材料等必要材料,向不动产登记机构申请的设立最高额抵押权的登记。如果当事人协商将最高额抵押权设立前的债权,转入最高额抵押担保的债权范围,也应在首次登记中进行,否则可能仅产生相对性的债权效力,而不产生绝对性的物权效力。

2. 变更登记

变更登记规定在《细则》第 72 条,即在最高额抵押权首次登记后,发生下例情形的,当事人就最高额抵押权变更申请的登记:(1)抵押人、抵押权人的姓名或者名称变更的;(2)债权范围变更的;(3)最高债权额变更的;(4)债权确定的期间变更的;(5)抵押权顺位变更的。也即是说,如果当事人姓名发生变化(不包括主债务人)、担保债权的范围发生变化(如从仅担保借款本金变更为担保本金、利息的)、最高额债权额发生增加或减少的变化、债权确定期限发生提前或延长的变化或抵押权人相对于其他抵押权人的顺位发生变化的,都可以依据该条申请最高额抵押变更登记,从而产生抵押权变更的物权效力。

3. 确定登记

确定登记规定在《细则》的第 73 条,即在发生导致最高额抵押权担保的债权被确定的事由,从而使最高额抵押权转变为一般抵押权时,当事人可以申请最高额抵押权的确定登记。即该登记后,最高额抵押权将转变为一般抵押权,担保确定前发生的债权余额。

4. 转移登记

转移登记规定在《细则》的第 74 条,即在发生最高额抵押权随主债权出现转移情形时,当事人可以申请最高额抵押权转移登记,该部分的规则较为复杂,发生不同类型的移转较多,笔者将在后文中加以详细讨论。

上述四种登记类型,共同组成了《细则》中最高额抵押权的登记规则,用于规范实践中的各种最高额抵押权登记行为。客观地讲,登记行为的类型化使原本复杂、边界不清的各种情形被归入具体的类型当中，方便当事人遵照适用。

三、《细则》中登记规则的理解和适用

《细则》中登记规则十分详细，在实务中涉及对该规则的正确理解和适用，笔者在下文分别从最高额抵押登记的首次登记、变更登记、确定登记以及转移登记的角度入手，详细讨论上述登记规则。

（一）最高额抵押权的首次登记

最高额抵押权是先于其所担保债权发生的特殊抵押类型，与一般抵押权相比，在登记事项上存在最高债权额和最高额抵押期间或事项的不同之处。当事人根据《细则》第71条之规定申请最高额抵押权首次登记时应当提交：(1)不动产权属证书；(2)最高额抵押合同（应载明最高债权额和最高额抵押期间）；(3)主债权合同（一般为授信合同）。

此外，如果当事人欲将最高额抵押权设立前已经存在的债权转入最高额抵押担保的债权范围的，还应根据第71条第2款之规定提交：(1)已存在的债权的债权合同，该债权的债务人应与最高额抵押所担保债权的债务人一致；(2)抵押人、债务人同意根据将该债权纳入最高额抵押权担保范围的书面材料，实务中应当为抵押权人、抵押人和债务人的三方补充协议。如果当事人未将转入之债权合同纳入首次登记，债权转入仅在当事人之间发生法律效力，不具有对抗第三人的效力，该债权不得相对于第三人对抵押人的债权优先受偿。

（二）最高额抵押权的变更登记

《物权法》第205条规定，即"最高额抵押担保的债权确定前，抵押权人与抵押人可以通过协议变更债权确定的期间、债权范围以及最高债权额，但变更的内容不得对其他抵押权人产生不利影响"，将最高额抵押权变更分为债权确定的期间、债权范围、最高债权额三种情形。而《细则》第72条将最高额抵押权的变更分为抵押人、抵押权人的姓名或者名称变更的、债权范围变更的、最高债权额变更的、债权确定的期间变更的、抵押权顺位变更五种情形。上述情形之所以需要登记，是因为可能出现的对最高额抵押关系之外的其他抵押权人造成不利影响：

1. 变更债权范围

这里所谓的债权范围即最高额抵押权担保的债权范围，在相同期间内，该范

围既包括债权本金、利息、违约金,如抵押权人甲、抵押人乙在原最高额抵押合同中约定仅担保债权本金,后达成补充协议增加担保债权利息、违约金;也包括引起债权的类型,如甲、乙在原最高额抵押合同中约定就债务人因银行承兑汇票承兑垫款而产生的债权进行担保,后达成补充协议增加对债务人因银行借款、押汇而产生的债务也进行担保。上述两个例子均可能会导致最高额抵押权担保的债务数额增加,将会对抵押物的其他抵押权人产生不利影响。

2. 变更最高债权额

最高额抵押权担保的债权在数额上是被限制在抵押权人和抵押人在《最高额抵押合同》中约定的最高债权额之内的,但合同当事人可以通过协议增加或减少最高债权额。例如,甲、乙原最高额抵押合同中约定,最高债权额为 1000 万元,实际发生债权额为 1500 万元,那么根据《物权法》的规定,将有 500 万元债权不在抵押权担保的范围之内。有鉴于此,甲、乙在临近决算期届满时达成补充协议,将最高债权额提高至 1500 万元,该约定在甲、乙之间将产生抵押物用以担保债权数额变更至 1500 万元的法律效果,但是这种“追加”担保的行为可能会对抵押物的其他抵押权人产生不利影响。

3. 变更债权确定的期间

对债权确定期间的变更也就是对决算期的变更,将该期间的起点变更实际上是通过约定将抵押权设定前已经存续的债务纳入担保的债权范围之内的问题;而该期间的终点即是指决算的最终决算日,即抵押权人和抵押人约定的确定最高额抵押权担保的债权的时间节点。实践中可能存在两种情形:第一种是将决算期提前,如将决算日从 2017 年 12 月 31 日提前至 2017 年 10 月 31 日;第二种是将决算期推后,如将决算日从 2017 年 10 月 31 日推迟至 2017 年 12 月 31 日。在后者情况下,即增加决算期内产生债权的可能性(前者情形下虽然也可能出现增加债权数量的可能性,如存在债务人在提前的期日内清偿款项可能性,但属于极为例外的情形),将可能会对抵押物的其他抵押权人产生不利影响。

4. 变更顺位

鉴于抵押权的排他和优先效力,同一抵押物上的数个抵押权存在先后顺位,抵押权顺位的变更登记即是将抵押权人之间所进行顺位互换交易的结果进行变更登记,其可能会产生对其他抵押权人的不利影响。例如,同一建设用地使用权上设置有三个抵押权,先后分别为最高债权额为 100 万元的最高额抵押权、分别担保 50 万元、50 万元债权的两个一般抵押权,最高额抵押权和最后顺位一般抵押权互换顺位即会对第二顺位的抵押权人造成不利影响。

5. 不进行变更登记的法律后果

《物权法》第14条规定，“不动产物权的设立、变更、转让和消灭，依照法律规定应当登记的，自记载于不动产登记簿时发生效力”，最高额抵押权的上述各种变更，是否也应当以登记为前提，否则视为抵押权未变更？对此，《物权法》第205条“但变更的内容不得对其他抵押权人产生不利影响”这一“但书”规定十分精妙，尤其是在第三人提供最高额抵押担保的情况下。笔者认为，当事人变更最高额抵押权的协议属于债权合意，故该“但书”规定结合《物权法》第14条之规定包含以下三层含义：第一，变更不是以“变更登记”为条件，在变更协议当事人之间产生确定的法律效力；第二，只有在该变更协议对现有的其他抵押权人产生不利影响的情况下，才相对于其他抵押权人不发生法律效力，属于相对无效的特殊情况；第三，对于变更协议后的其他抵押权人和抵押人的其他债权人，最高额抵押权的变更只有经过登记才能产生对抗效力，这也是当事人依据《细则》第72条进行变更登记的实践意义。对于上述理解，笔者以以下示例加以说明：

（1）抵押人甲用价值100万元的房产，担保债权人A对债务人B债权中80万元的本金债权，后甲、A、B协议将最高额抵押担保的债权范围扩大到“本金+利息+违约金”，或者增加最高债权额至100万元，或延长决算期间，三项变更最终均导致决算日抵押担保的债权额增加至100万元。但是，上述变更虽然未依《细则》第72条进行变更登记，但无疑均有效，抵押权人无疑可以以抵押人甲提供的抵押房产清偿100万元债务。应当注意，这一结论在抵押人为债务人的情况下无意义，如果涉及抵押人以变更最高额抵押权的方式最终增加抵押物担保数额，抵押人的其他债权人可以在满足合同法撤销权法定条件下，向人民法院申请撤销变更协议，或者主张该权利因未登记而对其不发生对抗效力；如果涉及其他现有抵押权人以及后续抵押权人，需以后续示例为准。

（2）如果抵押人甲用价值100万元的房产，不仅担保债权人A对债务人B债权中80万元的本金债权，而且担保乙对甲的20万元的抵押顺位为后顺位的债权；那么示例（1）中的三项变更是否会导致乙的债权无法得到清偿存在不确定性，因为只有至决算日方可知变更是否会导致最终债权额发生变化，所以第205条使用“产生不利影响”这种以结果为导向的规定。即使变更协议在结果上产生了对其他抵押权人乙的不利影响，但变更协议在结果上仅仅是排除不利影响后继续在协议当事人之间发生法律效力。应当注意，这一结论是仅仅适用于产生不利影响的其他抵押权人乙，因为乙的抵押权已经登记，所以能够对抗后续的A的最高额抵押权的变更。另外，最高抵押权的变更还包括抵押权顺位的变更，因实践中出现的概率较小，此处不再深入讨论。

(3)示例(1)中的三项变更是基于抵押权人、债务人以及抵押人三方的变更协议，不经变更登记，不会产生对抗效力。例如，示例(1)中的三项变更未依据《细则》第72条变更登记，如果在变更协议签订后，甚至在经决算日决算确定债权后，乙和甲之间成立20万元债权，并以同一房产设立抵押权并已登记；那么对债权人乙而言，“不得产生不利影响”的规则继续适用，变更协议在结果上还是排除不利影响后继续在协议当事人之间发生法律效力。

(三)最高额抵押权的确定登记

《细则》第73条规定了最高额抵押权的确定登记，即“当发生导致最高额抵押权担保的债权被确定的事由，从而使最高额抵押权转变为一般抵押权时，当事人应当持不动产登记证明、最高额抵押权担保的债权已确定的材料等必要材料，申请办理确定最高额抵押权的登记”。在出现最高额抵押权确定事由的情况下，当事人可以向登记机关申请确定登记。实务中，最高额抵押权的确定登记没有太多实践意义，这里不做讨论，仅讨论债权确定的情形：

《物权法》第206条规定了在什么情形下，应当对最高额抵押所担保的债权范围进行确定，具体包括：(1)约定的债权确定期间届满；(2)没有约定债权确定期间或者约定不明确，抵押权人或者抵押人自最高额抵押权设立之日起满二年后请求确定债权；(3)新的债权不可能发生；(4)抵押财产被查封、扣押；(5)债务人、抵押人被宣告破产或者被撤销；(6)法律规定债权确定的其他情形。发生上述情形的，最高额抵押所担保的债权即是上述情形发生前所发生的债权余额或存量债权，即未清偿债权。如果实际发生的债权余额高于最高限额的，以最高限额为限，超过部分不具有优先受偿的效力；如果实际发生的债权余额低于最高限额的，以实际发生的债权余额为限对抵押物优先受偿。

1. 约定的债权确定期间届满

实践中，当事人也可能对债权确定期限没有约定，但是我国一些法律、法规，尤其是部门规章，部门监管过程中，会对实际债权的期限有约定。例如，《贷款通则》第11条第2款、第3款规定，自营贷款期限最长一般不超过10年，超过10年应当报中国人民银行备案。票据贴现的贴现期限最长不得超过6个月，贴现期限为从贴现日期到票据到期日为止,也即发生贴现垫款的时间最长不得超过 6 个月,这就限制了贴现借款发生的时间。

2. 债权确定期间不确定

没有约定债权确定期间或者约定不明确,抵押权人或者抵押人自最高额抵押权设立之日起满二年后请求确定债权。这条规定的立法初衷是为了保护第三抵押人,在其没有对债权确定期间进行约定或约定不明确的情况下,两年后赋予其法定权利要求确定债权。该期间是一个不变期间,不存在中止、中断或延长的问题。很多学者认为,这里两年的期间,不是传统民法中期间、期限体系中的任何一种,认为期间约定是一个债权约定,这里应当类推适用不定期债权的规定,即抵押权人或抵押人随时可以要求确定债权。但还有观点认为,上述观点没有给第三抵押人承担抵押担保责任的明确预期,如果适用不定期债权,那么也应当单独只赋予第三抵押人要求确定债权的权利。

3. 新的债权不可能发生

"新的债权不可能发生"的情况在实践中存在两种不同的情形:第一,债务人与债权人之间的债务关系的基础不复存在,如银行对债务人的授信到期,但实践中,这种情况往往很难确定,很容易产生纠纷;第二,债权人根据最高额抵押合同的约定,宣布抵押合同提前到期,此后发生的债权自然不在最高额抵押权担保的债权范围之内。最高人民法院在其就"中国民生银行股份有限公司杭州分行与绍兴县经济技术担保有限公司、浙江玻璃股份有限公司等金融借款合同纠纷案"作出的(2013)民提字第 141 号民事判决书中认为,"民生银行依据主合同约定宣布贷款提前到期的行为导致了《最高额保证合同》被担保债权的确定。对于被担保债权确定的效力问题,《最高额保证合同》第 9 条明确约定被担保的债权确定时未清偿的主合同项下的债权,不论该债权履行期限是否已经届满或者是否附加有条件,均属于被担保的债权的范围。由此,在民生银行宣布本案贷款提前到期之时,未清偿的主合同项下的不特定债权已确定,均被纳入《最高额保证合同》约定的被担保债权范围"。

4. 抵押财产被查封、扣押

基于强制执行或者财产保全措施进行查封或扣押,是人民法院的程序性强制行为,为了既保障执行申请人或财产保全申请人的利益,又保障抵押权人的利益,根据《最高人民法院关于人民法院民事执行中查封、扣押、冻结财产的规定》(以下简称《查扣冻规定》)第 27 条第 1 款、第 2 款之规定,即"人民法院查封、扣押被执行人设定最高额抵押权的抵押物的,应当通知抵押权人。抵押权人受抵押担保的债权数额自收到人民法院通知时起不再增加。人民法院虽然没有通知抵押权人,但有证据证明抵押权人知道查封、扣押事实的,受抵押担保的债权数额从其知道该事实时起不再增加”,债权确定是以抵押权人接到人民法院的通知,或有证据证明抵押权人知道查封、扣押事实时为时间节点。至于人民法院对不动产采取的“活封”即仅仅在不动产登记簿上查封的情况是否属于有证据证明抵押权人知悉查封、扣押事实的情形,从《查扣冻规定》第27条没有加入“抵押权人应当知道”的表述看,应当不能将查封已在不动产登记簿上公示为由推定抵押权人知晓查封事宜。

另,根据《最高人民法院关于人民法院执行工作若干问题的规定(试行)》第40条的规定,人民法院对被执行人所有的其他人享有抵押权、质押权或留置权的财产,可以采取查封、扣押措施;根据《担保法解释》第55条的规定,“已经设立抵押的财产被采取查封、扣押等财产保全或先于执行措施的,不影响抵押权的效力”。

5.债务人、抵押人被宣告破产或者被撤销

根据《企业破产法》第107条的规定,即“债务人被宣告破产后,债务人称为破产人,债务人财产称为破产财产,人民法院受理破产申请时对债务人享有的债权称为破产债权”,在债务人企业破产的情况下,最高额抵押担保的债权仍然计入抵押担保的债权范围的,可能会损害破产申请人的利益,故企业破产的,最高额抵押担保的债权确定。这里有一个程序上的问题,即债权人可能并不知晓抵押人破产的情形,我们认为应当对债权人(抵押权人)有一个通知的程序,即如《查扣冻规定》一样对抵押权人进行通知,或者由破产受理法院就企业破产发布公告,或在抵押权人应当知道时,最高额抵押担保的债权范围确定。

(四)主债权及最高额抵押权的转移登记

1.主债权与最高额抵押权的可转让性

《担保法》第61条规定,“最高额抵押的主合同债权不得转让”。这一条款违背了债权人自由处分债权的权利。所以,《物权法》第204条取代了第61条,其规定,“最高额抵押担保的债权确定前,部分债权转让的,最高额抵押权不得转让,但当事人另有约定的除外”。关于最高额抵押权担保范围的债权是否可以转让的问题,江苏省高级人民法院在其就“江苏皇珈置业有限公司与朱某某、常州市巨业建设发展有限公司等借款合同纠纷二审一案”做出的民事判决书(2015)苏商终字第00234号中认为,“就最高额抵押担保的债权能否转让的问题,《中华人民共和国担保法》第六十一条和《中华人民共和国物权法》第二百零四条作出了不同的规定,前者规定不能转让,后者并未规定不能转让,而是就债权确定前转让部分债权时抵押权是否一并转让作出了规定。故朱某某主张最高额抵押担保的债权不得转让,与《中华人民共和国物权法》的规定不符,没有法律依据,本院依法不予支持”。

2.《物权法》第204条的正确理解

如果要达到对《物权法》第204条的正确理解,应当至少从以下四个层级入手:

第一个层次:如果最高额抵押的抵押权人(债权人)将主债权合同(债权未确定)、抵押合同概括性一并进行转让,转让后,主债权合同项下的债权人系主债权合同权益的受让人(其也是最高额抵押权人),而不是原最高额抵押权人。基于抵押权的从属性,抵押权随主债权一并转让。在这种情况下,当事人应当根据《细则》第69条处理,申请办理抵押权移转登记,以满足主债权转让,抵押权一并转让的一般规则。

第二个层次:如果最高额抵押担保的债权发生确定事项,导致担保的债权范围被确定下来,那么部分债权转让的,抵押权因为其从属性将随之一起转让。最高额抵押权担保的债权确定意味着抵押权从主债权不确定到确定,对抵押权从最高额抵押转变为一般抵押,抵押物上所担保的债权是已经确定下来的债权。早在2001年,最高人民法院即对当时主要的最高额抵押权人和债权人在相关业务中出现的转让抵押权的情形作出规定,即《最高人民法院关于审理涉及金融资产管理公司收购、管理、处置国有银行不良资产贷款形成的资产的案件适用法律若干问题的规定》第8条规定,“人民法院对最高额抵押所担保的不确定债权确定后,原债权银行转让主债权的,可以认定转让债权的行为有效”,根据该规定最高额抵押权在债权范围确定后随着债权一并转让。这样,转让人和受让人一同成为抵押权人,转让和未转让的债权一并作为抵押权的担保债权。

第三个层次:如果对抵押权抵押担保的债权确定之前,因为债权尚未确定,处于变动,甚至是可能因发生《合同法》第91条所列事项而终止的状态,那么部分债权转让可以进行,但抵押权不随同转让。究其原因,最高额抵押权在债权确定下来之前,其系从属于整个债权关系,而不是债权关系中的某一个具体的债权,所以不能够转让。结合《细则》第74条第3款的规定,在债权确定之前部分债权转让的,不得办理最高额抵押权转移登记。

例如,甲向乙银行借款,并用房产提供最高额抵押担保,决算期为当年 12 月 31 日。10 月 1 日,甲对乙的一笔借款到期,甲未清偿,乙将该笔借款债权转让给丙资产管理公司,根据《物权法》第 204 条的规定该笔债权无抵押担保。至决算期届满,甲仍未向丙履行上述债权还本付息义务,不得将上述丙对甲之债权登记在抵押物登记簿上,作为该抵押物担保的债权之一。

第四个层次:即《物权法》第 204 条中的"但书"规定,关于这一条款怎么理解,物权法并没有给出明确的答案,但是《细则》第 74 条第 2 款给出了当事人之间的可能约定:债权人转让部分债权,当事人约定最高额抵押权随同部分债权的转让而转移的,应当分别申请下列登记:"(一)当事人约定原抵押权人与受让人共同享有最高额抵押权的,应当申请最高额抵押权的转移登记;(二)当事人约定受让人享有一般抵押权、原抵押权人就扣减已转移的债权数额后继续享有最高额抵押权的,应当申请一般抵押权的首次登记以及最高额抵押权的变更登记;(三)当事人约定原抵押权人不再享有最高额抵押权的,应当一并申请最高额抵押权确定登记以及一般抵押权转移登记。"

3. 最高额抵押权转移的具体登记方案

根据《物权法》第 204 条的规定内容,无论怎样都可以确定一点:最高额抵押担保的债权确定前,部分债权转让的,在当事人有约定的情况下,最高额抵押权可以随之一同转让,这是双方当事人协议处分抵押权的一种表现。得出上述结论,我们认为,剩下的就是如何操作的问题,《细则》的上述规定给出了具体方案:

方案一:转让人和受让人约定共有最高额抵押权的,申请转移登记,结果是转让人和受让人在决算期内符合条件的债权都纳入债权范围之内。甲向乙银行借款,并用房产提供最高额抵押担保,决算期为当年 12 月 31 日。10 月 1 日,甲对乙的一笔借款债务到期,甲未清偿,乙将该笔借款债权转让给丙银行。乙、丙协商共同享有对甲的最高额抵押权的,应当办理抵押权移转登记,那么在 10 月 1 日至 12 月 31 日,符合最高额抵押合同约定的甲对丙的债务也应当计入最高额抵押担保的债权范围。至决算期,抵押物担保的债权范围包括,决算期内乙对甲的,未完全清偿的符合合同约定的债权 + 最高额转移登记日至决算期内丙对甲的符合合同约定的债权,但总额必须小于最高债权额,否则不在抵押担保的范围之内;

方案二:转让人和受让人约定受让人享有一般抵押权的:当事人持相关材料至不动产登记机关申请办理抵押权首次登记,请注意,这里不是最高额抵押权的首次登记。而该登记的内容是:抵押担保的债权,即转让人转让给受让人的债权,是否包含利息、违约金等应根据最高额抵押合同确定,登记的是抵押权的首次登记,该登记在顺位上,当事人之间有约定的从约定,没有约定的应当列为落后于转让人;转让人持相关材料和抵押人一起申请办理最高额抵押权变更登记,将转让债权的债权额从最高债权额中扣除,并就扣除的最高债权额进行变更登记。在结果上,即使受让人的债权在首次登记后,在决算期前被债务人清偿,最高额抵押权担保的最高债权额也不能恢复,因为最高额抵押权已经办理了担保债权额的变更登记。

方案三:当事人约定原抵押权人不再享有最高额抵押权的,这种情况符合《物权法》第206条第3项规定的情形,所以应当先由抵押权人和抵押人办理最高额抵押权确定登记,抵押权担保的债权包含转让债权;然后,由一般抵押权人(最高额抵押权人)和受让人共同办理已转让债权的抵押权的一般抵押权转移登记。

在上述三个方案中:方案一意味着抵押权人和受让人将债务人发生的债务都最终纳入最高额抵押担保的债权范围之内;方案二意味着原抵押权人的抵押担保的最高债权额应当包括受让人的债权,这时,最高债权额将扣减受让人受让的债权数额,其后原抵押权人继续就扣减后的最高债权额享有最高额抵押,而受让人就该抵押物的抵押担保进行首次登记;方案三意味着最高额抵押先变更为一般抵押,让后将转让债权连同担保该债权的抵押权一并转让。上述三个方案,由当事人根据自己的实际需要和情况进行选择,《细则》也是这样通过设计不同的方案满足市场的不同需要,为市场提供必要的制度供给。

四、小结

与之前《土地登记办法》《房屋登记办法》及配套规定相比,《细则》中有关最高额抵押登记的规则十分详细,涉及有关不动产最高额抵押权交易的方方面面,尽管实践中很多地方还存在登记机关不允许第二顺位抵押的问题,更遑论形式多样的最高额抵押权交易,但这至少也标志着在制度层面上国家对最高额抵押权交易从粗放式向精细化管理模式的转变。实务中,还未发现市场交易主体应制度变革大规模增加各种多样化的最高额抵押权交易的情形,但对于民事法律实务工作者,尤其是专业从事房地产等不动产法律业务的实务工作者而言,应当“料敌为先”地做好知识储备,将《细则》中有关最高额抵押登记的规定结合《物权法》《担保法》的规定加以深入研究,以适应未来可能出现的因法律规定变化所带来的市场变化。

“以物抵债”的分歧和有效运用

陈　桦*

引　言

近些年来，在借款和土地、房地产开发、建设、代理销售等领域“以物抵债”案件多发。据不完全统计，仅江苏省2012—2014年全省法院涉及的以房抵债案件达1500余件。[1] 以物抵债的情形通常是先签订债权债务合同，如借款合同、房地产开发合作合同、建设工程施工合同或房地产代理销售协议等，在前述合同签订的同时或债务未届清偿期之前或原债务清偿期届满之后，又签订以物抵债协议，当债务人未能履行旧债时，债权人则要求履行以物抵债协议。其中，以商品房买卖作为借款担保的以物抵债比较常见。

司法实践中，关于“以物抵债”的性质、效力等问题分歧很大，同一类型案件，法院判决结论截然不同。但是，随着最高人民法院（以下简称最高院）72号指导案例以及（2016）最高法民终484号案例的发布，“以物抵债”有了新的理解和发展。笔者认为，上述最高院的两个案例对部分“以物抵债”形式的效力、性质等确立了认定标准，有助于我们在实务中对“以物抵债”进行理解与运用。本文拟对地方法院到最高院关于以物抵债的相关案例和意见的归纳、分析，进而阐述实务中对以物抵债的有效运用，最终促使当事人的合法权益得以实现。

---

* 陈桦，上海市锦天城律师事务所福州办公室合伙人。国立华侨大学国际经济法，本科学历，法学学士；擅长领域为国内民商事合同、建设工程与房地产、公司事务与并购、争议解决（诉讼）等法律服务。从2000年开始执业至今18年。

〔1〕 江苏省高级人民法院民一庭（执笔人夏正芳、潘军锋）：《以物抵债若干问题研究》，载《民事审判指导与参考》2014年第2期（总第58辑）。

一、"以物抵债"因属于要物性或诺成性合同而产生的效力分歧

(一)以物抵债系要物性合同,需实际发生物权转移,才发生法律效力

以物抵债的本质为代物清偿,应具有要物性。如果约定以物抵债,但未实际履行物权转移的,则以物抵债协议无效。最高院民一庭仲伟珩、江苏省高级人民法院民一庭夏正芳、潘军锋认为,"当事人在债务已届清偿期后约定以物抵债,其本质为代物清偿。代物清偿,是指债权人受领他种给付以代原定给付而使合同关系消灭的法律行为。台湾地区'民法'第319条在债之关系消灭一节对此作出了规定""清偿除了要有债务人的给付行为外,还须有债权人的受领并取得所有权和占有权时,才发生给付的效果"。[2] 最高院(2011)民提字第210号武侯国土局与招商局公司、成都港招公司、海南民丰公司债权人代位权纠纷案的再审判决即采用上述观点。江苏省高级人民法院在2014年3月31日制定的《江苏省高级人民法院关于以物抵债若干法律适用问题的审理纪要》(苏审委〔2014〕02号)(以下简称江苏高院〔2014〕02号审理纪要)明确:"债务清偿期届满后当事人达成以物抵债协议,在尚未办理物权转移手续前,债务人反悔不履行抵债协议,债权人要求继续履行抵债协议或要求确认所抵之物的所有权归自己的,人民法院应驳回其诉讼请求。"同时,关于解读上述审理纪要的《以物抵债若干问题研究》一文认为:"上述纪要内容是对债务履行期届满后当事人以物抵债的处理。债务履行届满后的以物抵债,其目的是为了清偿债务,因此,具有代物清偿的意义。"[3]

支持上述观点的人认为,我国现行法没有关于以物抵债系要物性协议的相关明文规定,但在一些法律或司法解释中还有"影子"。[4] 如《最高人民法院关于人民法院执行工作若干问题的规定(试行)》第86条规定:"在执行中,双方当事人可以自愿达成和解协议,变更生效法律文书确定的履行义务主体、标的物及其数额、履行期限和履行方式。"第87条规定:"当事人之间达成的和解协议合法有效并已履行完毕的,人民法院作执行结案处理。"

---

〔2〕 夏正芳、潘军锋:《债务清偿期届满后当事人间达成以物抵债协议但未履行物权转移手续,该协议效力如何确定》,载《民事审判指导与参考》2014年第2辑(总第58辑)。

〔3〕 夏正芳、潘军锋:《债务清偿期届满后当事人间达成以物抵债协议但未履行物权转移手续,该协议效力如何确定》,载《民事审判指导与参考》2014年第2辑(总第58辑)。

〔4〕 李玉林:《代物清偿的性质及效力研究》,载《商事审判指导》2014年第3辑(总第39辑)。

(二)以物抵债系诺成性合同,于当事人达成合意时成立

我国现行法没有规定以物抵债协议为要物性合同,而意思自治原则系合同法的基本原则,因此在没有法律规定或合同约定的情况下,原则上应认定以物抵债协议为诺成性合同。“至于代物清偿合同生效后,义务人故意不履行后续给付义务或者协助义务使受领不能完成的,则适用合同法关于债务不履行责任或代物清偿合同违约责任的规定予以规制。”[5]这一观点也代表着以物抵债系诺成性合同。

对“清偿”的不同理解将导致以物抵债是要物性还是诺成性合同的不同判断。最高院(2016)最高法民终484号案例认为,除当事人明确约定外,当事人于债务清偿期届满后签订的以物抵债协议,并不以债权人现实地受领抵债物,或取得抵债物所有权、使用权等财产权利,为成立或生效要件。只要双方当事人的意思表示真实,合同内容不违反法律、行政法规的强制性规定,合同即为有效。而所谓清偿,是指依照债之本旨实现债务内容的给付行为,其本意在于按约履行。经比较可见,该案例系支持“以物抵债系诺成性合同”。

(三)笔者认为上述第二种意见是正确的,以物抵债应当是诺成性合同

首先,法律没有明文规定以物抵债系要物性合同,而《最高人民法院关于人民法院执行工作若干问题的规定(试行)》第86条和第87条规定仅是从执行的角度出发,解决的是执行问题。其次,与以物抵债的相关法律规定,如《合同法》第286条的工程价款优先受偿权规定,《物权法》第195条以及第219条第2款的规定,《最高人民法院关于适用担保法若干问题的解释》第57条第2款“债务履行期届满后抵押权人未受清偿时,抵押权人和抵押人可以协议以抵押物折价取得抵押物”的规定,均是关于“协议折价”内容,强调的是“协议”。由此可见,以物抵债应属诺成性合同。最后,(2016)最高法民终484号案例采用的是“以物抵债系诺成性合同”。

二、“以物抵债”是否违反禁止流抵规定的分歧

关于是否违反禁止流抵规定的“以物抵债”,通常是指当事人在债务清偿期届

---

〔5〕 卢文兵:《第三人代物清偿的司法认定和责任承担》,载《人民司法》2013年第18期。

满前达成的以物抵债协议。所谓的流抵规定,即指《担保法》第 40 条和《物权法》第 186 条、第 211 条所规定的"禁止流押""禁止流质"。根据上述规定,在债务履行期届满前不得约定债务人不履行到期债务时担保财产归债权人所有。可见,流抵约定在形式上系设定于债务履行期届满前。如果以物抵债设定于债务履行期届满时或之后,则不存在违反禁止流抵规定。而法律设定禁止流抵规定,旨在避免订立流抵合同时,债权人利用其缔约优势地位,约定以高价之物担保较小债权,以图债务人清偿不能时不经任何程序而取得担保物的所有权而牟取非法利益。以物抵债尤其是商品房买卖合同作为借款担保的形式,是否违反禁止流抵规定,在司法实践中存在两种截然不同的观点。第一种观点认为,此类以物抵债构成非典型的担保,债权人依照合同约定请求直接获得房屋所有权,违反了禁止流抵的规定,应属无效。江苏省高级人民法院(2010)苏民申字第 040 号江苏天娇实业有限公司与江苏南通三建集团有限公司变更土地使用权纠纷案,最高院(2013)民提字第 135 号杨伟鹏与广西嘉美房地产开发有限责任公司商品房买卖合同纠纷案等判决即采用此种观点。第二种观点认为,以物抵债的商品房买卖合同和借款合同均是双方真实意思表示,不违反法律强制性禁止性规定,应属有效。且商品房买卖合同虽具担保功能,但其性质并非抵押,属非典型担保,在债务人不履行债务时债权人仍请求的是出卖方履行房屋买卖合同义务,而非直接取得所有权,且在约定的购房价合理的情况下,并不违反《物权法》关于禁止流抵规定。最高院(2009)民申字第 1600 号山西智海房地产开发有限公司与山西羽硕房地产开发有限公司、山西五峰建设发展有限公司买卖合同纠纷案,最高院(2011)民提字第 344 号朱俊芳与山西嘉和泰房地产开发有限公司商品房买卖合同纠纷案,福建省高级人民法院(2015)闽民终字第 913 号上诉人林某某、王某某与被上诉人房地产公司、马某某、潘某某民间借贷纠纷案等判决即采用第二种观点。

笔者倾向于第二种观点。债务清偿期届满前达成的以物抵债协议是否违反禁止流抵规定,应当遵从禁止流抵规定的立法本意,即防止居于优势地位的债权人牟取暴利,损害债务人或其他债权人利益。如果抵债之物的价格合理即与主债务价值相当,没有损害债务人或其他债权人利益,则不存在牟取暴利。此种情形下的以物抵债协议并不违反禁止流抵规定,应属有效。

三、"以物抵债"是否违反物权法定原则的分歧

以物抵债尤其是以商品房买卖作为借款的担保,属于一种非典型担保,但又

不同于让与担保或后让与担保,二者区别在于:担保标的物转移后不存在因旧债清偿而回赎。以物抵债中另一类非典型担保就是让与担保或后让与担保的形式。所谓的让与担保是指债务人(或第三人)为担保清偿债务,将担保标的物的所有权移转给债权人。在债务履行完毕后,标的物的所有权归还担保人;在债务未能得到清偿时,债权人有权就担保物优先受偿。让与担保与后让与担保的区别在于:前者的担保物权利转移时间是在债务清偿期届满前,后者则是在债务清偿期届满后。对于非典型担保的效力,学者和实务界也存在截然不同的认识。

我国实行物权法定原则,即除物权法规定的物权种类外,当事人不得自主创设物权。故一种观点认为,我国物权法未明确规定上述非典型担保的形式和效力,上述非典型担保违背了物权法定原则,应属无效。浙江省嘉兴市人民检察院的陈定良,嘉兴市中级人民法院的王黎明即持此类观点。[6] 江苏高院〔2014〕02号审理纪要也明确:"当事人在债务未届清偿期之前约定以房屋或土地等不动产进行抵债,并明确在债务清偿后可以回赎,债务人或第三人根据约定已办理了物权转移手续的,该行为符合让与担保特征,因违反物权法定原则,不产生物权转移效力。债权人如根据抵债协议及物权转移凭证要求原物权人迁让的,人民法院应不予支持。"

另一种观点认为,以物抵债的非典型担保的特性与物权法定原则并不冲突,因为物权法定原则的立法本意是为了避免担保标的物发生交易变动而引起具有排他性的物权之间的冲突,从而确保交易安全。最高院的刘牧晗在(2013)民提字第135号案例中虽然以商品房买卖作为借款的担保并备案的行为违反了禁止流质原则为由,不予支持,但是,其也认可上述意见和理由。[7] 宁波市北仑区法院的袁士增、马艳华在(2013)浙甬商终字第447号福建华辰公司与宁波亚信商贸公司、宁波富邦广场公司、宁波亚信投资公司借款纠纷案一审即认为,以物抵债协议没有违反法律、行政法规的禁止性规定而有效,且在其所著文章中也从物权法定原则的立法本意分析认为让与担保的特性与物权法定原则并不冲突。[8] 福建省高级人民法院(2015)闽民终字第913号案例认为,具担保功能的商品房买卖之"担保"仅是可实现的法律效果,且系以基础法律关系为附条件的商品房买卖与债

〔6〕 陈定良、王黎明:《以商品房买卖担保借贷合同的性质及效力》,载《人民司法》2016年第11期。
〔7〕 刘牧晗:《借贷关系中签订房屋买卖合同并备案登记属于让与担保》,载《人民司法》2014年第16期。
〔8〕 袁士增、马艳华:《后让与担保权人不能直接以物抵债》,载《人民司法》2014年第16期。

务抵销,即在债务人未清偿主债务时,债权人可要求履行商品房买卖合同,并以其对债务人享有的债权本息抵付相应购房款。因《合同法》对附条件合同与债务抵销作了规定,其并非创设新担保物权,系特殊的非典型担保,不违反物权法定原则。

笔者倾向于第二种观点。首先,应当遵从物权法定原则的立法本意,不宜机械适用法律。其次,最高院 72 号指导案例虽然没有从以物抵债是否违反物权法定原则进而判定以物抵债的效力,但其判决结果表明,当事人之间协商变更的方式不违反法律规定,该认定回避了上述问题的争议,又有效地解决了纷争。最后,同为大陆法系的德国、日本及我国台湾地区的案例及实务界一致认为让与担保当事人以真意进行依托的让与行为,应属有效的法律行为,可供我们借鉴学习。[9]

四、债务清偿期届满后"以物抵债"不具担保性质,是债的变更(债的更改或新债清偿),没有违反法律禁止性规定,应属有效

有人认为以物抵债协议与流质契约在本质上存在不同,以物抵债协议不具有担保性质,是对债的履行的变更。[10] 这一观点在最高院 72 号指导案例出台前,属于少数派观点。而且,这个观点在此前的司法实践中没有采用。甚至还有人认为:"以物抵债中双方一般不会明确约定消灭原债权债务,正常情况下仍是对原合同的履行,与所抵之债具有同一性,故不属于债的更改。"[11]

但是,最高院 72 号指导案例改变甚至扭转了这一认识,72 号指导案例指出:"民事交易活动中,当事人意思表示发生变化并不鲜见,该意思表示的变化,除为法律特别规定所禁止外,均应予以准许。……尊重当事人嗣后形成的变更法律关系性质的一致意思表示,是贯彻合同自由原则的题中应有之意。彦海公司所持本案商品房买卖合同无效的主张,不予采信。"由此可见,72 号指导案例认为债务清偿期届满后以物抵债的性质是"债的履行的变更",而不是非典型担保即让与担保或后让与担保。

(2016)最高院民终 484 号判例的二审认为:"以物抵债,系债务清偿的方式之一,是当事人之间对于如何清偿债务作出的安排,故对以物抵债协议的效力、履行

---

〔9〕 刘琨:《以物抵债协议不宜认定为流质契约》,载《人民司法》2014 年第 2 期。

〔10〕《江苏省高级人民法院(2010)苏民申字第 040 号江苏天娇实业有限公司与江苏南通三建集团有限公司变更土地使用权纠纷案》,载《民事审判指导与参考》2014 年第 2 辑(总第 58 辑)。

〔11〕《江苏省高级人民法院(2010)苏民申字第 040 号江苏天娇实业有限公司与江苏南通三建集团有限公司变更土地使用权纠纷案》,载《民事审判指导与参考》2014 年第 2 辑(总第 58 辑)。

等问题的认定,应以尊重当事人的意思自治为基本原则。……当事人于债务清偿期届满后达成的以物抵债协议,可能构成债的更改,即成立新债务,同时消灭旧债务;亦可能属于新债清偿,即成立新债务,与旧债务并存。”

可见,最高院的上述两个案例对以物抵债按债的变更处理的意见是基本一致的,且跳出了以物抵债是否违反物权法定原则的争议圈。鉴于72号指导案例的指导作用,该案例实际扭转了以物抵债属于非典型担保、让与担保或后让与担保的认识。

五、“以物抵债”中债之更改与新债清偿以及新债清偿下债的选择问题

以物抵债必然存在旧债与新债。(2016)最高院民终484号案例认为以物抵债可能构成债的更改,即成立新债务,同时消灭旧债务;亦可能属于新债清偿,即成立新债务,与旧债务并存。那么如何确定是债的更改还是新债清偿呢?如果是新债清偿,将如何选择债的履行呢?

关于第一个问题,无论是债之更改还是新债清偿,以物抵债是约定以他种给付代替原定给付的协议,是履行方式的变更。《合同法》第77条第1款规定:“当事人协商一致,可以变更合同。”由此可见,变更系当事人之间的意思表示一致的结果,所以变更需以当事人的意思表示为基础。那么以物抵债是构成债之更改还是新债清偿,应尊重当事人的意思自治,以当事人之间合意内容为准。《合同法》第78条还规定:“当事人对合同变更的内容约定不明确的,推定为未变更。”以物抵债的目的是成立新债,达到最终消灭旧债,但在新债成立时旧债并未马上消灭,只有新债履行后旧债才消灭。因此,如果成立新债时,消灭旧债的意思表示不明确,则旧债的消灭只能等到新债的履行。可见,以物抵债是构成债之更改还是新债清偿,不仅要有当事人双方的意思表示,且该等意思表示必须明确。如果意思表示不明确,则只能推定新债成立时,旧债未消灭,二者并存。(2016)最高法民终484号案例即持有这种意见。债务清偿期届满后,债权人与债务人所签订的以物抵债协议,如未约定消灭原有的金钱给付债务,应认定系双方当事人另行增加一种清偿债务的履行方式,而非原金钱给付债务的消灭。

关于第二个问题,有一种观点是新债成立后,若债务人不履行新债的,则债权人只能选择要求履行旧债。江苏高院〔2014〕02号审理纪要明确:“债务清偿期届满后当事人达成以物抵债协议,在尚未办理物权转移手续前,债务人反悔不履行抵债协议,债权人要求继续履行抵债协议或要求确认所抵之物的所有权归自己

的,人民法院应驳回其诉讼请求。但经释明,当事人要求继续履行原债权债务合同的,人民法院应当继续审理。"但是笔者在研读(2016)最高院民终484号案例后,发现最高院通过该案例支持的是,"债务人不履行新债导致以物抵债的目的无法实现的情形下,债权人可以选择要求债务人履行旧债的"。可见,债权人虽有选择权但是受限制的。也就是说,债权人应当先要求债务人履行新债,如果新债无法履行导致以物抵债的合同目的实现的,才能要求债务人履行旧债。笔者认为,该案例关于债权人的选择受限制的认定是有道理的。以物抵债的本意就是以他种给付代替原定给付,既然当事人之间做出以物抵债的意思表示,就应当本着诚信原则、全面履约,这才符合《合同法》第60条的要求。当然,除非以物抵债协议特别约定允许债权人在履行旧债与新债之间自主选择,则应当遵从特别约定。同样,上述原则也适用于债务人。而且,在当事人之间对履行以物抵债特别附设了解除条件的情形下,虽然当事人双方都有选择权,但债务人对合同的选择履行更具主动性。债务人如果认为履行《以物抵债协议》对其不公平,损害了其利益,其可以依以物抵债的特别约定,主动履行旧债。即使面临债权人以诉讼形式选择要求债务人履行《以物抵债协议》时,债务人也完全可以请求人民法院撤销《以物抵债协议》,但如果在法定的除斥期间内并未行使合同撤销权,而是抗辩拒绝履行生效合同,表明债务人以放弃权利的形式认为其利益未受损,故应当裁决债务人继续履行《以物抵债协议》。最高院(2011)民提字第344号朱俊芳与山西嘉和泰房地产开发有限公司商品房买卖合同纠纷案的再审判决即是这个观点。

六、"以物抵债"的清算问题

(一)清算的必要性

以物抵债中的"清算"是指确定债务金额和对抵债之物(或担保物)价值的程序。对于以物抵债成立后,债权人能否依约直接取得抵债之物所有权以抵偿债务,还是要经过清算后才能实现抵债之物的所有权?没有统一认识。实际上,清算是禁止流抵中存在的程序。鉴于设立禁止流抵的宗旨在于防止债权人利用优势地位不经任何程序而牟取暴利,清算就成了禁止流抵中的必经程序。虽然以物抵债与流抵契约不同,但以物抵债同样存在着债权人牟取暴利的危险。尤其在实务界对以物抵债的性质、效力存在较大分歧的情况下,赋予债权人强制清算义务,是审慎且必要的。

(二)司法实践对清算的态度

最高院72号指导案例认为,借款合同双方当事人经协商一致,终止借款合同关系,建立商品房买卖合同关系,将借款本金及利息转化为已付购房款并经对账清算的……但对转化为已付购房款的借款本金及利息数额,人民法院应当结合借款合同等证据予以审查,以防止当事人将超出法律规定保护限额的高额利息转化为已付购房款。

江苏高院〔2014〕02号审理纪要明确:当事人在债务未届清偿期之前达成以物抵债的协议,同时明确约定在债务清偿期届满时应进行清算,该以物抵债协议在当事人之间具有法律效力,但该约定不具有对抗其他债权人的效力。

福建省高级人民法院(2015)闽民终字第913号案例中,当事人之间也系以协议书的方式对借款本息进行了结算确认,法院亦对此进行了审查,并认为"约定的购房价亦合理"。

综上所述,无论何种形式的以物抵债,法院都重视"清算",要求"清算"。

(三)清算时如何确定抵债之物的价值,以均衡保护债权人与债务人的利益

防止债权人利用优势地位牟取暴利,意味着抵债之物应公允作价。只有抵债之物的价值合理,才可避免以物抵债协议因价值悬殊而被有的法院否定其效力,或债务人以显失公平为由主张撤销协议。

首先,应遵从当事人之间的约定。因为当事人之间对抵债之物价值额的合意系经过讨价还价自由交易的结果,不宜过度干涉。其次,在当事人未达成合意的情况下,确定抵债之物价值额中的方式有三种:拍卖、资产评估机构的评估、参考清算时的市场价(时价)。但前两项有其局限与缺陷,拍卖成本高且不能反映标的物的实际价值,而评估也存在成本问题且也是参考标的物的市场时价但有人为因素的影响。因此,直接参考时价既节约成本,也避免人为因素的影响。而且,我们注意到,最高院72号指导案例和福建高院的判决中基本也是以尊重当事人合意为先,只有在计算标的额价值明显存在违法时,才予以纠正。

七、"以物抵债"在司法实践中的有效运用

最高院72号指导案例以及(2016)最高院民终484号案例,仅是针对债务清

偿期届满后达成的以物抵债如何认定与处理。但以物抵债的形式多样,笔者在结合上述支持以物抵债的案例,谈谈自己对“以物抵债”在实务中运用时的理解:

1. 在债务清偿期届满后达成的以物抵债,由于其形成的时间系在债务清偿期届满后,故不违反担保法和物权法关于禁止流抵的规定,也不构成为旧债提供担保,不属于非典型担保

以物抵债是当事人之间对于如何清偿债务作出的安排,是当事人双方意思表示发生变化的表现。民事法律关系的产生、变更、消灭,除基于法律特别规定,需要通过法律关系参与主体的意思表示一致形成。民事交易活动中,当事人意思表示发生变化并不鲜见,该意思表示的变化,除为法律特别规定所禁止外,均应予以准许。故对以物抵债协议的效力、履行等问题的认定,系以尊重当事人的意思自治为基本原则,只要不违反法律、行政法规的强制性规定,即为有效。

2. 在债务清偿期届满后达成的以物抵债,并已经履行了物权转移手续的,应认定以物抵债成立且合法有效

一方要求确认以物抵债协议无效或者变更、撤销,经审查不具有《合同法》第52条、第54条规定情形的,人民法院不予支持。这一观点得到江苏高院〔2014〕02号审理纪要、2015年《第八次全国法院民事商事审判工作会议纪要》第(17)项意见的支持。

3. 债务清偿期届满后达成的以物抵债,在尚未办理物权转移手续前,债务人是否可以反悔不履行抵债协议,债权人是否有权要求继续履行抵债协议或要求确认所抵之物的所有权归自己?

江苏高院〔2014〕02号审理纪要对此持否定意见,但笔者不认同该审理纪要的意见。笔者在前面阐述“新债清偿下如何选择债的履行”问题时,提出的观点是:遵从当事人之间的意思表示,允许债权人和债务人选择,但约定不明确的,债权人和债务人的选择均有一定的限制,并列举了相关的案例作为依据。而且,最高院72号指导案例也是认可债务清偿期届满后当事人达成以物抵债协议,在尚未办理物权转移手续前,债权人有权要求继续履行抵债协议。对此问题不再赘述。

4. 债务清偿期届满前当事人达成以物抵债协议,但未履行了物权转移手续的,这种形式类似于流抵约定

笔者在前述的“以物抵债是否违反禁止流抵规定”问题中阐述了自己的意见,在此不再赘述。此外,笔者还注意到,江苏高院〔2014〕02号审理纪要明确规定:

“当事人在债务未届清偿期之前达成的以物抵债协议,该协议具有担保债权实现的目的,如债权人以债务人违反以物抵债的约定而要求继续履行以物抵债协议或对所抵之物主张所有权的,人民法院应驳回其诉讼请求。”但是该审理纪要紧接着一条又规定:“当事人在债务未届清偿期之前达成以物抵债的协议,同时明确约定在债务清偿期届满时应进行清算,该以物抵债协议在当事人之间具有法律效力,但该约定不具有对抗其他债权人的效力。”可见,江苏高院也不是绝对否定,而是强调了“清算”的重要性和必要性,并且只要有“清算”约定,即使清算还未实际实施,以物抵债协议也依然被认为有效。这反映了“清算”实为防止流抵的重要环节,正是对禁止流抵的立法本意的充分理解和运用。

5. 债务清偿期届满前当事人达成以物抵债协议,且已经履行了物权转移手续,并约定债务清偿后可以回赎的,这种形式类似于让与担保

虽然江苏高院〔2014〕02 号审理纪要对此持否定意见,但笔者在前面已经阐述以物抵债的非典型担保的特性与物权法定原则并不冲突的观点,而让与担保或后让与担保的真正症结在于都没有经过“清算”而直接转移抵债之物的所有权。如果引进了“清算”程序,则此类以物抵债的效力应将得到有效解决。

综上所述,笔者认为,在实务中审查以物抵债或运用以物抵债时,为规避效力风险,应注意:首先,应尽量让以物抵债协议形成于债务清偿期届满后。其次,应当约定“清算”或实行“清算”,即依法确定债务金额及利息或违约金和以清算时的市场价评定抵债之物的价值。当事人之间应就最终清算的结果形成书面协议等文件。再次,在以商品房买卖作为担保时约定并办理预售登记,是具有类似典型担保物权的公示主义,排斥其他权利的必要手段。最后,如果以物抵债协议约定终止旧债协议,则构成债的更改;如果以物抵债协议没有明确终止旧债协议,则构成新债清偿,即增加了一种可选的清偿方式,当新债履行完毕则旧债消灭。因此,当事人之间的意思表示应当明确,不能含糊。

结　语

从历年来各级、各地法院案例乃至最新的 72 号指导案例以及(2016)最高院民终 484 号案例看,对“以物抵债”的理解和运用系朝着有利于债权人的方向发展。但在司法实践中,应注意以物抵债协议的形成、清算问题等对以物抵债效力的影响。只有充分解读各类案例,才能达到有效运用以物抵债,实现当事人尤其是债权人的最终意图。

参考文献

1. 夏正芳、潘军锋:《以物抵债的性质及法律规制》,载《人民司法》2013 年第 21 期。
2. 王闯:《关于让与担保的司法态度及实务问题之解决》,载《人民司法》2014 年第 16 期。
3. 最高人民法院 72 号指导案例:(2015)民一终字第 180 号汤龙、刘新龙、马忠太、王洪与新疆鄂尔多斯彦海房地产开发有限公司商品房买卖合同纠纷案二审民事判决书。
4. 最高人民法院(2016)最高法民终 484 号:通州建总集团有限公司与内蒙古兴华房地产有限责任公司建设工程施工合同纠纷二审民事判决书。
5. 2015 年《第八次全国民事商事审判工作会议纪要》。
6. 福建省高级人民法院(2015)闽民终字第 913 号:上诉人林某某、王某某与被上诉人某某房地产公司、马某某、潘某某民间借贷纠纷案民事判决书。
7. 最高人民法院(2013)民提字第 135 号:杨伟鹏与广西嘉美房地产开发有限公司商品房买卖合同纠纷案民事判决书。
8.《最高人民法院(2011)民提字第 210 号武侯国土局与招商局公司、成都港招公司、海南民丰公司债权人代位权纠纷案》,载《最高人民法院公报》2012 年第 6 期。
9.《最高人民法院(2011)民提字第 344 号朱俊芳与山西嘉和泰房地产开发有限公司商品房买卖纠纷案民事判决书》,载《最高人民法院公报》2014 年第 12 期。
10.《江苏省高级人民法院(2010)苏民申字第 040 号江苏天娇实业有限公司与江苏南通三建集团有限公司变更土地使用权纠纷案》,载《民事审判指导与参考》2014 年第 2 辑(总第 58 辑)。
11.《最高人民法院(2009)民申字第 1600 号山西智海房地产开发有限公司与山西羽硕房地产开发有限公司、山西五峰建设发展有限公司买卖合同纠纷案》,载《人民司法》2014 年第 2 期。

城中村改造协议性质刍议

史俊涛*

城中村改造作为改善群众居住条件、提高群众生活水平、加快城镇化水平和繁荣城市经济的重要手段,近年来成为统筹城乡社会发展的重要方式之一。在改造过程中,政府和开发商是两方重要参与主体,但由于城中村具体情况、改造模式和权利义务分配存在差异,且建设周期较长,导致城中村改造协议在实际履行过程中往往存在偏差和分歧,甚至成讼,在诉讼过程中,对城中村改造协议性质的认定往往成为争议焦点之一。因此,准确厘清行政协议和民事协议的界限,并结合个案进行具体适用,成为亟待解决的法律问题。

一、案情简介及问题引出

××市的城中村改造主要采用"政府统征储备、市场开发运作、社区自主改造"三种模式。其中,市场开发运作模式指的是对改造后有一定收益(盈利点10%左右)的城中村,由开发商融资改造,实行市场化运作,政府做好控制性规划,对项目用地实行招、拍、挂出让,并按照和开发商达成的协议作出限期拆迁及施工环境的承诺。2009年11月,W区F办事处就东关社区制定《城中村改造实施方案》,对预计开发用地成本投入、返税补贴、整体开发总收益和开发投资回报率进行前期测算,在此基础上,经招、拍、挂程序,W区政府与D开发商在2009年12月签订《城中村改造协议书》,约定:区政府主要负责规划审批、土地征用等相关部门手续的办理,协调市政府规划部门将开发地块和安置地块的容积率进行调整,协调城市配套费等行政事业性收费和营业税的减免,并确保规划区内居民房屋于

* 史俊涛,上海市锦天城律师事务所郑州办公室律师,东北林业大学法学硕士,河南工业大学工学学士;擅长领域为商事争议解决,房地产项目开发综合法律事务,不良资产处置。

2010 年 5 月 1 日前拆迁完毕；开发商主要负责拆迁补偿资金的筹措和拨付，安置房施工手续及施工图纸的报批和工程建设。之后，因拆迁逾期，D 开发商认为实际支出的开发用地成本远超预期，加之税收返还和逾期拆迁违约金赔偿等问题存在争议，经与 W 区政府协商未果，遂以要求履行法定职责为由向 P 市中级人民法院提起行政诉讼。

上述案件在司法实践中比较常见，标的额通常较大，且裁判结果对类似城中村改造在一定程度上具有普适性。在本案诉讼过程中，原、被告双方对《城中村改造协议书》的性质存有较大争议，而该争议直接关系到是否应当以不属于行政诉讼受案范围驳回原告起诉、民事争议和行政争议的交叉处理原则、被诉具体行政行为案件和行政赔偿的衔接等核心问题，故本文尝试对行政协议的基本概念、类型和与民事协议的区分标准作出分析，以供商榷。

二、现行法律法规对行政协议概念的规定

（一）从行政诉讼基本法角度分析

《最高人民法院关于适用〈中华人民共和国行政诉讼法〉若干问题的解释》（法释〔2015〕9 号，以下简称《旧行诉法解释》）第 11 条规定："行政机关为实现公共利益或者行政管理目标，在法定职责范围内，与公民、法人或者其他组织协商订立的具有行政法上权利义务内容的协议，属于行政诉讼法第十二条第一款第十一项规定的行政协议。"并将政府特许经营协议、土地、房屋等征收征用补偿协议列为示例。

2017 年修订后的《行政诉讼法》第 12 条规定："人民法院受理公民、法人或者其他组织提起的下列诉讼：……（十一）认为行政机关不依法履行、未按照约定履行或者违法变更、解除政府特许经营协议、土地房屋征收补偿协议等协议的；……"《最高人民法院关于适用〈中华人民共和国行政诉讼法〉的解释》（法释〔2018〕1 号，以下简称《新行诉法解释》）第 68 条也将"请求解决行政协议争议"作为《行政诉讼法》第 49 条第 3 项规定的"有具体的诉讼请求"情形之一。应当注意的是，《旧行诉法解释》虽已被《新行诉法解释》所废止，但在无新的法律法规对行政协议进行界定之前，上述对行政协议的定义仍可参照适用。

（二）从案由规定角度分析

《最高人民法院关于规范行政案件案由的通知》（法发〔2004〕2 号，以下简称

《行政案由通知》)将行政合同列为行政行为种类之一,并将“诉××(行政主体)不履行行政合同义务”列举为不作为类案件案由之一,但并未对行政合同类型进行列举性规定。

三、行政合同和民事合同的区分

(一)从最高人民法院的司法观点[1]来看

行政合同是指行政机关为履行职责与公民、法人或其他组织通过协商而形成的公法上的协议。从形式要件来看,行政合同的当事人必定有一方是行使国家行政权的行政机关,行政合同的内容是行政机关与相对人共同协商、双方意思表示达成一致的结果。从实质要件来看,行政合同主要涉及履行行政机关的职能、公共利益、行政权力以及公民的平等参与,其有严格的程序规制。而民事合同是指平等主体之间签订的设立、变更、终止民事权利义务的协议。

行政合同与民事合同的区分主要包括主体标准、目的标准与行政优益权标准三种:(1)主体标准,即主体之一是否为行政机关。(2)目的标准,即签订合同的目的是为公共利益还是签约主体的个体私利。行政合同的目的是实现行政机关的行政职责,完成行政任务,为的是公共利益;而民商事合同签订的目的是合同主体的个体利益。(3)行政优益权标准,即从合同主体是否享有行政优益权进行判断。换言之,在合同的签订、履行、解除、终止过程中,行政机关是否居于主导地位,行政职权是否在合同履行中起主导作用,行政主体是否享有合同的发起权、合同履行的监督权和指挥权、单方面变更合同权、单方面解除合同权等。在其权利义务的约定上,是否体现行政管理关系,是否具有不对等性。行政机关享有行政优益权,合同内容体现出不平等的行政管理关系,则为行政合同,反之,则为民商事合同。

(二)从司法判例角度来看

经笔者在中国裁判文书网检索,对涉及行政合同和民事合同区分典型案例的裁判要旨摘录如下:

---

〔1〕 宋晓明:《加强调查研究,探索解决之道——就在全国民商事审判工作会议中提出的若干疑难问题答记者问》,载《民商事审判指导》2007年第1辑(总第11辑)。

1. 洛阳景枫房地产开发有限公司诉洛阳市老城区人民政府合同纠纷案[(2014)洛民四初字第87号]

洛阳市中级人民法院认为:"老城区政府与北京福源丽景房地产开发有限公司签订的《关于史家沟整体改造开发建设的协议书》虽涉及房屋征收补偿问题,景枫公司在协议中的主要义务是提供资金以争取取得该项目的开发建设权,但合同目的并非为行政管理目标,故并不符合行政合同的特征,该协议书系老城区政府与景枫公司之间的签订的以景枫公司出资配合老城区政府进行拆迁补偿安置的无名合同,故本案纠纷应属民事案件审理范围。"河南省高级人民法院(2016)豫民终965号二审判决和最高人民法院(2017)最高法民申4590号再审裁定均未改变对该合同性质的认定。

2. 襄阳嘉华融通投资有限公司诉襄阳市襄州区人民政府合同纠纷案[(2015)鄂襄阳中民三初字第00102号]

襄阳市中级人民法院认为:"嘉华公司与襄州区政府签订的《襄东新城投资合作框架协议》的主要内容是嘉华公司提供资金,与襄州区政府共同负责襄东新城新建堤防规划设计方案上报和湖北省水利厅行政许可批文争取,襄州区政府提供配套政策,嘉华公司投资进行后期建设开发,襄州区政府收取土地出让金,最终建成一个集商业、服务、居住于一体的襄东新城。因此,该合同虽是嘉华公司与具有行政管理职能的襄州区政府签订的,但合同内容系以财产权益为核心内容的等价有偿法律关系,合同签订的目的也是为了促进经济发展、实现经济价值,而不是为了实施行政管理,故该合同为民事合同,双方之间因此产生的纠纷为民事纠纷。"湖北省高级人民法院(2016)鄂民终569号二审判决未改变对该合同性质的认定。

从上述最高人民法院的司法观点和法院判例来看,笔者认为,行政合同和民事合同的主要区别是:合同双方当事人的法律地位是否平等、是否以实现公共利益或行政管理职能为目标以及是否以设定、变更或消灭行政法上的权利义务为内容。

四、行政协议性质对诉讼实务的影响

(一)对确定案由的影响

《行政案由通知》将行政案件的案由分为作为类案件、不作为类案件、行政赔偿类案件。其中,不作为类案件案由的构成要素为"诉××(行政主体)不履行××行政职责或义务",行政赔偿类案件分为两种情况,即一并提起行政赔偿和单独提起行政赔偿,前者案由的构成要素为被诉具体行政行为案件案由后加“及行政赔偿”。具体到本案,P 市中院将案由定为“履行法定职责”不甚规范,即使属于行政诉讼受案范围,案由也应为“不履行行政合同义务及行政赔偿”。需要指出的是,《最高人民法院印发〈关于修改《民事案件案由规定》的决定〉的通知》(法〔2011〕41 号)将房屋拆迁安置补偿合同纠纷、特许经营合同纠纷事项纳入民事诉讼案由,与《行政诉讼法》和司法解释的规定存在冲突,凸显民事案由规定修订的必要性。基于此,在办理行政协议纠纷时,应当根据个案的具体情况和委托人诉求,制定最优的程序和实体诉讼策略。

(二)对管辖的影响

依据《最高人民法院关于行政案件管辖若干问题的规定》(法释〔2008〕1 号)第 1 条之规定,行政诉讼案件一审通常由中级法院管辖。但如果按照民事诉讼受理,按照《最高人民法院关于调整高级人民法院和中级人民法院管辖第一审民商事案件标准的通知》(法发〔2015〕7 号)和《最高人民法院关于调整部分高级人民法院和中级人民法院管辖第一审民商事案件标准的通知》(法发〔2018〕13 号)之规定,案件管辖层级主要按照诉讼标的额进行确定。具体到本案,D 开发商向 P 中院提起行政诉讼,系综合考虑提高审级、规避地方保护主义和行政诉讼对行政机关举证责任较重等多方面因素,案件的最终处理结果也较客观地平衡了双方利益。

(三)对实体裁判的影响

若城中村改造协议被认定为民事协议,而原告提起行政诉讼的,人民法院应当以不属于行政诉讼受案范围为由驳回起诉。

若城中村改造协议被认定为行政协议,则属于行政诉讼受案范围,原告提起行政诉讼,此时若原告要求一并审理《行政诉讼法》第 61 条规定的相关民事争议,同时不存在《新行诉法解释》第 139 条规定的应当“作出不予准许一并审理民事争议的决定,并告知当事人可以依法通过其他渠道主张权利”的情形的,人民法院应依据《旧行诉法解释》第 15 条之规定,分情形分别作出判决确认协议有效、判决被告继续履行协议,并明确继续履行的具体内容,或判决被告采取相应的补救措施,或给予赔偿。

从法律层面分析我国的住房保障制度

史　楠*

古语曰:“衣食住行。”自古以来,居住就是人类的基本需求。没有居所,人的休息得不到保障,健康无法保证;没有居所,人无法抵御外部世界的侵扰,隐私得不到保护;没有居所,人的自由〔1〕和尊严更是无从谈起。

近代以来,随着工业化和城镇化的发展,城市人口规模迅速膨胀,住房问题,成为世界各国城市发展中出现的普遍问题。恩格斯曾在《论住宅问题》〔2〕一文中指出:“当一个古老的文明国家从工场手工业和小生产向大工业过渡,并且这个过渡还由于情况极其顺利而加速的时期,多半也就是‘住宅缺乏’的时期。一方面,大批农村工人突然被吸引到工业中心的大城市里来;另一方面,这些旧城市的布局已经不适合新的大工业的条件和与此相应的交通;街道在加宽,新的街道在开辟,铁路铺到市里。……于是就突然出现了工人以及以工人为主顾的小商人和小手工业者的住宅缺乏现象。”

中国与世界其他国家一样也面临相似的问题。自 1978 年改革开放以来,中国城镇化率从 1978 年的 17.92% 上涨到 2016 年的 57.35%,〔3〕以每年约 1% 的速度快速增长。在可预见的未来十几年内,我国城镇化率仍会保持较快的增长水平。与此同时我国的住房价格,特别是一线、二线城市的住房价格增长速度十分

---

* 史楠,上海市锦天城律师事务所青岛办公室律师,法学学士;擅长房地产、建筑工程、金融业务。

〔1〕 哈耶克:《自由秩序原理》,邓正来译,三联书店 1997 年版,第 264 页。英国著名法学家哈耶克认为,一个社会的自由取决于私域是否存在。“区别一个自由的社会与一个不自由的社会的判准乃是,在自由的社会里,每个个人都拥有一个明确区别于公共领域的确获承认的私域,而且在此私域中,个人不能被政府或他人差来差去,而只能被期望服从那些平等适用于所有人的规则。”

〔2〕 恩格斯:《马克思恩格斯文选(两卷集)》第一卷,北京外国文书籍出版局 1954 年版,第 536 页。

〔3〕 数据源于国家统计局官方网站,http://www.stats.gov.cn/。

迅速。对比之下,住房保障制度的跟进,尤其是针对中低收入群体的住房保障制度的跟进相对缓慢了许多。究竟我们的住房保障制度应走向何方?本文试图从法律层面,对公民住房保障制度做法理分析,并对中国现有的住房保障制度的立法现状进行分析和总结,提出有关的改进建议。

一、住房保障制度之法理基础

自古以来,无论东方还是西方社会,对住宅都给予了特殊的保护。中国早在《汉律》中,就出现了"无故入人室宅庐舍……其时格杀之,无罪"的法条,《唐律》中亦有"夜无故入人家者,笞四十主人登时杀者,勿论"之规定。而在西方社会有一句经典的名言:"风能进、雨能进,国王不能进。"〔4〕可以说,对住宅不受侵犯之理念,世界普遍认可,其几乎无一例外地被提升为各国宪法所公认的公民基本权利。

相比于从古至今对"住宅不受侵犯"的强有力保护,公民住房权(the right to housing)的保障则发展滞后许多。公民的住房权是指公民有权获得住宅或者拥有适当住房条件的权利,〔5〕属于公民的社会保障权之一。至19世纪末,公民住房权仍未得到足够的重视,因为那是一个信奉经济自由主义〔6〕的时代,那是一个以权利为本位〔7〕的时代。正因为那个时代极端重视个人自由而忽略社会公共福利,所以出现了一系列严重的社会问题,如贫富悬殊、劳资对立、经济危机等。

跨入20世纪,世界各国普遍吸取教训,对政府的角色定位进行转变。在经济层面上从原来的"守夜人"转变为积极干预引导的状态;在立法思想层面也从权利

---

〔4〕"风能进、雨能进,国王不能进。"这一格言,源于18世纪中叶,英国首相威廉·皮特在一次公开演讲中所发表的一段内容:"即使是最穷的人,在他的寒舍里也敢于对抗国王的权威。风可以吹进这所房子,暴雨可以打进这所房子,房子甚至会在风雨中飘摇,但是英王不能踏进这所房子,他的千军万马不敢踏进这间烂了门槛的破房子。"

〔5〕朱福惠、李燕:《论公民住房权的宪法保障》,载《暨南学报》(哲学社会科学版)2009年第2期。

〔6〕此处的自由主义指古典自由主义,即以大卫·休谟、亚当·斯密等人的思想为代表,在工业革命时期兴起的经济思想。它主张经济活动应由市场主导,政府不应干预,强调自由贸易、自由经营、自由竞争。区别于后来在20世纪70年代兴起的以芝加哥学派为代表的新自由主义思想。

〔7〕梁慧星:《民法总论》,法律出版社2017年版,第41~42页。权利本位是指以保护个人权利为法律最高使命的法律基本理念,强调(1)契约完全自由,国家不做干预;(2)尊重所有权的绝对支配性;(3)自己责任,即个人只对自己行为负责,绝不为他人行为负责。

本位转换到社会本位[8]，重视公民的社会经济权利和社会保障权利。自 1919 年《魏玛宪法》作为第一部规定公民住房权的宪法被公布以后[9]，各国陆续效仿，纷纷将公民住房权吸纳入本国法律规定中。公民住房权作为一项基本权利被世界各国所普遍承认。

目前约有 50 多个国家在宪法中对住房权有明确的规定[10]。在宪法规定的方式上，大概有以下几类[11]：(1)在公民权利中明确规定住房权为公民的权利；(2)在国家义务中将公民的住房保障明确规定为国家的义务；(3)既把住房权规定为公民权利，又将住房保障规定为国家的义务；(4)在公民权利中规定社会权，由社会权默示推导出公民住房权。英美各国虽然没有在宪法上规定包含住房权在内的公民社会权，但制定了大量的法律和政策保障公民的住房权。比如美国相继制定了《国家住房法》《公共住房法案》《住房与城市发展法》《住房与社会发展法案》《公民可承受住房法案》《多元家庭资助性住房改革及承受能力法案》《公平住宅法》等一系列的法律来明确政府的责任及相应的住房政策。此外，还有一些国家将住房保障权上升到司法救济层面，公民可以通过向法院起诉的方式维护自己的住房权。这类国家包括法国、南非、印度等。[12]

1948 年《世界人权宣言》第 25 条[13]就将居住的权利列为基本人权；1995 年的《经济、社会、文化权利国际公约》[14]亦重申了这一基本权利；1996 年《伊斯坦

---

〔8〕 梁慧星：《民法总论》，法律出版社 2017 年版，第 42～43 页。社会本位即以增进社会公共利益为出发点的法律基本理念，其主要在于矫正权利本位之过分强调个人利益而忽略社会整体利益之偏颇。其集中表现为：(1)对契约自由以公法上监督，注重保护弱者。(2)对所有权绝对原则之限制，行使权力应遵守诚实信用，禁止权利滥用。(3)对高度危险责任、公害责任等实行无过错责任。

〔9〕 《魏玛宪法》第 155 条："土地之分配及利用，应由联邦监督，以防不当之使用，并加以监督，以期德国人均受保障，并有康健之住宅……"

〔10〕 彭中礼：《高房价背景下住房权之保证》，载《北方法学》2011 年第 1 期。

〔11〕 朱福惠、李燕：《论公民住房权的宪法保障》，载《暨南学报》（哲学社会科学版）2009 年第 2 期。聂鑫：《如何保障住房权？——比较宪法的案例思考》，载《比较法研究》2013 年第 4 期。

〔12〕 彭中礼：《高房价背景下住房权之保证》，载《北方法学》2011 年第 1 期。

〔13〕 《世界人权宣言》第 25 条第 1 款规定："人人有权享受为维持他本人和家庭的健康和福利所需的生活水准，包括食物、衣着、住房、医疗和必要的社会服务；在遭到失业、疾病、残废、守寡、衰老或在其他不能控制的情况下丧失谋生能力时，有权享受保障。"

〔14〕 《经济、社会、文化权利国际公约》第 11 条第 1 款规定："本公约缔约各国承认人人有权为他自己和家庭获得相当的生活水准，包括足够的食物、衣着和住房，并能不断改进生活条件。各缔约国将采取适当的步骤保证实现这一权利，并承认为此而实行基于自愿同意的国际合作的重要性。"

布尔人居宣言》[15]提出了更具实操意义的纲领,将"保证人人享有适当的住房"列为大会确定的两个全球目标之一。2016年11月厄瓜多尔基多"人居三"大会通过的《新城市议程》[16]则代表了该领域最新的发展理念。《新城市议程》突出强调平等的居住权利,尤其强调对弱势群体[17]的反歧视,其在第31~35条[18]给出了详细的行动指引,指引各国政府实现对各类弱势群体住房权利的平等保障。《新城市议程》将"住房权"(the right to Housing)的概念扩大,从"人人有房可住"扩大

---

〔15〕《伊斯坦布尔人居宣言》第1条:"我们参加一九九六年六月三日至十四日土耳其伊斯坦布尔联合国第二届人类住区大会的各国元首、政府首脑和政府代表团团长,值此之际,确定两个全球目标,即保证人人享有适当住房和使人类住区更安全、更健康、更舒适、更公平、更持久,也更具效率。在《联合国宪章》的鼓舞下,我们审议了大会的两个主题:'人人享有适当的住房和日益城市化进程中人类住区的可持续发展';旨在加强既有的并发展新的伙伴关系,在国际、国家和地方各级采取行动,改善我们的生活环境。我们将按《人居议程》所确定的目标、原则和建议而积极努力,并保证为实施《人居议程》而相互支持。"

〔16〕《新城市议程》(也称《基多宣言》)第11条:"我们共享这样的城市愿景:是平等的使用和享受城市和人类住区,寻求促进包容性,确保所有现在和未来的居民,没有任何形式的歧视,可以在正义、安全、健康、方便、能支付的、韧性和永续的城市和人类住区定居、生产,并提高所有人的生活质量,促进繁荣……"

〔17〕《新城市议程》第20条用不完全列举的方式列举了应重点关注的受歧视人群。

〔18〕《新城市议程》第31~35条:

第31条　我们致力于完善国家、省市和地方各级的住房政策,支持逐步实现所有人都有获得足够的住房的权力,这是拥有富足的生活的权利的一部分。解决一切形式的歧视和暴力,防止任意强行的拆迁,关注无家可归、处于逆境、低收入,以及残障人士的诉求。同时根据国家的法规和标准,使群体和利益相关方参与到这些政策的规划和实施中,包括住区的社会生产的过程中。

第32条　我们致力于促进所有领域的综合、年龄和性别平等的住房政策和策略的发展,特别是在就业、教育、医疗和社会融合领域;以及各级政府的住房政策发展,提供足够、能支付的、可达、资源高效、安全、有韧性、人脉广泛的和区位良好的住房,特别注意距离因素,以及加强与城市肌理和周边功能区域的空间关系。

第33条　我们致力于促进安全、能支付的和满足不同收入社会群体的各种住房的供应。考虑社会经济因素,边缘化社区的文化整合,无家可归的人,和那些处于逆境的人,防止社会隔离。我们将采取积极的措施改善无家可归的人的生活条件,以促进他们全面参与社会活动,预防和消除无家可归,以及打击和消除犯罪。

第34条　我们致力于无歧视、公平和合理地向所有人提供可持续的基本物质和社会的基础设施,包括能支付的且配备服务设施的土地、住房、现代、可再生能源、安全的饮用水和卫生设施、安全营养和足够的食物、废弃物处理、可持续交通、医疗保健和计划生育、教育、文化,信息和通信技术。我们致力于进一步确保这些服务是回应妇女、儿童和青少年、老年人和残疾人、移民、原住民和地方社区,以及其他处于弱势情况的群体的权利和需求的。关于这点,我们鼓励消除法律、制度、社会经济或物质上的壁垒。

第35条　我们致力于在适当的政府,包括省市和地方政府层面促进土地稳定拥有权保障,我们承认土地稳定拥有权 的多元化类型,并在土地和财产权连续的情况下,开发量身定做,年龄、性别和环境平等的解决方案。包括通过有效的行政管理系统,特别关注女性的土地稳定拥有权 保障,因为土地是她们权利保障的关键。

为“人人平等地享有在城市中安居的各种权利和机会而不受任何形式的歧视”。把原来的“住房权”概念扩大到了“市民权”(the right to the City)。

既然住房权作为一项公民基本权利已被世界各国所广泛承认,那么在理论上基于“法律面前人人平等”的理念,任何人无论贫穷还是富有,其住房权都应获得国家保护。但现实中,一方面,由于国家资源的有限性,很难做到国家对每个公民都给予住房权保障;另一方面,由于弱势人群因经济上的劣势很难靠自己获得合适的住宅,因此对住房权的保护更应向弱势人群倾斜。有学者就曾指出:“住宅权对贫穷者而言是一种公法上的权利,对富有者而言是一种私法上的权利(民事权利)。”〔19〕国家有义务对公民在公法上的权利积极给予保障,而公民在私法上的权利则主要靠意思自治。因此国家对住宅权保护的差别对待,尤其是优先保护弱势群体的住房保障制度,更能体现实质正义,符合法治精神的理念。

二、我国住房保障制度的立法现状

(一)宪法层面

我国《宪法》在公民的基本权利部分并未明确规定公民的住房权,总则和其他部分也未规定国家有建设保障性住房的义务。但因此说我国不承认公民的住房权,亦有失偏颇。我国在2001年签署的《经济、社会、文化权利国际公约》中,未对包括住房权在内的公民基本权利部分做保留声明,因此可以说我国认同住房权作为一项基本人权。而我国《宪法》第33条第3款规定:“国家尊重和保障人权。”通过《宪法》第33条,国家间接默认了公民的住房权。

同时《宪法》第13条第3款和第4款规定:“国家合理安排积累和消费,兼顾国家、集体和个人的利益,在发展生产的基础上,逐步改善人民的物质生活和文化生活。国家建立健全同经济发展水平相适应的社会保障制度。”该条规定在宪法总纲条款中,为纲领性条款,规定了国家的社会保障义务。通说认为纲领性条款不具有直接约束力,但具有道义上的约束力,国家应积极履行该义务。而保障性住房制度作为社会保障义务中的重要组成部分,理应包含在国家义务之中。

我国《宪法》第45条第1款规定:“中华人民共和国公民在年老、疾病或者丧失劳动能力的情况下,有从国家和社会获得物质帮助的权利。国家发展为公民享受这些权利所需要的社会保险、社会救济和医疗卫生事业。”简称获得物质帮助的

〔19〕 孙宪忠、常鹏翱:《论住宅权的制度保障》,载《南京大学法律评论》2001年秋季号。

权利。适用该条的公民主体包括年老、疾病和丧失劳动能力的公民,均属于弱势群体,这为住房保障制度优先保护弱势群体提供了宪法依据。同时,《宪法》第45条规定的保障方式中包括“社会救济”。亦可以把保障性住房制度看作社会救济的方式之一。因此可以说我国实践中主要针对弱势群体的廉租房、公租房、经济适用房等制度,正是对该宪法规定的体现。

(二)法律层面

我国一直未出台有关住宅保障的专门性法律。不得不说是一个遗憾。其实早在1983年,《住宅法》就被正式纳入全国人大法制委员会的立法规划中,1988年《住宅法》起草工作完成并形成了建议稿,其中包含了较为详细的保障性住房条款,但此后由于多种原因,该草案决议一直被搁浅。随着1998年房改制度完成,房地产市场迅猛发展,2001年,新一版《住宅法》又在酝酿中,但一直未能列入立法议程。而随着2007年《物权法》开始实施,住宅保障问题又再次受到关注,2008年全国人大将《住房保障法》列入“十二五”的立法规划,但此后仍是没有了下文。

除此之外有关保障住房的制度的法律规定散落在几部法律中。其中《房地产管理法》第4条规定:“国家根据社会、经济发展水平,扶持发展居民住宅建设,逐步改善居民的居住条件。”

(三)行政法规、规章层面

我国保障性住房立法最主要的形式就是散落在国务院颁布的行政法规中。例如,《经济适用住房管理办法》《经济适用住房开发贷款管理办法》《经济适用住房价格管理办法》《城镇最低收入家庭廉租房管理办法》《廉租住房保障办法》等以及国务院、各部委发布的关于经济适用住房、廉租房的其他规范性文件。

三、我国住房保障制度的立法不足与改进

(一)宪法层面

从宪法层面来看,虽然宪法用默示的方式推导出公民的住房权,但相比于《宪法》第39条用明确的方式宣示“住宅不受侵犯”的权利,这种默示保护的方法仍显不足。此外《宪法》第45条有关“获得物质帮助权”的规定,将社会保障的主体限定在“年老、疾病或者丧失劳动能力的情况下”,并未包含“收入较低”“残障人士”等相关情形,对这部分弱势群体没有纳入宪法保护的范围。

基于以上分析，建议在宪法中明确增加有关公民住房权的相关条文，但同时应对公民住房权的范围进行一定的限缩，使之符合我国国情和发展状况。毕竟公民的住房权只是最低生存保障，如果要求太高，过分增加国家的负担，实际上就是在增加全体国民的负担，毕竟国家的保障公民住房权的资金本质上源于全体公民。如果每个公民都要求国家提供100平方米的房屋，都要求国家北京给公民提供住房，根本就是不现实的。而且从全世界来看，现实中大部分国家都无法做到完全实现居者有其屋。任意扩大权利反而会使权利成为空中楼阁无法实现，不利于维护宪法尊严。

同时建议宪法在“获得物质帮助权”这部分做出修改，扩大社会保障的主体范围，增加“低收入”“无家可归”“生活困难”等人群。

（二）法律层面

从法律层面来说，法律相比宪法操作性强，可诉性高。法律相比行政法规立法程序严格，稳定性更高。但我国从1983年到2017年的34年间，对住房保障这样非常基本的民生问题却一直没有形成一部专门的法律，不得不说是立法之殇。有专家指出立法难产的原因：“在于一些条件难以具备。例如，各地在住房保障方面的发展情况不一样、不动产统一登记仍未实现全国联网等。住房保障、住房交易等都是长效机制的一部分，目前来看，因为一些客观条件的限制，两三年内法律落地的希望不大。”〔20〕

因此建议国家尽快出台相关立法，可以考虑把一些实践中效果不错的行政法规、规章、甚至政策上升为法律。使之更具有权威性和指导性。

（三）行政法规、规章层面

在行政法规层面，《城镇住房保障条例》目前正在意见稿征求阶段。虽然该条例作为《住房保障法》的替代品，效力层级降了一格，但无论如何，该条例作为第一部综合性的住房保障法规，在全国范围内有效，对各级地方政府有关保障性住房的立法、规划、建设和管理都具有十分重要的指导意义。建议国务院加快立法脚步，尽快审议通过该条例，更有效地保护居民的住房权。

---

〔20〕 蒲晓磊：《住房保障立法缘何“降格”为条例》，载《法制日报》2017年4月11日，第9版。

四、结语

习总书记在公开场合曾多次表示:“房子是用来住的,不是用来炒的。”我们在关注房屋的居住属性、商品属性、金融属性的同时,不要忘记关注房屋的福利属性和社会保障属性。“安得广厦千万间,大庇天下寒士俱欢颜。”住房问题关乎千千万国民的幸福,也从侧面也反映了一个国家富强、民主、文明的程度。我们应加强立法,在多层次的法律、法规指导下积极推进住房保障制度的发展,为实现社会最大幸福,实现美好和谐社会而努力奋斗。